DROIT PÉNAL SPÉCIAL

COURS DALLOZ

Série Droit privé

Sous la direction de Marie-Anne Frison-Roche
Professeur à Sciences Po (Paris)

DROIT PÉNAL SPÉCIAL

2010

Christophe André
Maître de conférences à l'Université Paris XIII

DALLOZ

DALLOZ

31-35, rue Froidevaux, 75685 Paris cedex 14

ISBN 978-2-247-08935-2

Abréviations

AJDA	Actualité juridique Droit administratif
al.	alinéa
Art.	Article
Ass. plén.	Assemblée plénière
Bull. civ.	Bulletin des arrêts de la Cour de cassation (chambre civile)
Bull. crim.	Bulletin des arrêts de la Cour de cassation (chambre criminelle)
Chron.	Chronique
Civ.	Cour de cessation, chambre civile
Comm.	Commentaire
Cons. const.	Conseil constitutionnel
C. pén.	Code pénal
C. pr. pén.	Code de procédure pénale
Crim.	Cour de cassation, chambre criminelle
C. route	Code de la route
CSP	Code de la santé publique
D.	Dalloz
D. Affaires	Dalloz Affaires
Dr. pénal	Droit pénal
Gaz. Pal.	Gazette du palais
IR	Informations rapides
JAF	Juge aux affaires familiales

JCP	Juris-Classeur périodique, édition générale
Obs.	Observations
RSC	Revue de science criminelle et de droit pénal comparé
S.	Sirey
Somm.	Sommaire
T. corr.	Tribunal correctionnel
TGI	Tribunal de grande instance

INTRODUCTION

§ 1. Définition classique du droit pénal spécial

1 Introduire à un cours de droit pénal spécial exige de vaincre une certaine prévention que l'on rencontre parfois chez les étudiants : la matière ne serait qu'une longue litanie d'infractions égrenées en déclinant invariablement l'élément légal, l'élément matériel et l'élément moral de chacune d'elle, exercice d'autant plus fastidieux que les infractions sont légion. En effet, le droit pénal spécial correspond, dans une acception classique, à la partie analytique du droit pénal, car l'application de la loi pénale requiert une délimitation précise du champ répressif de chaque infraction. Pourtant, le droit pénal spécial est aussi essentiel que le droit pénal général pour comprendre une société donnée : d'un point de vue historique, des infractions diverses sont apparues avant que ne s'élabore, à partir du XVIIIe siècle, un corps de règles générales. La matière présente un double intérêt. D'une part, sur un plan sociologique, elle permet d'appréhender les valeurs de la société. D'autre part, le droit pénal spécial est une école de rigueur : c'est une qualification juridique permanente des faits. **L'enjeu majeur est ainsi celui de la qualification pénale.** Com-

ment se familiariser avec cet exercice en évitant l'ennui, sans sacrifier à la clarté ?

2 Il serait *a priori* possible de s'appuyer exclusivement sur l'ordre du Code pénal. En effet, le Code entré en vigueur le 1er mars 1994, qui remplace le Code napoléonien de 1810, est structuré en cinq livres : le premier comporte les dispositions générales communes à toutes les infractions ; le deuxième est consacré aux infractions contre les personnes ; le troisième aux infractions contre les biens ; le quatrième aborde les infractions contre la Nation, l'État et la paix publique. Enfin, un cinquième livre, intitulé « Des autres crimes et des délits » regroupe des infractions relatives à la santé publique et l'incrimination des sévices graves ou actes de cruauté envers les animaux. Cet ordre a le mérite d'exprimer la hiérarchie des valeurs promue par le Code pénal : humaniste, le nouveau Code aborde en premier les infractions à la personne, alors que le Code napoléonien s'ouvrait sur les infractions contre la Nation et l'État. Il y a donc un intérêt certain à suivre dans ses grandes lignes l'ordre du Code pénal, au regard de la pédagogie des valeurs promue par cet ordre.

3 Le plan du Code pénal sera suivi dans ses grandes lignes, mais non dans le détail, et cela pour au moins trois raisons. D'abord, le découpage interne de chaque partie du Code peut prêter à la critique [1]. Ensuite, l'inflation législative est telle en droit pénal – et le phénomène s'est accéléré depuis 1994 – qu'il serait vain de prétendre à une exhaustion des infractions, à leur étude systématique. Enfin, il serait faux de croire que tout le droit pénal vient se loger dans le Code pénal. Dès 1994, certains auteurs regrettaient que les codificateurs ne soient pas parvenus à embrasser l'ensemble de la matière en un seul Code. C'est encore plus vrai aujourd'hui : tout le droit pénal ne se trouve pas dans le Code pénal, il est à rechercher dans d'autres Codes (Code de la santé publique, Code de commerce, Code monétaire et financier...) mais aussi dans des lois non codifiées ou bien encore dans la jurisprudence tant interne qu'européenne.

1. P. Poncela, P. Lacoumes, *Réformer le Code pénal, Où est passé l'architecte ?*, PUF, 1998.

§ 2. Les rapports du droit pénal spécial avec le droit pénal général

4 Dès lors que l'intérêt majeur de la matière réside dans la qualification, cela requiert de la part des étudiants un certain nombre d'acquis en droit pénal général [1]. Trois séries de principes généraux méritent ici d'être remémorés : le principe de légalité des délits et des peines (**A**), la théorie générale de l'infraction (**B**) et les règles gouvernant le choix de la qualification pénale (**C**).

A. Le principe de la légalité des délits et des peines

5 **La double signification du principe de légalité.** D'une part, le principe de la légalité criminelle, tel que théorisé notamment par *Cesare Beccaria*, implique que les infractions soient définies par la loi au sens étroit : les valeurs essentielles protégées par le droit pénal ne peuvent être déterminées que par les élus au Parlement, incarnation du contrat social. Cette conception correspond à ce que l'on désigne aujourd'hui par l'appellation de **légalité formelle.** D'autre part, le principe de légalité impose que les infractions pénales soient clairement définies. Il convient en effet que la loi avertisse avant de frapper, de manière à ce que le citoyen sache avant d'agir ce qui est permis et ce qui est interdit. Le principe de la légalité criminelle constitue ainsi une garantie essentielle de la liberté individuelle et de la sécurité juridique. Il en va de la garantie du citoyen contre l'arbitraire. Cette acception de la légalité correspond à ce que nous appelons aujourd'hui la **légalité matérielle.**

Ce principe fondamental de légalité des délits et des peines comporte des corollaires qui en assurent l'efficacité. Outre le principe essentiel de la non-rétroactivité de la loi pénale plus sévère, le nouveau Code pénal pose la règle selon laquelle « la loi pénale est d'interprétation stricte » (art. 111-4 C. pén.). Prolongement du principe de la légalité des délits et des peines ce principe peut être traduit de la manière suivante : « la loi, uniquement la

1. Pour un cours de droit pénal général, v. X. Pin, *Droit pénal général*, Cours Dalloz, 2e éd., 2007.

loi, mais toute la loi ». Il ne doit ainsi pas être confondu avec l'interprétation restrictive. En effet, l'interprétation stricte renvoie essentiellement à une **interprétation téléologique**, méthode d'interprétation qui attribue une importance primordiale à la volonté déclarée ou présumée du législateur. Cette méthode est très utilisée par la jurisprudence. Ainsi, afin d'adapter les textes anciens aux modalités de la vie contemporaine, la Chambre criminelle applique les textes répressifs à des actes commis à l'aide de procédés techniques inconnus lors de leur élaboration [1]. De telles interprétations demeurent le plus souvent fidèles au principe de l'interprétation stricte, dans la mesure où celui-ci impose de donner son plein sens à la loi (« la loi, uniquement la loi, mais **toute** la loi »). Il s'agit donc, pour le juge, de repérer exactement les frontières des textes, pour ne pas aller au-delà, ni rester en deçà.

Le principe de l'interprétation stricte de la loi pénale a pour conséquence première d'exclure le raisonnement par analogie (raisonnement qui consiste à appliquer la loi pénale à des comportements qu'elle ne vise pas mais qui présentent des similitudes avec ceux qu'elle décrit). La jurisprudence témoigne, par des décisions nombreuses et classiques, de son refus d'accepter que les textes soient objets d'interprétations analogiques. La Haute Cour a ainsi décidé qu'il n'était pas possible d'assimiler à un vol, à une escroquerie, ou à un abus de confiance, la grivèlerie d'aliments [2] - et il fallut qu'une loi du 26 juillet 1873 vînt l'incriminer pour qu'elle puisse être poursuivie (aujourd'hui article 313-5 du Code pénal) -, ni de tenir pour des faits positifs de coups ou de violences les simples abstentions d'agir ou de fournir des soins [3]. Il faut toutefois réserver une exception à la prohibition du raisonnement par analogie : **l'analogie *in favorem*** (en faveur du prévenu) est admise. C'est ainsi par exemple que, sous l'empire de l'ancien Code pénal, la Cour de cassation admit la légitime défense des

1. Crim. 3 août 1912, *Bull. crim.* n° 450, *DP* 1913. 1. 439, *S.* 1913. 1. 337, note J.-A. Roux : par cet arrêt célèbre, la Cour de cassation a considéré que l'électricité était une chose susceptible de vol, solution aujourd'hui consacrée par le Code pénal.
2. Crim. 5 nov. 1847, *DP* 47. 1. 510.
3. Poitiers, 20 nov. 1901, *DP* 1902. 2. 81, note Le Poittevin, *S.* 1902. 2. 305, note J. Hémard : affaire dite de *la séquestrée de Poitiers*.

biens, alors que l'article 328 de l'ancien Code pénal ne la prévoyait que pour les personnes [1]. Dans la mesure où ces interprétations larges opèrent dans le sens de la clémence, les auteurs s'accordent à considérer qu'elles ne violent pas la légalité criminelle.

Le principe de légalité a une valeur à la fois constitutionnelle et conventionnelle. Ainsi, l'exigence de la légalité criminelle est posée par **l'article 7 de la Convention européenne de sauvegarde des droits de l'homme et des libertés fondamentales**, selon lequel nul ne peut être condamné pour une action ou une omission qui, au moment où elle a été commise, ne constituait pas une infraction d'après le droit national ou international. On est ici proche de l'exigence posée par les révolutionnaires à l'article 8 DDHC. La légalité européenne n'est cependant pas tout à fait identique à la légalité française. En effet, la Cour européenne des droits de l'homme est naturellement conduite à opérer la synthèse des divers systèmes de droit en vigueur dans les pays membres du Conseil de l'Europe. Or, dans les pays anglo-américains, l'exigence de légalité est satisfaite dès lors qu'existe une règle de droit préalable, fût-elle d'origine jurisprudentielle. C'est pourquoi la CEDH a dégagé une conception autonome de la légalité, plus large qu'en droit interne. Pour la Cour de Strasbourg, la légalité criminelle renvoie à l'ensemble du droit en vigueur, écrit ou non écrit, législatif, réglementaire ou jurisprudentiel. D'abord affirmée dans l'affaire ***Sunday Times c/ RU* du 26 avril 1979**, cette conception de la légalité a été rappelée à de nombreuses reprises (nota. **Malone c/ RU, 2 août 1984** ; *Tolstoy Miloslavsky*, 13 juillet 1995 – *S.W. et C.R. c/ Royaume-Uni*, 22 novembre 1995). Elle paraissait au départ limitée aux pays de *common law*. Mais rapidement, cette conception de la légalité criminelle fut reprise à propos d'autres systèmes juridiques appartenant à la tradition légaliste d'Europe continentale (CEDH *Müller c/ Suisse*, 24 mai 1988), et de façon particulièrement explicite dans deux affaires concernant la France (arrêts *Huvig et Kruslin*, 24 avril 1990). Ainsi, la jurisprudence

1. Req. 25 mars 1902, *S.* 1903. 1. 5, note Lyon-Caen : affaire *de Fraville*.

participe désormais de la légalité criminelle : en droit européen des droits de l'homme, la norme jurisprudentielle est susceptible, au même titre que la loi, de constituer une source de droit pénal. C'est pourquoi, dans une très importante décision en date du 10 octobre 2006 (affaire *Pessino c/ France*) la CEDH soumet la jurisprudence à l'application du principe de non-rétroactivité de la loi pénale. En résumé, **la garantie du citoyen contre l'arbitraire réside désormais non plus seulement dans la loi mais aussi dans la jurisprudence.**

B. La théorie générale de l'infraction

Pièce maîtresse du droit pénal général, la théorie générale de l'infraction doit aussi être maîtrisée lorsqu'on aborde un cours de droit pénal spécial. La structure de toute infraction comporte un élément matériel et un élément moral [1].

6 **L'élément matériel de l'infraction**, autrefois dénommé « corps du délit », consiste dans la manifestation extérieure de la volonté délictueuse sous la forme de gestes ou d'attitudes décrits par la loi d'incrimination. Selon l'un des principes fondamentaux du droit pénal, il n'y a « pas d'infraction sans activité matérielle ». Toute infraction, qu'elle soit de nature criminelle, correctionnelle ou contraventionnelle, nécessite ainsi pour être constituée que soit rapportée la preuve d'un élément matériel. Il s'agit là d'une exigence essentielle dans la mesure où elle manifeste la non-incrimination de la pensée, et, dans le même temps, dissocie clairement le droit pénal de la morale. Certes, l'élément matériel sera plus ou moins consistant en fonction des incriminations pénales, et la doctrine contemporaine évoque volontiers un « rétrécissement de l'élément matériel », que nous aurons l'occasion d'analyser ultérieurement.

7 **L'élément moral de l'infraction** se décompose lui-même entre l'imputabilité, qui renvoie à la notion de libre arbitre, et la culpa-

1. Ce que l'on appelle parfois « l'élément légal » correspond en réalité à la mention du texte de référence pour mettre en œuvre la répression (loi pour un crime ou délit, règlement pour une contravention). Ce n'est pas à proprement parler un « élément », d'autant que la loi ou le règlement décrivent, en principe avec précision, l'élément matériel et l'élément moral exigés.

bilité, autrement dénommée faute pénale. Bien que le principe de la présomption d'innocence ait pour conséquence de faire peser sur la partie poursuivante la charge de la preuve des éléments constitutifs de l'infraction, et, parmi eux, de l'élément moral, notre droit pénal envisage toujours l'imputabilité de manière négative, sous l'angle des causes de non-imputabilité, inversant ainsi la charge de la preuve de cette composante de l'infraction. En effet, chaque individu est présumé imputable. Cette présomption repose à la fois sur des raisons pratiques (il serait impossible pour le ministère public de rapporter la preuve de l'imputabilité de chaque individu dont la responsabilité pénale est mise en cause) et sur la vraisemblance (il est statistiquement plus probable que la personne dont on recherche la responsabilité ait agi avec libre arbitre). Il s'agit en revanche d'une présomption simple qui peut être renversée par la preuve d'une cause de non-imputabilité (trouble mental ayant aboli le discernement, minorité pénale pour les mineurs dénués de discernement et contrainte). Il n'appartient donc pas au ministère public de rapporter la preuve de l'imputabilité, mais, le cas échéant, une fois la constitution de l'infraction établie, à la personne poursuivie de démontrer la non-imputabilité. Ainsi, si l'imputabilité participe d'un point de vue théorique à l'élément moral de l'infraction, elle est dissociée, d'un point de vue pratique, de l'établissement de la constitution de l'infraction, dont l'élément moral se réduit alors à la culpabilité.

La culpabilité (*culpa*) traduit l'existence d'une faute pénale. Il s'agit en effet ici de rechercher si l'auteur de l'infraction est en faute, relativement au fait qui lui est reproché. Ainsi la culpabilité ou faute pénale, peut être définie comme la coloration morale négative qui a accompagné le comportement prohibé. Elle mesure en quelque sorte la moralité de l'infraction, d'où la dénomination d'élément « moral ». Pour que l'infraction soit réputée constituée, il ne suffit pas de constater que le fait délictueux a été causé par son action ou son inaction, il faut encore pouvoir affirmer de l'agent qu'il est en faute, qu'il est coupable. Or, le degré de la faute exigée varie suivant les incriminations pénales : alors que les infractions les plus graves nécessitent un haut degré de culpabilité pour être caractérisées, le législateur se contente souvent de fautes légères pour conclure à la constitution des infractions les moins sévèrement réprimées. La détermination de la teneur de la culpabilité exigée au titre des différentes infractions pénales a beaucoup embarrassé le législateur contemporain, si bien que l'art. 121-3 du Code pénal définissant l'élément coupable a connu trois versions successives depuis 1992 (nouveau Code pénal, loi du 13 mai 1996 et loi du 10 juillet 2000), modifiant non seulement le domaine, mais aussi le contenu de la culpabilité. Suivant l'infraction que l'on choisira de considérer, la faute pénale consistera alternativement en une faute intentionnelle, en une faute non intentionnelle délictuelle ou en une faute contraventionnelle. Nous prendrons la mesure de ce raffinement de la faute pénale, et notamment de la faute pénale non intentionnelle délictuelle, lorsque nous envisagerons l'homicide et les blessures involontaires.

C. Le choix de la qualification pénale

Ce choix est gouverné par un certain nombre de principes qui relèvent aussi du droit pénal général mais méritent d'être rappelés au seuil de ce manuel. En effet, il convient de bien avoir à l'esprit la distinction entre les qualifications exclusives et les concours de qualifications.

1. Les qualifications exclusives

8 **En présence de qualifications exclusives applicables au même fait**, le juge répressif ne devra finalement retenir qu'une seule d'entre elles. Des qualifications pénales peuvent être qualifiées d'exclusives soit parce qu'elles sont alternatives, soit parce qu'elles sont redondantes, soit parce qu'elles sont incompatibles.

On parle de qualifications alternatives pour désigner l'hypothèse dans laquelle, appliquées à un même fait, deux qualifications s'excluent l'une l'autre en raison d'une opposition essentielle dans leurs éléments constitutifs respectifs. Par exemple, l'homicide volontaire et l'homicide involontaire ne peuvent qualifier dans le même temps le fait qui a consisté à provoquer la mort d'autrui. Entre ces deux qualifications, il faudra nécessairement n'en retenir qu'une seule, celle qui correspondra le plus justement aux faits tels qu'ils se sont déroulés. La solution est la même en présence d'un fait relevant à la fois de la qualification de violences mortelles et de la qualification de violences ayant entraîné une mutilation sur une même victime. Là encore, les magistrats devront déterminer au regard des faits, laquelle des deux qualifications est la plus adaptée pour ne retenir que celle-ci. « Une qualification peut être considérée comme redondante lorsqu'elle recouvre exactement des faits déjà inclus dans une autre qualification » (F. Desportes et F. Le Gunehec). Il faut distinguer entre deux cas de figure de qualifications redondantes :

9 **Coexistence d'une qualification générale et d'une qualification spéciale.** L'application de l'adage *specialia generalibus derogant* (la loi spéciale déroge à la loi générale) impose de retenir la qualification spéciale à l'exclusion de la qualification générale. Ainsi, celui qui aura provoqué la mort d'autrui par l'administration de substances mortifères devra être poursuivi sur le fondement de la qualification d'empoisonnement, et non du chef d'homicide volontaire ; l'incrimination de fraude électorale prime sur celle de faux en écriture publique [1].

10 **Coexistence d'une qualification large et d'une qualification partielle.** On retrouve cette situation lorsque le même fait caractérise à la fois une infraction autonome, et l'élément constitutif ou la circonstance aggravante d'une autre infraction. Avec le développement des infractions-obstacle, les hypothèses dans lesquelles le même fait constitue à la fois une infraction autonome et la circonstance aggravante d'une autre infraction sont nombreuses. Il faut alors retenir la seule qualification qui recouvre la totalité des faits en cause. Ainsi, lorsqu'un homicide involontaire a été provoqué par un conducteur en état d'ivresse, on retient la qualification d'homicide involontaire aggravé par la circonstance de conduite en état d'ivresse, et non l'homicide involontaire d'une part, et la conduite en d'état d'ivresse d'autre part [2]. De même, lorsqu'un vol a été accompagné de violences, la responsabilité

1. Crim. 30 juin 1987, *RSC* 1987. 872, obs. J.-P. Delmas-Saint-Hilaire.
2. Crim. 3 oct. 1984, *Bull. crim.* n° 285.

pénale de l'auteur est directement recherchée sur le fondement du vol avec violences, incriminé en tant que tel par l'article 311-6 du Code pénal. Il arrive également que le même fait caractérise à la fois une infraction autonome et l'élément constitutif d'une autre infraction. Là encore, la qualification large doit primer sur la qualification partielle. Ainsi, l'individu qui porte successivement plusieurs coups à sa victime provoquant finalement sa mort, sera poursuivi sur le seul fondement des violences mortelles (ou de l'homicide volontaire si la mort a été recherchée), sans qu'il soit question de découper l'action délictueuse en violences ayant entraîné une ITT de 8 jours, puis violences ayant entraîné une ITT de trois mois, puis violences ayant entraîné une mutilation... Il y a toutefois une hypothèse dans laquelle la jurisprudence déroge en pareil cas à l'exclusivité des qualifications : lorsque le même fait constitue à la fois une contravention et l'élément constitutif d'un délit, la jurisprudence conclut au concours de qualifications. Ainsi, le conducteur qui, roulant en excès de vitesse, provoque le décès d'un piéton, sera poursuivi non seulement pour homicide involontaire mais aussi pour excès de vitesse, et ce, alors même que l'excès de vitesse caractérise le comportement de l'homicide involontaire.

11 **Deux qualifications sont incompatibles** quand « une infraction objectivement imputable à un délinquant est la conséquence logique et en quelque sorte naturelle d'une première infraction avec laquelle elle se confond intimement, au point que l'on hésite à la retenir dans la poursuite » (R. Merle et A. Vitu). Tel est de cas des violences suivies d'une omission de porter secours (hypothèse de la personne qui frappe sa victime puis s'en va), ou encore du vol suivi de recel (cas du voleur qui conserve la chose qu'il vient de dérober). Les solutions dégagées par la jurisprudence sont ici variables, celle-ci concluant tantôt à l'exclusivité des qualifications, et tantôt à leur concours. Les auteurs s'accordent néanmoins à considérer que, pour parvenir à ces conclusions, les juridictions répressives ont recours au critère de l'unité ou de la pluralité d'intention. Ainsi, la jurisprudence refuse de cumuler les qualifications de vol et de recel en la même personne, en considé-

rant que le voleur qui conserve la chose qu'il vient de dérober est animé d'une intention unitaire [1].

2. Les concours de qualifications

12 Lorsqu'après l'élimination des qualifications exclusives ou incompatibles, plusieurs qualifications pénales demeurent applicables à une action délictueuse unique, il convient de conclure à l'existence d'un **concours de qualifications.** Reste alors à déterminer si le concours doit être qualifié de concours réel ou de concours idéal.

13 Le législateur de 1810 n'avait pas envisagé que **le concours réel** soit susceptible de régir les situations dans lesquelles une action délictueuse unique est susceptible de revêtir plusieurs qualifications pénales. En effet, l'ancien Code pénal ne faisait du concours réel qu'un mode de calcul des peines, qui était mis en œuvre lorsque deux infractions étaient commises de manière séparée dans le temps, la seconde intervenant alors que la première n'avait encore fait l'objet d'aucun jugement définitif (ex : un individu commet un vol et, quelques jours plus tard, se rend coupable d'escroquerie). Le concours réel joue encore ce rôle aujourd'hui. En effet, selon l'article 132-2 du Code pénal, par opposition aux situations de récidive ou de réitération d'infractions, « il y a concours réel d'infraction lorsqu'une infraction est commise par une personne avant que celle-ci ait été définitivement condamnée pour une autre infraction ». Mais si le législateur a conservé au concours réel sa fonction de mode de calcul des peines, la jurisprudence a progressivement étendu son domaine d'application à des hypothèses dans lesquelles une action délictueuse unique est susceptible de revêtir plusieurs qualifications pénales. Seul cet aspect du concours réel doit retenir attention au titre du choix de la qualification pénale. En effet, dans le célèbre arrêt *Ben Haddadi* du 3 mars 1960 [2], la chambre criminelle a posé le principe suivant lequel doit être qualifiée de concours réel la situation dans laquelle une action délictueuse unique matériellement indivisible est susceptible de revêtir des qualifications pénales protégeant des

1. Crim. 6 juin 1979, *Bull. crim.* n° 193.
2. Crim. 3 mars 1960, *Bull. crim.* n° 138, *RSC* 1961. 105, obs. A. Légal.

intérêts et valeurs sociales distincts. Dans cette affaire, un individu avait jeté une grenade dans un café en vue de donner la mort aux personnes qui s'y trouvaient : plusieurs personnes avaient été blessées, et la grenade avait par ailleurs causé des dégâts matériels. Poursuivi du chef de tentative d'assassinat et de tentative de destruction par explosif d'un édifice servant à l'habitation, l'individu se défendait en invoquant l'unicité du fait matériel commis par lui : le fait de jeter la grenade ne peut s'analyser que comme une action délictueuse unique matériellement indivisible. Par suite, en application des règles du concours idéal et du principe *non bis in idem* il ne pouvait être condamné que sur le fondement d'une seule des deux qualifications qui lui étaient reprochées. Rejetant l'argumentation, la chambre criminelle confirma la double condamnation, au motif « qu'il ne s'agissait pas, en tel cas, d'un crime unique... mais de deux crimes simultanés commis par le même moyen ». En effet, le prévenu avait porté atteinte à deux valeurs sociales différentes : la vie humaine (tentative d'assassinat) et la propriété (tentative de destruction). Ainsi, lorsqu'une action délictueuse unique matériellement indivisible est susceptible de revêtir des qualifications pénales protégeant des valeurs sociales distinctes, la situation doit être qualifiée de concours réel. Cette solution a été ensuite largement reprise.

Ainsi, une action délictueuse unique doit aujourd'hui être considérée comme relevant du concours réel dans deux hypothèses : 1) action délictueuse unique matériellement divisible ; 2) action délictueuse unique matériellement indivisible, mais susceptible de revêtir des qualifications protégeant des intérêts et valeurs sociales distincts. De cette qualification de concours réel découlera la mise en œuvre d'un régime particulier. La qualification de concours réel aura pour conséquence première la pluralité de déclaration de culpabilité. En effet, toutes les qualifications en concours seront retenues, et une déclaration de culpabilité sera prononcée pour chacune d'elles, à l'occasion d'une même procédure. Cette pluralité de qualifications aura des conséquences sur la peine encourue. Selon l'article 132-3 du Code pénal, « lorsque à l'occasion d'une même procédure, la personne poursuivie est reconnue coupable de plusieurs infractions en concours, chacune des peines encourues peut être prononcée. Toutefois, lorsque plusieurs peines de même nature sont encourues, il ne peut être prononcé qu'une seule peine de cette nature, dans la limite du maximum légal le plus élevé ». Ainsi, il n'est pas question de cumuler entre elles les peines de même nature : dans le cas d'un vol en concours réel avec une escroquerie, la peine d'emprisonnement encourue est de 5 ans, soit la plus élevée des peines d'emprisonnement prévue par les deux textes (5 ans pour l'escroquerie, 3 ans pour le vol). En revanche, les peines de nature différente peuvent être cumulées entre elles. Le juge peut donc prononcer l'ensemble des peines de nature différente encourues au titre des différentes infractions. Ainsi, dans le cas d'un vol en concours réel avec le délit qui consiste à tracer des inscriptions sans autorisation sur les façades, les juges peuvent prononcer à titre de peine principale une peine d'emprisonnement (prévue seulement pour le vol), une peine d'amende (prévue pour le vol et le tag, dans la limite du maximum légal le plus élevé) et une peine de travail d'intérêt général (prévue seulement pour le tag).

Ces règles ne s'appliquent pas toutefois aux amendes contraventionnelles, pour lesquelles l'article 132-7 du Code pénal prévoit que « par dérogation aux dispositions qui précèdent, les peines d'amende pour contraventions se cumulent entre elles et avec celles encourues ou prononcées pour des crimes ou délits en concours ».

14 Initialement, la notion de **concours idéal** a été élaborée par la jurisprudence pour régir, en application de la règle *non bis in idem*, toutes les situations dans lesquelles une action délictueuse unique serait susceptible de revêtir plusieurs qualifications pénales. Mais ce domaine s'est logiquement restreint à mesure que s'élargissait celui du concours réel. Or, la jurisprudence a tant élargi le domaine du concours réel que le concours idéal est devenu aujourd'hui d'application résiduelle. On ne peut en effet désormais conclure au concours idéal, que lorsque l'action délictueuse unique n'est pas susceptible de tomber sous le coup du concours réel. Ainsi, l'action délictueuse unique ne relèvera du concours idéal que lorsque deux conditions seront cumulativement remplies : 1) action délictueuse unique matériellement indi-

visible ; 2) action délictueuse unique susceptible de revêtir des qualifications protégeant des intérêts et valeurs sociales identiques. Si l'une de ces conditions fait défaut, la situation doit être qualifiée de concours réel. Les exemples jurisprudentiels de concours idéal se font par conséquent de plus en plus rares. Le concours idéal peut néanmoins être caractérisé lorsqu'un fait unique est susceptible d'être qualifié d'acte de cruauté envers un animal et de mise à mort d'un animal [1], d'apologie de crimes contre l'humanité et de contestation de crime contre l'humanité [2] ; d'extorsion et d'abus de faiblesse [3]. La qualification de concours idéal donne lieu à la mise en œuvre de règles plus clémentes que celles du concours réel.

La jurisprudence a depuis longtemps dégagé le principe de l'unité de qualification en matière de concours idéal. L'application de la règle *non bis in idem*, qui interdit qu'un même fait puisse faire l'objet d'une double déclaration de culpabilité, impose en effet qu'une seule qualification soit finalement retenue. **De jurisprudence constante, le fait unique doit être réprimé sous sa plus haute expression pénale. Ainsi, seule la qualification passible des peines les plus sévères devra être retenue par la juridiction répressive. Cette unité de qualification donne très logiquement lieu à une unité de peines : seules les peines attachées à la qualification retenue sont encourues.**

Le principe de l'unité de qualification connaît toutefois une exception : lorsqu'un fait unique a entraîné des conséquences dommageables de gravité inégale sur des victimes distinctes (ex : un même accident de voiture provoque une ITT de 8 jours sur une première victime, et une ITT de 3 mois sur une seconde victime), la chambre criminelle prononce une déclaration de culpabilité pour chacune des qualifications en concours. En revanche, la dérogation au régime traditionnel du concours idéal s'arrête là, puisque, s'agissant des peines, seules les peines attachées à la plus haute qualification pénale pourront être prononcées, et il n'y a pas de

1. Crim. 4 févr. 1998, *D.* 1998. 109.
2. Crim. 26 avr. 2000, *Bull. crim.* n° 167.
3. Crim. 26 oct. 2005, arrêt n° 04-87-166.

cumul possible entre les amendes contraventionnelles. Il n'est donc pas question d'évoquer en pareille hypothèse le concours réel. Cette dérogation au régime du concours réel trouve son explication dans la volonté de préserver le droit à réparation de chaque victime au civil. En effet, jusqu'à la loi du 10 juillet 2000, la jurisprudence appliquait le principe de l'unité des fautes pénale et civile, qui, combiné au principe de l'autorité sur le civil de la chose jugée au criminel, interdisait au juge civil d'octroyer réparation là où le juge pénal n'avait pas conclu à la culpabilité. Soucieux de préserver le droit à indemnisation des victimes, les magistrats avaient donc eu recours à ce subterfuge consistant à conclure à une double déclaration de culpabilité au pénal, sans que cela n'influe sur le taux de la peine encourue. Bien que l'unité des fautes civile et pénale ait aujourd'hui disparu de notre droit (sur ce point, v. thème consacré à l'élément moral de l'infraction), aucun arrêt de la Cour de cassation n'est à ce jour clairement venu mettre un terme à l'application de cette dérogation au régime du concours idéal.

La maîtrise de ces principes généraux du droit pénal est d'autant plus importante aujourd'hui que le droit pénal spécial a connu un ample mouvement de raffinement des qualifications. Les infractions mères ont donné naissance à des infractions filles qui ont elles-mêmes engendré des infractions petites-filles. Autant dire que cela complique considérablement le travail de qualification pénale, mais aussi la délimitation des frontières entre droit pénal spécial et droit pénal des affaires.

§ 3. Les rapports du droit pénal spécial avec le droit pénal des affaires

15 **Le droit pénal des affaires, un droit très spécial.** Le droit pénal des affaires apparaît pendant les crises économiques de l'entre-deux-guerres. Les décrets-lois des 8 août et 30 octobre 1935 étaient destinés à restaurer la confiance des investisseurs et à redresser une économie qui vacillait. C'est alors que fut incriminé le célèbre abus de biens sociaux destiné à atteindre des comportements que

l'abus de confiance ne pouvait pas réprimer, institué le commissariat aux comptes, puni le chèque sans provision, et furent appliquées aux dirigeants sociaux les peines de banqueroute lorsqu'ils mènent leur entreprise à la déconfiture. La source formelle de ce droit pénal spécial porte ainsi l'empreinte de l'administration : les décrets-lois éludent la discussion parlementaire et la garantie contre l'arbitraire repose davantage sur le discernement des parquets que dans le principe de légalité. Cette origine administrative des textes du droit pénal économique et financier, le plus souvent adoptés en période de crise, ne sera pas démentie par le gouvernement de Vichy puis les ordonnances de la Libération qui s'inspiraient d'un fort dirigisme, jugé nécessaire pour reconstruire l'économie nationale. Avec le retour de la prospérité, les lois véritables ont pris le relais, mais la qualité du droit pénal ne s'est pas améliorée. Les textes légaux sont en effet toujours concoctés par une administration dont la rédaction des incriminations n'est pas la meilleure spécialité et le plus souvent adoptés dans l'urgence, ce qui est peu propice à la finesse des incriminations. Ainsi de la loi du 2 août 1989 en matière de droit boursier, adoptée après le scandale *Péchiney-Triangle.* Le droit boursier témoigne du reste très bien de la concurrence du juge pénal par l'Autorité des marchés financiers qui succède à la Commission des opérations de bourse et dispose d'un pouvoir de sanction.

En d'autres termes, le droit pénal des affaires est un droit pénal très spécial, qui constitue désormais un champ disciplinaire à part entière [1], distinct du « droit pénal spécial ». Nous n'envisagerons dans ce manuel que l'abus de biens sociaux, afin de bien mettre en valeur, ici encore, les enjeux de la qualification pénale, par comparaison avec l'abus de confiance notamment. C'est qu'il importe davantage, dans le cadre de cet ouvrage, de souligner les particularités de l'étude contemporaine du droit pénal spécial.

1. Pour un cours de droit pénal des affaires, v. M. Véron, *Droit pénal des affaires*, Cours Dalloz, 7e éd., 2007.

§ 4. Les particularités de l'étude contemporaine du droit pénal spécial

16 **L'étude du droit pénal spécial à l'heure de l'inflation législative.** Fustiger l'inflation législative est devenu une véritable antienne, en doctrine notamment [1]. Si le phénomène est général, il revêt en droit pénal une couleur à la fois spécifique et inquiétante. En effet, la loi pénale n'a plus seulement aujourd'hui une fonction répressive et pédagogique, exprimant les valeurs d'une époque. Elle remplit désormais une valeur déclarative : « La loi assortie d'une évidente fonction déclarative aurait une mission sédative. Elle naîtrait de la pression sociale de tel ou tel groupe de victimes, directes ou non, voyant dans l'édiction de nouvelles normes, constituant doublons le plus souvent, inappliquées ou inapplicables, la solution à leurs problèmes. Une telle loi déclarative s'inscrirait dans une politique criminelle plus sensible aux effets d'annonce qu'à la construction d'une stratégie toujours complexe de réponses organisées, préventives et répressives au phénomène criminel [2] ». À chaque jour sa loi pénale, à chaque nouveau fait divers l'édiction d'une nouvelle incrimination. Qu'importe si les incriminations existantes sont suffisantes, il s'agit avant tout de communiquer : l'air du « plus jamais ça ! » suffit à légitimer la consécration d'une nouvelle incrimination. Qu'importent la possibilité de mise en œuvre et les difficultés probatoires : le bruit médiatique qui accompagne l'adoption de la loi est souvent inversement proportionnel à son effectivité. Le phénomène s'est accéléré depuis 2001 avec la loi relative à la sécurité quotidienne. Une exhaustion est illusoire, mais certains exemples sont frappants : incriminée l'occupation des halls d'immeuble [3],

1. P. M'Bongo, « De l'inflation législative comme discours doctrinal », *D.* 2005, Point de vue 1300 ; Dès 1991, le Conseil d'État dans son célèbre rapport public intitulé « De la sécurité juridique » dénonçait la prolifération des textes et la dégradation des normes. On y évoque une véritable « marée normative » mesurée par le volume croissant du *Journal officiel*. Ce dernier aurait plus que doublé entre 1976 et 1990. Cela dit, la mesure de cette inflation est elle-même sujette à caution : V. H. Moysan, « À propos de l'inflation des chiffres mesurant l'inflation des lois », *D.* 2007. 3029.
2. C. Lazerges, « De la fonction déclarative de la loi pénale », *RSC* 2004. 194.
3. La loi du 15 novembre 2001 relative à la sécurité quotidienne comportait déjà deux dispositions pour renforcer la sécurité des immeubles. Son article 51 permettait aux services de police municipale de béné-

incriminé le racolage passif [1], incriminée la « mendicité agressive [2] », incriminé l'outrage au drapeau ou à l'hymne national [3], incriminé le port de la cagoule lors d'une manifestation publique [4]...

Le processus, qui se déroule sous nos yeux et s'accélère chaque jour un peu plus, pourrait prêter à sourire : ainsi le journal *Charlie Hebdo* a-t-il pendant un temps suggéré à ses lecteurs, de rédiger, sur la base d'un fait divers, « la loi pénale de la semaine ». Cependant, cette avalanche d'incriminations pénales est révélatrice d'un mal plus profond et induit une nouvelle conception du droit pénal spécial qui mérite d'être analysée plus avant dans un chapitre préliminaire.

---

ficier d'une autorisation d'accès permanent, au même titre que la police et la gendarmerie nationale dans les immeubles collectifs d'habitation. Son article 52 prévoyait que les propriétaires ou exploitants de locaux d'habitation qui respectent leurs obligations en matière de sécurité puissent faire appel aux services de la police et de la gendarmerie nationale (mais pas de la police municipale) en cas d'occupation des espaces communs par des personnes qui entravent l'accès ou nuisent à la sécurité et la tranquillité des lieux (art. L. 126-2 CCH).

1. La loi n° 2003-239 du 18 mars 2003 pour la sécurité intérieure (*JO* 19 mars, p. 4761 ; rectificatif : *JO* 5 juin, p. 9561) est à l'origine d'un nouvel article du Code pénal, l'article 225-10-1, qui érige en délit, puni de deux mois d'emprisonnement et de 3 750 € d'amende, le fait, par tout moyen, y compris par une attitude même passive, de procéder publiquement au racolage d'autrui en vue de l'inciter à des relations sexuelles en échange d'une rémunération ou d'une promesse de rémunération. Cette disposition avait soulevé nombre d'interrogations, tant sur son utilité, que sur ses difficultés d'application, mais le Conseil constitutionnel en a validé le principe (Cons. const. 13 mars 2003).

2. Dans le chapitre du Code pénal sur l'extorsion, la loi du 18 mars 2003 (art. 65) ajoute une « Section 2 *bis* : De la demande de fonds sous contrainte » formée d'un article 312-12-1 selon lequel « Le fait, en réunion et de manière agressive, ou sous la menace d'un animal dangereux, de solliciter, sur la voie publique, la remise de fonds, de valeurs ou d'un bien est puni de six mois d'emprisonnement et de 3 750 € d'amende ».

3. L'article 433-5-1 issu lui aussi de la loi du 18 mars 2003 incrimine le fait, au cours d'une manifestation organisée ou réglementée par les autorités publiques, d'outrager publiquement l'hymne national ou le drapeau tricolore est puni de 7 500 € d'amende. L'outrage commis en réunion est puni de six mois d'emprisonnement et de 7 500 € d'amende. Le Conseil constitutionnel introduit une réserve d'interprétation concernant l'expression « manifestations réglementées par les autorités publiques » qui « doit s'entendre des manifestations publiques à caractère sportif, récréatif ou culturel se déroulant dans des enceintes soumises par les lois et règlements à des règles d'hygiène et de sécurité en raison du nombre de personnes qu'elles accueillent ». Sont avec certitude exclus du champ d'incrimination les œuvres de l'esprit, les propos tenus dans un cercle privé, ainsi que les actes accomplis lors de manifestations non organisées par les autorités publiques ou non réglementées par elles.

4. Le décret du 19 juin 2009 relatif à l'incrimination de dissimulation illicite du visage à l'occasion de manifestations sur la voie publique, a créé l'article R. 645-14 du Code pénal qui dispose désormais : « Est puni de l'amende prévue pour les contraventions de la 5e classe le fait, pour une personne, au sein ou aux abords immédiats d'une manifestation sur la voie publique, de dissimuler volontairement son visage afin de ne pas être identifiée dans des circonstances faisant craindre des atteintes à l'ordre public. La récidive de la contravention prévue au présent article est réprimée conformément aux articles 132-11 et 132-15. Les dispositions du présent article ne sont pas applicables aux manifestations conformes aux usages locaux ou lorsque la dissimulation du visage est justifiée par un motif légitime. »

CHAPITRE PRÉLIMINAIRE

L'avènement d'une nouvelle acception du droit pénal spécial : le spectre d'un droit pénal d'exception ?

17 Ce qu'il importe de mettre au jour dans ce chapitre préliminaire, c'est une nouvelle acception du droit pénal spécial, conçu non plus seulement comme la partie analytique du droit pénal, mais comme un droit d'exception, souvent gouverné par des règles dérogatoires de droit commun qui brouillent les catégories classiques. Il en va de la bonne compréhension de la matière. En effet, la tension croissante entre sécurité et liberté modifie les équilibres et les frontières de la discipline (SECTION 1), ce qui requiert de la part des étudiants et des praticiens l'adoption de nouveaux réflexes intellectuels pour l'aborder (SECTION 2).

Section 1
La tension croissante entre sécurité et liberté[1]

18 Le droit pénal spécial et la procédure pénale sont à bien des égards plus importants que le droit pénal général pour appréhender la tension croissante entre sécurité et liberté. On le sait, le contrat social est fondé sur l'abdication par chaque individu d'une petite portion de liberté en échange de la sécurité. C'est la somme de ces petites portions de liberté abdiquées qui fonde le droit de punir selon Beccaria. Dans ce cadre, chaque citoyen peut prétendre à la sécurité mais aussi à toute la liberté qui n'a pas été abdiquée : de là le titre d'une célèbre loi dont l'examen au Conseil constitutionnel a permis de poser l'essentiel du droit constitutionnel pénal (CC 19-20 janvier 1981).

Or, cet équilibre est aujourd'hui en partie remis en cause en raison de la conjonction d'une multitude de facteurs. Dans le cadre de ce manuel, seul un tour d'horizon très général peut être proposé. Il est ainsi possible d'identifier cinq séries de facteurs qui contribuent à tendre davantage le rapport entre sécurité et liberté et à modifier en profondeur les équilibres du droit pénal spécial.

19 Premièrement, la distinction entre infractions politiques et infractions de droit commun, classique en droit pénal général, est depuis très longtemps tombée en désuétude. En effet, la tradition libérale des démocraties consistait à doter les infractions politiques d'un régime plus clément que celui des infractions de droit commun, car le mobile politique était considéré comme plus noble. Cette conception romantique du délinquant politique, élaborée à la fin du XIXe siècle, lorsque la liberté d'expression était encore mal assurée, a vécu. Comment considérer qu'il est noble de jeter des bombes pour défendre ses idées, dès lors que la liberté d'expression est constitutionnellement et légalement assurée ? C'est pour-

1. J. Carbonnier, *Droit et passion du droit sous la Ve République*, Flammarion, 2006, p. 135 : « Alors que du droit pénal on attend la sécurité, il se nourrit de l'insécurité, il vit en tension avec elle » ; *adde*, M. Delmas-Marty, *Libertés et sûreté dans un monde dangereux*, Seuil, 2010.

quoi depuis l'arrêt *Gorguloff* (Crim. 20 août 1932) on considère que dès lors qu'une infraction est trop grave (infractions contre les personnes), elle ne saurait être qualifiée de politique, aussi évident soit son mobile politique. Cette conception tend à vider de sa substance la catégorie « infraction politique », sans que ces infractions reviennent pour autant dans le giron du droit commun. En effet, et précisément, si ces infractions sont « trop graves » (avec toute l'imprécision que laisse deviner ce critère), elles ne sauraient être traitées comme des infractions de droit commun classiques : ce sont des infractions de droit commun très spéciales, comme le montrent, par exemple, les infractions terroristes [1] et les crimes contre l'humanité.

20 Deuxièmement, ce processus contribuant à vider de leur substance les catégories « infractions politiques » et « infractions de droit commun » aboutit à la construction d'une vaste nébuleuse d'infractions à régime spécial voire très spécial. Or, ce sont souvent des réformes de procédure pénale qui assurent la mise en place de ces singularités. Que l'on songe, par exemple, aux articles 706-73 et 706-74 relatifs à la bande organisée : **la porosité entre procédure pénale et droit pénal de fond** est ici patente. En effet, la notion de bande organisée ne gouverne par seulement le déploiement de moyens de poursuite exorbitants du droit commun, elle rejaillit, comme nous le verrons, sur la qualification.

21 Troisièmement, la **politique criminelle a fait voler en éclats l'unité de la plupart des notions du droit pénal**, et l'étude du droit pénal spécial offre la possibilité de prendre la mesure de cet éparpillement. Que l'on songe à l'intention et à l'imprudence, notions cardinales, qui n'ont aujourd'hui plus aucune unité, comme la seule lecture de l'article 121-3 suffit à s'en convaincre. C'est un véritable millefeuille, à la lisibilité discutable, qui a toutefois pour fonction de personnaliser l'exigence de l'élément moral en fonction du profil criminologique de l'auteur. L'efficacité du système, intégrant une logique comptable de résultats, valorise la personnalisation des procédures pénales [2]. Or, ce phénomène est

---

1. J.-P. Marguénaud, « La qualification pénale des actes de terrorisme », *RSC* 1990. 1.

2. J.-P. Jean, « Politique criminelle et nouvelle économie du système pénal », *AJ Pénal* 2006. 473 : l'auteur évoque un phénomène de « contingentement progressif du procès pénal de droit commun » :

aujourd'hui très avancé, et il intéresse l'ensemble des incriminations, selon deux figures plus ou moins inquiétantes. D'un côté, la structure de certaines infractions varie selon le profil criminologique de l'auteur : l'élément moral du recel n'est pas le même selon que l'auteur est socialement privilégié ou non. D'un autre côté, et de façon plus spectaculaire, une affaire sensible peut conduire à modifier, par-delà le cas, la structure générale de l'infraction. C'est ce qu'illustre de façon exemplaire l'impact de l'affaire du sang contaminé sur la définition de l'empoisonnement en général et de son élément moral en particulier. Autant dire que ce troisième facteur de tension invite à rétablir dans leurs droits l'étude de la jurisprudence et même une certaine casuistique en droit pénal spécial.

22 Quatrièmement, la construction des incriminations, qu'il s'agisse de préciser les contours d'une incrimination existante ou d'en forger une nouvelle, s'appuie aujourd'hui sur des figures de « monstres ». De là le **regain d'intérêt pour la notion de « dangerosité »**, convoquée par le Conseil constitutionnel pour justifier la rétention de sûreté [1], mais dont les contours sont mal tranchés [2]. Le droit pénal spécial est davantage construit en tenant compte d'un homme criminel extrême et non plus moyen : les figures du « pédophile » et du « terroriste » légitiment l'adoption de nom-

---

« la nouvelle économie du système pénal repose désormais sur une dichotomie évidente entre procédure garantiste et procédure simplifiée. La procédure garantiste est réservée à l'audience classique, aux affaires complexes et (ou) discutées. Dans un cadre de ressources limitées, afin que le système judiciaire puisse consacrer le temps et les moyens nécessaires à cette justice pénale traditionnelle, la nécessité impose de traiter selon un mode rapide, souvent négocié », selon une procédure simplifiée, au moindre coût humain et financier, un maximum d'affaires qui ne présentent pas les mêmes enjeux » ; *adde*, J. Danet, *Justice pénale : le tournant*, Gallimard, 2006.

1. H. Matsoupoulou, « Le développement des mesures de sûreté justifiées par la dangerosité, Commentaire de la loi n° 2008-174 du 25 février 2008 », *Dr. pénal* 2008, étude ; J. Pradel, « Une double révolution en droit pénal français avec la loi du 25 février 2008 sur les criminels dangereux », *D.* 2008. Chron. 100 ; J.-P. Céré, « La rétention de sûreté à l'épreuve de la Convention européenne des droits de l'homme », *AJ pénal* 2008. 22 ; Y. Mayaud, « La mesure de sûreté après la décision du Conseil constitutionnel n° 2008-562 du 21 février 2008 », *D.* 2008. 135 ; C. Lazerges, « La rétention de sûreté : le malaise du Conseil constitutionnel », *RSC* 2008. 731 ; M. Delmas-Marty, *Libertés et sûreté dans un monde dangereux*, Seuil, 2010 : « Construit sur le couple culpabilité-peine, le droit pénal postule le libre arbitre, alors que le couple dangerosité-mesure de sûreté en est la négation ».

2. P. Poncela, *Promenade de politique pénale sur les chemins hasardeux de la dangerosité*, *in* P. Mbanzoulou, H. Bazex, O. Razac et J. Alvarez (dir.), *Les nouvelles formes de la dangerosité*, ENAP, l'Harmattan, 2008 ; G. Giudicelli-Delage et C. Lazerges, *La dangerosité saisie par le droit pénal, Étude de droit comparé*, Les voies du droit, PUF, 2010 ; P.-J. Delage, « La dangerosité comme éclipse de l'imputabilité et de la dignité », *RSC* 1997. 797.

breuses mesures dérogatoires de droit commun. Politiquement, cette adoption est facilement justifiée, au nom du bon sens populaire : on n'attrape pas des mouches avec du vinaigre. Cependant, ultérieurement, ces mesures dérogatoires font tâche d'huile, bien au-delà de leur terrain d'adoption initial. L'exemple du fichier des empreintes génétiques est ici topique : instauré pour faire face à la récidive en matière d'infractions sexuelles, il concerne désormais la plupart des infractions « les plus graves ». De proche en proche, c'est l'ensemble du maillage des incriminations pénales qui est conçu pour lutter contre un homme criminel non plus moyen, mais extrême.

23 Cinquièmement, la plupart des démocraties occidentales ont connu, après le 11 septembre 2001, un tournant sécuritaire sans précédent. Ce facteur, initialement conjoncturel, est devenu structurel. Sans doute les philosophes et historiens des idées se pencheront-ils avec intérêt et davantage de recul sur ce phénomène d'ici cinquante ans. On peut d'ores et déjà observer que le curseur se déplace vers une exigence accrue de sécurité, au détriment des libertés individuelles [1]. La « frénésie sécuritaire [2] » et l'idéologie victimaire alimentent le développement du droit pénal spécial : le contrôle social préventif, au nom de la dangerosité, prend le pas sur l'exigence traditionnelle de culpabilité. Quand bien même la consistance d'un « droit fondamental à la sécurité » paraît discutable [3], les restrictions apportées aux libertés se font bien souvent avec l'assentiment ou, à tout le moins, dans l'indifférence du plus grand nombre. Qu'importe si mes libertés sont rétrécies, dès lors que ma sécurité est garantie. Entre sécurité et liberté, il faut désormais choisir : sécurité ou liberté.

En définitive, ces facteurs convergents favorisent un « état d'exception ». Le droit pénal spécial change alors de couleur : il n'est plus simplement la partie analytique du droit pénal, il invite

1. J. Danet, *Le tournant pénal*, Folio, 2006 ; *adde*, C. Lazerges, « La tentation du bilan 2002-2007 : une politique criminelle au gré des vents », *RSC* 2009. 689.
2. L. Mucchielli (dir), *La frénésie sécuritaire*, La Découverte, 2008.
3. M.-A. Granger, « Existe-t-il un droit fondamental à la sécurité ? », *RSC* 2009. 273 : comme le souligne l'auteur, l'invocation par le législateur d'un « droit fondamental à la sécurité » est purement rhétorique : la sécurité est un devoir de l'État et non un droit subjectif des citoyens.

à l'étude d'un droit souvent dérogatoire du droit commun, au regard notamment du socle des principes fondamentaux du droit pénal. Par-delà la dimension éminemment politique de cette question, cela intéresse aussi la technique juridique car il importe désormais, pour bien qualifier une situation de fait, d'intégrer de nouveaux réflexes intellectuels.

Section 2
Les nouveaux réflexes intellectuels à l'heure de la « surchauffe du droit pénal spécial »

24 La « surchauffe » du droit pénal spécial tend à démultiplier les concours de qualification pénale. Certes, le choix de la qualification pénale est-il encore, aujourd'hui comme hier, gouverné par les règles classiques du concours idéal et du concours réel d'infractions, résolus par les articles 132-3 et suivants du Code pénal. C'est la valeur protégée par l'infraction qui demeure en principe le critère déterminant pour établir la qualification, ce qui peut encore servir de boussole dans les situations délicates de qualification engendrées par la « surabondance » du droit pénal spécial [1]. Cependant l'intérêt de ces réflexes traditionnels tend à s'émousser pour au moins deux raisons qui tiennent à la prolifération des circonstances aggravantes.

25 D'une part, les circonstances aggravantes promues par le législateur contemporain tendent à ériger de nouveaux intérêts défendus par le droit pénal, qui se superposent aux valeurs traditionnellement protégées. En effet, l'exercice de qualification juridique, qui fait tout l'intérêt et la difficulté du droit pénal spécial, est aujourd'hui conditionné par de nouvelles questions récurrentes ;

1. Ph. Conte, « Effectivité », inefficacité », « sous-effectivité », « surefficacité »... : variations pour droit pénal », *Mélanges Catala*, 2001, p. 125.

elles reflètent l'extraordinaire inflation des circonstances aggravantes qui accompagnent chaque réforme et viennent souvent saupoudrer l'ensemble des incriminations : l'individu est-il ou non en état de récidive [1] ? L'individu a-t-il agi en bande organisée ? La victime est-elle mineure ? L'intervention du droit pénal semble ainsi être déterminée de plus en plus par les circonstances aggravantes et non par les incriminations particulières. Du reste pour beaucoup d'acteurs du monde judiciaire, la question de l'agissement ou non en bande organisée est, désormais, la question première, avant de préciser la qualification pénale adéquate. On assiste donc à une dissipation des cadres juridiques traditionnels au profit de l'émergence de nouvelles catégories pénales (racisme, homophobie, minorité de la victime, bande organisée, violences conjugales etc.) qui se superposent aux valeurs traditionnelles (protection de la personne dans son intégrité et sa liberté, protection des biens etc.). En d'autres termes, les valeurs promues par les circonstances aggravantes, souvent issues de lois adoptées en réaction à un fait divers, viennent concurrencer les valeurs classiquement défendues par le droit pénal. C'est ici que le système classique de résolution des concours de qualifications pénales trouve ses limites : le pénaliste est en effet habitué à ce que l'intérêt juridique protégé ne soit pas constant, et qu'il puisse fluctuer en raison des circonstances aggravantes, comme c'est le cas par exemple d'un vol à main armée (atteinte au bien aggravée d'une atteinte à la personne). La perplexité le gagne en revanche lorsqu'il constate, comme nous le ferons au cours de cet ouvrage, que le vol en bande organisée encourt la même peine (15 ans) que les violences mortelles... La stratification de réformes pénales adoptées le plus souvent sous le coup de l'émotion a ainsi progres-

1. La lutte contre la récidive fait l'objet d'un ample dispositif pénal, sans cesse renforcé, au point qu'on en vient à donner des numéros à toutes ces réformes qui se bousculent : après la loi récidive I (12 décembre 2005) et la loi récidive II (5 mars 2007), la loi récidive III a été publiée le 10 mars 2010. Sur ces lois, voir, notamment : sur la loi récidive I : J.-H. Robert « Les murailles de silicium. Loi n° 2005-1549 du 12 décembre 2005 relative au traitement de la récidive des infractions pénales », *JCP* 2006. 11 ; M. Herzog-Evans, « Les dispositions relatives à la récidive dans la loi du 12 décembre 2005 », *D.* 2006. Chron. 182. Sur la loi récidive II : J.-H. Robert, « Le plancher et le thérapeute », *Dr. pénal* 2007, Étude n° 2 ; J. Pradel, « Enfin des lignes directrices pour sanctionner les délinquants récidivistes », *D.* 2007. Chron. 224 ; M. Herzog-Evans, « Prévenir la récidive : les limites de la répression pénale », *AJ pénal* 2007. 35 ; E. Vergès, C. Ribeyre et A.-G. Robert, *Chronique législative*, *RSC* 2007. 858.

sivement créé un réseau de valeurs parallèles, véhiculées par les circonstances aggravantes, qui sont d'autant plus importantes qu'elles gouvernent des règles dérogatoires de procédure pénale.

26 D'autre part, l'extension des procédures pénales dérogatoires [1] joue aussi son rôle, en révélant à quel point le droit pénal forme un tout systémique, au-delà des distinctions académiques entre droit pénal de fond et procédure pénale. Cette extension des procédures dérogatoires est en effet assez sournoise. Depuis 1986, et l'adoption d'un régime spécial pour les infractions terroristes [2], un certain nombre de réformes ont été promues au titre de simples réformes de procédure pénale, circonscrites qui plus est à des infractions nettement délimitées (terrorisme, proxénétisme, trafic de stupéfiants). Or, désormais, c'est un tout autre constat qui s'impose : non seulement les régimes dérogatoires font tache d'huile, mais encore ils affectent l'ensemble du droit pénal, et non pas seulement les conditions de poursuite et de condamnation des infractions. Qu'on en juge plutôt, avec le pas franchi par la loi Perben II, destinée à lutter contre la criminalité organisée [3]. Les articles 706-73 et 706-74 du Code de procédure pénale visent évi-

1. E. Rubi-Cavagna, « L'extension des procédures dérogatoires », *RSC* 2008. 23.
2. C'est en effet à partir de cette date qu'a commencé à se construire en France « une procédure pénale « parallèle » ou bi », un itinéraire de contournement pour certaines infractions dont la liste ne cesse de s'allonger », manifestation d'une dérive de la procédure pénale : C. Lazerges, « La dérive de la procédure pénale », *RSC* 2003. 644.
3. La criminalité organisée n'est pas facile à définir car elle correspond à une réalité criminologique complexe. Le législateur a d'ailleurs renoncé à cet exercice, préférant se borner à une énumération d'incriminations existantes. On peut toutefois, à la suite du Professeur Gassin, distinguer trois types de criminalité organisée : 1°) la criminalité organisée à caractère brutal ou agressif (*hold up*, racket, cambriolage, vol à la tire...) ; 2°) l'exercice d' activités illicites rémunératrices (tenue clandestine de maison de jeu, proxénétisme, trafic de stupéfiants...) qui consiste à tirer profit des vices d'autrui ; 3°) le *white collar crime* qui est le fait de personnes qui appartiennent à des catégories sociales élevées et consiste dans des actes de ruse : fraudes fiscales, infractions aux lois sur les sociétés, corruption de fonctionnaire... ». Face à ce phénomène polymorphe, il n'est pas aisé de trouver un accord sur les critères de la criminalité organisée. Il est certain que toute entente ou toute infraction commise à plusieurs ne relève pas nécessairement du crime organisé. En effet, le crime organisé implique des actes intentionnels, planifiés, commis à plusieurs grâce à une organisation structurée et clandestine, inscrite dans la durée, donnant à cette délinquance un type professionnel et facilitant sa mobilité. Certains criminologues considèrent que le crime organisé ne s'attaque pas aux structures politiques d'un État, mais affecte directement et de façon significative son économie. Cela permettrait de distinguer le terrorisme - qui cherche un avantage politique - du crime organisé qui cherche un profit. La Convention des Nations unies retient ainsi la définition suivante : « L'expression groupe criminel organisé désigne un groupe structuré de trois personnes ou plus existant depuis un certain temps et agissant de concert dans le but de commettre une ou plusieurs infractions graves ou infractions établies conformément à la présente Convention, pour en tirer, directement ou indirectement, un avantage financier ou un autre avantage matériel ». Il faut toutefois observer que de nombreux mouvements terroristes ont connu une dérive mafieuse, si bien que leurs agissements renvoient à la fois à des revendications idéologiques (de façade ?) et à la recherche du profit.

demment le terrorisme, le trafic de stupéfiants et le proxénétisme mais encore des infractions d'atteintes aux personnes, aux biens ou à l'État et à la paix publique. Toutefois, dans de nombreux cas, l'identification des infractions pour lesquelles la procédure est possible ne se fait pas sur un type d'infraction mais sur une circonstance aggravante : la bande organisée. Il a déjà été relevé que l'existence d'une bande organisée, au sens que lui donne la jurisprudence, n'était pas nécessairement révélatrice de celle d'une forme de criminalité organisée. Or, non seulement la définition française de la bande organisée est plus large que celle retenue par les conventions internationales [1], mais encore elle trouve à s'appliquer à des infractions qui n'ont pas été visées par ces conventions [2]. Un pas supplémentaire a été franchi avec la loi du 13 novembre 2007 qui étend à la corruption et au trafic d'influence la procédure dérogatoire applicable à la bande organisée, alors même que ces infractions ne seraient pas commises en bande organisée. Les infractions énumérées dans l'article 706-73 du Code de procédure pénale sont toutes passibles de peines de réclusion criminelle ou d'un emprisonnement d'une durée de 10 ans. La circonstance aggravante de « bande organisée » criminalise ainsi de nombreux délits et, pour les autres, fait encourir une peine de 10 ans d'emprisonnement. Cela vaut aussi pour le vol, qui n'est pourtant pas une infraction « grave » en soi, au sens de la convention de Palerme. Dans sa décision du 2 mars 2004, le Conseil constitutionnel n'a pas jugé utile de censurer le choix du législateur français d'intégrer le vol en bande organisée dans la

1. La Convention de Palerme de 2000, la recommandation du Conseil de l'Europe de 2001, et la convention des Nations unies pour la lutte contre la criminalité transnationale organisée retiennent des définitions plus restrictives. Par exemple, ce dernier instrument définit le groupe criminel organisé comme « un groupe structuré de trois personnes ou plus existant depuis un certain temps et agissant de concert dans le but de commettre une ou plusieurs infractions graves ou infractions établies conformément à la présente convention, pour en tirer, directement ou indirectement, un avantage financier ou un autre avantage matériel ». La « bande organisée » au sens de la loi française ne comporte ni exigence de durée, ni dol spécial qui traduirait une intention particulière.

2. La Convention des Nations unies ne retient la qualification de groupe criminel organisé que si les personnes commettent des infractions prévues par la convention (blanchiment, corruption active et passive, entrave au bon fonctionnement de la justice) ou participent à un groupement qui prépare de telles infractions ou encore si les personnes commettent des infractions graves lesquelles sont, au sens de la Convention de Palerme comme au sens de la recommandation du Conseil de l'Europe, des infractions passibles d'une peine privative de liberté dont le maximum ne doit pas être inférieur à quatre ans ou d'une peine plus lourde ».

liste des infractions permettant le développement de la procédure spécifique. Se bornant à une réserve d'interprétation, il a affirmé que la procédure ne devait être utilisée que si le vol « présente des éléments de gravité suffisants pour justifier les mesures dérogatoires en matière de procédure pénale prévues à l'article 1er de la loi déférée ; que, dans le cas contraire, ces procédures spéciales imposeraient une rigueur non nécessaire au sens de l'article 9 de la Déclaration de 1789 ; qu'il appartiendra à l'autorité judiciaire d'apprécier l'existence de tels éléments de gravité dans le cadre de l'application de la loi déférée ». L'infraction de vol n'est donc pas en soi suffisante, même commise en bande organisée, pour justifier l'application de la procédure dérogatoire mais peut l'être en certaines circonstances. En d'autres termes, le Conseil a accepté, en matière de vol, de laisser le ministère public juge de la nécessité de saisir une juridiction interrégionale et surtout d'utiliser les dispositions dérogatoires conçues pour la criminalité organisée, ce que l'on peut regretter [1].

27 En résumé, le droit pénal spécial se trouve aujourd'hui dans une période transitoire qui, à certains égards, paraît chaotique. Il n'est plus seulement la partie analytique du droit pénal, il est aussi le révélateur d'un système dérogatoire de droit commun, véritable laboratoire du droit commun de demain. Peut-être est-ce la raison pour laquelle la garde des Sceaux en a appelé en novembre 2009 à une réécriture complète du Code pénal [2] : les valeurs promues par la réaction émotionnelle au fait divers, qui se superposent aux valeurs classiques, viendront-elles un jour les supplanter ? Voire. En attendant, l'étude du droit pénal spécial en termes de valeurs protégées conserve tout son intérêt didactique. C'est pourquoi nous suivrons sagement le système traditionnel d'ordonnancement, en étudiant successivement les infractions contre les personnes (PREMIÈRE PARTIE), les infractions contre les biens (DEUXIÈME PARTIE) et les infractions contre la chose publique (TROISIÈME PARTIE).

1. E. Rubi-Cavagna, « L'extension des procédures dérogatoires », *RSC* 2008. 23.
2. Mme Alliot-Marie, Garde des Sceaux, a déclaré le 6 novembre 2009 devant le congrès de l'Union syndicale des magistrats, vouloir « une réécriture de tout le droit pénal ».

Première partie

Les infractions contre les personnes

28 **Éminence et diversité des valeurs protégées par la seconde partie du Code pénal.** Parmi toutes les valeurs protégées par le droit pénal, l'intégrité et la liberté de la personne sont certainement les plus précieuses. C'est pourquoi le législateur a mis en place un grand nombre d'incriminations permettant d'appréhender, sous toutes leurs formes, les atteintes qui leur seraient portées. Les deux critères principaux de classification des infractions sont ainsi la valeur protégée et le résultat qu'elles ont atteint ou visé, même si cette notion de résultat est difficile à cerner [1]. L'ordre choisi par le Code pénal a le mérite d'exprimer les valeurs humanistes portées par la réforme de 1994, en envisageant les infractions contre les personnes dans la deuxième partie du Code, immédiatement après les dispositions générales [2]. Cela dit, le découpage interne de cette partie ne peut servir de guide unique pour l'organisation du manuel, et cela pour trois raisons. D'une part, la première sec-

1. Le résultat fonde notamment la distinction entre infractions matérielles et formelles. Cependant, la diversification des techniques législatives de prévention brouille la distinction, comme le montre notamment la notion de risque. En ce sens, J. Chacornac, « Le risque comme résultat dans les infractions de mise en danger : les limites de la distinction des infractions matérielles et formelles », *RSC* 2008. 849.

2. Pour une analyse de l'ordonnancement de cette première partie, voir P. Couvrat, « Les infractions contre les personnes dans le Nouveau Code pénal », *RSC* 1993. 469.

tion envisage depuis 2004 à la fois les crimes contre l'humanité et les crimes contre l'espèce humaine, ce qui fait perdre aux crimes contre l'humanité leur spécificité. C'est pourquoi nous avons préféré distinguer nettement les crimes contre l'humanité (CHAPITRE 1) et les crimes contre l'espèce humaine (CHAPITRE 2). En effet, les crimes contre l'humanité s'attaquent à une victime en raison de son appartenance à un groupe, comme si ce groupe était exclu de l'humanité ; les crimes contre l'espèce humaine sont dirigés contre le genre humain, appréhendé en tant qu'espèce. D'autre part, le Code pénal envisage de si nombreuses incriminations qu'il a été nécessaire d'opérer une sélection, y compris dans la section protéiforme consacrée aux infractions de mise en danger. S'agissant d'un manuel, il a semblé légitime de ne retenir que les infractions dont la connaissance était le plus fréquemment requise dans les principaux exercices des examens et concours juridiques (cas pratiques, commentaires, dissertations). En outre, le découpage de cette première partie est essentiellement gouverné par la valeur (vie, liberté, égalité, santé) ou la catégorie (humanité, espèce humaine, personne) que protège spécifiquement chaque série d'incriminations.

Ces explications liminaires justifient le plan suivant :

Chapitre 1. Les crimes contre l'humanité

Chapitre 2. Les infractions contre l'espèce humaine

Chapitre 3. Les atteintes volontaires à la vie

Chapitre 4. Les atteintes involontaires à la vie et à l'intégrité physique

Chapitre 5. Les atteintes volontaires à l'intégrité et à la liberté des personnes

Chapitre 6. Les infractions de mise en danger

Chapitre 7. Les infractions sexuelles

Chapitre 8. La protection pénale du mineur

Chapitre 9. La protection pénale de l'intimité

Chapitre 10. L'incrimination des atteintes à la dignité individuelle

Chapitre 11. Le trafic de stupéfiants

CHAPITRE 1

Les crimes contre l'humanité

29 Vladimir Jankélévitch, méditant sur la dimension du pardon que toute justice recèle, justifie la notion d'imprescriptibilité des crimes contre l'humanité en affirmant qu'« oublier ce crime gigantesque contre l'humanité serait un nouveau crime contre le genre humain [1] ». Ainsi, parmi les manifestations les plus éclatantes de la volonté du législateur d'exprimer dans le nouveau Code pénal des valeurs humanistes, figure l'incrimination des crimes contre l'humanité placée symboliquement en tête des infractions contre les personnes. La notion de crimes contre l'humanité résulte d'un ensemble constitué par des textes de portée internationale – notamment du statut du Tribunal militaire international de Nuremberg annexé à l'accord de Londres du 8 août 1945 –, par la jurisprudence de la Cour de cassation et par la loi du 26 décembre 1964 proclamant l'imprescriptibilité de tels crimes. À l'incrimination internationale, s'est ajoutée une incrimination interne : le Code pénal énonce désormais un ensemble cohérent et complet de dispositions en les détachant de toute référence aux événements de la Seconde Guerre mondiale. Afin d'apprécier le chemin parcouru depuis 1945, nous étudierons successivement l'évolution historique de la notion de crimes contre l'humanité

1. V. Jankélévitch, *L'imprescriptible. Pardonner ? Dans l'honneur et la dignité*, Seuil, 1997.

(SECTION 1), l'incrimination contemporaine des crimes contre l'humanité (SECTION 2) et les infractions complémentaires (SECTION 3).

SECTION 1

ÉVOLUTION HISTORIQUE DE LA NOTION DE CRIMES CONTRE L'HUMANITÉ

30 **Naissance de l'incrimination internationale.** Atteintes à des valeurs essentielles de civilisation universellement reconnues, les crimes contre l'humanité se présentent d'abord comme des infractions internationales définies pour la première fois dans le statut du Tribunal militaire international de Nuremberg annexé à l'accord de Londres du 8 août 1945 [1]. Selon la juste formule de Claude Lombois, il est apparu inconcevable de « laisser se diviser, se dénaturer l'holocauste en six millions de fois un meurtre [2] ». C'est pourquoi l'article 6, *c* du statut du Tribunal de Nuremberg incriminait, à côté des crimes contre la paix (art. 6, *a*) et des crimes de guerre (art. 6, *b*), les crimes contre l'humanité définis comme « l'assassinat, l'extermination, la réduction en esclavage, la déportation et tout autre acte inhumain commis contre toutes populations civiles, avant ou pendant la guerre ; ou bien les persécutions, pour des motifs politiques, raciaux ou religieux ». Cependant, cette incrimination, si elle s'imposait politiquement, n'allait pas de soi au regard de la technique juridique, et cela pour deux raisons principales. D'une part, au regard des règles d'application de la loi pénale dans le temps, et notamment du principe de non-rétroactivité de la loi pénale plus sévère : les faits visés étaient ici

1. Cet accord signé par les États-Unis, la Grande-Bretagne, la France et l'URSS vise « la poursuite et le châtiment des grands criminels de guerre des puissances européennes de l'Axe », c'est-à-dire l'Allemagne nazie, l'Italie fasciste et le Japon autoritaire. C'est pourquoi le statut du Tribunal militaire international de Tokyo constitué le 19 janvier 1946 pour juger les crimes commis en Extrême-Orient comportait des dispositions identiques.

2. C. Lombois, « Un crime international en droit positif français : l'apport de l'affaire Barbie à la théorie française du crime contre l'humanité », *Mélanges Vitu*, Cujas, Paris, 1989, p. 367

antérieurs à l'édiction de l'incrimination. Pour éviter ce grief, les Alliés ont justifié l'incrimination internationale au nom de la coutume internationale : en tout temps, il a été interdit de mettre à mort une personne au nom de sa race ou de sa religion. L'incrimination de 1945 ne serait ainsi que l'expression d'une coutume. C'était toutefois éviter le grief de rétroactivité pour s'exposer à un autre grief : celui d'un droit pénal non écrit... D'autre part, l'accord de Londres a affirmé l'imprescriptibilité des crimes contre l'humanité, ce qui n'a pas manqué de soulever des difficultés dans les pays attachés au système de prescription, comme la France. Autant de questions relatives à la technique juridique qui ont nécessité une acclimatation de l'incrimination internationale en droit interne.

31 **Acclimatation de l'incrimination internationale en droit interne.** Les difficultés de la poursuite en France de l'incrimination internationale ne sont pas apparues dans l'immédiat après-guerre. En effet, les criminels nazis ont été condamnés pour crimes de guerre et les Français l'ont été pour intelligence avec l'ennemi [1]. Cependant, après la disparition des juridictions pénales internationales temporaires que furent les tribunaux de Nuremberg et de Tokyo, un certain nombre de pays vainqueurs, dont la France, reçurent des délégations de compétence universelle pour connaître de l'incrimination internationale de crime contre l'humanité. Or, avant l'entrée en vigueur du nouveau Code pénal, aucun texte de notre droit n'érigeait de tels crimes en infractions autonomes et ne prévoyait les modalités d'une répression effective. C'est la loi du 26 décembre 1964, affirmant l'imprescriptibilité des crimes contre l'humanité, qui a comblé partiellement ce vide et permis la répression interne de l'incrimination internationale.

Le travail d'acclimatation a été poursuivi par une construction jurisprudentielle audacieuse élaborée lors de trois affaires célèbres. En effet, les affaires Touvier, Barbie et Papon [2] ont donné

1. André Vitu, « Crimes et délits contre la chose publique, intelligence avec l'ennemi, crime de guerre et crime contre l'humanité », *RSC* 1976. 97.

2. Dans l'affaire *Touvier*, il s'agissait de connaître des actes du chef de la Milice de Lyon : par un arrêt du 30 juin 1976, la chambre criminelle affirma que les crimes contre l'humanité étaient « des crimes de droit commun commis dans certaines circonstances et pour certains motifs précisés dans le texte qui les définit », en l'occurrence, l'article 6, *c* du statut du Tribunal de Nuremberg. C'est ainsi que les auteurs de

lieu à plusieurs décisions jurisprudentielles qui ont fixé les grandes lignes de la répression nationale de cette incrimination internationale. Il convenait en effet de lever les obstacles du droit interne au regard du principe de légalité et de l'imprescriptibilité. La jurisprudence française s'est prudemment réfugiée derrière l'interprétation de la délégation de compétence universelle reçue par la France et l'intention des signataires de l'accord de Londres : la France a reçu compétence de la communauté internationale pour réprimer les actes des agents au service des puissances de l'Axe qui ont été commis sur son territoire ou contre des ressortissants français. Cette délégation doit être interprétée strictement dans la mesure où elle déroge aux principes de l'égalité entre les souverainetés. Cette restriction à la compétence *ratione personae* n'entraîne aucune difficulté lorsqu'il s'agit de punir un membre de la Gestapo comme Barbie. En revanche, l'obstacle se dresse pour la répression d'un acte perpétré par un Français. Ce dernier, conformément à la délégation de compétence, ne peut être jugé pour crimes contre l'humanité que s'il a agi en tant qu'agent d'un pays visé par l'Accord de Londres, ou comme complice. Cela explique pourquoi Paul Touvier et Maurice Papon ont été condamnés pour complicité de crimes contre l'humanité.

Cette prudence s'explique moins par des raisons techniques que politiques : elle permet d'éluder la question de la répression des crimes contre l'humanité commis par le régime de Vichy. Au reste, l'articulation entre l'incrimination internationale et l'incrimination interne permet aussi d'éluder les crimes commis par la

crimes contre l'humanité pouvaient donc être poursuivis, sur le fondement des textes de droit interne réprimant, par exemple, l'assassinat, la séquestration ou les violences. Ensuite, dans l'arrêt *Barbie* du 20 décembre 1985, qui concernait les actes commis par le chef de la Gestapo de l'Einsatz-Kommando de Lyon, la Cour de cassation précisa davantage les circonstances et les motifs spécifiques conférant à ces infractions communes le caractère de crimes contre l'humanité. Ainsi selon cet arrêt célèbre, constituent des crimes contre l'humanité au sens de l'article 6, c du statut du Tribunal de Nuremberg « les actes inhumains et les persécutions qui, au nom d'un État pratiquant une politique d'hégémonie idéologique, ont été commis de façon systématique non seulement contre des personnes en raison de leur appartenance à une collectivité raciale ou religieuse, mais aussi contre les adversaires de cette politique, quelle que soit la forme de leur opposition ». On observait donc une particularité concernant l'élément moral en droit international qui résidait dans la connaissance de la politique d'extermination menée par les nazis. Or, la preuve de cette connaissance pouvait s'avérer délicate. Enfin, et précisément, l'arrêt *Papon* a montré que cette connaissance pouvait être établie par des présomptions : le prévenu ne pouvait ignorer la religion des victimes (Crim. 23 janv. 1997).

France coloniale[1] : nous allons voir en effet que les crimes étrangers à la seconde guerre mondiale et commis avant le 1er mars 1994 ne relèvent ni de l'incrimination internationale, ni de l'incrimination interne[2].

32 **Articulation entre incrimination internationale et incrimination interne.** Contrairement à ce qui a parfois été soutenu, la définition des crimes contre l'humanité ainsi dégagée par la jurisprudence française n'a jamais eu vocation à s'appliquer de manière générale et intemporelle. La Cour de cassation eut l'occasion de le préciser clairement dans l'affaire Touvier en indiquant que la qualification n'était applicable qu'aux crimes commis lors de la Seconde guerre mondiale « pour le compte d'un pays européen de l'Axe[3] ». Il n'était donc pas possible de l'invoquer à propos des actes commis pendant la guerre d'Indochine[4] ou pendant la guerre d'Algérie[5]. En effet, la réforme du Code pénal a inscrit, dans le Titre 1er du livre II relatif aux crimes et délits contre les personnes (art. 211-1 à 213-5), des dispositions permettant de réprimer les crimes contre l'humanité. Ce nouveau dispositif étant plus sévère que l'ancien, il n'a vocation à s'appliquer qu'aux crimes commis après le 1er mars 1994, les règles antérieurement dégagées par la Cour de cassation demeurant applicables aux crimes commis durant la Seconde Guerre mondiale et uniquement à ces crimes. Ainsi, pas plus que le droit antérieur, les dispositions nouvelles ne permettaient de poursuivre les responsables d'atrocités commises durant la guerre d'Indochine ou d'Algérie. Il y a incontestablement un vide juridique pour les crimes qui auraient pu être commis entre la seconde guerre mondiale et l'entrée en vigueur du nouveau Code. C'est un peu comme si la coutume internationale, qui a permis d'écarter le grief de rétroactivité de l'incrimination internationale de 1945, connaissait une éclipse entre 1945 et 1994... En dépit de cette étrangeté, le nouveau Code pénal a donc intro-

1. P. Poncela, « L'humanité, une victime peu présentable », *D.* 1991. 229.
2. J. Lelieur-Fischer, « L'impossible poursuite de tous les crimes contre l'humanité commis avant l'entrée en vigueur du nouveau Code péna ? », *RSC* 2004. 31.
3. Crim. 27 nov. 1992, *Bull. crim. n°* 394 ; *JCP* 1993. II. 21977, note Dobkine.
4. Crim. 1er avr. 1993 *Boudarel, Bull. crim.* n° 143 ; *Dr. pénal* 1994. Comm. 38, obs. J.-H. Robert.
5. Crim. 17 juin 2003 *Aussaresses, Bull. crim.* n° 122 ; *D.* 2004. 92, note J. Daniel.

duit une incrimination interne, ce qui constitue une belle avancée juridique.

SECTION 2

L'INCRIMINATION CONTEMPORAINE DES CRIMES CONTRE L'HUMANITÉ

33 Cette incrimination interne visée aux articles 211-1 et suivants du Code pénal poursuit un double objectif : d'une part, il s'agit d'apporter une définition élargie du crime contre l'humanité en l'extrayant du contexte historique de la seconde guerre mondiale [1] ; d'autre part, l'incrimination interne cherche à objectiver la poursuite des crimes contre l'humanité afin de surmonter les difficultés probatoires rencontrées lors de la répression interne de l'incrimination internationale. Nous le vérifierons en considérant successivement les éléments d'incrimination (**§ 1**) et les conditions de la répression (**§ 2**).

§ 1. Les éléments d'incrimination

34 Les crimes contre l'humanité sont des infractions collectives. En tant que telles, elles ne se conçoivent pas sans que soit établi le plan concerté (**B**) qui constitue l'élément d'incrimination commun à tous les types d'actes visés (**A**)

A. La diversité des crimes contre l'humanité

1. Le génocide (art. 211-1 C. pén.)

35 Aux termes de l'article 211-1, « constitue un génocide le fait en exécution d'un plan concerté tendant à la destruction totale ou

1. Sur cette définition, voir, notamment, M. Delmas-Marty, « Le crime contre l'humanité, les droits de l'homme et l'irréductible humain », *RSC* 1994. 477-49 ; C. Grynfogel, « Le concept de crime contre l'humanité, hier, aujourd'hui et demain », *RD pén.* 1994. 13-5 ; Y. Jurovics, *Réflexions sur la spécificité du crime contre l'humanité*, LGDJ, Paris, 2002 ; E. Zoller, « La définition des crime contre l'humanité », *Journal du droit international*, 1993, p. 549-568.

partielle d'un groupe national, ethnique, racial ou religieux, ou d'un groupe déterminé à partir de tout autre critère arbitraire, de commettre ou de faire commettre, à l'encontre de membres de ce groupe, l'un des actes suivants : atteinte volontaire à la vie, atteinte grave à l'intégrité physique ou psychique, soumission à des conditions d'existence de nature à entraîner la destruction totale ou partielle du groupe, mesure visant à entraver les naissances, transfert forcé d'enfants ». Le génocide est donc constitué par la destruction délibérée et planifiée d'un groupe humain, soit par l'élimination physique de ses membres, soit par d'autres moyens qui privent ceux-ci de toute descendance, tels que la stérilisation, la séparation des adultes des deux sexes en état de procréer ou le transfert des enfants. Le crime peut être commis en tout temps, de paix, de guerre extérieure, ou de guerre civile. Est considéré comme auteur de génocide celui qui commet le crime, mais aussi celui qui le fait commettre.

2. Les autres crimes contre l'humanité (art. 212-1 à 212-3 C. pén.)

36 L'article 212-1 du Code pénal, fortement inspiré de l'article 6, *c* du statut du Tribunal de Nuremberg réprime « la déportation, la réduction en esclavage ou la pratique massive et systématique d'exécutions sommaires, d'enlèvements de personnes suivis de leur disparition, de la torture ou d'actes inhumains, inspirées par des motifs politiques, philosophiques, raciaux ou religieux et organisées en exécution d'un plan concerté à l'encontre d'un groupe de population civile ». Se trouvent ici qualifiés de crimes contre l'humanité un certain nombre d'actes criminels qui, sans tendre à la destruction d'un groupe humain déterminé, sont pratiqués de façon massive et systématique à l'encontre d'une population civile pour des motifs idéologiques. Entrent notamment dans cette catégorie les entreprises tendant à réduire à l'état de sous-hommes, voire de choses, les membres d'une partie de la population. Lorsqu'ils sont commis en temps de guerre sur la personne de combattants, les actes énumérés par l'article 212-1 sont assimilés par l'article 212-2 à des crimes contre l'humanité à condition que les victimes soient en lutte contre un système idéologique au nom duquel sont perpétrés sur des civils un génocide ou un autre crime contre l'humanité (à défaut, seule la qualification de crimes

de guerre serait éventuellement applicable). L'article 212-2 du Code pénal a été ajouté à l'issue des travaux parlementaires afin de surmonter les difficultés de qualification apparues lors de l'arrêt Barbie du 20 décembre 1985 [1]. Il permet d'appliquer la qualification de crimes contre l'humanité à certains actes atroces commis sur la personne de combattants tout en faisant application d'un texte spécifique. L'article 212-3 du Code pénal punit quant à lui l'entente en vue de la préparation d'un crime contre l'humanité.

B. Le plan concerté

37 Les actes spécifiés par la loi doivent être commis « en exécution d'un plan concerté », ce qui appelle trois séries de précisions. En premier lieu, le plan concerté suppose une organisation collective à l'origine de son élaboration. C'est cette planification qui fait la spécificité des crimes contre l'humanité. On ne saurait admettre qu'un individu isolé soit poursuivi pour crimes contre l'humanité, quand bien même il aurait commis une succession de meurtres racistes par exemple. Cela dit, les crimes contre l'humanité ne sont pas pour autant nécessairement des crimes de masse : un meurtre ou un viol peut très bien être qualifié de crime contre l'humanité dès lors qu'il s'inscrit dans un plan concerté. La seule appartenance à l'organisation collective dont émane le plan concerté n'est pas punissable. En deuxième lieu, sont visés par le plan concerté les membres d'un groupe déterminé. Il y a rupture de l'égalité entre les hommes : un groupe a décidé qu'un autre groupe devait être détruit. En troisième lieu, et c'est là le point le plus délicat, le Code pénal requiert un lien entre les actes incriminés et le plan concerté. Cela renvoie à la fois au lien de causalité (lien objectif) et à l'élément moral (lien subjectif). Tous les crimes

1. La question se posait de savoir s'il fallait qualifier de la même façon le génocide des juifs et les conditions de vie inhumaines faites aux résistants en camps de concentration. En effet, le statut du 8 août 1945 réservait la qualification de crime contre l'humanité aux faits commis contre des populations civiles. La Cour de cassation avait choisi une qualification unique. Après de longues discussions, la commission mixte paritaire, soucieuse de marquer les différences de situations, a détaché en des chapitres distincts le génocide des autres crimes contre l'humanité, puis a distingué les crimes commis sur des populations civiles de ceux perpétrés sur des opposants en temps de guerre.

contre l'humanité sont intentionnels : l'auteur doit avoir conscience et volonté que son acte intervient en exécution d'un plan concerté visant à la destruction totale ou partielle d'un groupe. La participation à l'élaboration du plan n'est pas nécessairement requise : ce qui compte, c'est à tout le moins la connaissance de l'existence de ce plan concerté. S'agissant du dol spécial, il renvoie à la conscience et la volonté de l'agent d'atteindre non seulement la victime, mais encore, à travers elle, le groupe auquel il sait ou croit savoir qu'elle appartient.

§ 2. Les conditions de la répression

38 Ni l'écoulement du temps, ni les frontières ne doivent en principe empêcher la répression des atteintes portées à l'humanité. Les crimes contre l'humanité font ainsi l'objet d'une double spécificité puisque la sanction peut intervenir en tout temps (**A**) et en tout lieu (**B**).

A. Une sanction en tout temps

39 La répression des crimes contre l'humanité est caractérisée par l'imprescriptibilité (**1**) et par le fait qu'aucune justification du crime ne peut être invoquée (**2**).

1. L'imprescriptibilité des crimes contre l'humanité

40 Les crimes contre l'humanité sont les seules infractions déclarées imprescriptibles. La règle, directement issue des normes internationales, est posée par l'article 213-5 du Code pénal, qui l'applique tant à l'action publique qu'aux peines, conformément à la jurisprudence antérieure de la Cour de cassation (Crim. 3 juin 1988, affaire *Barbie*). La Cour de cassation a en outre précisé que cette imprescriptibilité s'étendait à l'action civile (Crim. 1er juin 1995, affaire *Touvier*). C'est là une différence fondamentale avec les crimes de guerre qui, en France, se prescrivent selon le droit commun. Quant aux associations d'anciens déportés, elles ont vocation à agir pour la défense de leur intérêt collectif jusqu'à la mort du dernier survivant (art. 2-4 C. pr. pén.). L'avantage conféré aux victimes des crimes contre l'humanité par la règle de l'imprescriptibilité doit

toutefois être nuancé par la difficulté de conservation des preuves notamment lorsque les poursuites ne sont engagées qu'après de nombreuses années. Cet inconvénient doit toutefois être relativisé au regard de l'impossibilité de justification de ces crimes.

2. L'absence de justification par le commandement de l'autorité légitime

41 Contrairement aux autres infractions, les crimes contre l'humanité ne peuvent être justifiés par l'ordre de la loi ou le commandement de l'autorité légitime. Admettre un tel fait justificatif serait en effet s'interdire toute répression, ces crimes étant le plus souvent perpétrés en conformité avec l'ordre juridique en vigueur au moment de leur commission. La dérogation est prévue par l'article 213-4 du Code pénal inspiré de l'article 8 du statut du Tribunal de Nuremberg. L'article 396 du Code de justice militaire applicable aux crimes de guerre comporte des dispositions similaires. Il s'agit d'un acte de conscience, on considère à juste titre que pour des actes aussi graves, l'agent doit avoir la capacité et la conscience de désobéir à de tels ordres conformément à la théorie dite des « baïonnettes intelligentes » imposant au subordonné de s'assurer de la légalité de l'ordre avant de l'exécuter. De la même façon, les crimes contre l'humanité ne devraient pas pouvoir être amnistiés. En effet, les considérations relatives à l'ordre de la loi et au commandement de l'autorité légitime peuvent être reprises ici : il peut sembler incohérent, au regard des principes qui gouvernent la poursuite et la répression des crimes contre l'humanité, que l'État dont les agents sont mis en cause, puisse arrêter ou empêcher des poursuites de ce chef. Parce qu'elle transcende les droits nationaux, l'incrimination devrait échapper aux appréciations portées par les autorités politiques nationales. La Chambre criminelle n'a jamais eu à trancher cette question mais il semble qu'elle n'ait pas été insensible à cet argument. En effet, lorsqu'elle a accordé à l'auteur présumé de crimes commis pendant la guerre d'Indochine le bénéfice de la loi d'amnistie du 18 juin 1966, elle a précisé que les crimes considérés devaient être regardés comme des infractions « de droit commun[1] ». Il en est de même pour la période concernant l'Algérie[2].

1. Crim. 1er avr. 1993, *Bull. crim.* n° 143.
2. Crim. 30 mai 2000, *Bull. crim.* n° 204.

B. Une sanction en tout lieu

42 Afin d'assurer au mieux la répression des crimes contre l'humanité et d'accentuer leur régime dérogatoire au droit commun, il a été institué une compétence universelle (**1**) et la mise en place de juridictions pénales internationales (**2**).

1. La compétence universelle

43 Le système de la compétence universelle – ou encore système de l'universalité du droit de punir – « donne vocation à juger une infraction aux tribunaux de l'État sur le territoire duquel le délinquant a été arrêté ou se trouve même passagèrement, quel que soit le lieu de commission de l'infraction et quelles que soient les nationalités de l'auteur et de la victime ». La compétence universelle est un principe procédural ayant essentiellement pour objet de fixer la compétence des juridictions françaises et non une règle de fond tendant à attribuer compétence à la loi française. C'est donc une compétence juridictionnelle et non législative. Cette opinion, majoritaire en doctrine, a été consacrée par le législateur. En effet, après quelques hésitations, le Parlement a renoncé à introduire dans le nouveau Code pénal les dispositions concernées. Elles demeurent donc dans le Code de procédure pénale dans une section consacrée à la compétence des juridictions françaises (art. 689-1 à 689-7 C. pr. pén.). Il s'ensuit que les dispositions nouvelles sont immédiatement applicables aux instances en cours, conformément aux règles relatives à l'application dans le temps des lois de procédure (Crim. 26 mars 1996). La compétence universelle constitue l'un des grands systèmes de détermination de la compétence pénale internationale. De plus, lorsque les juridictions françaises sont compétentes en vertu de ce principe, elles appliquent toujours la loi pénale française conformément au principe de solidarité des compétences législative et juridictionnelle. Cette conséquence tirée par la jurisprudence n'est toutefois pas imposée par le législateur. Des évolutions sont donc possibles, et souhaitées par de nombreux auteurs qui regrettent que la jurisprudence n'accepte pas ici de dissocier compétence législative et juridictionnelle. Sans appliquer la loi étrangère, la jurisprudence pourrait, par exemple, veiller à ce que la répression selon la loi

française (*lex fori*) n'excède pas celle qui était encourue par application de la loi du lieu de l'infraction (*lex loci delicti*). Le principe de légalité semble, sauf exceptions, imposer une telle évolution, car la compétence des juridictions françaises a ici un caractère « accidentel » ; même si la loi applicable ne doit pas être désignée par le « hasard de l'arrestation » (C. Lombois). La compétence universelle des juridictions françaises ne peut résulter que d'une convention internationale et ne vaut que pour les infractions désignées par celle-ci. Elle est en outre subordonnée, selon une exigence commune à l'ensemble des conventions intervenues à ce jour, au fait que le présumé coupable ait été trouvé en France [1]. Ces conditions générales de mise en œuvre sont rappelées par l'article 689-1 du Code de procédure pénale. Les poursuites sont exclues lorsque l'intéressé a déjà été jugé à l'étranger pour les mêmes faits. La règle *non bis in idem* s'applique donc en cas de compétence universelle (article 692 du Code de procédure pénale reprenant l'article 113-9 du Code pénal). Les cas de compétence universelle tendent à se multiplier. Les principaux d'entre eux figurent aux articles 689-2 à 689-9 du Code de procédure pénale. Ils résultent des conventions internationales comme par exemple la Convention contre la torture et autres peines ou traitements cruels, inhumains ou dégradants, adoptée à New York le 10 décembre 1984 pour le jugement des personnes coupables de tortures au sens de l'article 1e de la Convention ou encore la Convention européenne pour la répression du terrorisme signée à Strasbourg le 27 janvier 1977. Les exemples sont nombreux.

Dans l'hypothèse où la compétence universelle ferait défaut, il reste la coopération interétatique. En effet, l'article 7 de la Convention du 9 décembre 1948 prend soin de préciser que le génocide ne peut être considéré comme un crime politique au

1. Cette compétence universelle a été validée par la CEDH dans l'arrêt du 17 mars 2009 *Ould Dah c/ France* ; V. J.-F. Renucci, « La CEDH consacre le principe de la compétence universelle », *D.* 2009. 1573 : en l'espèce, un officier mauritanien a participé à des actes de torture dans son pays mais ces faits furent amnistiés par une loi de cet État. Alors qu'il se trouvait sur le sol français, il fut néanmoins arrêté et poursuivi, notamment sur le fondement de la Convention des Nations unies contre la torture du 10 décembre 1984 et de l'article 689-1 du Code de procédure pénale. L'officier, condamné par contumace après avoir fui la France, contestait l'application de la loi française à son égard et alléguait d'une violation de l'article 7 (Pas de peine sans loi). Sa requête a été rejetée.

regard de l'extradition, ce qui se déduit, en droit interne, de l'article 696-4, 2° du Code de procédure pénale. De plus, la résolution des Nations unies du 3 décembre 1973 prévoit une coopération internationale pour « le dépistage, l'arrestation, l'extradition et le châtiment » des personnes coupables de crimes contre l'humanité. Marquant le caractère exceptionnel des règles applicables en la matière, la Cour de cassation a reconnu la régularité de l'arrestation de Klaus Barbie après qu'il eut été expulsé en territoire français par les autorités boliviennes (Crim. 6 oct. 1983). Ces problèmes d'extradition mettent en lumière la question de l'effectivité de la loi pénale : lorsqu'un État se trouve confronté à de tels crimes de dimension internationale, la difficulté d'appréhender le ou les coupables ne peut se conjurer qu'avec la coopération entre États. C'est d'ailleurs dans ce souci, qu'a été introduit par la loi du 9 mars 2004, le mandat d'arrêt européen transposant en droit français, la décision-cadre du 13 juin 2002 relative « au mandat d'arrêt européen et aux procédures de remise entre États membres ». Ce mécanisme dont le but est d'alléger les lourdes et longues procédures de l'extradition a, si l'on en croit les premiers résultats, rempli ses objectifs. Le mandat d'arrêt européen a mis un terme au rôle primordial autrefois joué par les autorités centrales, c'est-à-dire les États, puissances publiques souveraines sur leur territoire en accordant l'extradition d'une personne réclamée par un autre État. De plus, le mandat d'arrêt a substitué une relation de juge à juge. Enfin, il abolit le privilège de juridiction que constituait le principe de non-extradition des nationaux adopté et pratiqué par la plupart des États membres de l'Union européenne. Toutefois, si l'on excepte les réticences de certains États dans la coopération (Allemagne, Chypre, Pologne), le mécanisme ne fonctionne qu'à la condition qu'il s'agisse d'un État de l'Union européenne. Le problème de l'arrestation connaît donc des difficultés d'effectivité ce qui contraste avec le jugement de ces criminels, qui lui, devrait désormais être rendu possible.

2. Les juridictions pénales internationales

44 La protection de l'humanité à l'échelle internationale a été assurée par des Tribunaux pénaux internationaux temporaires tels que le Tribunal pénal international de La Haye pour l'ex-Yougoslavie,

ou bien celui d'Arusha pour le Rwanda et les États voisins pour les crimes commis entre le 1er janvier et le 31 décembre 1994. Ces deux tribunaux sont *ad hoc*, c'est-à-dire que contrairement à l'institution de la Cour pénale internationale, ils ont vocation à disparaître en 2012. Ils n'ont été institués que pour juger des crimes bien précis. Ils ont d'ailleurs rendu des décisions puisque le tribunal de La Haye a prononcé plusieurs condamnations depuis 1998, pour crimes de guerre ou pour crimes contre l'humanité, contre des militaires des différentes factions, et des poursuites étaient en cours contre Slobodan Milosevic, mort en détention en mars 2006. Concernant la Cour pénale internationale (CPI), elle a été créée par la convention de Rome du 17 juillet 1998 après de longues années de discussions [1]. En effet, de nombreux États ne souhaitaient pas abdiquer la moindre parcelle de souveraineté. Cent vingt États (dont la France) ont adopté à Rome la convention portant création de la Cour pénale internationale. Elle est entrée en vigueur le 1er juillet 2002. Sa compétence s'exerce sur les crimes de génocide, les crimes contre l'humanité et les crimes de guerre, à condition que ces crimes soient commis sur le territoire d'un État partie à la convention ou par un ressortissant d'un État partie. La CPI pourra également devenir compétente, dans un délai de sept ans après l'entrée en vigueur de la convention, soit en 2009, pour le crime d'agression. Il est toutefois permis aux États parties de refuser la compétence de la CPI en matière de crime de guerre – autrement dit les crimes qui sont le plus fréquemment commis dans les conflits armés modernes – pendant une durée de 7 ans à compter de l'entrée en vigueur de la convention, ce qui en limite singulièrement la portée. Malgré quelques hésitations sur le sujet, cette possibilité n'a heureusement pas été utilisée par la France lors de la ratification de la convention. Afin d'éviter que dans certaines situations de conflit l'intervention de la justice ne puisse compromettre les chances d'une négociation de paix, le Conseil de sécurité de l'ONU peut demander à la CPI de suspendre toute enquête et poursuite sur une affaire pendant douze mois.

1. C. Girault, B. Gravelet, « La Cour pénale internationale : illusion ou réalité ? », *RSC* 1999. 410.

Le fonctionnement de la Cour est gouverné par le principe de subsidiarité (seuls les criminels dont il est avéré que leur propre pays n'est pas en mesure de les juger ou n'a pas la volonté de le faire peuvent relever de la juridiction internationale). Elle peut prononcer des peines de détention à perpétuité, ou de détention à temps (celle-ci ne pouvant excéder 30 ans, comme dans le Code pénal français). La peine de mort est proscrite. L'institution de cette cour, malgré les réticences de quelques grands États comme les États-Unis ou la Chine, est sans conteste, une avancée juridique considérable même si l'on se heurte encore une fois à un problème d'effectivité juridique [1]. En effet, seuls les crimes commis sur le territoire ou par des ressortissants des États parties pourront être poursuivis devant la Cour.

Section 3
Les infractions complémentaires

45 À côté de la diversité de ces crimes contre l'humanité, le législateur a introduit dans l'arsenal répressif des infractions complémentaires. Il s'agit de la contestation de crimes contre l'humanité, de l'apologie des crimes contre l'humanité et des crimes de guerre ou encore le port ou l'exhibition en public d'uniformes ou d'insignes. La loi *Taubira*, qui a désigné la traite négrière et l'esclavage comme un des crimes contre l'humanité, ne sera pas envisagée, car il s'agit d'une loi simplement expressive de valeurs, sans portée normative [2]. On peut dès lors distinguer les infractions de presse (**§ 1**) et le port ou l'exhibition en public d'uniformes ou d'insignes (**§ 2**).

---

1. Omar El Béchir, président du Tchad, a été mis en examen par la CPI en 2009 pour génocide dans le cadre de la guerre civile au Darfour. C'est la première fois qu'un chef d'État en exercice est mis en accusation par la CPI. Cela dit, le président El Béchir a été réélu en avril 2010 au terme d'un scrutin très contesté, et le mandat d'arrêt international émis contre lui n'a pas été exécuté.
2. Rangée dans la catégorie composite des lois dites « mémorielles », la loi Taubira du 21 mai 2001 tendant à la reconnaissance de la traite et de l'esclavage en tant que crime contre l'humanité prévoit que « les programmes scolaires (leur) accordent... la place conséquente qu'ils méritent ».

§ 1. Les infractions de presse

46 Les infractions d'apologie des crimes de guerre ou des crimes contre l'humanité (**A**) et de contestation de l'existence des crimes contre l'humanité (**B**) obéissent au régime spécifique des infractions de presse, tant au regard de la détermination du responsable que du délai de prescription de trois mois. Les associations peuvent se porter partie civile en vertu de l'article 48-2 de la loi du 29 juillet 1881 modifiée par la loi du 13 juillet 1990, dite loi Gayssot.

A. Apologie des crimes de guerre ou des crimes contre l'humanité

47 L'apologie des crimes contre l'humanité est un délit, puni de cinq d'emprisonnement et de 45 000 € d'amende, aux termes de l'article 24 de la loi du 29 juillet 1881.

B. Contestation de l'existence des crimes contre l'humanité

48 La contestation publique de l'existence d'un ou plusieurs crimes contre l'humanité, tels qu'ils ont été définis par l'article 6 du Statut du Tribunal militaire international annexé à l'Accord de Londres du 8 août 1945 et qui ont été commis par les membres d'une organisation déclarée criminelle en application de l'article 9 dudit Statut ou encore par une personne reconnue coupable de tels faits par une juridiction française ou étrangère, est un délit puni de un an d'emprisonnement et 45 000 € d'amende (loi du 29 juillet 1881, art. 24 *bis*, mod. par la loi du 13 juillet 1990, dite loi Gayssot).

§ 2. Le port ou l'exhibition en public d'uniformes ou d'insignes

49 Le port, l'exhibition d'uniformes rappelant ceux portés, soit par les membres d'une organisation criminelle, soit par une personne reconnue coupable de crime contre l'humanité, constitue une contravention de 5e classe assortie obligatoirement de la saisie et de la confiscation en vertu de l'article R. 645-1 du Code pénal. Les organisations criminelles au sens de l'article 9 du statut du Tribunal militaire international de Nuremberg sont la SS, la Gestapo et le corps des chefs du parti nazi. Une exception a été ménagée pour les cas où le port ou l'exhibition de l'uniforme sont liés aux besoins d'un film, d'un spectacle ou d'une exposition.

CHAPITRE 2

Les infractions relevant du droit pénal de la bioéthique

50 **Du principe de précaution en matière pénale.** La bioéthique désigne un ensemble de questions variées nées de la rencontre du droit et des progrès de la science et de la technique, notamment en matière médicale. Les questions posées au juriste sont souvent inédites : elles ont appelé des réponses tant internationales qu'internes. Les lois françaises, souvent expérimentales, cherchent à baliser les chemins de la liberté [1], en répondant à une question désormais commune : ce qui était inconcevable hier doit-il aujourd'hui être permis ? En d'autres termes, suffit-il de savoir pour pouvoir ? Le droit pénal est naturellement mobilisé dans cette entreprise, afin d'indiquer, aussi clairement que possible, les frontières du licite et de l'illicite. Ainsi les lois des 29 juillet 1994 et 6 août 2004 comportent-elles un volet pénal [2]; hélas, la technique législative n'y est pas à son meilleur [3], puisque les incriminations imprécises et les

1. F. Bellivier, P. Egéa, « Les chemins de la liberté, petite leçon de biopolitique », *D.* 2004. 647.
2. M. Véron, « Le contenu pénal de la loi du 6 août 2004 », *Dr. pénal* 2004. Études 16.
3. A. Prothais, « Un droit pénal pour les besoins de la bioéthique », *RSC* 2000. 39.

sanctions par renvoi sont légion. Deux critiques récurrentes sont adressées à ce dispositif : d'une part, les interventions du législateur contemporain en matière de bioéthique consistent le plus souvent à assortir chaque nouvelle règle de droit sanitaire d'une sanction pénale, sans aucun souci de la cohérence d'ensemble ; d'autre part, le surarmement pénal est ici patent, puisqu'au nom du principe de précaution, on multiplie des incriminations correspondant à des comportements qui n'ont pas encore été relevés et ne seront peut-être jamais effectivement poursuivis. Malgré tout, c'est un pan important du droit pénal spécial qui s'édifie ici, entre Code pénal et Code de la santé publique. Il a donné naissance à la notion de crime contre l'espèce humaine, ce qui a conduit à modifier l'intitulé du titre premier du livre deuxième : « Des crimes contre l'humanité et contre l'espèce humaine ». Cette notion nouvelle mérite quelques explications (SECTION 1), avant de considérer les incriminations d'eugénisme et de clonage reproductif (SECTION 2) et les incriminations complémentaires visant à empêcher toute réification de l'humain (SECTION 3).

SECTION 1
LA NOTION DE CRIME CONTRE L'ESPÈCE HUMAINE

51 **L'espèce humaine, nouvelle valeur protégée.** La notion d'espèce humaine est apparue dans le Code pénal avec les lois bioéthiques de 1994. L'objectif du législateur était de protéger l'intégrité du patrimoine génétique de l'espèce humaine prise dans son ensemble [1]. De là la création, dans la section 1re du chapitre 1er du titre 1er du livre V - des dispositions relatives à la protection de l'espèce humaine. Cette section ne comprenait initialement qu'une seule incrimination : l'eugénisme. En effet, l'article 511-1 du Code pénal incriminait le fait de mettre en œuvre une pratique eugé-

1. J.-F. Seuvic, « Variations sur l'humain comme valeurs pénalement protégées », *Mélanges Bolze*, Economica, 1999, p. 339 s.

nique tendant à l'organisation de la sélection des personnes, ce qui constituait en quelque sorte le volet pénal de l'article 16-4 du Code civil. Cependant, cette incrimination symbolique soulevait une double interrogation. D'une part, sa place dans le Code pénal ne soulignait pas suffisamment l'importance de la valeur protégée. D'autre part, l'accent était mis sur l'eugénisme collectif, négligeant la question de l'eugénisme individuel qui peut aussi se poser au regard du diagnostic prénatal [1] et préimplantatoire. C'est pourquoi la réforme des lois bioéthiques issue de la loi du 6 août 2004 a introduit une nouvelle présentation du titre Ier du livre II du Code pénal. Afin de mieux exprimer l'éminence des valeurs défendues, les dispositions importantes en matière de bioéthique sortent du livre V, livre « fourre-tout », pour réintégrer le livre II relatif aux atteintes à la personne. Son intitulé est désormais ainsi rédigé : « Des crimes contre l'humanité et contre l'espèce humaine ». Les incriminations en matière de bioéthique se logent ainsi à la fois dans la deuxième partie pour les incriminations les plus importantes (eugénisme et clonage reproductif) et dans la cinquième partie pour les infractions complémentaires.

52 Cette réorganisation n'a toutefois pas apaisé les débats relatifs à la notion même de « crimes contre l'espèce humaine ». Il s'agit en effet d'une nouvelle catégorie pénale distincte du crime contre l'humanité [2]. Cela se comprend *a priori* dans la mesure où les infractions visées – le clonage reproductif notamment – ne comportent pas nécessairement de dimension collective : il peut très bien s'agir d'un acte isolé aboutissant à la naissance d'un seul être humain cloné. En outre, on ne retrouve pas ici de la part des auteurs d'infractions la volonté d'anéantir une partie de l'humanité ou un groupe particulier. C'est moins la notion d'humanité qui est en péril que la remise en cause de l'homme en tant

1. Le diagnostic prénatal peut en effet conduire à une sélection des enfants à naître, au regard de l'avortement. On rappellera à ce titre que le Conseil constitutionnel, dans sa décision dite IVG II, du 27 juin 2001, a rejeté une demande en invalidation de la loi qui portait le délai légal de grossesse de dix à douze semaines. Ce recours était fondé sur l'atteinte à la dignité humaine en raison du risque d'eugénisme qui pouvait découler des informations plus précises relatives au fœtus que l'on peut obtenir entre la dixième et la douzième semaine de grossesse.

2. M. Delmas-Marty, « Le crime contre l'humanité, les droits de l'homme et l'irréductible humain », *RSC* 1994. 477.

qu'espèce particulière. Cela dit, cette consécration de la catégorie « espèce humaine » a tout de même fait l'objet de vives critiques, tant de la part des scientifiques que des juristes. Il convient en effet désormais de distinguer trois valeurs distinctes : l'humanité, l'espèce humaine et la personne. De là d'éventuels conflits entre valeurs concurrentes et le risque de voir surgir d'épineuses questions, outre les éventuels concours de qualifications [1] : *quid* en effet du statut juridique de l'enfant issu d'un clonage reproductif ? Comment concilier l'interdiction du clonage et la protection de son intégrité en tant que personne ? N'aurait-il pas été plus judicieux de se limiter à la distinction entre humanité et personne et de considérer le clonage comme une atteinte à l'intégrité génétique [2] ? Autant de questions qui pourraient se poser dans un avenir proche, en cas de violation des incriminations d'eugénisme et de clonage reproductif.

SECTION 2
LES INCRIMINATIONS D'EUGÉNISME ET DE CLONAGE REPRODUCTIF

53 Le clonage reproductif et l'eugénisme sont les principaux crimes contre l'espèce humaine. S'agissant du clonage, il convient de souligner à titre liminaire la distinction entre le clonage reproductif et le clonage thérapeutique. En effet, tandis que le premier est un crime incriminé au sommet du Code pénal, le second n'est qu'un délit incriminé dans le Code de la santé publique et la cinquième partie du Code pénal [3]. Si l'on est sensible à la symbolique

1. *Infra*, n° 48.
2. B. Mathieu *Génome humain et droits fondamentaux*, 1999, coll. Droit public positif, Economica-PUA : « en protégeant de manière systématique une catégorie et non les droits de la personne, le danger existe qu'à terme les droits de la personne se heurtent à d'autres droits qui auraient été associés à l'espèce humaine. Il aurait été plus adéquat de sanctionner des atteintes à l'intégrité génétique de l'homme, car tel est bien le résultat auquel le clonage reproductif aboutit ».
3. Article 511-16 du Code pénal et article L. 1251-4 du Code de la santé publique ; certains récusent du reste l'expression de « clonage thérapeutique » pour lui préférer celle de « transfert nucléaire à des fins de recherche ». ; Sur cette question, voir notamment, F. Bellivier et L. Brunet, « Un train peut en cacher un

et à l'ordonnancement des Codes, il est permis d'y voir les prémisses d'une éventuelle dépénalisation du clonage thérapeutique… Quoi qu'il en soit, il convient de distinguer les éléments constitutifs de l'eugénisme et du clonage reproductif (**§ 1**) et la répression afférente (**§ 2**).

§ 1. Les éléments constitutifs

54 L'eugénisme, désormais incriminé à l'article 214-1 et non plus dans le livre V, se définit comme le fait de mettre en œuvre une pratique eugénique tendant à l'organisation de la sélection des personnes. Il convient de souligner un éventuel concours de qualification avec le crime contre l'humanité, lorsque le génocide est mis en œuvre par des mesures visant à entraver les naissances, qu'il s'agisse de manipulations génétiques ou de stérilisations forcées.

55 Le clonage reproductif se définit scientifiquement comme « la production asexuée, à partir d'une cellule ou d'un organisme, d'entités biologiques génétiquement identiques à cette cellule ou à cet organisme [1] ». Son interdiction fait l'objet d'un consensus tant en droit international [2] qu'en droit interne [3]. En écho à l'alinéa 3 de l'article 16-4 du Code civil, l'incrimination de clonage se trouve désormais définie dans l'article 214-2 du Code pénal comme « le fait de procéder à une intervention ayant pour but de faire naître un enfant génétiquement identique à une autre personne vivante ou décédée ».

§ 2. La répression

56 La répression des crimes contre l'espèce humaine montre qu'ils sont considérés comme moins graves que les crimes contre l'humanité.

autre : de la stigmatisation du clonage reproductif à l'engouement pour le clonage thérapeutique », *Cités 8*, PUF, 2001, p. 131 s.

1. A. Dorsner-Dolivet, « De l'interdiction du clonage à la réification de l'être humain », *JCP* 2004. I. 172

2. V. notamment, la déclaration du 11 mars 1997 de l'Organisation mondiale de la santé et l'article 1er du protocole additionnel à la Convention d'Oviedo signé à Paris le 12 janvier 2001.

3. Avis du CCNE du 22 avr. 1997 : « La création d'un être humain de manière asexuée remet fondamentalement en cause le principe même d'humanité (et donc de dignité) puisque l'identité et l'unicité de l'être sont mises en cause ».

En effet, la valeur de vie n'est pas nécessairement mise en cause, comme en témoigne le clonage reproductif. Pour les personnes physiques, les peines sont de trente ans de réclusion criminelle, portées à la perpétuité en cas de bande organisée (art. 214-3), et de 7 500 000 € d'amende. Pour les personnes morales, les peines sont visées à l'article 215-3 du Code pénal. Ce dispositif répressif est complété par trois mesures supplémentaires. D'abord, l'association de malfaiteurs est incriminée dans l'article 214-4 du Code pénal qui prévoit de sanctionner de la réclusion criminelle à perpétuité et de 7 500 000 € d'amende la participation à un groupement formé ou à une entente établie en vue de la préparation, caractérisée par un ou plusieurs faits matériels, de l'un des crimes d'eugénisme ou de clonage. Ensuite, des peines complémentaires sont applicables, en vertu de l'article 215-1 du Code pénal : l'interdiction des droits civiques, civils et de famille, l'interdiction d'exercer une fonction publique, la confiscation de tout ou partie de leurs biens meubles ou immeubles, divis ou indivis, la confiscation du matériel qui a servi à commettre l'infraction mais aussi l'interdiction du territoire français. Enfin, s'agissant de l'exercice des poursuites, l'article 215-4, alinéa 1er, prévoit que l'action publique relative aux crimes d'eugénisme et de clonage reproductif se prescrit par trente ans. Pour le crime de clonage reproductif prévu par l'article 214-2, le délai de prescription de l'action publique ne commence à courir, lorsque le clonage a conduit à la naissance d'un enfant, qu'à partir de la majorité de cet enfant (art. 215-4, al. 2, C. pén.).

Section 3

Les incriminations complémentaires

57 Les incriminations complémentaires figurent dans le chapitre Ier du titre Ier du livre V du Code pénal (art. 511-1 à 511-28). L'ensemble de ces dispositions, dont le contenu et l'opportunité

ont été discutés [1], vise à protéger l'espèce humaine, le corps humain et l'embryon humain. En premier lieu, la protection de l'espèce humaine est complétée par les incriminations de clientélisme en matière de clonage, de provocation au prélèvement de cellules ou gamètes ou encore de propagande en ces matières (art. 511-1-1 à 511-1-3). En second lieu, la protection du corps humain assurée par les articles 16-1 à 16-9 du Code civil (non-patrimonialité, consentement du sujet...) comporte un volet pénal avec des dispositions foisonnantes. Les articles 511-2 à 511-14 correspondent non seulement à la violation de ces principes bioéthiques mais aussi à des incriminations renvoyant au Code de la santé publique. De là un dispositif peu lisible qui vise pêle-mêle les trafics et le commerce d'éléments (511-2) ou produits (511-4) du corps humain, ou bien encore de gamètes (511-9). Sont également réprimés au titre de la protection du corps divers comportements en matière d'aide médicale à la procréation, dès lors qu'ils ne respectent pas les prescriptions du Code de la santé publique (511-10 à 511-14). En troisième lieu, et selon la même technique législative, les articles 511-15 à 511-25 assurent la protection de l'embryon humain ; sont notamment visées les pratiques mercantiles en matière d'obtention d'embryons humains.

1. A. Prothais « Tribulations d'un pénaliste au royaume de l'éthique biomédicale », *JCP* 1999. I. 1129.

CHAPITRE 3

Les atteintes et attentats volontaires à la vie

58 **Diversification des incriminations de l'acte mortifère.** L'interdit du meurtre procède d'une longue tradition [1], même si son inscription parmi les interdits fondamentaux a pu être discutée [2]. Ce qui est certain, c'est qu'on le retrouve aujourd'hui dans toutes les législations répressives. Ainsi, l'article 2 de la Convention européenne des droits de l'homme impose aux États l'obligation positive d'assurer la protection de la vie, en énonçant que « le droit de toute personne à la vie est protégé par la loi ». Le droit pénal français a quant à lui institué plusieurs infractions pénales visant à protéger la vie contre les atteintes qui lui seraient volontairement portées. Avant de les envisager, il convient de rappeler qu'un acte mortifère échappe depuis 1791 au droit pénal : il s'agit du suicide [3]. Cela dit, le suicide apparaît comme une liberté et non comme un droit, ce qui induit deux conséquences essentielles : d'une part, la provocation au suicide est quant à elle incriminée

1. Cinquième commandement du Décalogue : « Tu ne tueras point ».
2. Freud, dans *Totem et tabou*, fera une tentative mythologique pour expliquer la naissance de l'interdit à partir du meurtre du père primitif, cannibalisé par ses fils réunis en horde ; Lévi-Strauss au contraire pense que c'est l'interdit de l'inceste qui est seul fondamental.
3. G. Levasseur, « Le suicide en droit pénal », in *Le suicide*, sous la dir. de F. Terré, PUF, coll. Droit éthique et société, 1994, p. 121.

comme une infraction de mise en danger [1] ; d'autre part, ceux qui n'ont pas la possibilité matérielle de se suicider (handicap) ne sauraient invoquer une quelconque discrimination [2]. C'est avec le bénéfice de ces observations que l'on peu considérer successivement l'homicide volontaire (SECTION 1) et l'empoisonnement (SECTION 2).

SECTION 1
L'HOMICIDE VOLONTAIRE

59 Le meurtre constitue ici l'incrimination principale. Prémédité, il est qualifié d'assassinat. Notons qu'historiquement, des meurtres particuliers, renvoyant de façon symbolique aux interdits fondamentaux, ont pu faire l'objet d'incriminations autonomes [3], aujourd'hui disparues : tel fut le cas du parricide et de l'infanticide. Il s'agit désormais de circonstances aggravantes du meurtre.

§ 1. Les éléments constitutifs

L'article 221-1 du Code pénal incrimine le « fait de donner volontairement la mort à autrui ». La constitution de cette infraction est subordonnée à la réunion d'un élément matériel (**A**) et d'un élément moral (**B**).

A. L'élément matériel

La caractérisation de l'élément matériel du meurtre repose sur la démonstration de trois composantes : un comportement, un résultat et un lien de causalité entre les deux.

60 **Le comportement.** Le meurtre est avant tout une infraction de commission, qui nécessite la preuve d'un acte positif pour être consti-

1. Article 223-13 du Code pénal, issu de la loi du 31 déc. 1987.
2. C'est l'un des enseignements de l'arrêt de la CEDH du 29 avr. 2002 *Pretty c/ Royaume Uni* : une discrimination ne se conçoit qu'au regard d'un droit subjectif et non d'une liberté.
3. Articles 299 et 300 du Code pénal de 1810 ; pour un témoignage saisissant de parricide, voir *Moi, Pierre Rivière ...ayant égorgé ma mère, ma sœur et mon frère ...Un cas de parricide au XIXe siècle présenté par Michel Foucault*, Folio histoire.

tuée. Le défaut d'acte positif se traduira ainsi par le rejet de la qualification. Par exemple, celui qui observe passivement la noyade de son ennemi ne peut être poursuivi que sur le fondement de l'omission de porter secours, quand bien même il désirerait fortement la mort de la victime. En revanche, dès lors que l'acte positif est caractérisé, peu importe sa nature. Il peut se traduire, soit par un acte unique (ex : coup de revolver), soit par des actes multiples (ex : plusieurs coups de poings assénés dans le but de provoquer la mort). Le comportement prohibé sera dans les deux cas caractérisé.

61 **Le résultat.** Le meurtre est une infraction matérielle qui nécessite, pour être consommée, la survenance d'un résultat, dont le législateur exige qu'il consiste dans la mort d'autrui. Cela appelle deux précisions.

D'une part, derrière la référence ainsi faite à « autrui », se cache la question de la détermination des frontières de la vie, et plus particulièrement celle de l'applicabilité de l'infraction à l'enfant à naître. À cet égard, il ne fait guère de doute que la solution dégagée par l'Assemblée plénière de la Cour de cassation le 29 juin 2001 en matière d'homicide involontaire, consistant à refuser en vertu du principe de l'interprétation stricte de la loi pénale l'assimilation de l'enfant à naître à « autrui », a vocation à s'appliquer de la même manière à l'infraction d'homicide volontaire. L'enfant à naître n'est ainsi pas susceptible d'être la victime d'un meurtre. Cela ne signifie pas pour autant que le comportement qui consisterait à provoquer intentionnellement la mort d'un enfant à naître resterait impuni. En effet, des poursuites pourraient dans ce cas être engagées soit sur le fondement de l'article 223-10 du Code pénal incriminant l'interruption de grossesse pratiquée sans le consentement de l'intéressée si ces agissements ont eu lieu à l'insu de la mère, soit sur le fondement de l'article L. 2222-2 du Code de la santé publique, qui incrimine l'interruption illégale de la grossesse d'autrui et permet d'appréhender les interruptions de grossesse qui, bien qu'effectuées avec le consentement de la mère, n'ont pas respecté les conditions légales de l'IVG. En revanche, bien sûr, depuis la dépénalisation de l'avortement par la loi du 17 janvier 1975, celui qui met un terme à l'existence d'un enfant à naître dans les conditions définies par le législateur n'est pas susceptible de poursuites pénales.

D'autre part, ce n'est que lorsque la mort d'autrui ainsi délimitée survient, que l'homicide volontaire est réputé consommé. Ainsi, lorsque l'issue fatale, bien que recherchée, ne survient pas, la responsabilité de l'auteur doit être engagée, non sur le fondement de l'infraction consommée, mais sur le fondement de sa tentative (toujours incriminée en matière criminelle). La solution est la même lorsque, malgré sa volonté mortifère, il était objectivement impossible à l'auteur de parvenir à provoquer la mort (exemple de celui qui, ignorant qu'une personne est déjà décédée, emploie les moyens propres à mettre fin à ses jours). En effet, en pareille hypothèse d'infraction impossible, la chambre criminelle juge que l'auteur des agissements doit être poursuivi sur le fondement de la tentative d'homicide volontaire [1].

62 **Le lien de causalité.** L'élément matériel de l'homicide volontaire n'est caractérisé que dans la mesure où un lien de cause à effet unissant le comportement prohibé au résultat survenu peut être constaté. Ici comme ailleurs, le lien de causalité doit répondre à la condition de certitude.

B. L'élément moral

63 À l'image des autres crimes, le meurtre est une infraction intentionnelle. L'intention requise repose sur la double exigence d'un dol général et d'un dol spécial. Le dol général consiste dans la volonté de l'acte positif en ayant conscience de violer la loi pénale, tandis que le dol spécial découle de la volonté tendue vers le résultat, c'est-à-dire de l'intention de donner la mort, autrement appelée *animus necandi*. L'exigence du dol spécial est fondamentale dans la mesure où elle assoit à elle seule la distinction entre le meurtre et les violences mortelles, qui, comme nous le verrons, ne procèdent pas d'une intention de donner la mort. Peu importe en revanche les mobiles qui ont inspiré l'auteur : que l'on tue par

1. Crim. 16 janv. 1986, *Perdereau*, Crim. 16 janv. 1986, *D.* 1986. 265, note critique D. Mayer et C. Gazounaud, note approbative J. Pradel, *JCP* 1987. II. 20774, note G. Roujou de Boubée, *Gaz. Pal.* 1986. 1. 377, note J.-P. Doucet, *RSC* 1986. 839, obs. A. Vitu, et 849, obs. G. Levasseur.

profit, par jalousie, par défi ou encore pour abréger des souffrances, le meurtre est constitué dès lors que la volonté de donner la mort est démontrée, sans qu'il y ait lieu de distinguer. Peu importe également l'erreur sur la victime du meurtre qui demeure indifférente à la constitution de l'infraction.

64 Le mobile euthanasique n'échappe pas en principe à la règle de l'indifférence des mobiles : cela explique pourquoi des individus ont pu, notamment sous l'empire de l'ancien Code pénal, être poursuivis et condamnés pour meurtre ou assassinat dans des cas d'euthanasie [1]. La solution, qui privilégie le droit à la vie, a reçu l'approbation de la Cour européenne des droits de l'homme dans la célèbre affaire *Pretty contre Royaume-Uni* [2]. Cela dit, le principe d'indifférence des mobiles n'a pas de valeur constitutionnelle ; cela permet au législateur d'y déroger, comme l'a fait la loi dite *Leonetti* du 22 avril 2005, qui a créé une autorisation de la loi pour l'euthanasie passive, c'est-à-dire l'interruption des techniques de suppléances vitales. Nous retrouverons cette question au titre des faits justificatifs [3]. Il importe cependant d'apporter d'emblée deux précisions, eu égard à l'élément moral : d'une part, seule l'euthanasie passive est concernée par la loi *Leonetti*, si bien que l'euthanasie active demeure un meurtre ou, en cas de préméditation, un assassinat ; d'autre part, lorsque le législateur a érigé certains mobiles euthanasiques en fait justificatif, il l'a fait dans

1. V. par exemple, Toulouse 9 août 1973, *D.* 1974. 453 ; *adde*, les références citées *in* E. Dunet-Larousse, « L'euthanasie : signification et qualification au regard du droit pénal », *RDSS* 1998. Chron. 265 ; Ch. André, « Euthanasie et droit pénal : la loi peut-elle définir l'exception ? », *RSC* 2004. 43.

2. CEDH 29 avr. 2002, *Pretty c/ Royaume-Uni*, (*JCP* 2003. II. 10062, note Girault, *ibid.* 2003. I. 132, n° 23, obs. Byk, *Gaz. Pal.* 2002. 2 1407, note Ch. Pettiti, *RSC* 2002. 645, obs. F. Massias ; *RTD civ.* 2002. 482, obs. J. Hauser, et 858, obs. J.-P. Marguénaud) : dans cette affaire, la Cour avait été saisie par une femme tétraplégique, qui sollicitait du ministère public anglais que son mari puisse impunément l'aider à mettre un terme à sa vie, faute de pouvoir le faire par elle-même. La réponse de la Cour est très nette : « Il n'est pas possible de déduire de l'article 2 de la Convention européenne des droits de l'homme un droit à mourir, que ce soit de la main d'un tiers ou avec l'assistance d'une autorité publique ; (...) l'article 3 de la Convention ne fait peser sur l'État défendeur aucune obligation positive de prendre l'engagement de ne pas poursuivre le mari de la requérante s'il venait à aider son épouse à se suicider ou de créer un cadre légal pour toute autre forme de suicide assisté ; partant, il n'y a pas eu violation de l'article 3 ; (...) la nature générale de l'interdiction du suicide assisté n'est pas disproportionnée ; il ne paraît pas arbitraire que le droit reflète l'importance du droit à la vie en interdisant le suicide assisté tout en prévoyant un régime d'application et d'appréciation par la justice qui permet de prendre en compte dans chaque cas concret tant l'intérêt public à entamer des poursuites que les exigences justes et adéquates de la rétribution et de la dissuasion ».

3. *Infra*, n° 73.

une perspective plus collective qu'individuelle. Il ne s'agit pas de renier le principe d'indifférence des mobiles, mais plutôt de consacrer un certain espace de liberté en fin de vie, dans un contexte social favorable à la libéralisation.

§ 2. La répression

A. Sanctions encourues

65 À l'état simple, le meurtre est puni de 30 ans de réclusion criminelle. Toutefois, nombreuses sont les circonstances aggravantes, dont l'application porte la répression à la réclusion criminelle à perpétuité :

66 **Concours avec d'autres infractions.** L'article 222-1 du Code pénal pose deux hypothèses distinctes d'aggravation : 1) meurtre qui précède, accompagne ou suit un autre crime ; 2) meurtre qui a pour objet soit de préparer ou de faciliter un délit, soit de favoriser la fuite ou d'assurer l'impunité de l'auteur ou du complice d'un délit. Dans les deux cas, la peine est portée à la réclusion criminelle à perpétuité. Ces circonstances aggravantes permettent de déroger aux règles traditionnelles du concours réel, qui sont plus clémentes.

67 **Préméditation.** L'article 221-3 du Code pénal énonce que « Le meurtre commis avec préméditation constitue un assassinat. Il est puni de la réclusion criminelle à perpétuité ». Il ne faut toutefois pas s'y tromper : l'assassinat ne doit en aucun cas s'analyser en une infraction autonome, mais doit être compris comme un meurtre aggravé. La préméditation est définie par l'article 132-72 du Code pénal comme « le dessein formé avant l'action de commettre un crime ou un délit déterminé ». Compte tenu de cette définition large, on retrouvera cette circonstance toutes les fois où l'homicide n'aura pas été commis sous le coup d'une impulsion.

68 Circonstances aggravantes foisonnantes, relatives à la personne de la victime, aux mobiles, à la qualité de l'auteur ou au contexte de l'infraction. L'article 221-4 du Code pénal énumère plusieurs circonstances aggravantes tenant à la personne de la victime, et qui portent la peine à la réclusion criminelle à perpétuité. On

trouve notamment parmi ces circonstances le meurtre commis sur mineur de 15 ans, ou encore le meurtre commis sur un ascendant légitime ou naturel ou sur les père ou mère adoptifs. Le meurtre est encore aggravé lorsqu'il est commis, soit à raison de l'appartenance ou de la non-appartenance, vraie ou supposée, de la victime à une ethnie, une nation, une race ou une religion déterminée, soit à raison de l'orientation sexuelle de la victime. L'article 221-4 du Code pénal porte la peine à la réclusion criminelle à perpétuité lorsque le meurtre est commis par le conjoint ou le concubin de la victime ou le partenaire lié à la victime par un pacte civil de solidarité. Le meurtre est aggravé lorsqu'il est commis par plusieurs personnes agissant en bande organisée. Enfin, l'article 221-4 (9°), prévoit une cause d'aggravation ultime, qui, non seulement porte la peine à la réclusion criminelle à perpétuité, mais qui aménage également la possibilité pour la Cour d'assises de prononcer une période de sûreté de trente ans. Il s'agit de l'hypothèse dans laquelle la victime est un mineur de quinze ans et que le meurtre est précédé ou accompagné d'un viol, de tortures ou d'actes de barbarie.

69 **Exemption de peines pour les repentis.** On relèvera en dernier lieu que le meurtre aggravé de la circonstance de préméditation fait partie des infractions aux titres desquelles la loi du 9 mars 2004 a édicté des dispositions favorables aux repentis. Ainsi, l'article 221-5-3 du Code pénal prévoit que « Toute personne qui a tenté de commettre les crimes d'assassinat (...) est exempte de peine si, ayant averti l'autorité administrative ou judiciaire, elle a permis d'éviter la mort de la victime et d'identifier, le cas échéant, les autres auteurs ou complices ».

B. Faits justificatifs

70 **La prise en considération des conflits de valeurs.** Bien que l'étude des faits justificatifs relève du domaine du droit pénal général, il est utile de rappeler les cas retenus par la loi. Pour mémoire, les causes objectives d'irresponsabilité pénale, encore appelées faits justificatifs, se distinguent nettement des causes subjectives d'irresponsabilité pénale. En effet, à la différence des secondes,

les faits justificatifs ne font pas obstacle à la constitution de l'infraction : l'infraction est pleinement constituée dans tous ses éléments (élément légal, élément matériel et élément moral). Cependant, l'infraction a été commise dans des circonstances telles, qu'elle se trouvera justifiée (d'où l'appellation de fait justificatif) ou encore légitimée, de telle sorte qu'il sera fait obstacle à la décision de condamnation. Ainsi, alors que les causes subjectives d'irresponsabilité pénale empêchent la constitution de l'infraction, les causes objectives d'irresponsabilité pénale viennent paralyser la répression d'une infraction par ailleurs entièrement constituée. Dans le cadre de ce manuel de droit pénal spécial, on se bornera à rappeler les faits justificatifs les plus fréquemment invoqués en matière d'homicide volontaire, c'est-à-dire l'ordre ou l'autorisation de la loi, le commandement de l'autorité légitime et la légitime défense. Il est également opportun de rappeler l'absence d'effet justificatif autonome du consentement de la victime, en prenant notamment l'exemple de l'euthanasie.

71 L'ordre ou l'autorisation de la loi ou du règlement constitue une cause objective d'irresponsabilité pénale, prévue à l'article 122-4 al. 1 du Code pénal. Deux conditions doivent se trouver cumulativement remplies pour que ce fait justificatif produise son effet : d'une part, l'existence d'un ordre ou d'une autorisation de la loi ou du règlement ; d'autre part, le comportement justifiable. L'article 327 de l'ancien Code pénal limitait l'effet justificatif de l'ordre de la loi à « l'homicide, les blessures et les coups ». Cependant, la jurisprudence, ayant perçu là une liste indicative, a très vite fait de l'ordre de la loi un fait justificatif général. Cette solution a été consacrée lors de l'entrée en vigueur du nouveau Code pénal, si bien qu'il ne fait désormais aucun doute que l'ordre ou la permission de la loi sont susceptibles de justifier toutes les infractions pénales. Peu importe donc la nature ou la gravité du comportement infractionnel, pourvu qu'il ait été ordonné ou autorisé par la loi ou le règlement. Il existe néanmoins deux limites à la justification par l'ordre ou la permission de la loi ou du règlement.

– La première limite consiste en ce que le comportement infractionnel adopté par l'agent ne doit pas avoir excédé les limites de ce qu'ordonnait ou permettait la loi ou le règlement. Ainsi, lorsque la disposition portant ordre ou autorisation de commettre l'infraction entoure cette commission de conditions, celles-ci doivent avoir été respectées pour qu'opère la justification. Par exemple, des policiers infiltrés qui auraient commis des infractions pénales, alors que l'opération n'avait pas été autorisée par le Procureur de la République comme l'exige pourtant l'article 706-75 du Code de procédure pénale, seraient susceptibles de voir leur responsabilité pénale engagée. D'une manière plus générale, la jurisprudence décide, même en l'absence de précision législative, que la justification tombe en cas d'excès de zèle de l'agent, dans l'exécution de l'ordre ou la mise en œuvre de la permission.

– La seconde limite tient à l'exigence de nécessité et de proportionnalité dont la jurisprudence exige le respect dans des hypothèses de plus en plus nombreuses. Il arrive en effet que les tribunaux refusent la justification à celui qui s'est pourtant conformé à ce que prescrivait ou autorisait la loi, au motif du défaut de nécessité et de proportionnalité.

72 **Le commandement de l'autorité légitime.** L'article 122-4 al. 2 du Code pénal prévoit l'irresponsabilité pénale de la personne qui accomplit un acte « commandé par l'autorité légitime, sauf si cet acte est manifestement illégal ». Si le commandement de l'autorité légitime se combine parfois avec l'ordre de la loi (exemple du policier qui procède à une arrestation sur ordre de son supérieur), il constitue également un fait justificatif autonome susceptible d'être invoqué seul. Seul le commandement émis par une autorité publique est susceptible de justifier l'infraction, à condition que l'ordre ne soit pas manifestement illégal (théorie dite des « baïonnettes intelligentes »).

73 **La légitime défense.** La légitime défense est certainement la plus célèbre des causes objectives d'irresponsabilité pénale, ce qui s'explique notamment par ses origines anciennes. Elle était déjà présente en droit romain, qui la concevait comme un droit naturel de l'homme. Bien qu'influencée par les idées chrétiennes introduisant une idée de modération de l'acte de défense, la légitime défense devait persister dans le droit canon sous la forme d'une nécessité excusable sous des conditions rigoureuses. Les grandes

ordonnances criminelles (ordonnance de Villers-Cotterêts d'août 1539 et ordonnance d'août 1760) s'inspirèrent de ce système en faisant de la légitime défense non pas une cause légale d'absolution, mais une circonstance susceptible de justifier la grâce du roi. Il fallut attendre le Code pénal de 1791 pour que la légitime défense devienne une cause de justification de l'infraction en cas d'homicide ou de blessures « indispensablement commandés par la nécessité actuelle de la légitime défense de soi-même ou d'autrui » (art. 6). Le Code pénal de 1810 a conservé à la légitime défense son statut de fait justificatif en prévoyant dans son article 328 qu'« il n'y a ni crime ni délit, lorsque l'homicide, les blessures et les coups étaient commandés par la nécessité actuelle de la légitime défense de soi-même ou d'autrui ». Le législateur n'envisageait alors la légitime défense qu'en réponse à une atteinte aux personnes, mais la jurisprudence ne tarda pas à la rendre possible en riposte aux atteintes aux biens. De même, la jurisprudence étendit rapidement la légitime défense à des situations dans lesquelles l'acte de riposte consistait en d'autres infractions que l'homicide, les blessures et les coups visés par le législateur. Ces conceptions ont été reprises par l'article 122-5 du nouveau Code pénal selon lequel « n'est pas pénalement responsable la personne qui, devant une atteinte injustifiée envers elle-même ou autrui, accomplit, dans le même temps, un acte commandé par la nécessité de la défense d'elle-même ou d'autrui, sauf s'il y a disproportion entre les moyens de défense employés et la gravité de l'atteinte » (art. 122-5, al. 1er) ; « n'est pas pénalement responsable la personne qui, pour interrompre l'exécution d'un crime ou d'un délit contre un bien, accomplit un acte de défense, autre qu'un homicide volontaire, lorsque cet acte est strictement nécessaire au but poursuivi dès lors que les moyens employés sont proportionnés à la gravité de l'infraction » (art. 122-5, al. 2).

La légitime défense joue ainsi aujourd'hui le rôle incontesté de fait justificatif général. Une telle position est d'ailleurs conforme aux exigences de l'article 2 CESDH suivant lequel il n'y a pas de violation du droit à la vie dans les cas où la mort « résulterait d'un recours à la force rendu absolument nécessaire [...] pour assurer la défense de toute personne contre la violence illégale ». Les auteurs s'accordent aujourd'hui à considérer que la légitime défense a pour fondement l'utilité sociale. En effet, si la protection des citoyens incombe à l'État et non aux personnes privées depuis l'avènement de la justice publique, il arrive que cette protection soit défaillante ou insuffisamment prompte. Dans de telles circonstances, l'individu en danger a le droit et le devoir de se défendre lui-même. L'accueil de la légitime défense est à cet égard révélateur de l'état d'une société : dans une société où la protection des individus est correctement assurée par l'État, l'auto-défense n'est plus nécessaire et est par conséquent strictement encadrée. C'est pourquoi le droit pénal soumet la justification par la légitime défense à des conditions rigoureuses.

74 **L'absence d'effet justificatif autonome du consentement de la victime. L'exemple de l'euthanasie.** L'opinion publique est portée à supposer que, lorsque la victime a consenti, l'infraction disparaît. La maxime romaine *Volenti non fit injuria* [1] paraît d'ailleurs fournir à cette réaction instinctive la confirmation du droit. De nos jours, cette maxime est toutefois en opposition avec le but du droit pénal. Si le droit pénal intervenait pour la défense d'intérêts privés, il faudrait admettre l'efficacité du consentement de la victime. Cependant, il n'en est rien : le droit pénal a pour seul but de réprimer le trouble social par l'application d'une peine ou d'une mesure de sûreté à l'auteur d'une infraction pénale. Il met en œuvre une action d'intérêt général qui appartient à la société, et à elle seule, et qui obéit à une finalité punitive. Son intervention doit ainsi rester indifférente au consentement de la victime, lequel ne révèle qu'un intérêt privé. C'est pourquoi, malgré l'absence de prévision légale en ce sens, les tribunaux affirment couramment qu'en principe ni le consentement, ni la tolérance habituelle, ni le pardon de la victime ne justifient l'infraction pénale. En effet, la répression pénale n'est pas organisée dans le seul intérêt particulier de telle ou telle victime, mais protège l'intérêt général. Il importe peu dès lors qu'une personne ait accepté qu'une infraction soit commise à son détriment. La question de l'euthanasie

---

1. On ne fait tort à qui consent.

fournit une excellente illustration de l'absence d'influence du consentement de la victime sur la justification de l'infraction. En droit français, l'euthanasie n'a pas de valeur justificative générale, même dans le cas où le malade a donné un consentement conscient à sa « délivrance ». Cependant, la loi *Leonetti* du 22 avril 2005 a érigé le refus de soins du patient en ordre de la loi [1] : cela signifie que si le médecin, respectant la volonté du patient, interrompt les techniques de suppléance vitale, il ne sera pas condamné pour meurtre. L'effet justificatif vient bien ici de l'ordre de la loi et non du consentement de la victime en lui-même. Il est par ailleurs circonscrit à la seule euthanasie dite « passive » et ne saurait valoir dans le cas d'une euthanasie « active [2] », qui consiste le plus souvent dans l'injection d'une substance létale. Au reste, dans ce cas, la qualification d'empoisonnement trouverait en principe à s'appliquer.

Section 2
L'empoisonnement

75 **Une incrimination ancienne.** Depuis l'Antiquité, l'empoisonnement est spécialement incriminé et sa répression a toujours été très rigoureuse. Cette sévérité trouve sa source à la fois dans des raisons historiques et criminologiques. Historiquement d'abord, l'usage des poisons a pu être conçu comme un mode de gouvernement : de là la crainte obsessionnelle de l'empoisonnement que l'on retrouve chez de nombreux personnages [3]. D'un point de vue criminologique ensuite, l'empoisonnement est exempt de cette violence extérieure qui s'attache au meurtre ordinaire. La violence n'est ici pas utile en raison du moyen redoutable employé. Il s'agit d'une infraction facile à commettre, et difficile à déceler. L'empoi-

1. L'article L. 1111-4 du Code de la santé publique interdit au médecin d'entamer ou de poursuivre un traitement sans l'accord de son patient ; l'article L. 1111-10 précise les modalités de l'interruption de traitement pour les malades en fin de vie.
2. Cette terminologie, bien qu'usuelle, est trompeuse : l'interruption des techniques de suppléance vitale n'est pas une omission, mais bien une commission.
3. Que l'on songe à Mithridate, à l'affaire des poisons qui secoua la Cour de Louis XIV, ou bien encore à Napoléon Ier...

sonnement est aujourd'hui incriminé à l'article 221-5 du Code pénal, qui le définit comme « le fait d'attenter à la vie d'autrui par l'emploi ou l'administration de substances de nature à entraîner la mort ». Cette infraction se distingue ainsi nettement du meurtre, qui suppose une mort effectivement donnée (distinction entre atteinte et attentat à la vie) et ne nécessite pas la démonstration d'un comportement spécial au titre de son élément matériel. L'empoisonnement ne doit par ailleurs pas être confondu avec l'administration de substances nuisibles, infraction matérielle dont la consommation exige la survenance d'un résultat (atteinte à l'intégrité physique ou psychique d'autrui), et l'administration de substances qui ne sont pas mortifères mais simplement nuisibles [1]. Pour s'en convaincre, il suffit d'envisager les éléments constitutifs de l'empoisonnement (**§ 1**) avant d'en considérer la répression (**§ 2**).

§ 1. Les éléments constitutifs

A. L'élément matériel

L'élément matériel de l'empoisonnement repose sur le seul comportement, la survenance d'un résultat n'étant pas requise au titre de la constitution de l'infraction.

76 **L'exigence d'un comportement.** L'empoisonnement est avant tout une infraction de commission, qui nécessite la preuve d'un acte positif. Toutefois ici, à la différence du meurtre, l'acte positif exigé est précisément décrit par le législateur : il doit consister en un acte « d'emploi ou d'administration de substances de nature à entraîner la mort » :

– **Un acte d'emploi ou d'administration** : l'article 221-5 du Code pénal exige que soit caractérisé un acte d'emploi ou d'administration. La généralité de ces termes permet d'appréhender tous les procédés imaginables d'emploi ou d'administration. Il pourra

1. Incriminé à l'article 222-15 du Code pénal, le délit d'administration de substances nuisibles consiste dans « l'administration de substances nuisibles ayant porté atteinte à l'intégrité physique ou psychique d'autrui ». Il s'agit d'une variété de violences incriminée de façon autonome.

par exemple s'agir d'ingestion, d'inhalation, d'injection, ou encore de radiation.

– **De substances** : la notion de substances s'avère également très large, si bien qu'elle ouvre la voie à toutes sortes d'hypothèses. Par exemple, pour la répression des crimes de guerre, l'ordonnance du 28 août 1944 a considéré comme empoisonnement l'exposition dans les chambres à gaz. La substance visée par l'article 221-5 du Code pénal peut également consister en un bacille ou un virus [1], ou encore en des radiations émises par des objets radioactifs déposés près de la victime.

– **De nature à entraîner la mort** : en exigeant que les substances employées ou administrées soient « de nature à entraîner la mort », le législateur n'impose pas que leur absorption conduise inévitablement à la mort, mais simplement qu'elles soient susceptibles de parvenir à ce résultat. Il faut donc inclure dans le champ de l'infraction toutes les substances dont l'absorption présente un danger pour la vie de l'individu. Tel sera le cas, non seulement de l'emploi d'une dose unique d'un produit dont l'efficacité est redoutable, mais aussi de l'administration de doses successives d'une substance dont l'emploi unique est insuffisant à provoquer la mort [2].

77 **L'indifférence du résultat.** – **Incrimination élargie de l'infraction consommée** : l'article 221-5 du Code pénal définit l'empoisonnement comme le fait « d'attenter à la vie d'autrui ». La référence ainsi faite à l'« attentat » plutôt qu'à l'« atteinte » nous indique qu'il s'agit d'une infraction formelle, réprimée indépendamment de son résultat éventuel. Bien que le comportement tende à produire un résultat, l'infraction est réputée consommée en l'absence de production de ce résultat. Le législateur incrimine donc en quelque sorte une tentative à titre principal, et ne distingue pas suivant que la tentative réussit ou échoue. La notion d'attentat permet ainsi de considérer l'infraction d'empoisonnement consommée dès l'absorption de la substance, peu importe que la victime décède ou survive.

1. Crim. 18 juill. 1952, *D.* 1952. 667 : en l'espèce, il s'agissait de l'exposition de déportés à un gaz mortel dans un camp de la mort.
2. Crim. 5 févr. 1958, *Bull. crim*, n° 126.

– **Incrimination élargie de l'infraction tentée** : puisque ce n'est pas le décès de la victime, mais l'absorption du poison qui consomme l'infraction, le commencement d'exécution constitutif de tentative intervient plus tôt sur *l'iter criminis* [1] que s'agissant des infractions matérielles. C'est pourquoi la chambre criminelle décide que le commencement d'exécution est caractérisé par le fait de mettre les substances à disposition de la victime, avant que celle-ci ne les ingère (Crim. 7 juill. 1814). Dans cette perspective, la Haute Cour a pu considérer, par un arrêt du 5 février 1958, que le fait de jeter du poison dans un puits, constitue une tentative d'empoisonnement, alors même que la victime ne boit pas l'eau du puits. La répression de la tentative d'empoisonnement permet ainsi d'atteindre ce qui, pour une infraction matérielle comme le meurtre, ne serait qu'un acte préparatoire. Cette solution autorise certains à considérer que « l'empoisonnement tenté est une tentative de tentative » (A. Prothais [2]).

– **Infraction impossible** : appliquée à l'empoisonnement, l'infraction impossible recoupe l'hypothèse dans laquelle l'auteur, animé de l'intention de donner la mort, administre à la victime une substance inoffensive en la pensant mortelle. La jurisprudence opère alors une distinction : en cas d'erreur quantitative sur la dose nécessaire, elle retient l'existence d'une tentative d'empoisonnement (Crim. 26 nov. 1812) ; en revanche dans l'hypothèse d'une erreur qualitative sur la nature de la substance (ex : utilisation de sucre en poudre à la place de l'arsenic), elle exclut l'empoisonnement comme sa tentative.

B. L'élément moral

78 L'empoisonnement est une infraction intentionnelle, dont l'élément coupable repose non seulement sur un dol général, mais aussi sur un dol spécial.

– **Dol général** : le dol général suppose la connaissance de la nature mortelle de la substance, et son administration volontaire.

1. Le chemin de l'infraction.
2. A. Prothais, « Plaidoyer pour le maintien de l'incrimination spéciale de l'empoisonnement », *D.* 1982. Chron. 108, et *Tentative et attentat*, Paris, LGDJ, 1985.

Il n'y a donc pas empoisonnement en cas d'ignorance du caractère mortifère d'une substance par ailleurs administrée volontairement. La preuve du dol général est parfois difficile à rapporter. Ainsi, dans l'affaire du sang contaminé, la Cour de cassation a considéré que la preuve de la connaissance, par les médecins prescripteurs, du caractère nécessairement mortifère des lots du CNTS n'a pas été rapportée, au motif que des incertitudes régnaient à l'époque des faits dans les milieux médicaux quant au caractère mortel du virus du SIDA [1].

– **Dol spécial** : la question s'est longtemps posée de savoir si le dol général suffit à caractériser l'élément moral du crime d'empoisonnement, ou s'il faut aussi rapporter la preuve d'un dol spécial, consistant dans l'intention de donner la mort. Selon une doctrine traditionnelle, en ce qu'il constitue un « attentat à la vie » (considéré classiquement comme une tentative de meurtre), l'empoisonnement implique nécessairement de son auteur l'intention de procurer la mort (Guyot, Garraud, Rassat, Mayer). Une doctrine plus moderne, contemporaine du nouveau Code pénal, estime que l'article 221-5 du Code pénal n'implique pas la volonté de donner la mort de la victime, puisque la survenance de ce résultat est par définition indifférente (Pradel, Danti-Juan, Conte, Prothais, Mayaud [2]). La Chambre criminelle est quant à elle longtemps restée peu explicite à l'égard de l'exigence d'un dol spécial. La question a été tranchée de manière nette par la Haute Cour à l'occasion de l'affaire du sang contaminé. Dans cette affaire demeurée tristement célèbre [3], des poursuites pour empoisonne-

1. Crim. 18 juin 2003, *D.* 2004. J. 1620, note *D.* Rebut ; *JCP* 2003. II. 10121, note M.-L. Rassat ; *RSC* 2003. 781, obs. Y. Mayaud.

2. Y. Mayaud, « Lorsque l' empoisonnement rejoint le meurtre, ou du faux débat sur l' *animus necandi* », *RSC* 1999. 98 : « Parce que l' empoisonnement est indifférent à la mort, marquant ainsi sa différence avec le meurtre, l'intention qui préside à la culpabilité de son auteur n'a pas à être comprise par rapport à une donnée qui ne participe pas de la définition de l'infraction, sauf à contrarier dans son principe la distinction des infractions matérielles et des infractions formelles, avec pour conséquence de rendre inutile une complémentarité voulue par le législateur lui-même. Tel est bien le cas de l' empoisonnement au regard du meurtre. Tout en ayant la mort pour objet commun de prévention, les deux qualifications se séparent dans le fait que celle-ci n'est pas une donnée constitutive de l'empoisonnement, alors qu'elle participe de la matérialité de l'homicide. Aussi, classiquement définie comme la volonté de réaliser l'infraction dans ses diverses composantes, l'intention ne saurait intégrer la volonté de donner la mort là où précisément cette dernière n'est pas matériellement prise en compte. C'est dire que le principe même du recours à l'intention homicide est fort contestable pour caractériser l'élément moral du crime d' empoisonnement ».

3. Cette affaire a profondément perturbé les solutions du droit pénal, preuve supplémentaire de l'influence perturbatrice de la politique criminelle sur les qualifications. En effet, le scandale du sang conta-

ment ont été engagées contre les responsables du CNTS pour avoir sciemment, et pour des raisons mercantiles, laissé sur le marché des lots de sang non chauffés et contaminés par le virus du SIDA. Ces manœuvres ont abouti à la contamination de plus d'un millier de personnes et au décès de la plupart d'entre elles. Le problème s'est posé alors de savoir si l'empoisonnement comporte comme dol spécial l'intention de tuer, ou s'il suffit d'établir que son auteur a conscience que les produits qu'il administre sont de nature à donner la mort. Dans un arrêt du 22 juin 1994, la chambre criminelle, tout en validant les procédures engagées du chef de tromperie sur la qualité de la marchandise, n'exclut pas que des condamnations puissent également être prononcées pour empoisonnement en retenant « que ce crime suppose une intention coupable essentiellement différente de celle du délit de tromperie dont avait été seul saisi le tribunal ». De nouvelles poursuites sont donc engagées à la suite de cet arrêt sous la qualification d'empoisonnement, contre les mêmes personnes déjà condamnées pour tromperie. Parallèlement, dans une autre affaire de contamination par le virus du SIDA, la Chambre criminelle rend un arrêt le 2 juillet 1998 [1] selon lequel : « l'empoisonnement exige une intention homicide que ne suffit pas à caractériser la seule connaissance du pouvoir mortel de la substance administrée ». Saisie de la qualification d'empoisonnement, dans l'affaire du sang contaminé, la chambre d'accusation conclut au non-lieu du fait de l'inexistence, en la personne des médecins, d'un dol spé-

miné par le virus du SIDA transfusé à des patients avait déjà fait l'objet de deux procédures distinctes conduisant chacune à des condamnations pénales : la première pour tromperie (condamnation des directeurs du Centre national de transfusion sanguine (CNTS), de la Santé, du Laboratoire national de la santé et du responsable du département recherche et développement du CNTS), TGI Paris, 23 oct. 1992, *Gaz. Pal.* 1993. 1. Somm. 118, note J.-P. Doucet et J.-P. Delmas Saint-Hilaire, *Gaz. Pal.* 1993. 1. Doctr. 257 ; *D.* 1993. Jur. 222, note A. Prothais ; confirmé par Paris, 13 juill. 1993, *Gaz. Pal.* 1994. 1. Doctr. 173, obs. J.-P. Delmas Saint-Hilaire ; *D.* 1994. Jur. 118, note A. Prothais ; *RSC* 1995. 347, obs. Y. Mayaud), la seconde pour homicide involontaire à l'encontre d'un ancien ministre (C. justice Rép. 9 mars 1999, *D.* 1999. IR. 86). Dans ces affaires il a été reconnu, entre autres, qu'avaient été privilégiés au plus haut niveau les intérêts économiques d'une société pharmaceutique française, qui n'avait pas encore pu commercialiser un test de dépistage (contrairement à l'une de ses concurrentes américaines), au préjudice de la santé et de la vie de milliers de transfusés. V. notamment, Y. Mayaud, « L'empoisonnement, une logique de mort. À propos de l'affaire du sang contaminé », *RSC* 1995. 347 ; V. Malabat et J.-C. Saint-Pau, « Le droit pénal général malade du sang contaminé », *Dr. pénal* 2004. Chron. 2 ; D. Viriot-Barrial, « Le droit pénal face aux grandes catastrophes sanitaires », *RDSS* 2008. 21.

1. Crim. 2 juill. 1998, *D.* 1998. 457, note Pradel ; *JCP* 1998. II. 10132, note Rassat ; A. Prothais, « N'empoisonnez donc plus à l'arsenic », *D.* 1998. Chron. 334.

cial. Un pourvoi en cassation est alors formé par les victimes contre cet arrêt. Ce pourvoi aboutit à l'arrêt de la Chambre criminelle du 18 juin 2003 : « le crime d'empoisonnement ne peut être caractérisé que si l'auteur a agi avec l'intention de donner la mort, élément moral commun à l'empoisonnement et aux autres crimes d'atteintes volontaires à la vie de la personne ». Dès lors, il est certain que l'empoisonnement nécessite la preuve d'un dol spécial. La Cour de cassation a ainsi mis fin aux poursuites contre les protagonistes de l'affaire du sang contaminé. La même solution attend vraisemblablement d'autres affaires catastrophiques comme celle de l'amiante et de l'hormone de croissance. Bien qu'elle soit souvent dénoncée comme injuste, cette solution s'explique par la structure même des infractions formelles de nature criminelle : c'est précisément parce que l'élément matériel de ces infractions aux très lourdes conséquences pénales est inconsistant, qu'il convient de renforcer les exigences relatives à l'élément moral. La position inverse conduirait à élargir démesurément le champ de l'incrimination, et rendrait par exemple possibles des poursuites exercées de ce chef contre un buraliste ou un industriel pollueur. Elle met donc en lumière l'inadaptation de la qualification d'empoisonnement aux formes modernes d'emploi ou d'administration de substances que l'on sait mortifères. Ainsi, comme nous l'évoquions à l'occasion de l'étude de l'élément matériel de l'infraction, pour les infractions formelles, l'exigence d'un résultat recherché tend à pallier les inconvénients de l'indifférence au résultat survenu.

§ 2. La répression

79 **Peines et circonstances aggravantes.** Depuis l'entrée en vigueur du nouveau Code pénal, à l'état simple, l'empoisonnement est puni de trente ans de réclusion criminelle, soit la même peine principale que pour le meurtre simple. Au contraire, l'ancien Code pénal, dans son article 302, punissait l'empoisonneur de mort, tout comme le coupable d'assassinat ou de parricide. Après l'abolition de la peine capitale par la loi du 9 octobre 1981, et jusqu'en

1994, l'empoisonnement s'est trouvé réprimé par la réclusion criminelle à perpétuité. Bien que la peine encourue du chef d'empoisonnement soit aujourd'hui identique à celle prévue au titre du meurtre, la répression de l'empoisonnement conserve tout de même une spécificité par rapport à celle du meurtre simple : les deux premiers alinéas de l'article 132-23 du Code pénal relatif à la période de sûreté obligatoire sont applicables à tout empoisonnement, qu'il soit simple ou aggravé, alors que la période de sûreté n'intervient de plein droit que s'agissant du meurtre aggravé.

Plusieurs circonstances aggravantes sont susceptibles de s'appliquer, portant la peine à la réclusion criminelle à perpétuité. Quant à la définition de ces circonstances aggravantes, l'article 221-5 du Code pénal se contente de renvoyer aux dispositions relatives au meurtre. Les mêmes circonstances aggravantes que celles que nous avons évoquées plus haut s'appliquent donc ici. On précisera tout de même que la circonstance de préméditation est *a priori* toujours susceptible de s'appliquer à l'empoisonnement, ce crime étant assez rarement impulsif.

80 **L'empoisonnement objet de correctionnalisations.** Inadapté aux formes modernes d'administration de substances mortifères, l'empoisonnement fait parfois l'objet de correctionnalisations déguisées. C'est dans ce cas la qualification d'administration de substances nuisibles de l'art. 222-15 du Code pénal qui fait office d'infraction-relais. De telles correctionnalisations sont rendues possibles par la porosité de la frontière séparant l'empoisonnement de l'administration de substances nuisibles. Comment en effet distinguer clairement les « substances de nature à entraîner la mort » de l'article 221-5, des substances nuisibles de l'art. 222-15 ? Selon la doctrine la plus autorisée, l'article 222-15 du Code pénal viserait les produits de nature à provoquer un dommage corporel, à l'exclusion de ceux qui pourraient entraîner la mort lesquels relèveraient de la qualification d'empoisonnement (M. Véron). Ainsi formulée, la distinction paraît claire. Pourtant, un arrêt du 10 janvier 2006 a semé le trouble. La Cour de cassation y approuve en effet la condamnation du chef d'administration de substances nuisibles d'un individu qui avait volontairement transmis à sa partenaire le virus du SIDA. Pour expliquer pareille

solution, D. Mayer fait valoir que les substances à risque mortel relèveraient de l'administration de substances nuisibles, tandis que les substances forcément mortelles relèveraient de l'empoisonnement. Or, à l'heure actuelle, la constance des progrès de la recherche dans le traitement du sida augure de réels espoirs de guérison des malades. On pourrait donc penser que la qualification de substance nuisible est finalement plus appropriée que celle de substance mortifère. Toutefois, comme le souligne A. Prothais, « une substance ne change pas de nature si un traitement, un vaccin ou un antidote vient à en atténuer ou supprimer les effets. Le venin du serpent demeure un poison même depuis que l'on a découvert le contrepoison. Le VIH demeure donc en soi une substance de nature à entraîner la mort et le demeurera lorsque l'on aura mis au point le vaccin ou le remède pour l'anéantir ». La qualification retenue d'administration de substances nuisibles semble ainsi bien moins appropriée que celle d'empoisonnement. Nous sommes donc en présence « d'une volonté manifeste de correctionnalisation par minoration délibérée d'un élément constitutif de l'infraction [1] ».

1. A. Prothais, « Le Sida par complaisance rattrapé par le droit pénal », *D.* 2006. 1068.

CHAPITRE 4

Les atteintes involontaires à la vie et à l'intégrité physique

81 **Des incriminations diversifiées, adaptées à la variété des profils criminologiques.** Les atteintes involontaires à la vie et à l'intégrité de la personne, regroupant les infractions d'homicide et de blessures involontaires, donnent lieu à un contentieux de masse. Circulation routière, hygiène et sécurité du travail, pratique médicale, ou encore activités sportives et de loisirs constituent autant de leurs domaines de prédilection, et elles exposent au risque pénal des personnes diverses parmi lesquelles on compte notamment les décideurs publics et privés, mais aussi les enseignants, éducateurs et, d'une manière plus générale, les opérateurs d'activités à risques. Toutes les infractions relevant de cette catégorie ont pour point commun de ne pas nécessiter la preuve d'une intention pour être constituées. Or, cet aspect ne va pas sans poser le problème de la légitimité de l'intervention du droit pénal. En effet, alors que le droit civil poursuit une finalité réparatrice, le droit pénal se veut avant tout punitif. La légitimité et la nécessité de la punition d'individus qui ont intentionnellement violé la loi pénale, et parfois même intentionnellement provoqué le dommage ne fait

aucun doute. Cependant, avec les atteintes involontaires à la vie ou à l'intégrité de la personne, il s'agit pour le droit pénal d'appréhender des comportements, qui, bien qu'ayant provoqué un dommage, ne procèdent pas d'une démarche intentionnelle : l'auteur du dommage n'a pas souhaité sa réalisation et n'a pas même eu la volonté de violer la loi pénale ; il ne « l'a pas fait exprès ». Nul ne conteste que de tels faits, relevant de l'imprudence ou de la négligence, doivent donner lieu à réparation et, par conséquent, à la mise en œuvre de la responsabilité civile de leur auteur. Mais qu'en est-il de la légitimité de la punition ? C'est bien à cette difficulté que s'est trouvé, de manière récurrente, confronté le législateur en matière d'atteintes involontaires à la vie et à l'intégrité de la personne. Ainsi, les lois du 13 mai 1996 et du 10 juillet 2000 ont traduit son souci de faire sortir du champ du droit pénal un certain nombre de comportements d'imprudence et de négligence (appréciation *in concreto* de la faute d'imprudence ordinaire imposée par la loi du 13 mai 1996, dépénalisation des agissements des auteurs indirects de fautes d'imprudence ordinaire mise en place par la loi du 10 juillet 2000), tout en permettant leur appréhension par le droit civil (amoindrissement du principe de l'unité des fautes civile et pénale par la loi du 10 juillet 2000). Mais, si elle a permis au législateur de dépénaliser un certain nombre de comportements d'imprudence, la réflexion menée sur la légitimité de l'intervention du droit pénal lui a également fourni l'opportunité d'asseoir la légitimité de la punition face aux comportements résultant des imprudences les plus graves, ce qui a notamment donné naissance à la faute de mise en danger délibérée.

82 D'un point de vue théorique, ces atteintes involontaires permettent ainsi de mieux appréhender la théorie de l'élément moral, en incarnant les différents profils criminologiques visés par l'article 121-3 alinéa 2 et suivants du Code pénal : l'imprudent et le téméraire, selon qu'ils sont « lampistes[1] » ou décideurs. La politique criminelle dicte ici aussi bien la détermination des éléments constitutifs (SECTION 1) que les conditions de la répression (SECTION 2).

1. Ph. Conte, « Le lampiste et la mort », *Dr. pénal* 2001. Chron. 2.

Section 1

Les éléments constitutifs de l'homicide et des blessures involontaires

83 De nombreuses incriminations pénales ont pour objet d'appréhender les atteintes involontaires à la vie et à l'intégrité de la personne. Il s'agit en premier lieu de l'homicide involontaire (atteinte involontaire à la vie), et, en second lieu, des multiples infractions de blessures involontaires (atteintes à l'intégrité de la personne). Le critère de distinction entre ces différentes infractions est traditionnellement celui de la gravité du résultat effectivement produit. Toutefois, par touches successives (essentiellement la loi du 12 juin 2003 relative à la sécurité routière, et la loi du 20 juin 2008 relative aux chiens dangereux), le législateur est venu superposer à cette architecture générale, d'autres classifications fondées sur le contexte de l'infraction, et aboutissant finalement à brouiller la hiérarchie originelle. Le résultat de ces évolutions forme un ensemble d'une remarquable complexité, car les différentes qualifications viennent s'enchevêtrer les unes les autres, ce qui accroît considérablement les difficultés de qualification. Afin de démêler l'écheveau du droit positif, il convient de présenter une typologie des infractions (**§ 1**), avant de considérer les éléments préalables (**§ 2**), l'élément matériel (**§ 3**) et l'élément moral (**§ 4**).

§ 1. Typologie des infractions

84 **Résultat consistant dans la mort de la victime (homicide involontaire).** Plusieurs qualifications pénales sont susceptibles de s'appliquer en fonction des circonstances de l'infraction :

– Qualification générale (hors circonstances particulières) : l'article 221-6 du Code pénal incrimine l'homicide involontaire, qu'il définit comme « le fait de causer, dans les conditions et selon les distinctions prévues à l'article 121-3, par maladresse, imprudence, inattention, négligence ou manquement à une obligation de sécurité ou de prudence imposée par la loi ou le règlement, la mort d'autrui ».

– Homicide provoqué par le conducteur d'un véhicule (loi du 12 juin 2003) : l'article 221-6-1 du Code pénal incrimine à titre autonome, suivant les mêmes modalités que celles décrites à l'article 221-6, l'homicide involontaire « lorsque la maladresse, l'imprudence, l'inattention, la négligence ou le manquement à une obligation législative ou réglementaire de sécurité ou de prudence est commis par le conducteur d'un véhicule terrestre à moteur ».

– Homicide provoqué par un chien (loi du 20 juin 2008) : l'article 221-6-2 incrimine, suivant les mêmes modalités que celles décrites à l'article 221-6, mais de manière autonome, l'homicide involontaire lorsqu'il « résulte de l'agression commise par un chien ». Le texte précise en outre que le responsable pénal est alors « le propriétaire ou celui qui détient le chien au moment des faits ».

85 **Résultat consistant en une ITT de plus de trois mois (blessures involontaires).** Plusieurs qualifications pénales sont susceptibles de s'appliquer en fonction des circonstances de l'infraction :

– Qualification générale (hors circonstances particulières) : l'article 222-19 du Code pénal incrimine « le fait de causer à autrui, dans les conditions et selon les distinctions prévues à l'article 121-3, par maladresse, imprudence, inattention, négligence ou manquement à une obligation de sécurité ou de prudence imposée par la loi ou le règlement, une incapacité totale de travail pendant plus de trois mois ».

– Blessures provoquées par le conducteur d'un véhicule (loi du 12 juin 2003) : l'art. 222-19-1 du Code pénal incrimine à titre autonome, suivant les mêmes modalités que celles décrites à l'art. 222-19, les blessures ayant entraîné une ITT de plus de trois mois « lorsque la maladresse, l'imprudence, l'inattention, la négligence ou le manquement à une obligation législative ou réglementaire de sécurité ou de prudence est commis par le conducteur d'un véhicule terrestre à moteur ».

– Blessures provoquées par un chien (loi du 20 juin 2008) : l'art. 222-19-2 du Code pénal incrimine à titre autonome, suivant les mêmes modalités que celles décrites à l'art. 222-19, les blessures ayant entraîné une ITT de plus de trois mois « lorsque l'atteinte involontaire à l'intégrité de la personne résulte de l'agression commise par un chien ». Comme précédemment, le texte précise en outre que le responsable pénal est alors « le propriétaire ou celui qui détient le chien au moment des faits ».

86 **Résultat consistant en une ITT inférieure ou égale à trois mois (blessures involontaires).** Plusieurs qualifications pénales sont ici encore susceptibles de s'appliquer en fonction des circonstances de l'infraction :

– Qualification générale (hors circonstances particulières) : l'article R 625-2 du Code pénal incrimine comme une contravention de la 5e classe, « Hors les cas prévus par les articles 222-20 et 222-20-1, le fait de causer à autrui, par maladresse, imprudence, inattention, négligence ou manquement à une obligation de sécurité ou de prudence imposée par la loi ou le règlement, dans les conditions et selon les distinctions prévues à l'article 121-3, une incapacité totale de travail d'une durée inférieure ou égale à trois mois ».

– Blessures procédant d'une faute de mise en danger délibérée : l'article 222-20 du Code pénal incrimine comme un délit spécial « le fait de causer à autrui, par la violation manifestement délibérée d'une obligation particulière de sécurité ou de prudence imposée par la loi ou le règlement, une incapacité totale de travail d'une durée inférieure ou égale à trois mois ».

– Blessures provoquées par le conducteur d'un véhicule (loi du 12 juin 2003) : l'article 222-20-1 incrimine spécialement les blessures ayant entraîné une ITT inférieure ou égale à 3 mois « lorsque la maladresse, l'imprudence, l'inattention, la négligence ou le manquement à une obligation législative ou réglementaire de sécurité ou de prudence est commis par le conducteur d'un véhicule terrestre à moteur ».

– Blessures provoquées par un chien (loi du 20 juin 2008) : l'article 222-20-2 énonce que « lorsque l'atteinte involontaire à l'intégrité de la personne ayant entraîné une incapacité totale de travail de moins de trois mois prévue par l'article 222-20 résulte de l'agression commise par un chien, le propriétaire ou celui qui détient le chien au moment des faits est puni de deux ans d'emprisonnement et de 30 000 € d'amende ».

87 **Résultat ne se matérialisant par aucune ITT.** Plusieurs qualifications pénales sont de nouveau susceptibles de s'appliquer en fonction des circonstances de l'infraction :

– Qualification générale (hors circonstances particulières) : l'article R 622-1 incrimine comme une contravention de la deuxième classe « Hors le cas prévu par l'article R. 625-3, le fait, par maladresse, imprudence, inattention, négligence ou manquement à une obligation de sécurité ou de prudence imposée par la loi ou le règlement, dans les conditions et selon les distinctions prévues à l'article 121-3, de porter atteinte à l'intégrité d'autrui sans qu'il en résulte d'incapacité totale de travail ».

– Blessures procédant d'une faute de mise en danger délibérée : l'art. R 625-3 incrimine comme une contravention de la 5e classe, « le fait, par la violation manifestement délibérée d'une obligation particulière de sécurité ou de prudence prévue par la loi ou le règlement, de porter atteinte à l'intégrité d'autrui sans qu'il en résulte d'incapacité totale de travail ».

§ 2. Les éléments préalables

88 Certaines des infractions d'homicide ou de blessures involontaires nécessitent que puisse être constaté un élément préalable. Ainsi, l'homicide et les blessures involontaires des articles 221-6-1, 222-19-1, et 222-20-1 supposent, à titre d'élément préalable, que l'infraction ait été commise par le conducteur d'un véhicule. De même, les incriminations des articles 221-6-2, 222-19-2 et 222-20-2 ne s'appliquent que dans le cas où l'homicide ou les blessures procèdent de l'agression d'un chien. Il faut en outre que la personne dont on recherche la responsabilité soit identifiée comme le propriétaire ou le détenteur du chien au moment de l'agression. Dans toutes ces hypothèses, ce n'est que lorsque le ou les éléments préalables de l'infraction auront pu être constatés que l'action

publique pourra être menée sur le fondement des textes spéciaux. À défaut, il faudra en revenir aux qualifications générales, hors circonstances particulières.

§ 3. L'élément matériel

L'élément matériel de toutes les infractions d'homicide et de blessures involontaire repose sur la réunion de trois composantes : un comportement, un résultat et un lien de causalité.

89 **Le comportement.** Le comportement requis par le législateur au titre de la caractérisation de l'élément matériel est commun à toutes les infractions d'homicide et de blessures involontaires. Dans tous les cas, il peut indifféremment consister en une commission (violation d'une obligation de ne pas faire) ou en une omission (violation d'une obligation de faire). Depuis la loi du 10 juillet 2000 tendant à préciser la définition des délits non intentionnels, cette distinction apparaît indirectement dans le quatrième de l'article 121-3, qui mentionne « les personnes qui ont créé ou contribué à créer la situation à l'origine d'un dommage » (infraction de commission), ou qui « n'ont pas pris les mesures permettant d'éviter un dommage » (infraction d'omission). L'omission se révèle donc souvent un élément déterminant de la constitution des infractions consistant en des atteintes involontaires à la vie ou à l'intégrité de la personne. Il faut souligner que cette règle s'applique également dans les cas spéciaux d'homicide et de blessures involontaires, y compris lorsque ces infractions sont le fait de l'agression d'un chien. Il faut en effet évidemment se garder de confondre le comportement du chien (à ce jour irresponsable pénalement...) et celui que l'on reproche à son propriétaire ou détenteur. Seul le comportement du propriétaire ou détenteur est pertinent au regard de la constitution de l'infraction. Or, le plus souvent, c'est une omission qui lui sera reprochée (ex : défaut de port de laisse).

90 **Le résultat.** Les atteintes involontaires à la personne sont des infractions matérielles, nécessitant la survenance d'un résultat pour être consommées. Au sein des infractions matérielles, elles appartiennent à la catégorie plus restreinte des infractions de

résultat. Cela implique non seulement que seule la survenance du résultat consomme l'infraction, mais aussi que la tentative n'est jamais incriminée. La survenance effective d'un résultat est donc la condition *sine qua non* de toute poursuite exercée du chef d'une atteinte involontaire à la personne.

Si son exigence est constante, la teneur du résultat requis varie selon l'atteinte involontaire à la personne que l'on considère :

– Homicide involontaire (art. 221-6, 221-6-1, 221-6-2) : le résultat effectif doit ainsi consister dans la mort d'autrui.

– Blessures involontaires des articles 222-19, 222-19-1, et 222-19-2 : le résultat doit se traduire par une ITT de plus de trois mois

– Blessures involontaires des articles R. 625-2, 222-20, 222-20-1 et 222-20-2 : le résultat doit se traduire par une ITT égale ou inférieure à trois mois.

– Blessures involontaires des articles R. 622-1 et R. 625-3 : le résultat doit consister en une atteinte physique ou psychique qui ne se traduit pas par une ITT.

On ne peut aborder la question du résultat des atteintes involontaires à la vie ou à l'intégrité de la personne sans évoquer la désormais célèbre question de l'homicide involontaire du fœtus, dont il convient de retracer les principales évolutions :

– Cass., ass. plén., 29 juin 2001 [1] : à la suite d'un accident de la circulation, une femme, enceinte de 6 mois, perd le fœtus qu'elle portait. L'auteur de l'accident est notamment poursuivi du chef d'homicide involontaire sur la personne de l'enfant à naître. La Haute Cour rejette le pourvoi dirigé contre l'arrêt d'appel le relaxant, considérant que « le principe de la légalité des délits et

1. Cet arrêt du 29 juin 2001 est, à bien des égards pour les pénalistes, et toutes choses égales par ailleurs, aussi important que l'arrêt *Perruche* pour les civilistes. Rappelons que dans l'affaire *Perruche* (Ass. plén. 17 nov. 2000, *JCP* 2000. II. 10438, rapport P. Sargos ; *D.* 2001. 316, concl. J. Sainte-Rose, p. 332, note D. Mazeaud, et p. 336, note P. Jourdain), la Cour de cassation décida que le préjudice d'un enfant né handicapé par suite d'une faute médicale dans le diagnostic d'une maladie de la mère au cours de la grossesse est indemnisable. Les deux points communs les plus frappants sont les suivants : d'une part, ils ont été l'un et l'autre précédés de rapports étoffés de l'avocat général J. Sainte-Rose et du conseiller rapporteur P. Sargos ; d'autre part, ils ont suscité d'intenses réactions tant au sein de la doctrine juridique qu'au-delà. Pour les réactions des pénalistes, v notamment : J. Pradel, « La seconde mort de l'enfant conçu », *D.* 2001. 2907 ; *D.* 2001. 2917, note Y. Mayaud ; *JCP* 200X. II. 10569, rapp. P. Sargos, concl. J. Sainte-Rose, note M.-L. Rassat.

des peines, qui impose une interprétation stricte de la loi pénale, s'oppose à ce que l'incrimination prévue par l'article 221-6 du Code pénal, réprimant l'homicide involontaire d'autrui, soit étendue au cas de l'enfant à naître dont le régime juridique relève de textes particuliers sur l'embryon ou le fœtus ». La Cour de cassation refuse donc d'inclure le fait de causer la mort d'un fœtus dans le champ de l'art. 221-6 au nom du principe d'interprétation stricte de la loi pénale. Cette solution a ensuite été confirmée à maintes reprises par la Chambre criminelle de la Cour de cassation [1].

– Lors de l'examen à l'Assemblée nationale du projet de loi relatif à la sécurité routière et du projet de loi relatif à la criminalité organisée, un amendement a été déposé visant à créer un « délit d'homicide involontaire du fœtus ». À deux reprises, cet amendement a été retiré des projets.

– Crim. 2 déc. 2003 [2] : la chambre criminelle de la Cour de cassation décide que celui qui a causé la mort d'un enfant qui a vécu une heure après sa naissance, et qui est décédé des suites des lésions subies au moment de l'accident est coupable d'homicide involontaire. Contrairement à ce qu'une lecture trop hâtive pourrait laisser penser, cet arrêt ne revient pas sur la position du 29 juin 2001 : seul un enfant né vivant peut être victime d'un homicide involontaire. Peu importe en revanche, dès lors que cette condition est remplie, que l'enfant soit ou non viable. Ainsi, il est désormais très net que le critère utilisé par la jurisprudence est celui de la vie à la naissance : soit l'enfant est né vivant, et l'homicide involontaire peut être retenu quel que soit le temps durant lequel se sera prolongée la vie ; soit l'enfant n'est pas né vivant, et l'homicide involontaire ne peut pas être retenu, peu importe la viabilité du fœtus.

1. Crim. 25 juin 2002, *Bull. crim.* n° 14 ; *D.* 2002. 3099, note J. Pradel ; *ibid.* 2003. Somm. 243, obs. S. Mirabail, et 660, obs. F. Planckeel ; *JCP* 2002. II. 10155, note Rassat ; *Dr. pénal* 2002. Chron. 31, concl. D. Commaret, et Comm. 93, obs. Véron ; *Gaz. Pal.* 2003. 1. 481, note Bonneau ; *RSC* 2003. 95, obs. Y. Mayaud. - *Add* : O. Sautel, « Récidives... Brèves considérations sur l'arrêt de la Chambre criminelle du 25 juin 2002 », *D.* 2002. 2475. Crim. 4 mai 2004, *Bull. crim.* n° 10 ; *D.* 2004. 3097, note J. Pradel, et Somm. 2754, obs. G. Roujou de Boubée ; *RSC* 2004. 884, obs. Y. Mayaud. - Crim. 27 juin 2006, *D.* 2007. Pan. 403, obs. S. Mirabail (rejet du pourvoi contre Metz, 17 févr. 2005, *JCP* 2005. IV. 2465).

2. *Bull. crim. n°* 226 ; *AJ pénal*, 2004. 118.

– CEDH 8 juill. 2004 *Vo c/ France*[1] : la CEDH devait ici se prononcer sur une demande tendant à obtenir condamnation de la France du fait de la solution du 29 juin 2001 sur le fondement du droit à la vie (art. 2 CESDH). La CEDH conclut à la non violation de l'article 2 par la France, au motif que « l'enfant à naître n'est pas privé de toute protection en droit français, et l'obligation positive des États d'adopter des mesures propres à assurer la protection de la vie n'exige pas nécessairement un recours de nature pénale ». Le droit français assure en effet, par la voie du droit civil ou du droit administratif la réparation du dommage subi du fait de la perte d'un fœtus. Cela suffit à satisfaire les exigences conventionnelles.

– la chambre criminelle applique ici à l'infraction de blessures involontaires la solution dégagée par l'arrêt du 2 décembre 2003. Dans cette affaire, une parturiente a accouché d'une enfant gravement handicapée, suite à de nombreuses négligences d'un médecin obstétricien. La chambre criminelle saisit cette occasion pour affirmer l'applicabilité de l'infraction de blessures involontaires à l'enfant à naître : « la seule exigence de la loi est la constatation sur autrui d'une ITT supérieure à trois mois, sans que soit exigée une concomitance entre les faits reprochés et les manifestations de leurs conséquences sur la victime ». Or, en l'espèce, une ITT supérieure à trois mois a bien été constatée sur la personne de l'enfant née vivante, peu importe que cette incapacité soit le résultat d'actes commis avant sa naissance.

91 **Lien de causalité certain.** Un lien de cause à effet doit pouvoir être démontré entre le comportement prohibé et le résultat survenu. Ce lien de causalité doit toujours être certain, qu'il soit direct ou indirect. Pour que l'on puisse parler de lien de causalité certain, il faut que la faute reprochée à la personne poursuivie figure « dans l'enchaînement des événements préalables au résultat à titre d'antécédent susceptible d'être intervenu dans la réalisation du dommage » (R. Merle, A. Vitu). Mais il faut aussi que cette faute ait été l'une des conditions *sine qua non* du dommage. Il y a cependant

1. CEDH 8 juill. 2004, *Vo c/ France*, *RTD civ.* 2004. 799, note J.-P. Marguénaud et 714, note J. Hauser ; *RSC* 2005. 135, obs. Fl. Massias.

de nombreuses hypothèses, notamment en matière d'homicide et de blessures involontaires, dans lesquelles on ne peut rien affirmer avec certitude : il est possible, ou probable que la faute du prévenu ait joué le rôle d'une condition *sine qua non*, et il est également possible qu'elle n'ait pas joué ce rôle. Dans de tels cas, il faudrait considérer que l'existence du lien de causalité n'est pas certaine, car la causalité est seulement hypothétique. La jurisprudence de la Cour de cassation n'est cependant pas si nettement tranchée.

C'est certainement en matière de responsabilité pénale médicale que sont soulevées les plus importantes difficultés relatives à l'appréciation de la certitude du lien de causalité. La Cour de cassation y procède en effet à une distinction délicate à mettre en œuvre :

– Quand la faute du médecin a fait seulement perdre au malade une chance de survie ou de guérison, la Cour de cassation décide que le lien de causalité ne répond pas à la condition de certitude et conclut à la relaxe (Crim 9 janv. 1979 ; Crim. 10 nov. 1996 ; Crim. 18 juin 2003 ; Crim 22 mars 2005 : à la suite du décès d'une patiente, on reproche à plusieurs médecins des anomalies au cours des soins et du suivi médical. Selon les experts, un diagnostic plus précoce n'aurait pas constitué l'assurance de sauver la malade. Il n'y a donc pas de responsabilité pénale faute de lien de causalité certain).

– Quand la faute du médecin a fait perdre à son patient « toute chance de survie », la Cour de cassation considère à l'inverse que le lien de causalité est certain (Crim 9 juin 1977 ; Crim 7 juill. 1993 ; Crim. 1er avr. 2003 pour un interne n'ayant pas organisé le transfert immédiat d'un patient grièvement blessé dans une unité de soins intensif ; Crim 5 avr. 2005).

Toutefois, ces dernières années, les difficultés liées à la certitude du lien de causalité se sont propagées, au-delà du champ de la responsabilité médicale. Deux arrêts rendus par la Cour de cassation ont à cet égard été remarqués :

– Crim. 5 oct. 2004 [1] : un automobiliste blesse légèrement un piéton, qui, conduit à l'hôpital, y décède quelques jours plus tard des suites d'une infection nosocomiale. La Cour d'appel condamne

1. Crim. 5 oct. 2004, *AJ pénal* 2005. 25, obs. J. Coste ; *RSC* 2005. 71, obs. Y. Mayaud.

l'automobiliste du chef d'homicide involontaire (auteur indirect, il y a une faute caractérisée). La Cour de cassation censure cette décision au motif que la Cour d'appel n'a pas recherché si l'infection nosocomiale n'était pas le seul fait en relation de causalité avec le décès. Elle n'a donc pas établi l'existence d'un lien de causalité certain entre le heurt du piéton et le décès. Cette solution s'explique par la nature particulière des infections nosocomiales. Ces infections n'ont aucun lien avec l'état initial du patient, ni avec l'évolution prévisible de cet état, et peuvent ainsi parfois constituer la cause exclusive du décès.

– Crim. 30 janv. 2007 [1] : lors d'une sortie organisée par une commune, une animatrice laisse des adolescents se baigner dans un bassin interdit à la baignade. L'un des adolescents, souffrant d'une pathologie cardiaque, se noie. L'animatrice est poursuivie du chef d'homicide involontaire. La Cour d'appel conclut à sa relaxe, faute de certitude dans la causalité entre ses agissements et la mort de l'adolescent. Mais la Cour de cassation censure l'arrêt d'appel : la juridiction aurait confondu caractère certain et caractère direct ou indirect du lien de causalité. Or, le lien de causalité entre la mort de l'adolescent et le comportement de l'animatrice est certain en l'espèce : la pathologie préexistante a été déclenchée par la noyade, et donc par le comportement de l'animatrice (la décompensation de la pathologie cardiaque était due « à l'effort intense déployé par la victime, qui ne savait pas bien nager, afin de progresser dans un bassin (...) interdit à la baignade »). La cause immédiate de la mort est peut-être la pathologie cardiaque, mais cette dernière résulte de la noyade qui, elle, est le fruit des fautes commises par l'animatrice imprudente.

92 **Lien de causalité direct ou indirect.** Avant l'entrée en vigueur de la loi du 10 juillet 2000, il n'était pas utile de distinguer entre causalité directe et causalité indirecte. La responsabilité pénale de l'auteur de l'atteinte involontaire à la personne obéissait au même régime dans les deux cas. La loi du 10 juillet 2000 a bouleversé cette situation. En effet, selon le nouvel article 121-3 alinéa 4 du Code pénal, les fautes

---

1. Crim. 30 janv. 2007, *Bull. crim.* n° 2 ; *RSC* 2007. 299, obs. Y. Mayaud ; *D.* 2007. AJ. 86 ; *AJ pénal* 2007. 179, obs. G. Roussel.

qui n'ont causé qu'indirectement le dommage n'engagent la responsabilité pénale des personnes physiques que dans la mesure où elles présentent un certain degré de gravité. Afin de faciliter l'application de la règle nouvelle, le législateur a pris soin de définir l'auteur indirect comme la personne qui, sans avoir elle-même directement causé le dommage, a soit créé, soit contribué à créer la situation qui a permis sa réalisation, soit n'a pas pris les mesures permettant de l'éviter. Dans ces hypothèses, la responsabilité pénale de la personne physique ne sera engagée que si sa faute présente une certaine gravité. Les solutions sont donc désormais les suivantes :

– Si le lien de causalité peut être établi par la *causa proxima*, une faute d'imprudence ordinaire suffira, au titre de l'élément moral, à engager la responsabilité pénale de la personne physique.

– Si le lien de causalité ne peut être établi que grâce à la théorie de l'équivalence des conditions, une faute d'imprudence qualifiée devra être démontrée au titre de l'élément moral, pour engager la responsabilité pénale de la personne physique.

– On applique indifféremment l'une ou l'autre de ces deux théories pour mettre en œuvre la responsabilité pénale des personnes morales. Le caractère direct ou indirect du lien de causalité n'a à leur égard aucune conséquence juridique.

Malgré la simplicité apparente de la distinction entre auteur direct et auteur indirect, sa mise en œuvre ne va pas sans susciter quelques difficultés. Ainsi, en matière médicale par exemple, la chambre criminelle considère que, lorsque le dommage résulte d'une imprudence commise par le médecin lui-même, dans une prescription ou lors d'un examen, d'une intervention chirurgicale ou d'un suivi post opératoire, le lien de causalité doit être qualifié de direct (Crim 13 novembre 2002, décès d'un nouveau-né en raison de la sous-estimation d'un risque et d'un défaut de surveillance par le pédiatre auquel il était confié). En revanche, le chef du service hospitalier auquel il est reproché de ne pas s'être assuré de la bonne exécution de ses instructions par le personnel placé sous son autorité est considéré comme un auteur indirect (Crim. 10 janv. 2001 : médecin accoucheur de garde ne s'étant pas préoccupé pendant plus de 9 heures d'une patiente à risque dont l'enfant est décédé).

§ 4. L'élément moral

93 Les atteintes involontaires à la vie ou à l'intégrité de la personne nécessitent toujours au titre de leur élément moral la preuve d'une faute non intentionnelle délictuelle. Cette règle s'applique également aux blessures involontaires contraventionnelles. En revanche, la nature de la faute non intentionnelle délictuelle requise diffère selon que l'auteur de l'infraction est une personne physique auteur direct ou une personne morale d'une part, ou une personne physique auteur indirect d'autre part. Alors que dans la première hypothèse la faute non intentionnelle délictuelle devra consister en une faute d'imprudence ordinaire, il faudra démontrer une faute d'imprudence caractérisée ou une faute de mise en danger délibérée dans la seconde.

A. La faute d'imprudence ordinaire

94 Alors que la faute d'imprudence ordinaire constituait sous l'empire de l'ancien Code pénal la seule faute susceptible de caractériser l'élément moral des atteintes involontaires à la personne, elle a vu son domaine d'application limité avec l'entrée en vigueur de la loi du 10 juillet 2000. Désormais, cette faute est requise lorsque l'auteur de l'infraction est soit une personne physique auteur direct, soit une personne morale auteur direct ou indirect. Cette règle s'applique à toutes les atteintes involontaires à la personne, sauf aux blessures involontaires des articles 222-20 et R. 625-3 du Code pénal qui nécessitent toujours la preuve d'une faute de mise en danger délibérée.

L'article 121-3 al. 3 emploie pour définir la faute d'imprudence ordinaire les termes de « faute d'imprudence, de négligence ou de manquement à une obligation de prudence ou de sécurité prévue par la loi ou le règlement ». Chacune de ces trois modalités, entre lesquelles il importe peu de distinguer, vient matérialiser une imprévoyance, et c'est cette imprévoyance qui constitue la substance même de la faute d'imprudence ordinaire. On reproche en effet à l'auteur d'un délit non intentionnel de ne pas avoir prévu les conséquences dommageables de son acte. Mais toute imprévoyance ayant causé un dommage n'est pas de nature à caractériser la faute d'imprudence ordinaire. Encore faut-il en effet que l'imprévoyance révèle un non-respect des règles de discipline sociale. Lorsque l'imprévoyance s'est traduite par la violation d'une règle légale ou réglementaire, c'est-à-dire dans l'hypothèse d'un « manquement à une obligation de prudence ou de sécurité prévue par la loi ou le règlement », la violation établit seule la faute d'imprudence ordinaire, tant il est évident que celui qui a méprisé les lois et règlements s'est montré imprévoyant (ex : non-respect d'un signal « stop » par un conducteur). Il suffit alors au juge de constater l'existence du manquement aux obligations légales ou réglementaires pour établir la faute d'imprudence ordinaire. En revanche, lorsque l'imprévoyance ne s'est pas traduite par la violation d'obligations légales ou réglementaires, il appartient au juge de rechercher si une « imprudence » ou une « négligence » a été commise, en se référant au comportement, dans le domaine d'activité considéré, d'un individu normalement prudent et avisé. À cet égard, la loi du 13 mai 1996 est venue imposer une appréciation *in concreto* de la faute d'imprudence ordinaire, en exigeant des tribunaux qu'ils ne concluent à son existence que « s'il est établi que l'auteur des faits n'a pas accompli les diligences normales compte tenu, le cas échéant, de la nature de ses missions ou de ses fonctions, de ses compétences ainsi que du pouvoir et des moyens dont il disposait ». Cette réforme a toutefois connu une portée limitée, la Cour de cassation exigeant simplement des juges du fond qu'ils reproduisent la nouvelle formule légale dans leurs motifs, sans qu'il soit nécessaire de la soumettre à l'épreuve des faits de l'espèce. La faute d'imprudence ordinaire est ainsi le plus souvent très aisément démontrée.

B. Les fautes d'imprudence qualifiées

95 Lorsqu'une personne physique est auteur indirect d'une atteinte involontaire à l'intégrité de la personne, seule la preuve d'une faute d'imprudence qualifiée sera de nature à caractériser l'élément moral. La faute d'imprudence qualifiée pourra alors consister soit dans la faute de mise en danger délibérée, soit dans la faute d'imprudence caractérisée. Certaines atteintes involontaires

à la personne ne peuvent toutefois résulter que d'une faute de mise en danger délibérée.

1. La faute de mise en danger délibérée

- Place de la faute de mise en danger délibérée. La faute de mise en danger délibérée n'occupe pas la même place pour toutes les atteintes involontaires à l'intégrité de la personne. Il y a ici un principe, et deux exceptions :

• Principe : la faute de mise en danger délibérée est susceptible de caractériser l'élément moral des atteintes involontaires à la personne commises par une personne physique auteur indirect. Dans cette hypothèse, l'élément moral pourra être démontré par la preuve, soit de la faute de mise en danger délibérée, soit de la faute caractérisée. La faute de mise en danger délibérée constitue alors un élément moral possible.

• Exception 1 - Blessures involontaires des articles 222-20, R. 625-3 et 222-20-2 : la faute de mise en danger délibérée constitue le seul élément moral susceptible de constituer les blessures involontaires des articles 222-20 et R. 625-3 du Code pénal. En effet, par exception à ce qu'il prévoit s'agissant des autres atteintes involontaires à la personne, le législateur érige ici la faute de mise en danger délibérée en élément moral requis à l'exclusion de tout autre. Curieusement, il semble en aller de même des blessures involontaires incriminées par l'article 220-20-2, instituées par la loi du 20 juin 2008 relative aux chiens dangereux. Le texte définit en effet l'infraction nouvelle (blessures involontaires ayant entraîné une ITT égale ou inférieure à 3 mois par agression d'un chien) par référence au texte de l'article 222-20. Bien qu'il s'agisse sans nul doute dans ce dernier cas d'une erreur de la part du législateur, il demeure qu'en l'état, la lettre du texte impose la preuve d'une faute de mise en danger délibérée pour que l'infraction soit constituée. Pareille exigence a pour conséquence de restreindre considérablement le champ de l'incrimination nouvelle. Or, tel n'était à toute évidence pas le souhait du législateur en la matière.

• Exception 2 - Blessures involontaires des articles R. 625-1 et R. 622-1 : la faute de mise en danger délibérée n'est jamais susceptible de caractériser l'élément moral des blessures involontaires des articles R. 625-1 et R. 622-1. En effet, le législateur n'incrimine ici les blessures involontaires qu' « hors les cas » prévus par les articles 222-20 et R. 625-3 du Code pénal. Ainsi, lorsque les faits visés procèdent d'une faute de mise en danger délibérée, ce sont les articles 222-20 et R. 625-3 du Code pénal qui s'appliquent, à l'exclusion de tout autre fondement.

- **Contenu de la faute de mise en danger délibérée.** L'article 121-3 du Code pénal définit la **faute de mise en danger délibérée comme la « violation manifestement délibérée d'une** obligation particulière de prudence ou de sécurité imposée par la loi ou le règlement ». La caractérisation de la faute de mise en danger délibérée se trouve ainsi subordonnée à la réunion de deux éléments :

• la violation d'une obligation particulière de sécurité ou de prudence imposée par la loi ou le règlement : l'obligation violée devant être inscrite dans la loi ou le règlement, au sens formel des termes, la faute de mise en danger délibérée ne pourra pas être reprochée à celui qui aura violé une règle de conduite de simple bon sens. Elle se distingue en cela de la faute d'imprudence ordinaire. En outre, la violation d'une obligation légale ou réglementaire ne suffit pas à établir la faute, il faut encore que l'obligation violée s'avère « particulière », c'est-à-dire suffisamment précise et circonstanciée. La jurisprudence considère à cet égard de manière constante que les obligations édictées par le Code de la route sont de nature à fonder une faute de mise en danger délibérée. Tel ne serait pas le cas en revanche d'une prévision légale qui imposerait de manière générale aux maires de veiller à la sécurité sur le territoire de leur commune.

• Une violation manifestement délibérée : ce n'est que lorsque l'obligation légale ou réglementaire aura été violée de façon manifestement délibérée qu'elle caractérisera la faute. Il faudra donc ici rapporter la preuve d'un dol éventuel, c'est-à-dire de la volonté tendue vers une prise de risque. Peu importe en revanche que l'auteur de la violation ait eu connaissance de la nature possible des conséquences dommageables de son acte [1].

1. Crim. 16 févr. 1999, *Bull. crim.* n° 2 ; *D.* 2000. 9, note A. Cerf ; *ibid.* 2000. Somm. 34, obs. Y. Mayaud ; *Dr. pénal* 1999. 82, obs. Véron ; *RSC* 1999. 581, obs. Y. Mayaud ; 808, obs. B. Bouloc ; 837, obs. G. Giudicelli-Delage.

La faute de mise en danger délibérée est ainsi difficile à établir. C'est pourquoi la jurisprudence ne nous en fournit que peu d'illustrations, les tribunaux préférant, quand le choix leur est offert, caractériser l'élément moral sur le terrain de la faute caractérisée.

2. La faute caractérisée

La faute caractérisée constitue, aux côtés de la faute de mise en danger délibérée, l'élément moral désormais requis à l'encontre des personnes physiques auteurs indirects des infractions d'atteintes involontaires à la personne. Cette règle s'applique à toutes les atteintes involontaires à la personne, sauf aux blessures involontaires des articles 222-20 et R. 625-3 du Code pénal qui nécessitent toujours la preuve d'une faute de mise en danger délibérée.

Quant à son contenu, la faute caractérisée ne nécessitant pas la violation d'une obligation légale ou réglementaire, elle pourra résulter de la violation d'une règle de simple bon sens. Il convient toutefois de préciser que, si la violation d'une obligation légale ou réglementaire n'est pas exigée au titre de la faute caractérisée, elle en favorise néanmoins la démonstration. L'analyse de la jurisprudence rendue depuis l'entrée en vigueur de la loi du 10 juillet 2000 montre que trois éléments cumulatifs sont nécessaires à la démonstration de la faute caractérisée :

- la faute doit revêtir un certain degré de gravité, ce qui exclut les fautes légères de la qualification ;
- la faute doit avoir exposé autrui à un risque d'une particulière gravité. Il faut donc démontrer qu'il existait objectivement de fortes probabilités qu'une personne fût exposée à un risque de mort ou de blessures graves.

L'auteur du dommage ne pouvait ignorer le risque auquel son comportement exposait autrui. Il s'agit là de la plus importante des conditions du nouveau dispositif. Elle impose de démontrer que le prévenu, au regard du contexte, aurait dû connaître l'existence du risque. Mais cette affirmation ne doit pas rester une abstraction, il faut se livrer à une appréciation véritablement concrète prenant en compte la situation de l'agent, la nature et la force des obligations qui pesaient sur lui, les informations et les moyens dont il disposait pour les assumer. La connaissance du risque par l'auteur ne fera guère de doute lorsque la faute résultera de la violation d'une obligation légale ou réglementaire. C'est notamment pour cette raison que la loi du 10 juillet 2000 ne s'est pas traduite par un allégement de la responsabilité pénale des chefs d'entreprise auteurs d'infractions à la sécurité des travailleurs. En l'absence de la violation d'une obligation préexistante, la démonstration de la connaissance du risque par l'auteur sera plus difficile [1]. Néanmoins, s'il est vrai qu'elle facilite l'établissement de la faute caractérisée, la violation d'une obligation légale ou réglementaire n'est pas une condition de la répression de cette faute. Ainsi, la faute caractérisée pourra tout de même en de telles hypothèses être établie si l'on démontre par exemple un manquement de l'auteur à ses obligations professionnelles (ex : Crim 4 mars 2003 qui retient la faute caractérisée en la personne d'un garagiste pour avoir prêté un véhicule aux pneumatiques trop usagers dont il connaissait les graves dangers d'utilisation en raison de sa profession ; Crim. 5 oct. 2004 qui parvient à la même conclusion à l'encontre d'un loueur professionnel de scooters des mers qui avait loué l'un de ses scooters à un client qu'il savait dépourvu du permis imposé par la réglementation). La personne physique auteur indirect du dommage ne peut donc désormais voir sa responsabilité pénale engagée que si elle a eu connaissance du risque ou si elle disposait d'informations suffisantes pour l'envisager comme probable.

SECTION 2
LA RÉPRESSION DE L'HOMICIDE ET DES BLESSURES INVOLONTAIRES

96 La répression de l'homicide et des blessures involontaires est à l'image des éléments constitutifs : complexe parce que personnalisée, affinée selon la gravité du résultat mais aussi le profil criminologique de l'auteur. Pour en prendre la mesure, il convient

1. Crim. 12 déc. 2000, *Bull. crim.* n° 371 et 18 juin 2002, *Bull. crim.* n° 138 ayant abouti à la relaxe d'une directrice d'école et d'une institutrice dans la célèbre affaire du Drac.

d'envisager les peines (**§ 1**), les circonstances aggravantes (**§ 2**), la prescription de l'action publique (**§ 3**) et enfin l'action civile (**§ 4**).

§ 1. Les peines

97 L'énumération des peines afférentes aux différentes atteintes involontaires à la personne ne présente que peu d'intérêt, dans la mesure où le Code pénal est parfaitement clair sur ce point. C'est pourquoi nous nous contenterons de préciser que les peines varient en la matière en fonction de trois données utilisées cumulativement par le législateur : 1) la gravité du dommage provoqué : plus le dommage est important, plus la peine est lourde ; 2) La nature de la faute commise : les atteintes involontaires à la personne dont l'élément moral procède exclusivement d'une faute de mise en danger délibérée sont plus sévèrement réprimées que les autres ; 3) La nature des intérêts protégés : les homicides et blessures involontaires commis par le conducteur d'un véhicule ou par agression d'un chien dangereux font l'objet d'une répression plus sévère.

§ 2. Les circonstances aggravantes

98 Les circonstances aggravantes applicables diffèrent suivant que l'on s'intéresse aux atteintes involontaires de droit commun ou aux atteintes involontaires spéciales.

1. Circonstances aggravantes des atteintes involontaires de droit commun

L'homicide involontaire de l'article 221-6 et les blessures involontaires de l'article 222-19 du Code pénal ne sont susceptibles d'être aggravés que par la circonstance aggravante de faute de mise en danger délibérée. En effet, ces textes érigent la faute de mise en danger délibérée en une circonstance aggravante. Il faut alors distinguer entre deux situations : 1) lorsque l'infraction aura été commise par une personne physique auteur direct, ou par une personne morale auteur direct ou indirect, une faute d'imprudence ordinaire suffira à constituer l'élément moral de l'infraction. Néanmoins, s'il s'avère que l'agent a commis une faute de mise en danger délibérée, cette faute viendra aggraver la répression encourue en endossant le rôle de circonstance aggravante ; 2) lorsque l'infraction aura été commise par une personne physique auteur indirect, une faute de mise en danger délibérée sera requise au titre de l'élément moral. Mais, dans cette hypothèse, la faute de mise en danger délibérée fera également office de circonstance aggravante. Ainsi, le législateur du 10 juillet 2000 a donné naissance à une situation inédite dans laquelle la faute de mise en danger délibérée est susceptible de jouer, dans le même temps, le double rôle d'élément constitutif et de circonstance aggravante de l'infraction. C'est donc dans ce cas, l'infraction aggravée qui se trouvera immédiatement commise.

2. Circonstances aggravantes des atteintes involontaires procédant de la conduite d'un véhicule

Toutes les atteintes involontaires à la personne délictuelles procédant de la conduite d'un véhicule sont susceptibles de voir leur répression aggravée par les circonstances suivantes : faute de mise en danger délibérée ; le conducteur se trouvait en état d'ivresse manifeste ou était sous l'empire d'un état alcoolique ; le conducteur avait fait usage de substances ou de plantes classées comme stupéfiants ; le conducteur n'était pas titulaire du permis de conduire ; le conducteur a commis un dépassement de la vitesse maximale autorisée égal ou supérieur à 50 km/h ; délit de fuite.

3. Circonstances aggravantes des atteintes involontaires procédant de l'agression d'un chien

Les textes issus de la loi du 20 juin 2008 énumèrent également toute une série de circonstances aggravantes spécifiquement applicables aux atteintes involontaires procédant de l'agression d'un chien : la propriété ou la détention du chien est illicite en application de dispositions législatives ou réglementaires ou d'une décision judiciaire ou administrative ; le propriétaire ou le détenteur du chien se trouvait en état d'ivresse manifeste ou sous l'emprise manifeste de produits stupéfiants ; le propriétaire ou le détenteur du chien n'avait pas exécuté les mesures prescrites par le maire pour prévenir le danger présenté par l'animal ; le propriétaire ou le détenteur du chien n'était pas titulaire du permis de détention prévu par la loi ; le propriétaire ou le détenteur du chien ne justifie pas d'une vaccination antirabique de son animal en cours de validité lorsqu'elle est obligatoire ; il s'agissait d'un chien de la première ou de la deuxième catégorie qui n'était pas muselé ou tenu en laisse par une personne majeure ; il s'agissait d'un chien ayant fait l'objet de mauvais traitements de la part de son propriétaire ou de son détenteur.

§ 3. La prescription de l'action publique

99 La prescription des atteintes involontaires à la vie ou à l'intégrité de la personne, infractions de résultat, ne commence en principe à courir qu'à compter de l'apparition du résultat (ex : blessures et homicide involontaires dont le résultat n'apparaîtrait que tardivement). Dans un arrêt du 3 janvier 2008, la Chambre criminelle semble en outre consacrer, pour les blessures involontaires, la possibilité de reculer le point de départ de la prescription de l'action au jour où le délit est découvert, admettant ainsi de concevoir parfois les blessures involontaires comme une infraction clandestine. Dans cette affaire, suite à une exposition à des produits toxiques sur son lieu de travail jusqu'en 1996, un salarié contracte une grave maladie, qui sera diagnostiquée en 1998. Dès l'année 2000, des certificats médicaux évoquent un lien entre la maladie et l'exposition professionnelle à des produits dangereux. En 2005, le salarié se constitue partie civile contre son ancien employeur du chef de blessures involontaires. La chambre de l'instruction énonce que la victime était en mesure de déclencher l'action publique en 2000 (date des certificats médicaux). Son dépôt de plainte est donc tardif, les faits étant prescrits depuis 2003. Le demandeur forme un pourvoi en cassation. Il soutient que « le point de départ de la prescription devait être reporté à la date à laquelle la partie civile a pu prendre conscience de l'origine de sa maladie, de son lien avec les faits dénoncés, dans des conditions lui permettant de mettre en mouvement l'action publique ». La chambre criminelle rejette le pourvoi, mais sa motivation n'est

pas dépourvue d'ambiguïtés. Tout d'abord, elle confirme sa jurisprudence selon laquelle le délai de la prescription de l'action publique du délit de blessures involontaires commence à courir du jour de l'apparition du dommage (en l'espèce, en 1998, date du diagnostic de la maladie). Ensuite, la Cour de cassation juge que les certificats médicaux établis en 2000 affirmaient déjà un lien entre sa maladie et un contact prolongé avec des produits toxiques. Par conséquent « la partie civile était, dès cette époque, en mesure de mettre en mouvement l'action publique pour ces faits, prescrits à la date du dépôt de plainte ». Ainsi, la Cour de cassation ne rejette pas l'argumentation juridique de la partie civile, mais rejette son pourvoi uniquement sur une question de fait, à savoir la date des certificats médicaux reconnaissant le caractère professionnel de la maladie. La chambre criminelle semble donc consacrer ici, pour les blessures involontaires, la possibilité de reculer le point de départ de la prescription de l'action au jour où le délit est découvert.

§ 4. L'action civile

100 **Les piliers ébranlés de la primauté du criminel sur le civil.** L'article 3 du Code de procédure pénale offre à la victime d'une infraction la possibilité d'exercer son action civile soit devant les juridictions civiles, soit devant les juridictions répressives. C'est ce que l'on appelle le « droit d'option ». Exercée devant les juridictions répressives, l'action civile deviendra l'accessoire de l'action publique. Exercée devant les juridictions civiles, elle donnera lieu à un procès civil en principe indépendant du procès pénal. Lorsque la victime aura choisi d'exercer son action civile devant une juridiction civile, le jugement relatif à l'action publique et le jugement relatif à l'action civile seront dissociés. Le procès civil se tiendra indépendamment du procès pénal. En effet, les piliers de la primauté du procès pénal sur le procès civil ont été érodés (le criminel tient le civil en l'état, l'autorité du criminel sur le civil), ou bien se sont effondrés (l'identité des fautes civile et pénale). Certes, la loi du 10 juillet 2000 n'a supprimé ni la primauté du pénal sur le civil

(art. 4 et 5 C. pr. pén.), ni le principe d'autorité de la chose jugée, n'affectant que le seul principe d'identité entre faute pénale non intentionnelle et faute civile d'imprudence [1]. Cependant, nous allons voir qu'elle a eu un effet d'entraînement, déclenchant des évolutions jurisprudentielles et légales qui émancipent davantage le procès civil du procès pénal.

1. Le criminel tient le civil en l'état

101 L'article 4 du Code de procédure pénale impose aux juges civils de surseoir à statuer dans l'attente de la décision pénale dès lors que l'action publique aura été mise en mouvement avant l'engagement du procès civil ou au cours de ce procès et que l'on relèvera une identité de faits entre les deux actions. Quant à cette dernière condition, jusqu'à la loi du 5 mars 2007, la Cour de cassation l'interprétait largement, imposant au juge civil de surseoir à statuer dès lors que la décision pénale était « susceptible d'influer » sur la décision civile. Il n'était ainsi pas nécessaire qu'il y ait identité d'objet, de partie ou de cause ; un simple risque d'influence suffisait à imposer le sursis au jugement du juge civil. Une telle interprétation n'allait pas sans encourager les procédures dilatoires dans lesquelles une action publique était mise en mouvement dans le seul but de retarder un jugement civil (ex : employeur déclenchant l'action publique du chef de vol contre un de ses salariés afin de retarder le jugement de la juridiction prud'homale relatif au licenciement de ce même salarié). C'est pourquoi le législateur du 5 mars 2007 est venu mettre un terme à cette interprétation et restreindre ainsi le champ d'application du sursis au jugement. En effet, l'article 4 du Code de procédure pénale prévoit désormais que le criminel ne tient plus le civil en l'état à l'exception des instances civiles statuant sur l'action civile en réparation du dommage causé par l'infraction. La mise en mouvement de l'action publique n'impose plus en effet la suspension du jugement des autres actions exercées devant la juridiction civile, de quelque nature qu'elles soient, même si la décision à intervenir au pénal est susceptible d'exercer, directement ou indirectement, une influence sur la solution du procès civil.

1. G. Viney, obs. *JCP* 2001. I. 338.

2. L'autorité sur le civil de la chose jugée au criminel

102 En vertu du principe de l'autorité sur le civil de la chose jugée au criminel [1], le juge civil statuant sur la réparation du dommage issu d'une infraction pénale est tenu de ne pas contredire la décision du juge pénal devenue définitive et irrévocable. Il s'agit d'un principe jurisprudentiel fortement ancré dans notre droit, même s'il est contesté, et même si son champ d'application a aujourd'hui tendance à refluer. En effet, les partisans de l'abandon de l'autorité au pénal sur le civil sont de plus en plus nombreux [2]. La plupart des droits étrangers ne connaissent pas de principe similaire [3] et il faut bien reconnaître que la décision pénale n'a pas valeur de preuve absolue, entraînant l'irrecevabilité de toute demande contraire, mais a valeur d'élément de preuve, pouvant seulement aider le juge à fonder sa conviction.

3. La fin de l'identité des fautes civile et pénale d'imprudence

103 Les infractions d'imprudence se traduisent par un préjudice pour une victime, et entraînent donc très normalement un problème de responsabilité civile. La question de la coïncidence de la faute pénale d'imprudence et de la faute civile se trouve dès lors inévitablement posée. Toute faute génératrice d'une responsabilité pénale doit-elle en même temps fonder une responsabilité civile ? Autrement dit, y a-t-il unité ou dualité de la faute pénale et de la faute civile ? Rompant avec la jurisprudence antérieure, le très célèbre arrêt *Brochet et Deschamps* rendu dès 1912 par la chambre civile de la Cour de cassation (Civ. 18 déc. 1912) était venu poser le principe de l'unité des deux types de fautes. Combinée au principe de l'autorité sur le civil de la chose jugée au criminel, la

---

1. L'expression « autorité au criminel sur le civil » est trompeuse : mieux vaut évoquer l'autorité de la chose jugée au pénal sur le civil, puisque ce ne sont pas seulement les verdicts rendus par les cours d'assises qui sont dotés de cette autorité. Le juge civil est, en application de ce principe, tenu de se conformer à ce qui a été jugé sur l'action publique. Si celle-ci aboutit à la condamnation de la personne poursuivie, à sa relaxe ou à son acquittement, les juridictions civiles saisies ne peuvent contredire ce qui a été ainsi jugé, quand bien même la preuve leur serait rapportée de la fausseté ou de l'inexactitude de la décision pénale. J.-H. Robert, « L'autorité de la chose jugée au pénal sur le civil », *Procédures*, août-sept. 2007, p. 42 s.

2. M.-L. Rassat, *op. cit.*, n° 521 ; Ph. le Tourneau et L. Cadiet, *Droit de la responsabilité et des contrats*, 2000/2001, Dalloz, n° 688 ; P. Jourdain, « La nouvelle définition des délits non intentionnels par la loi du 10 juillet 2000. Les conséquences de la loi du 10 juil.let 2000 en droit civil », *RSC* 2001. 748.

3. J. Pradel, *Droit pénal comparé*, 2e éd., 2002, Dalloz, n° 506 : seules la Belgique et la France connaissent ce système.

solution avait pour conséquence d'obliger le juge statuant au civil à rester fidèle à la décision prise par le juge statuant au pénal. Ainsi, une condamnation pénale imposait au juge statuant au civil de conclure à la mise en œuvre de la responsabilité civile, tandis que la relaxe du juge répressif devait inévitablement se traduire par un rejet de la responsabilité civile.

La loi du 10 juillet 2000 a remis en cause cette solution traditionnelle. En exigeant que soit rapportée la preuve d'une faute d'imprudence qualifiée en cas de causalité indirecte, ce texte dissocie au moins en partie les fautes pénales d'imprudence de la faute civile des articles 1382 et 1383. Tirant les conséquences procédurales de cette nouvelle règle de fond, la loi du 10 juillet 2000 introduit dans le Code de procédure pénale un article 4-1 aux termes duquel « l'absence de faute pénale non intentionnelle au sens de l'article 121-3 du Code pénal ne fait pas obstacle à l'exercice d'une action devant les juridictions civiles afin d'obtenir la réparation d'un dommage sur le fondement de l'article 1383 du Code civil si l'existence de la faute civile prévue par cet article est établie (...) ». Restait encore à déterminer la portée de cette nouvelle dualité des fautes.

D'abord, il est clair que le refus d'une faute qualifiée par le juge répressif en cas de causalité indirecte laisse place à une faute simple que pourra relever le juge civil. C'est là l'apport certain du nouvel article 4-1 du Code de procédure pénale. L'hypothèse du rejet d'une faute d'imprudence ordinaire en cas de causalité directe est ensuite plus délicate. En effet, en ce qu'elle ne réforme en rien la faute d'imprudence ordinaire, la loi du 10 juillet 2000 laisse persister dans une telle hypothèse la solution de l'unité des fautes. La 1re chambre civile a néanmoins ici adopté une position inattendue. En effet, dans un arrêt *Beauchêne*, rendu le 30 janvier 2001, la première chambre civile affirme dans une hypothèse de causalité directe que « la déclaration par le juge répressif de l'absence de faute pénale, ne fait pas obstacle à ce que le juge civil retienne une faute civile d'imprudence ou de négligence [1] ».

1. Civ. 1re, 30 janv. 2001, *Bull. civ.* I, nº 19 ; *RSC* 2001. 613, obs. Giudicelli ; *D.* 2001. 2232, note P. Jourdain.

Cet arrêt a été rendu, non sur le fondement de la loi du 10 juillet 2000, mais sur le fondement du Code civil (art. 1382, 1147, 1351). Il s'agit donc d'un revirement de jurisprudence qui pose un principe général d'autonomie entre le pénal et le civil. On peut donc penser que, désormais, le juge civil, en matière de délit non intentionnel, n'est plus jamais tenu par la relaxe du juge pénal, y compris lorsqu'une personne morale est auteur de l'infraction ou lorsqu'il est question de causalité indirecte. Ce retour à la dualité des fautes a ensuite été confirmé à maintes reprises. Enfin, le principe d'autorité du pénal sur le civil continue de s'appliquer dans le cas où le juge pénal a prononcé une condamnation pénale. L'article 4-1 du Code de procédure pénale ne vise en effet que les jugements de relaxe. Dès lors, l'admission d'une faute pénale continue à obliger le juge civil, qui ne pourra pas refuser une indemnisation si le préjudice existe (Civ. 1re, 29 oct. 2002 ; Civ. 2e, 15 nov. 2001). Il est vrai néanmoins, que ce n'est pas en la matière que le principe de l'identité des fautes civile et pénale revêtait la plus grande importance.

CHAPITRE 5

Les atteintes volontaires à l'intégrité et à la liberté des personnes

104 **Un entrelacs d'infractions autonomes et de circonstances aggravantes.** Les atteintes volontaires à l'intégrité et à la liberté de la personne sont incriminées aux articles 222-1 et suivants du Code pénal. Au titre des atteintes à l'intégrité, il s'agit des actes de tortures et de barbarie, des violences volontaires et des menaces (SECTION 1). Au titre des atteintes à la liberté figurent l'enlèvement et la séquestration (SECTION 2). Les difficultés de qualification pénale sont ici particulièrement aiguës. En effet, il convient de rappeler que ces atteintes peuvent être tantôt érigées en infractions autonomes, tantôt constitutives de circonstances aggravantes. De là de nombreux concours idéaux d'infractions, qui demandent de mobiliser les ressources du droit pénal général pour être résolus. La solution est en effet tributaire des valeurs sociales protégées, avec un cumul possible en cas de valeurs distinctes de l'une à l'autre des qualifications en concours, et, au contraire, le non-cumul lorsque ces valeurs sont les mêmes. Dès lors qu'une seule valeur a été méconnue, il conviendra de choisir la plus haute

expression pénale, c'est-à-dire la qualification qui est assortie de la sanction pénale la plus sévère.

SECTION 1

TORTURES, VIOLENCES, MENACES

105 Il convient d'envisager successivement les tortures et actes de barbarie (**§ 1**), les violences (**§ 2**) et les menaces (**§ 3**), étant précisé que l'absence de définitions précises de ces infractions favorise, nous le verrons, les difficultés de qualification.

§ 1. Tortures et actes de barbaries

106 Les actes de tortures et de barbarie étaient considérés exclusivement dans le Code napoléonien comme des circonstances aggravantes. Le Code pénal de 1994 a érigé ces agissements en infraction autonome (art. 222-1 à 222-6 C. pén.). Cela dit, les actes de tortures et de barbarie n'ont pas été définis par le législateur, qui s'est en outre borné à les ranger dans une section consacrée aux « atteintes volontaires à l'intégrité de la personne », à côté des violences, incrimination classique. Or, on peut considérer qu'il existe « une spécificité criminologique de ces actes [1] » : à l'unisson de la sensibilité commune, la jurisprudence considère que les actes de tortures et de barbarie ne se réduisent pas au résultat dommageable corporel. Ils sont plus graves et odieux que les violences, car ils tendent souvent à nier la dignité de la victime : c'est pourquoi on se situe ici d'emblée sur le terrain criminel. Afin de bien saisir cette spécificité, il convient d'analyser les éléments constitutifs (**A**) et la répression (**B**).

A. Les éléments constitutifs

107 L'élément matériel consiste dans la commission d'un ou de plusieurs actes d'une gravité exceptionnelle qui dépassent de simples

---

1. R. Koering-Joulin, « La dignité de la personne humaine en droit pénal », in M.-L. Pavia et T. Revet (sous la dir. de), *La dignité de la personne humaine*, p. 67., n° 1.

violences et caractérisent une absence totale de respect pour l'intégrité corporelle, occasionnant à la victime une douleur et une souffrance aiguës : brûlures, chairs tailladées [1], introduction de corps étrangers dans des orifices naturels, de tels agissements pouvant être distingués du crime de viol. Le crime suppose une victime vivante au moment des faits : ni le dépeçage d'un cadavre, ni des actes anthropophagiques post-mortem n'entrent dans les prévisions de cette incrimination. L'élément moral consiste dans la volonté de nier dans la victime la dignité de la personne humaine. Ce qui a conduit la Chambre criminelle à qualifier de tortures certains actes d'exorcisme, ou encore l'excision considérée comme une mutilation du corps de la femme qui génère des souffrances très intenses qu'aucune nécessité thérapeutique ni un quelconque autre motif d'ordre sanitaire ne justifient, et qui procède du seul usage rituel et culturel [2]. S'agissant de la castration, elle était constitutive dans le Code pénal ancien d'un crime distinct, puni de la peine de mort si la victime était décédée dans les quarante jours ayant suivi l'acte de castration. Depuis le Code pénal de 1994, l'infraction a perdu sa spécificité : elle peut être qualifiée d'acte de barbarie ayant entraîné une mutilation, conformément à l'article 222-5 du Code pénal. Cela dit, on peut hésiter entre cette qualification et celle de violences aggravées de mutilation : il s'agit dans les deux cas de qualifications criminelles, ce qui permet à la Cour d'assises de se prononcer sur la pertinence de la qualification, sans encourir le risque d'une censure sur le principe même de sa saisine, puisqu'elle reste compétente d'un crime à l'autre [3].

1. Crim. 13 sept. 1986, *Gaz. Pal.* 1987, 1. Somm. 102, obs. J.-P. Doucet
2. Crim. 3 sept. 1996 ; TA Lyon, 12 juin 1996, *RUDH* 1996. 695, note Levinet, *JCP* 1997. I. 3996, obs. H. Fulchiron ; *D.* 1998. Somm. 16, obs. Julien-Laferrière, *D.* 1998. Somm. 304, obs. Vasseur : « l'excision constitue une mutilation du corps de la femme qui génère des souffrances très intenses ; elle est fréquemment suivie de complications infectieuses pouvant entraîner la mort ; aucune nécessité thérapeutique ou tout autre motif d'ordre sanitaire ne la justifie, et elle procède du seul usage rituel et culturel ; par suite, l'excision pratiquée contre leur volonté sur une personne ou sur ses enfants constitue un traitement inhumain ou dégradant au sens de l'article 3 de la Convention européenne des droits de l'homme ».
3. Crim. 16 nov. 2004, *Dr. pénal* 2005. Comm. 22, obs. Véron : « À supposer, comme le soutient le moyen, que le fait de castration d'un enfant de 4 ans, ne caractérise pas à l'égard de l'accusé le crime visé dans l'arrêt attaqué d'actes de barbarie ayant entraîné une mutilation ou une infirmité permanente, il n'en constituerait pas moins le crime de violences ayant entraîné une mutilation, infraction commise sur un mineur de 15 ans et avec usage d'une arme ; cette constatation suffit pour que l'arrêt n'encoure pas la

B. La répression

108 La peine ordinaire est la réclusion criminelle de quinze ans, avec période de sûreté de plein droit si la peine prononcée est égale ou supérieure à dix ans. Les circonstances des actes de tortures ou de barbarie [1] sont nombreuses : elles tiennent soit à la victime (art. 222-3 1° à 5°), soit à l'auteur (222-3 6° à 10° et 222-4 pour la bande organisée), soit au résultat (mutilation ou infirmité permanente, mort). Elles peuvent élever la peine encourue à la perpétuité. Précisons que dans les cas de sadomasochisme, le consentement de la victime ne saurait en principe, conformément à la solution traditionnelle, valoir fait justificatif. Cela dit, une interprétation *a contrario* d'un arrêt de la Cour européenne des droits de l'homme du 17 février 2005 [2] a semblé ériger la liberté sexuelle en véritable fait justificatif autonome, non sans susciter de vives et légitimes critiques doctrinales [3].

§ 2. Violences

109 **Des incriminations polymorphes.** Les violences constituent un véritable fléau social, dont les aspects sont multiples : violences dans la sphère privée (violences conjugales, enfants martyrs), violences sur la voie publique, violences dans les enceintes scolaires ou sportives, violences encore dans le milieu professionnel [4]. Afin d'appréhender ce phénomène polymorphe, le droit pénal saisit les

censure ; il appartiendra à la cour d'assises, qui n'est pas liée par les qualifications retenues par la décision de renvoi, de caractériser les faits objet de l'accusation ».

1. À ne pas confondre avec les faits de tortures ou de barbarie retenus comme circonstance aggravante d'un autre crime ou délit. Exemples : meurtre, viol ou bien encore détournement d'aéronef (art. 224-7 C. pén.).

2. CEDH 17 févr. 2005, *K. A et A. D c. Belgique*.

3. M. Fabre-Magnan, « Le sadisme n'est pas un droit de l'homme », *D.* 2005. 2973 ; « Le domaine de l'autonomie personnelle, Indisponibilité du corps humain et justice sociale », *D.* 2008. 31 : « La Cour européenne des droits de l'homme protège, sur le fondement du droit au respect de la vie privée, un principe d'autonomie personnelle selon lequel chacun peut mener sa vie comme il l'entend, y compris en se mettant physiquement ou moralement en danger. Cependant, dès lors qu'autrui est impliqué, le droit peut légitimement intervenir, non pas pour protéger la personne contre elle-même, mais pour veiller à une certaine idée de la justice sociale. La toute-puissance conférée au consentement au nom de la liberté individuelle sert en effet souvent en réalité à justifier la mise à disposition des faibles au service des forts ».

4. Pour un cas de double qualification de coups et blessures volontaires et de harcèlement moral, v. notamment, Grenoble 7 juin 2006, *JCP* 2006. IV. 3322.

violences tantôt comme des infractions spécifiques (art. 222-7 s. C. pén.), tantôt comme un élément constitutif d'une autre infraction. De là d'inévitables concours idéaux d'infractions : un fait matériel unique peut trouver son expression pénale dans deux incriminations différentes, l'une correspondant à l'impact physique ou psychique des violences exercées, l'autre correspondant à une valeur distincte protégée par le droit pénal. En effet, les violences volontaires, comme du reste les violences non-intentionnelles, sont des infractions matérielles qui supposent un résultat dommageable, qu'il s'agisse de la mort ou des blessures de la personne. Cette donnée gouverne à la fois les éléments constitutifs (**A**) et la répression des violences (**B**).

A. Les éléments constitutifs

1. L'élément matériel

110 L'élément matériel des violences n'étant pas défini par le législateur, c'est à la jurisprudence qu'il est revenu de préciser ce qu'on entend par coups, violences et voies de fait. Il est nécessaire, relativement aux violences volontaires, d'établir, non seulement ce qu'elles incarnent de comportement actif, mais encore de prouver qu'elles ont bien eu pour résultat une atteinte à la personne.

111 S'agissant du comportement actif, il appelle trois séries de précisions. D'abord, si l'auteur de violences utilise un moyen ou un objet quelconque, ledit objet devient au sens juridique une arme par destination : ce serait le cas notamment d'un animal [1] ou d'une voiture [2]. Ensuite, la violence n'implique pas nécessairement un contact physique entre l'auteur ou un instrument médiat et sa victime [3]. Enfin, si les violences ne sont pas définies précisément par le législateur, certains types de comportements violents ont été érigés en incriminations particulières : tel est le cas de

1. Crim. 7 sept. 1993, *Gaz. Pal.* 1993, obs. J.-P. Doucet ; l'utilisation d'un animal pour tuer, blesser ou menacer est assimilée à l'usage d'une arme, en vertu de l'article 132-75 du Code pénal issu de la loi du 22 juill. 1996.
2. Crim. 16 févr. 2005, *Dr. pénal* 2005. Comm. 106 : individu reculant brutalement son véhicule afin de détruire les portes vitrées de l'entrée des urgences hospitalières.
3. Crim. 7 mars 1972, *Bull. crim.* n° 80 ; Crim. 3 mars 1992, *Bull. crim.* n° 95.

l'administration de substances nuisibles [1], des agressions téléphoniques [2], ou bien encore, plus récemment, du bizutage [3] et de l'embuscade [4]. L'émotion suscitée par des faits divers laisse, ici comme ailleurs, sa trace, en érigeant certains cas de violences en infractions autonomes ; on ne saurait les ignorer, sauf à méconnaître le principe de spécialité, corollaire du principe de légalité.

112 S'agissant de l'atteinte à l'intégrité physique ou psychique de la personne, elle doit être effective pour que l'infraction soit consommée [5]. Au reste, la tentative de violences n'est pas punissable.

113 Il importe ici de bien distinguer consommation de l'infraction et qualification : il suffit d'un dommage constaté, quel que soit son degré, pour que l'infraction soit consommée ; en revanche le degré de gravité de l'atteinte aura un effet sur la qualification, ce qui explique la diversité et la complexité des infractions de violences, qui exploitent la différence de degré pour faire varier la qualification des violences de contraventionnelle (art. R. 624-1 C. pén. : contravention de quatrième classe d'atteinte volontaire à l'intégrité de la personne sans qu'il en soit résulté d'incapacité totale de travail) à criminelle (art. 222-8 C. pén. : violences en bande organisée ou avec guet-apens commises avec usage ou menace d'une arme sur un fonctionnaire de la police nationale). Cela signifie que toute agression constitue en soi une violence, dès lors qu'un dommage est constaté ; la caractérisation du dommage n'intervient que dans un deuxième temps, au regard du choix de la qualification adéquate, avec une répression graduée en fonction du résultat (mort, mutilation, infirmité, ou incapacité).

---

1. Article 222-15 du Code pénal ; sur l'usage de cette qualification à des fins de correctionnalisation des faits d'empoisonnement, v *supra*, n° 80.
2. Art. 222-16 du C. pén.
3. Art.225-16-1s., issus de la loi du 17 juin 1998 et retouchés par la loi du 12 mai 2009.
4. Art. 222-15-1 issu de la loi du 5 mars 2007 ; sur l'utilité de cette nouvelle incrimination et ses rapports avec la circonstance aggravante de guet-apens et l'incrimination plus ancienne d'association de malfaiteurs, v. A. Ponseille, « À propos du délit d'embuscade de l'article 222-15-1 du Code pénal », *RSC* 2009. 535.
5. Nancy, 13 avr. 1993, *JCP* 1993. IV. 2440 : en l'absence d'une incapacité totale de travail personnel d'une durée quelconque subie par la personne visée à travers l'acte, n'est pas une violence le sabotage du système de freinage d'un véhicule, mais seulement une dégradation volontaire légère d'un bien appartenant à autrui (art. R. 635-1 C. pén.).

2. L'élément moral

114 Le principe général affirmé par l'article 121-3 du Code pénal – « il n'y point de crime ou de délit sans intention de le commettre »- revêt en matière de violences une importance particulière. En effet, pour constituer une violence volontaire, il est nécessaire qu'il y ait eu intention de commettre l'acte [1], quand bien même le résultat a dépassé l'intention [2]. C'est là un critère essentiel, car en termes de résultat matériel, les agissements de deux individus peuvent avoir des conséquences identiques, l'un étant animé d'une volonté de porter atteinte à l'intégrité physique ou psychique, l'autre n'étant qu'un imprudent ou un téméraire. C'est donc l'élément psychologique qui permet de distinguer l'agresseur de l'imprudent : le premier sera poursuivi pour violences volontaires, le second pour coups et blessures involontaires.

115 Cela dit, rappelons que le résultat atteint peut très bien avoir dépassé le résultat recherché. Les violences volontaires illustrent ainsi la catégorie du dol praeterintentionnel. Il est de jurisprudence constante que le crime ou le délit est caractérisé dès lors qu'il existe un acte volontaire de violence, quel que soit le mobile, alors même que l'auteur n'a pas voulu les conséquences dommageables de son acte [3]. C'est ce que montre de façon exemplaire la qualification fréquemment utilisée de violences volontaires ayant entraîné la mort sans intention de la donner (art. 222-7 C. pén.) : l'infraction est intentionnelle, car l'atteinte à l'intégrité de la victime a été voulue, même si elle s'est manifestée par une mort qui n'était pas recherchée. En d'autres termes, l'intention ne requiert pas la preuve d'une relation causale certaine entre le dommage et la perception qu'en avait son auteur : pour qu'elle soit prouvée, il suffit d'établir chez l'agent la volonté d'atteindre la valeur protégée, c'est-à-dire, en l'espèce, l'intégrité physique.

---

1. Angers, 23 mars 2006, *JCP* 2006. IV. 2905 : relaxe, en raison du défaut d'élément moral, dans le cas d'un coup de pied aux fesses à visée éducative...
2. *Infra*, n° 115
3. Crim. 3 janv. 1958, *Bull. crim.* n° 3 : « Le délit de coups ou violences volontaires est constitué dès qu'il existe un acte volontaire de violence, [...] alors même que son auteur n'aurait pas voulu causer le dommage qui en est résulté » ; l'auteur est ainsi responsable « non seulement des conséquences qu'il avait prévues et voulues, mais aussi de toutes celles qui ont pu se produire » (Civ. 2e, 15 déc. 1965, *Bull. civ.* II, n° 1021).

B. La répression

116 La répression des violences obéit à un régime complexe, tant au regard de la sophistication des sanctions pénales encourues (**1**) qu'au regard des causes d'irresponsabilité (**2**).

1. Les sanctions pénales

117 Les sanctions pénales des violences se caractérisent d'abord par un système élaboré de circonstances aggravantes, comme en témoigne la lecture des articles 222-7 à 222-14 du Code pénal. Tout se passe comme si le législateur avait eu pour objectif une exhaustion des hypothèses de violences. Il ne saurait être question ici de les énumérer toutes. On peut toutefois distinguer cinq critères qui peuvent se combiner pour faire fluctuer le *quantum* de la peine encourue : le résultat dommageable, la qualité des victimes, la qualité de l'auteur, les moyens employés. Il convient de souligner que les mineurs de 15 ans et, plus largement, les personnes vulnérables, font l'objet d'une protection particulière contre les violences dont ils peuvent être les victimes. C'est ainsi que les violences habituelles sur ces personnes vulnérables font l'objet d'une qualification spéciale, destinée à intégrer la facilité avec laquelle ils peuvent être les victimes d'agressions répétées [1].

118 Lorsque les violences volontaires sont de nature contraventionnelle ou correctionnelle, la répression peut être utilement complétée par la réparation. Telle est la fonction de la sanction-réparation introduite par la loi du 5 mars 2007 relative à la prévention de la délinquance. Il s'agit d'une peine dont la nature est double, pouvant être utilisée de manière alternative ou cumulative. Cette dernière fonction est opportune, pour renforcer la répression par des mesures indemnitaires : la sanction-réparation consiste dans l'obligation pour le condamné de procéder, dans le délai et selon les modalités fixés par la juridiction, à l'indemnisation du préjudice de la victime (art. 131-8-1 C. pén.). Lorsque les violences ne dépassent pas une certaine gravité, il peut être intéressant de privilégier la réparation du dommage subi par la victime. En matière correctionnelle, la peine de sanction

1. Art. 222-14 C. pén.

réparation peut être prononcée « à la place ou en même temps » que la peine d'emprisonnement. Il en est de même lorsque le délit est puni à titre de peine principale d'une seule peine d'amende (art. 131-8-1, al. 1er). En matière contraventionnelle, la juridiction peut également la prononcer « à la place ou en même temps » que la peine d'amende, mais seulement pour les contraventions de la cinquième classe, ce qui en limite l'application aux violences incriminées par l'article R. 625-1 du Code pénal, ayant généré une incapacité totale de travail inférieure ou égale à huit jours.

2. Les causes d'irresponsabilité

119 Même si les causes d'irresponsabilité pénale relèvent du droit pénal général, il est utile d'en rappeler certaines, car elles sont fréquemment invoquées sur le terrain des violences. S'agissant des causes subjectives d'irresponsabilité, la minorité mérite ici une attention particulière. En effet, les mineurs ne sont pas soumis au même régime de répression que les majeurs. Ce que l'on appelait autrefois l'excuse de minorité [1] leur vaut une réduction sensible des peines de référence, en vertu des articles 20-2 et 20-3 de l'ordonnance du 2 février relative à l'enfance délinquante, dispositions complétées et modifiées par la loi du 10 août 2007 renforçant la lutte contre la récidive des majeurs et des mineurs. Il y a lieu de distinguer selon l'âge du mineur condamné. Le tribunal pour enfants et la cour d'assises des mineurs ne peuvent prononcer à l'encontre des mineurs âgés de plus de 13 ans une peine privative de liberté supérieure à la moitié de la peine encourue. De la même manière, ne peut être prononcée une peine d'amende d'un montant supérieur à la moitié de l'amende encourue ou excédant 7 500 €. Si le mineur est âgé de plus de 16 ans, le tribunal pour enfants ou la cour d'assises des mineurs peut décider qu'il n'y a pas lieu de le faire bénéficier de l'atténuation de la peine privative de liberté lorsque les circonstances de l'espèce et sa personnalité le justifient, ainsi que dans certaines hypothèses de récidive légale Cette décision doit être spécialement motivée lorsqu'elle est prise par le tribunal pour enfants. Ces dispositions

1. Art. 66 anc. C. pén.

dérogatoires sont applicables aux violences simples comme aux violences aggravées. S'agissant des causes objectives d'irresponsabilité, trois points méritent d'être soulignés. D'abord, il est traditionnellement considéré que les coups et blessures commis dans l'exercice de sports violents (rugby, football, boxe...) sont considérés comme justifiés par la permission de la coutume, sous deux conditions : que les règles de jeu aient été respectées [1] ; que l'auteur des violences n'ait pas été animé de l'intention de nuire. Ensuite, le chirurgien ne commet aucune infraction en exerçant son activité conformément aux règles de l'art ; il en irait autrement si l'opération n'avait pas un but exclusivement curatif. Enfin, lorsque les violences sont ordonnées par la loi, commandées par l'autorité légitime (art. 122-4 C. pén.) ou justifiées par la nécessité actuelle de la légitime défense de soi-même ou d'autrui (art. 122-5 C. pén.), l'infraction disparaît.

§ 3. Menaces

120 L'incrimination des menaces dans le Code pénal est polymorphe. En effet, la menace peut constituer l'élément constitutif ou le moyen de réalisation d'un délit distinct des menaces proprement dites : c'est alors ce délit spécifique qui sera réprimé et non pas la menace elle-même [2]. En tant que délit spécifique, les menaces sont réprimées, qu'elles soient dirigées contre les personnes, contre les biens [3], ou qu'elles constituent une entrave à l'exercice

1. Crim. 8 juin 1994, *Dr. pénal* 1994. 230.
2. Tel est le cas notamment pour le détournement d'aéronef ou d'un moyen de transport (art. 224-6 C. pén.) : le crime est constitué par le fait de s'emparer ou de prendre le contrôle par la violence ou la menace de violences d'un aéronef, d'un navire, ou de tout autre moyen de transport, ainsi que d'une plate-forme fixe situées sur le plateau continental. La peine est de vingt ans de réclusion criminelle ; lorsque le crime est accompagné d'actes de torture ou de barbarie ou s'il en est résulté la mort d'une ou plusieurs personnes, l'infraction est punie de la réclusion criminelle à perpétuité.
3. Les menaces contre les biens peuvent constituer des délits (art. 322-12 s. C. pén.) ou des contraventions (art. R. 631-1 et P. 643-1 C. pén.). Le législateur réprime effectivement les menaces d'atteinte aux biens lorsque les dégradations sont dangereuses pour les personnes. Sont notamment visés les comportements de racket. Les dispositions actuelles permettent de compléter le champ d'application de l'infraction d'extorsion de fonds qui, faisant l'objet d'une interprétation restrictive de la part de la Cour de cassation, ne prend en compte que les seules menaces pouvant « faire craindre une violence physique » (Crim. 14 nov. 1946). Par ailleurs, pour pouvoir atteindre plus largement les individus les plus dangereux pratiquant le racket et qui savent parfaitement menacer leur victime sans formuler de condition, le Code pénal actuel prévoit, à la différence de l'ancien code qui n'incriminait que les menaces perpétrées avec condi-

de la justice [1]. Nous nous concentrerons ici sur les menaces contre les personnes, car elles ont la plus grande incidence psychologique. Précisons d'emblée que la menace constitue en elle-même un trouble à l'ordre public et à la sécurité des personnes : nous allons voir que les intentions réelles de l'auteur des menaces et la commission effective du délit évoqué ne sont pas prises en considération dans les éléments constitutifs (**A**), mais qu'elles peuvent avoir une incidence sur la répression (**B**).

A. Les éléments constitutifs des menaces contre les personnes

121 Le législateur vise à l'article 222-17 les menaces sans ordre ni condition (**1**) et à l'article 222-18 les menaces avec ordre et condition (**2**).

1. Menaces sans ordre ni condition

122 L'article 222-17 du Code pénal incrimine de manière très large la menace d'une atteinte aux personnes, sans ordre de remplir une condition. Est plus précisément visée par ce texte la « menace de commettre un crime ou un délit contre les personnes dont la tentative est punissable et lorsqu'elle est, soit réitérée, soit matérialisée par un écrit, une image ou tout autre objet ». De manière complémentaire, l'article R. 623-1 du Code pénal réprime la menace de commettre des violences contre une personne, lorsque cette menace est soit réitérée, soit matérialisée par un écrit, une image ou tout autre objet. La menace est définie par la jurisprudence comme « tout acte d'intimidation qui inspire la crainte d'un mal [2] ». Pour qu'il y ait menace punissable, les éléments suivants sont nécessaires : d'une part, la menace doit être celle de commettre un crime ou un délit dont la tentative est punissable [3]. L'infraction dont une personne est menacée ne doit pas nécessairement être expressément désignée dans les menaces ; ce qui

tion, de réprimer les menaces d'atteintes aux biens faites sans ordre. Il subsiste encore dans notre législation des incriminations particulières, propres à certains biens : il s'agit de la menace d'atteindre la sécurité des chemins de fer et celle de compromettre la sécurité des navires et avions en vol.

1. Art. 434-5, 434-8 et 434-15 C. pén
2. Crim. 11 juin 1937, *Bull. crim.* n° 122 ; *DP* 1938. 1. 33, note Pic.
3. La tentative de violences correctionnelles n'étant pas punissable, une telle menace sans ordre de remplir une condition n'est pas constitutive du délit de menaces (Crim. 24 oct. 2007, *Bull. crim.* n° 252).

compte, c'est le caractère suffisamment alarmant des menaces, qui relève d'une appréciation des juges du fond [1] ; d'autre part, la menace doit être soit réitérée, soit matérialisée par un écrit, une image ou tout autre objet. En d'autres termes, la menace simplement verbale n'est pas répréhensible si elle n'est pas réitérée. En effet, la réitération ou la matérialisation de la menace permet de s'assurer de la dangerosité de l'individu. Cela dit, l'article 222-17 ne prévoyant pas de délai déterminé avant la réitération, peu importe que les événements se soient passés dans un laps de temps très court, en l'occurrence au cours d'une seule et même phrase, dès lors qu'il y a eu menaces répétées et geste d'égorgement [2].

123 Le délit de menace est un délit intentionnel : l'auteur de la menace doit l'avoir sciemment prononcée ou écrite, en se rendant compte de sa portée ; il doit avoir eu conscience et volonté d'impressionner sa victime, quand bien même il n'avait pas conscience et volonté l'infraction annoncée. Les mobiles sont indifférents : peu importe que la menace ait été faite, par exemple, par plaisanterie. Il convient en outre de souligner que lorsque les menaces sont prononcées devant un tiers, la jurisprudence considère que l'intention coupable peut être relevée, dès lors qu'elles sont parvenues à la connaissance de l'intéressé et que leur auteur ait eu l'intention de les y faire parvenir [3]. Cela signifie que dès l'instant où une personne reçoit une menace, et même si l'infraction annoncée ne la concerne pas mais vise plutôt une autre personne connue d'elle, l'infraction est constituée.

2. Menaces avec ordre de remplir une condition

124 Pour entrer dans les prévisions de l'article 222-18 du Code pénal, il est nécessaire que la menace soit faite avec l'ordre de remplir

1. Des expressions comme « vulgaire crapule, tu n'y couperas pas » (Crim. 17 mai 1930, *JCP* 1930. 732) ou « je te ferai passer le goût du pain » (Crim. 20 oct. 1892, *D.* 1894. 1. 140) ont été jugées comme constituant des menaces de mort ; à l'inverse, ne constitue pas une menace l'interpellation sur un ton narquois en des termes qui ne présentent pas un caractère d'intimidation sérieux (Orléans, 3 nov. 1950, *D.* 1951. 14, *JCP* 1951. II. 6141, *Gaz. Pal.* 1951. 1. 44). Ce pouvoir d'interprétation est soumis au contrôle de la Cour de cassation. Pour que ce contrôle puisse s'exercer, la décision doit préciser les paroles ou écrits incriminés. Aussi, il a été jugé que ne donne pas de base légale à sa décision la cour d'appel qui ne caractérise pas en quoi les faits visés à la prévention constitueraient des menaces de mort, non plus que des violences commises sur une victime ou une partie civile en raison de sa plainte ou de sa déposition (Crim. 25 juin 1997, *Dr. pénal* 1997. 151, obs. Véron).

2. Crim. 26 févr. 2002, *Bull. crim*, n° 43, *Dr. pénal* 2002. Comm. 67.

3. Besançon, 17 mai 1906, *DP* 1908. 2. 166 ; Nancy, 24 juill. 1946, *S.* 1946. 2. 135, *Gaz. Pal.* 1946. 2. 169 ; Crim. 21 févr. 1991, *Dr. pénal* 1991. 226, *RSC* 1991. 761, obs. Levasseur : dans cette dernière affaire, jugé qu'un détenu qui adresse à sa femme une lettre menaçante pour un juge d'instruction, ne peut igno-

une condition. On entend par ordre de remplir une condition une invitation faite à la victime soit de faire, soit de ne pas faire quelque chose. En termes pénalistes, est visée une action comme une abstention. En termes civilistes, la menace sous condition comprend celle de ne pas faire [1], comme celle de faire [2]. Ce qui fait la spécificité de cette menace, c'est qu'elle n'a pas besoin d'être réitérée ou matérialisée, même si la preuve d'une simple menace verbale sera difficile à rapporter.

125 Il convient se souligner une tendance de la chambre criminelle à la sévérité dans l'appréciation des éléments constitutifs. En effet, et de façon assez surprenante au regard de l'interprétation stricte, les hauts magistrats semblent se demander, non pas quelles sont les menaces qui entrent dans les prévisions du texte, mais ce qu'il n'exclut pas. Ainsi, à la question de savoir si la menace et l'ordre devaient nécessairement émaner de la même personne ou pouvaient émaner de deux personnes distinctes, il a été répondu : « L'article 222-18 du Code pénal n'exclut pas que l'ordre de remplir une condition accompagnant les menaces qu'il réprime soit donné par une autre personne que leur auteur [3] ». Dans cette affaire, des menaces verbales sans réitération, ni condition avaient été proférées par téléphone par le dirigeant d'un syndicat de défense du commerce et des entreprises furieux d'apprendre le blocage du compte bancaire de sa société par un avis à tiers détenteur. Elles n'étaient donc pas susceptibles d'être poursuivies sur le terrain de l'article 222-17 du Code pénal. Toutefois ces menaces, assorties cette fois de l'ordre de remplir une condition, en l'occurrence celle de lever l'avis à tiers détenteur sous peine de mutation, avaient été reprises quelques instants plus tard au téléphone par un autre correspondant à l'égard du même destinataire. Elles devenaient dès lors punissables sur le terrain de l'article 222-18

rer qu'en vertu de l'article D. 416 du Code de procédure pénale, une telle lettre, soumise au contrôle de l'administration pénitentiaire, sera nécessairement communiquée au juge d'instruction

1. Pour un exemple daté mais savoureux : Limoges, 9 janv. 1851, *S.* 1851. 2. 575, *DP* 1851. 2. 205, un individu ayant déclaré à un huissier venu procéder à une saisie-brandon : « si vous vendez mes récoltes je vous couperai les jambes avec une gibe ».

2. Crim. 25 avr. 1990, *Dr. pénal* 1990. Comm. 289 : menace de mort faite par un détenu à son ancienne amie si elle ne se dépêchait pas de lui écrire.

3. Crim. 6 mai 2002, *Dr. pénal* 2002. Comm. 106.

du Code pénal. Ce qui signifie que le délit de menace sous condition peut être constitué alors même que le prévenu n'a pas énoncé personnellement la condition dont il assortit la menace, ce qui est pour le moins sévère [1].

B. La répression des menaces contre les personnes

126 À l'état simple, la menace prévue à l'article 222-17 du Code pénal est punie de six mois d'emprisonnement et de 7 500 € d'amende. La menace prévue à l'article 222-18 du Code pénal est punie de trois ans d'emprisonnement et de 45 000 € d'amende.

127 **Circonstances aggravantes.** En cas de menace de mort, la peine est portée à trois ans d'emprisonnement et à 45 000 € d'amende pour la menace de l'article 222-17 et à 5 ans d'emprisonnement et 75 000 € d'amende pour celle de l'article 222-18. La loi du 9 mars 2004 a introduit un article 222-18-1 aggravant la répression pour les menaces racistes : « Lorsqu'elles sont commises à raison de l'appartenance ou de la non-appartenance, vraie ou supposée, de la victime à une ethnie, une nation, une race ou une religion déterminée, les menaces prévues au premier alinéa de l'article 222-17 sont punies de deux ans d'emprisonnement et de 30 000 € d'amende, celles prévues au second alinéa de cet article et au premier alinéa de l'article 222-18 sont punies de cinq ans d'emprisonnement et de 75 000 € d'amende, et celles prévues au second alinéa de l'article 222-18 sont punies de sept ans d'emprisonnement et de 100 000 € d'amende ». Les mêmes peines sont encourues lorsque ces menaces sont proférées « à raison de l'orientation sexuelle vraie ou supposée de la victime ».

Section 2
Enlèvement et séquestration

128 **L'adaptation d'infractions anciennes à de nouveaux profils criminologiques.** Si les qualifications d'enlèvement et séquestration sont

1. En ce sens, voir M.-H. Gozzi, « Menace avec ordre de remplir une condition », *D.* 2003. 245.

anciennes, puisqu'elles existent depuis 1810, leur intérêt ne s'est aiguisé que de façon assez récente avec l'apparition de nouveaux profils criminologiques. Il suffit ici d'évoquer les prises d'otages et des affaires très médiatisées où la séquestration précède des actes d'une particulière cruauté : Émile Louis, les frères Jourdain [1], Michel Fourniret, les noms sont désormais tristement célèbres. Or, l'exercice de qualification pénale en la matière requiert un triple rappel préalable. D'abord, l'enlèvement et la séquestration peuvent être pris en compte au titre d'une circonstance aggravante. Ainsi, dans l'affaire Fourniret, la condamnation à une réclusion criminelle à perpétuité repose sur le meurtre aggravé de séquestration. Ensuite, les qualifications d'enlèvement et de séquestration, en tant qu'infractions autonomes, sont trompeuses. En effet, contrairement à ce que le titre de la section du Code pénal (« De l'enlèvement et de la séquestration ») laisse penser, il n'y a pas seulement deux comportements incriminés, mais quatre en réalité. Il suffit pour s'en convaincre de lire l'article 224-1 du Code pénal qui incrimine « le fait sans ordre des autorités constituées et hors les cas prévus par la loi d'arrêter, d'enlever, de détenir ou de séquestrer une personne ». C'est pourquoi la doctrine préfère se référer aux « arrestations, enlèvements, détentions et séquestrations arbitraires [2] ». Enfin, en cas de concours idéal d'infractions, et d'incertitudes quant au choix de la qualification pénale, il faut préciser que la valeur protégée est ici la liberté d'aller et venir des personnes. Cela appelle deux précisions : d'une part, s'agissant des victimes, seules les personnes physiques sont concernées [3] ; d'autre part, s'agissant des auteurs, seuls les particuliers sont visés [4].

1. E. Monteiro, « Les crimes des frères Jourdain, Une cruauté réfléchie », *Dr. pénal* 2001. Chron. 21

2. M.-L. Rassat, « Enlèvement, arrestation, détention et séquestration arbitraires », *J.-Cl. Pénal*, art. 224-1 à 224-5, n° 1.

3. La séquestration d'animaux relève le cas échéant de la qualification de mauvais traitements ou sévices graves, mais n'entre pas dans les prévisions des articles 224-1 et suivants du Code pénal. Quant aux personnes morales, la jurisprudence a précisé, sous l'empire de l'ancien code, que le délit de séquestration de personne a pour objet la protection des seules personnes physiques, de sorte qu'une société, qui ne saurait exciper d'un préjudice direct et personnel, est sans qualité pour se constituer partie civile en raison de la séquestration de ses dirigeants (Crim. 10 mars 1985, *Bull. crim.* n° 107).

4. Des dispositions spéciales ont, en effet, été prévues afin de sanctionner l'attentat à la liberté perpétré par une personne dépositaire de l'autorité publique ou chargée d'une mission de service public (art. 432-4 à 432-6 C. pén.).

C'est avec le bénéfice de ces précisions liminaires que l'on peut envisager les éléments constitutifs (§1) et la répression (§2) de l'enlèvement et de la séquestration.

§ 1. Les éléments constitutifs

129 Le Code pénal vise quatre éléments matériels distincts, constitutifs de quatre infractions autonomes [1] :

– **L'arrestation** : c'est le fait d'appréhender au corps une personne à l'endroit où elle se trouve de manière à la priver de sa liberté d'aller et de venir. L'arrestation est donc souvent en pratique le premier acte matériel que le délinquant réalisera afin de mener à bien son dessein criminel. Quand bien même l'agent procéderait ensuite à un enlèvement, une détention ou une séquestration, l'arrestation suffit à elle seule à justifier la condamnation de l'intéressé pour enlèvement et détention au sens large en application de l'article 224-1 du Code pénal.

– **L'enlèvement** : c'est le fait de transporter de force, de ravir. L'enlèvement suppose ainsi l'idée de déplacement [2].

– **La détention** : c'est le fait de retenir une personne contre son gré, la privant ainsi de sa liberté d'aller et venir. C'est une infraction indépendante, même si, d'un point de vue chronologique, c'est la suite naturelle de l'arrestation et de l'enlèvement.

– **La séquestration** : cette modalité matérielle est, dans la lettre du Code, distincte de la détention. Il s'agit davantage d'une différence de degré que de nature. En effet, ici, encore, il s'agit de maintenir en un lieu déterminé une personne contre sa volonté. Cependant, la détention étant évoquée avant la séquestration, il faut considérer cette dernière comme plus grave : une rétention de bonne qualité serait une détention alors qu'une rétention doublée d'inconfort constituerait une séquestration [3]. Ainsi, par un arrêt du 3 octobre 2006, la chambre criminelle a-t-elle considéré que

1. Crim. 23 mars 1983, *Bull. crim.* n° 92 ; Crim. 30 oct. 1996, *Bull. crim.* n° 385 ; Crim. 20 oct. 1999, n° 98-87.415, inédit.
2. Crim. 23 févr. 2000, n° 99-83.478, inédit.
3. M.-L. Rassat, *Droit pénal spécial*, Précis, Dalloz, 2006.

le fait de retenir une avocate dans son ancien bureau était constitutif d'une séquestration [1].

Il faut y insister : s'agissant d'infractions distinctes, les auteurs peuvent être différents ; s'il y a unicité d'auteur, cela constitue un cas de concours réel d'infractions. Chaque infraction a sa logique propre. Tandis que l'arrestation et l'enlèvement sont des délits instantanés, la détention et la séquestration sont des délits continus. Cela dit, la Cour de cassation n'exerce pas un contrôle très strict des qualifications opérées par les juges du fond. On peut voir une manifestation de la théorie de la peine justifiée, dans la mesure où la qualification est sans incidence sur le terrain de la répression.

§ 2. La répression

130 À l'état simple, les infractions précitées sont considérées comme des crimes punis de vingt ans de réclusion criminelle. Par exception, si la détention ou la séquestration ont une durée inférieure à 7 jours et si la libération est volontaire, l'article 224-1 alinéa 3 du Code pénal prévoit qu'il s'agit d'un délit puni de cinq ans d'emprisonnement et de 75 000 € d'amende. Il faut que la libération ait été volontaire et ne soit pas le résultat de l'évasion de la victime ou de sa résistance [2].

131 **Circonstances aggravantes.** Comme de nombreuses autres dispositions du Code pénal, les articles 224-2 à 224-5-2 prévoient une multitude de circonstances aggravantes qui forment un écheveau complexe. On peut tenter de le démêler, sans prétendre à l'exhaustivité, en distinguant les circonstances aggravantes prenant en considération la situation de la victime et celles qui prennent en considération la situation de l'auteur.

S'agissant des considérations propres à la victime, l'article 224-2, alinéa 1er, du Code pénal prévoit, en premier lieu, une aggravation de peine lorsque la victime a subi une mutilation

---

1. Crim. 3 oct. 2006, n° 05-85.894, *Dr. pénal* 2007. Comm. 5.
2. V. Anger, « La libération volontaire après arrestation ou enlèvement dans le nouveau Code pénal », *Gaz. Pal.* 1997. 2. 1068.

ou une infirmité permanente provoquée volontairement ou résultant soit des conditions de détention, soit d'une privation d'aliments ou de soins. En pareil cas, la réclusion criminelle passe de vingt à trente années. Il convient d'observer, tout d'abord, que la libération anticipée de la victime atteinte dans son intégrité corporelle n'a aucune incidence sur l'ampleur de cette aggravation. En outre, le législateur assimile expressément au titre de l'aggravation le comportement négatif au comportement positif de l'auteur, ce qui est peu fréquent en droit pénal. En pratique, cela signifie que celui qui mutile la victime par un acte de commission (amputation d'un doigt, par exemple) encourt la même aggravation de peine que celui qui agit par omission en n'apportant pas de soins au séquestré tombé malade spontanément pendant sa détention. Il y a là pourtant une différence de dangerosité entre les deux, que le législateur n'a pas souhaité consacrer préférant sanctionner davantage au titre de l'atteinte à l'intégrité physique quel que soit le mode de réalisation de l'atteinte. L'alinéa 2 de l'article 224-2 introduit une nuance supplémentaire dans l'aggravation pour tenir compte de l'intensification de l'atteinte à l'intégrité physique ou à la vie. Ainsi, lorsque l'infraction d'enlèvement ou de séquestration au sens large est précédée ou accompagnée de tortures ou actes de barbarie ou lorsqu'elle est suivie de la mort de la victime, la réclusion criminelle à perpétuité est encourue. De là des difficultés de qualification, car nous avons vu que le Code pénal ne donne pas de définition des actes de torture et barbarie (art. 222-1 C. pén.), ce qui rend la circonstance aggravante floue, notamment au regard de son articulation avec la mutilation volontaire. L'article 224-3, alinéa 1er, du Code pénal aggrave de manière classique la répression lorsque l'arrestation, l'enlèvement, la détention ou la séquestration ont été commis à l'égard de plusieurs personnes. Les peines sont alors portées de vingt à trente ans de réclusion criminelle. La pluralité de victimes en matière d'enlèvement et d séquestration, comme bien souvent d'ailleurs en droit pénal spécial, est donc logiquement une cause d'aggravation en raison du trouble supplémentaire causé à l'ordre social. En cas de prise d'otages, l'article 224-4 du Code pénal évoque trois situations dont deux se rattachent à la commission d'un acte infractionnel. En effet, lorsque la prise d'otage intervient pour préparer ou faciliter la commission d'un crime ou délit, d'une part, ou pour assurer l'impunité de l'auteur ou du complice d'un crime ou délit, d'autre part, l'infraction fait encourir une peine de réclusion criminelle de trente années. Est visé dans cette hypothèse le cas très fréquent de séquestration ayant pour objet de préparer ou faciliter la commission d'un vol à main armée. Souvent la prise d'otage intervient pour garantir la fuite des délinquants. La circonstance aggravante se veut large car elle joue à l'égard de toute infraction à l'exception des contraventions. De plus, la prise d'otage a un effet d'aggravation même lorsque les actes commis à l'occasion de la séquestration sont très en amont de l'*iter criminis* puisque le législateur a incriminé la simple préparation d'un crime ou délit. Ainsi, celui qui arrête, enlève, détient ou séquestre une personne pour obtenir des informations afin de mener à bien un hold-up s'expose à l'aggravation prévue alors même que le projet n'est pas mis à exécution suite à l'intervention précoce des forces de police. L'acte préparatoire, qui n'est pas punissable en tant que tel en droit pénal, le devient donc lorsqu'il se greffe sur une prise d'otage intervenant dans le cadre des infractions d'enlèvement ou de séquestration. Indépendamment de toute idée d'infraction, l'article 224-4 prévoit la même aggravation de peine lorsque la prise d'otage intervient pour obtenir l'exécution d'un ordre ou d'une condition, notamment le versement d'une rançon. Si le législateur a cru bon de préciser l'hypothèse principale visée par cette circonstance aggravante, à savoir la demande de versement d'argent, il est certain, en fait, que la formule utilisée est très ouverte, de sorte qu'elle a un spectre d'application très large. Les conflits collectifs du travail où les prises d'otages sont possibles constituent, parmi d'autres, un domaine dans lequel il est aisé d'imaginer la détention ou la séquestration de personnes en tant qu'otages (employeurs, cadres de direction) pour obtenir la satisfaction de revendications professionnelles (absence de licenciement) par des salariés liés ou non à des organisations syndicales. Il convient de souligner enfin que la jurisprudence a décidé que la circonstance aggravante liée à la prise d'otage possède une nature réelle, de sorte qu'elle s'étend aux coauteurs et complices [1].

Enfin, la minorité n'étant plus appréhendée de manière spécifique au titre des enlèvements, le législateur pénal a fait de la qualité de mineur une circonstance aggravante des crimes d'enlèvement et de séquestration. Ainsi, l'article 224-5 du Code pénal dispose que, lorsque la victime est un mineur de 15 ans, la peine est portée à la réclusion criminelle à perpétuité si l'infraction est punie de trente ans de réclusion criminelle, et à trente ans de réclusion criminelle si l'infraction est punie de vingt ans de réclusion criminelle. On observe dès lors un système d'aggravation en cascade : l'âge de la victime influe sur les peines de l'infraction de l'article 224-1 ou sur une autre circonstance aggravante pour porter les peines à un degré supplémentaire de l'échelle des peines criminelles lorsque celles-ci n'ont pas déjà atteint le maximum légal.

S'agissant des causes d'aggravation liées à la situation de l'auteur, on retrouve ici la notion de bande organisée. En effet, l'article 224-5-2 du Code pénal prévoit que lorsque les infractions d'enlèvement et de séquestration sont effectuées en bande organisée, le degré de la peine criminelle encourue est augmenté. Ainsi, par exemple, les infractions mères de l'article 224-1 sont sanctionnées de trente années de réclusion criminelle au lieu de vingt années lorsqu'elles sont commises en bande organisée. Il faut toutefois souligner une différence avec le système d'aggravation prévu pour la victime mineure : la commission en bande organisée fait encourir, en plus de l'augmentation de la peine de réclusion criminelle, une amende de 1 000 000 €.

1. Crim. 24 oct. 1984, *Bull. crim.* n° 321.

CHAPITRE 6

Les infractions de mise en danger

132 **Des infractions anciennes et nouvelles visant l'indifférence à la vie d'autrui.** Le chapitre III du titre II du livre II intitulé « De la mise en danger de la personne » est, à bien des égards, un chapitre fourre-tout. Cela tient d'abord et avant tout aux contours incertains de la notion de mise en danger [1]. En effet, les notions de risque, de danger et de résultat dommageable n'ont pas été clairement distinguées par le législateur. Cette imprécision permet de faire jouer à la notion une double fonction. Premièrement, comme nous l'avons déjà vu au titre notamment des atteintes involontaires à la vie, la notion peut jouer le rôle d'une circonstance aggravante pour les infractions qui ne l'intègrent pas au titre des éléments constitutifs. Deuxièmement, la notion peut constituer l'élément constitutif d'infractions autonomes, comme c'est le cas pour le délit de risque causé à autrui (art. 223-1) du Code pénal. C'est en effet ce délit, qui constitue l'une des principales (et seules) innovations du Code de 1994 qui ouvre la section. Or, la notion

1. Cette incertitude avait été soulignée dès les travaux préparatoires, certains ne manquant pas de relever qu'« elle est vague et floue et entraînera des interprétations multiples » (Intervention P. Taittinger au Sénat, *JO Sénat*, 10 mai 1989, p. 577, 1re col).

a aussi permis de regrouper des infractions anciennes comme les infractions relevant de l'omission de porter secours. La pertinence de ce rattachement a du reste fait l'objet de vives critiques [1], car toutes ses infractions ne visent pas nécessairement la création d'un danger pour autrui. Si l'on tient toutefois à donner quelque cohérence à ce regroupement d'infractions diverses, on peut souligner deux traits communs : d'une part, toutes révèlent, d'un point de vue criminologique, une certaine indifférence de l'auteur pour la vie d'autrui ; d'autre part, leur constitution matérielle est similaire, dans la mesure où pour tous les délits de mise en danger, la survenance du résultat est indifférente à la consommation de l'infraction. Ce qui compte avant tout, c'est la conscience de la possibilité de survenance du résultat.

Sans prétendre recenser l'ensemble des infractions de mise en danger, il importe de mettre l'accent sur trois d'entre elles : le délit de risque causé à autrui (SECTION 1), l'omission de porter secours et l'abus de faiblesse (SECTION 2).

SECTION 1
LE DÉLIT DE RISQUE CAUSÉ À AUTRUI

133 Le délit de risque causé à autrui a été institué par le législateur en 1994, à l'occasion de l'entrée en vigueur du nouveau Code pénal. Il constitue l'infraction obstacle des délits d'homicide et de blessures involontaires dont il vise notamment à prévenir la commission. L'article 223-1 du Code pénal incrimine le délit de risques causés à autrui, et le définit comme « le fait d'exposer directement autrui à un risque immédiat de mort ou de blessures de nature à entraîner une mutilation ou une infirmité permanente par violation manifestement délibérée d'une obligation particulière de sécurité ou de prudence imposée par la loi ou le règlement ».

1. M.-L. Rassat, *Droit pénal spécial*, 3e éd., Dalloz, 2001, n° 318.

§ 1. Les éléments constitutifs

A. L'élément matériel

134 Malgré la nature d'infraction obstacle du délit, l'analyse de l'élément matériel de l'infraction impose de distinguer entre comportement, résultat et lien de causalité.

1. Le comportement

135 Le comportement prohibé consiste dans la « violation d'une obligation particulière de prudence ou de sécurité imposée par la loi ou le règlement ». Sa caractérisation repose donc sur la réunion de trois conditions :

– **Commission ou omission** : selon que l'obligation violée prescrit une obligation de ne pas faire (ex : ne pas excéder les limitations de vitesse lors de la conduite d'un véhicule) ou une obligation de faire (ex : marquer l'arrêt au signal « stop »), le délit de risques causés à autrui pourra résulter soit d'une commission, soit d'une omission.

– **Une obligation prévue par la loi ou le règlement** : les notions de « loi et de règlement » sources de l'obligation violée doivent s'entendre au sens constitutionnel des termes. Ainsi, la Cour de cassation estime que le « règlement » comprend les actes des autorités administratives à caractère général et impersonnel, ce qui exclut du champ de l'incrimination la violation de règlements émanant d'autorités privées (règlements intérieurs d'entreprises, règlements sportifs...), et les actes administratifs à caractère non réglementaire. Par exemple, dans un arrêt du 10 mai 2000, la chambre criminelle a jugé que la violation d'un arrêté préfectoral déclarant un immeuble insalubre et imposant des travaux à son propriétaire ne caractérise pas le délit. Elle semble néanmoins avoir depuis nuancé cette analyse [1].

1. Crim. 30 oct. 2007, *D.* 2007. 3007 ; *RSC* 2008. 75, obs. Y. Mayaud : en l'espèce, un arrêté préfectoral avait mis en demeure l'exploitant d'une usine de recyclage, installée à proximité d'habitations, de respecter les valeurs limites applicables aux taux de plomb. Or, une enquête révéla de fortes concentrations de plomb dans les environs de l'usine ainsi que la présence d'un taux de plombémie important sur plusieurs des riverains de l'usine. Ces constatations aboutirent à l'exercice de poursuites contre la société exploitante du chef du délit de risques causés à autrui. Les juges du fond concluent à la relaxe en se fondant, d'une part, sur l'impossible assimilation de l'arrêté préfectoral, acte administratif individuel, à l'obligation règlementaire de sécurité exigée par la loi, et relevant, d'autre part, que les données actuelles de la science

– **Une obligation particulière de sécurité ou de prudence :** l'obligation violée doit en outre constituer une « obligation particulière ». Là encore, cette notion doit être comprise de manière stricte. Une obligation particulière est nécessairement circonstanciée. Ainsi, ne peuvent pas être considérées comme telles les dispositions imposant aux maires et aux préfets de prendre des mesures contre la pollution [1]. Entrent en revanche dans le champ de l'incrimination : un arrêté municipal interdisant l'accès à une piste de ski du fait du risque d'avalanche [2] ; un décret interdisant la montée à bord d'un navire de passagers en surnombre [3] ; ou encore la plupart des dispositions du Code de la route [4].

2. Le résultat

136 Le délit de risques causés à autrui est une infraction obstacle, ne nécessitant pas la survenance d'un résultat pour être constituée. Non seulement la démonstration d'un résultat effectif n'est pas nécessaire à la constitution de l'infraction, mais plus encore, la survenance d'un tel résultat est exclusive de la constitution de l'infraction. En effet, si le résultat survient, ce n'est plus sur le fondement du délit de risques causés qu'il convient d'engager la responsabilité pénale, mais sur le fondement des infractions dont le délit de risques causés à autrui avait précisément pour objet d'empêcher la réalisation. Ainsi, lorsqu'un résultat effectif survient, celui qui a généré le risque doit être poursuivi du chef d'homicide ou de blessures involontaires, aggravés, le cas échéant, par la faute de mise en danger délibérée. Il ne fait donc guère de doute que le résultat, au sens où l'entend traditionnellement la jurisprudence, c'est-à-dire comme atteinte effective à la valeur protégée, n'est pas une composante de l'élément matériel du délit de risques causés à autrui.

rendent incertaine l'existence d'un risque immédiat de mort ou de blessures graves. Sur ces deux points, la Cour de cassation censure la juridiction d'appel. D'abord, elle juge que l'arrêté préfectoral, en ce qu'il fixe des prescriptions à respecter en application d'arrêtés ministériels à caractère réglementaire, doit être considéré lui-même comme une obligation règlementaire. La chambre criminelle conclut ensuite à l'existence d'un risque immédiat de mort ou de blessures graves, qu'elle déduit de la proximité d'habitations conjuguée au risque de cancer du rein généré par l'utilisation de telles substances.

1. Crim. 25 juin 1996, *Dr. pénal* 1996. Comm. 265, obs. M. Véron ; *D.* 1996, IR 239.
2. Crim. 9 mars 1999, *D.* 2000. II. JP. 83, note M.-Ch. Sordino, A. Ponseille.
3. Crim. 11 févr. 1998, *Bull. crim* n° 57 ; *JCP* 1998. II. 10084, note Coche ; *Dr. pénal* 1998. 81, obs. Veron ; *RSC* 1998. 545, obs. Y. Mayaud.
4. Crim. 11 mars 1998, *Bull. crim.* n° 99, *JCP* 1999. II. 10064, note Hoyez.

Cela ne signifie pas pour autant que la notion de résultat soit étrangère à l'infraction. En effet, si le résultat survenu est exclusif de l'infraction, le résultat virtuel, c'est-à-dire celui qui n'est pas survenu mais qui aurait pu survenir, en est une composante à part entière. En effet, l'art. 223-1 n'incrimine que les mises en danger « qui exposent autrui à un risque immédiat de mort ou de blessures de nature à entraîner une mutilation ou une infirmité permanente ». Se fondant sur ce texte, la Cour de cassation impose aux juges du fond de caractériser concrètement le risque auquel autrui s'est trouvé exposé. Ce risque se matérialisera le plus souvent par un contexte particulier qu'il appartiendra aux juges du fond de caractériser, tel la présence de personnes autour du lieu où la violation a été commise [1].

3. Le lien de causalité

137 À la différence de ce que l'on retrouve pour d'autres infractions, le lien de causalité doit ici s'entendre du lien de cause à effet unissant la violation de l'obligation légale ou réglementaire au résultat virtuel, qui aurait pu survenir. À cet égard, la Cour de cassation fait preuve d'une grande rigueur, puisqu'elle exige de manière constante que soit rapportée la preuve d'un lien de causalité direct et immédiat [2]. Il ne peut donc être question d'exposition indirecte d'autrui à un risque. Seul celui qui est directement à l'origine du risque est susceptible de voir sa responsabilité pénale engagée du chef du délit de risques causés à autrui.

B. L'élément moral

138 Seule la faute de mise en danger délibérée est à même de caractériser l'élément moral du délit de risques causés à autrui. En effet ce n'est que lorsque l'obligation légale ou réglementaire aura été violée de façon « manifestement délibérée » qu'elle caractérisera la faute. Il faudra donc rapporter la preuve d'un dol éventuel, c'est-à-dire de la volonté tendue vers une prise de risque. Par

1. Crim. 19 avr. 2000, *Bull. crim.* n° 16 ; *D.* 2000. 631, note Y. Mayaud ; Crim. 3 avr. 2001, *Bull. crim.* n° 4 ; *RSC* 2001. 574, obs. Y. Mayaud.
2. Crim. 16 févr. 1999, *Bull. crim.* n° 2 ; *D.* 2000. 9, note A. Cerf ; *D.* 2000. Somm. 34, obs. Y. Mayaud ; *Dr. pénal* 1999. 82, obs. Véron ; *RSC* 1999. 581, obs. Y. Mayaud ; 808, obs. B. Bouloc ; 837, obs. G. Giudicelli-Delage.

exemple, pour que le non-respect d'un feu tricolore soit constitutif du délit, il faudra démontrer que l'inobservation de la signalisation résulte clairement d'un choix du conducteur et non d'une simple inattention. Peu importe en revanche que l'auteur de la violation ait eu connaissance de la nature possible des conséquences dommageables de son acte.

§ 2. Répression

139 Le délit de risque causé à autrui est réprimé à titre principal d'une peine d'un an d'emprisonnement et de 15 000 € d'amende. Aucune circonstance aggravante n'est prévue par le législateur. Enfin, le délit de risque causé à autrui constituant une infraction obstacle, sa tentative n'est jamais incriminée.

SECTION 2
L'OMISSION DE PORTER SECOURS ET L'ABUS DE FAIBLESSE

140 La section consacrée à la mise en danger dans le Code pénal est protéiforme : on ne saurait, dans le cadre de ce manuel, envisager toutes les infractions rangées sous cette bannière. Il convient en revanche de relever celles qui sont le plus fréquemment sollicitées : il s'agit, d'une part, des infractions traditionnelles visant l'omission de porter secours (**§ 1**) et, d'autre part, de l'abus frauduleux d'état d'ignorance et de faiblesse (**§ 2**), devenu par la loi du 12 juin 2001 une infraction contre les personnes.

§ 1. L'omission de porter secours

141 Ignorées par le législateur de 1810, les infractions d'omission de porter secours ont vu le jour avec une loi du 25 octobre 1941, dans la finalité d'obliger les individus à collaborer au maintien de l'ordre vichyssois. Ces délits ont ensuite été repris, dans une toute

autre logique, par une ordonnance du 25 juin 1945, puis par le Code pénal de 1994, qui les a classifiés parmi les infractions de mise en danger. Bien que leur caractère d'infraction d'omission puisse sembler peu compatible avec la notion de « mise en danger », laquelle reposerait nécessairement sur un acte positif, ces infractions partagent avec les autres infractions de cette catégorie des traits communs qu'il est difficile d'ignorer. En effet, les omissions de porter secours sont conçues de telle manière que leur consommation ne suppose pas la survenance d'un résultat, ce qui traduit leur finalité d'appréhender pénalement une indifférence consciente à la vie d'autrui. Mais au-delà de la question de leur classification, c'est avant tout l'existence même de telles infractions d'omission qui a soulevé la contestation. Nombreux sont en effet ceux qui ne voient là qu'une obligation morale de solidarité devant être abandonnée à la libre conscience de chacun. En outre, en ce qu'elles édictent des obligations de faire, on reproche couramment aux infractions d'omission de contraindre trop lourdement les libertés individuelles. C'est pourquoi le législateur a limité leur domaine d'application aux seules hypothèses dans lesquelles une valeur essentielle, telle la vie ou l'intégrité corporelle, se trouve menacée. Les omissions de porter secours incluent aujourd'hui trois infractions distinctes : la non-assistance à personne en péril (**A**), le non-obstacle à la commission d'une infraction contre l'intégrité corporelle (**B**), et l'abstention de prendre les mesures susceptibles de combattre un sinistre (**C**).

A. La non-assistance à personne en péril

142 L'article 223-6 alinéa 2 du Code pénal incrimine le comportement de « quiconque s'abstient volontairement de porter à une personne en péril l'assistance que, sans risque pour lui ou pour les tiers, il pouvait lui prêter soit par son action personnelle, soit en provoquant un secours ». Il s'agit de l'omission de porter secours [1].

1. L'élément préalable : un péril imposant l'assistance

143 La constitution de l'infraction de non-assistance à personne en péril est au préalable subordonnée à ce que puisse être constaté

1. J.-L. Fillette, « L'obligation de porter secours à la personne en péril », *JCP* 1995. I. 3868.

un « péril » imposant l'assistance. Reste à déterminer quelles situations recouvre cette notion.

– **La nature du péril.** Le péril visé par l'article 223-6 al. 2 doit traduire un danger pour la vie ou pour l'intégrité physique « d'une personne ». Prenant appui sur cette exigence, la Cour de cassation décide que l'infraction ne s'applique pas à celui qui s'abstient de porter assistance à une personne déjà décédée, celle-ci étant dépourvue de personnalité [1]. En revanche, elle juge que le péril imposant l'assistance est caractérisé lorsqu'il concerne un enfant à naître [2]. Il n'est toutefois pas certain que cette solution perdure depuis l'arrêt rendu par l'Assemblée plénière de la Cour de cassation en matière d'homicide involontaire du fœtus [3].

– **L'origine du péril.** L'origine du péril n'est pas de nature à influer sur la constitution de l'infraction. Il peut donc trouver sa source dans n'importe quel type d'événement. Ainsi, la Cour de cassation a pu considérer qu'impose l'assistance le péril qui trouve sa source dans l'évolution d'une maladie [4], dans l'accident causé par un tiers, dans le fait de la victime elle-même, qui, par exemple, tente de se suicider [5], ou encore dans le fait de la personne dont on recherche la responsabilité du chef d'omission de porter secours. Dans cette dernière hypothèse, cela suscite un cumul des qualifications que nous envisagerons dans le cadre de la répression.

– **L'imminence du péril.** De jurisprudence constante, « le péril doit être imminent et constant et de nature à nécessiter une intervention immédiate [6] ». La situation de péril doit donc avoir débuté sans pour autant être parvenue à son achèvement qu'est la réalisation du péril.

2. L'élément matériel

144 **Le comportement.** La non-assistance à personne en péril est une infraction d'omission, dont le comportement consiste donc dans

1. Crim. 1er févr. 1955, *JCP* 1955. II. 8582.
2. Crim. 2 avr. 1992, *Bull. crim. n°* 140 ; *RSC* 1993. 326, obs. Levasseur.
3. Cass., ass. plén., 29 juin 2001, v. *supra* n° 91.
4. Crim. 31 mai 1949, *Bull. crim. n°* 202 ; *JCP* 1949. II. 4945, note Magnol ; *RSC* 1949. 746, obs. L. Hugueney.
5. Crim. 26 avr. 1988, *Bull. crim. n°* 178 ; *D.* 1990. 479, note H. Fenaux.
6. Crim. 31 mai 1949, précité.

le manquement à une obligation d'agir. Quant à la teneur de cette obligation, l'article 223-6 alinéa 2 envisage deux possibilités : agir personnellement ou provoquer les secours. Le législateur n'établissant pas de hiérarchie entre ces deux modalités de l'assistance, l'intéressé reste libre de préférer l'une à l'autre. Cette liberté de choix comporte toutefois pour limite le caractère approprié de l'assistance apportée à la situation. En effet, la jurisprudence n'hésite pas à condamner ceux qui se sont contentés de provoquer les secours alors que la situation imposait une intervention immédiate (Crim. 26 juill. 1954 conclut à la condamnation de celui qui, trouvant un nouveau-né abandonné dans une poubelle, se contente de contacter un membre de sa famille ; Crim. 20 févr. 1958 conclut à la condamnation d'un médecin, qui, appelé en urgence par une personne de son voisinage, se contente de la renvoyer vers son médecin traitant pourtant éloigné de plusieurs kilomètres). L'action personnelle est donc nécessaire chaque fois qu'elle est imposée par la situation. Encore faut-il néanmoins que l'assistance ait été possible : on ne peut reprocher son défaut de secours à la personne qui n'avait pas les moyens de porter assistance à autrui. À cet égard, la jurisprudence ne décèle aucune impossibilité d'agir dans l'éloignement de la personne sollicitée du lieu du péril. Ainsi, de nombreuses décisions concluent à la condamnation de médecins ayant refusé de répondre aux appels de personnes réclamant leur intervention [1]. Enfin, l'élément matériel de l'infraction suppose que l'assistance ait été sans risques. En effet, le texte même de la loi précise que l'assistance n'est imposée que dans la mesure où elle est « sans risque » pour la personne ou pour les tiers : c'est la solidarité et non l'héroïsme qui est imposé.

145 **Le résultat.** La non-assistance à personne en péril est une infraction formelle constituée indépendamment de la survenance d'un résultat. Ainsi, que le péril soit ou non finalement écarté n'influe pas sur la responsabilité pénale. Cela s'explique par le fait que l'obligation d'assistance demeure une obligation de moyen : peu

1. Crim. 21 janv. 1954, *D.* 1954. 224 ; Crim. 15 mars 1961, *Gaz. Pal.* 1961. 2. 107.

importe que l'assistance se soit finalement avérée inefficace, pourvu qu'elle ait été appropriée. Si le prévenu a mis en œuvre tous les moyens à sa disposition ou s'il a choisi les moyens les mieux adaptés, il ne sera pas coupable de l'infraction si le péril se réalise. Inversement, il sera coupable pour n'avoir pas mis en œuvre les moyens adaptés, même si le péril est évité, si la victime est sauvée par l'intervention d'un tiers. La tentative de non-assistance à personne en péril n'est quant à elle pas incriminée, car inconcevable. Cela a notamment pour conséquence l'impunité de l'infraction impossible, qui ne se conçoit que par référence à la tentative (exemple de la personne qui s'abstient volontairement d'agir devant une situation qu'elle analyse comme un péril imminent, mais qui, en réalité, ne l'est pas).

3. L'élément moral

146 La non-assistance à personne en péril est une infraction intentionnelle. L'intention requise se décompose entre un dol général et un dol spécial. Comme l'a énoncé la chambre criminelle dans un arrêt du 25 juin 1964, « il faut, d'une part, que la personne en état de porter secours ait connu l'existence d'un péril immédiat et constant rendant son intervention nécessaire, et, d'autre part, qu'elle se soit volontairement refusée à intervenir par les modes qu'il lui était possible d'employer en vue de le conjurer [1] ». Le dol général repose essentiellement sur la connaissance du péril par la personne qui s'abstient d'agir. L'ignorance du péril est donc exclusive de l'infraction. Par exemple celui qui s'est abstenu de porter secours à un blessé qu'il avait, de bonne foi, pris pour un ivrogne, doit être relaxé [2]. Il en va de même du médecin qui, commettant une erreur de diagnostic, a rendu possible l'aggravation de l'état de son patient [3]. Dans ces différentes hypothèses, une erreur de fait porte sur un élément essentiel de l'infraction, et fait ainsi obstacle à sa constitution. Le dol spécial consiste quant à lui dans la volonté de ne pas agir, qui doit s'analyser en un refus de prêter assistance : l'auteur sait qu'il peut porter assistance et s'en abstient volontairement.

1. Crim. 25 juin 1964, *D.* 1964. 594 ; *Gaz. Pal.* 1964. 2. 385.
2. Crim. 3 nov. 1954, *Bull. crim. n°* 311 ; *D.* 1955. 64, note P.-A. Pageaud ; *Gaz. Pal.* 1954. 2. 385.
3. Crim. 26 nov. 1969, *Bull. crim. n°* 317 ; *Gaz. Pal.* 1970. 1. 82.

4. La répression

147 **Peines.** La non-assistance à personne en péril est réprimée, à titre principal, par cinq ans d'emprisonnement et 75 000 € d'amende.

148 **Concours d'infractions.** La question du concours d'infractions se pose avec une acuité toute particulière à propos de la non-assistance à personne en péril, dans la mesure où cette infraction est couramment reprochée à celui-là même qui a généré le péril. C'est l'exemple de la personne qui ne porte pas secours à la victime qu'elle a préalablement blessée. Doit-on en pareille hypothèse retenir la totalité des qualifications (blessures involontaires et non assistance à personne en péril par exemple) ou, au contraire, n'en retenir qu'une seule ? La Cour de cassation admet l'existence d'un concours réel entre les qualifications d'homicide ou de blessures involontaires et d'omission de porter secours, se fondant sur la pluralité d'intentions. La solution est en revanche différente s'agissant des violences volontaires. En effet, dans ce cas, il semble cohérent de la part de celui qui a voulu blesser de ne pas porter secours à sa victime une fois son forfait accompli. L'intention est alors unitaire. C'est pourquoi la jurisprudence exclut traditionnellement le cumul des qualifications en la matière. Toutefois, il arrive que l'action volontairement violente se traduise par un résultat dépassant la volonté de son auteur. Si l'auteur s'abstient dans cette hypothèse de porter secours à sa victime, l'intention devient plurale, et le cumul des qualifications se justifie. C'est pourquoi la Cour de cassation a considéré dans un arrêt du 24 juin 1980 que « l'inculpation de coups et blessures volontaires ayant entraîné la mort sans intention de la donner n'est pas nécessairement exclusive de celle d'abstention volontaire de porter secours à une personne en péril [1] ».

149 **Prescription de l'action publique.** La non-assistance à personne en péril est un délit qui se prescrit par trois années à compter de la commission de l'infraction. Le problème se pose alors de savoir quel instant précis marque cette commission. Cette donnée est en effet déterminante pour fixer le point de départ du délai de

1. Crim. 24 juin 1980, *Bull. crim.* n° 202.

prescription, notamment dans les hypothèses dans lesquelles la non-assistance s'est prolongée sur plusieurs mois ou plusieurs années (ex : non-assistance à l'enfant dont on sait qu'il est victime de mauvais traitements). La jurisprudence traite alors la non-assistance à personne en péril comme une infraction continue, considérant que le délai de prescription commence à courir au jour où l'obligation d'agir cesse.

150 **Action civile.** Bien qu'une telle admission ait longtemps été contestée à défaut de lien de causalité direct entre l'infraction et le dommage, la chambre criminelle admet aujourd'hui que la personne subissant un dommage du fait de l'abstention, ou ses ayants droit, puisse demander réparation à celui qui avait l'obligation d'agir [1]. Cette action est également ouverte aux victimes par ricochet, au regard notamment de leur préjudice moral lié au décès d'un être cher [2].

B. Le non-obstacle à un crime ou un délit contre l'intégrité corporelle

151 L'article 223-6 alinéa 1er du Code pénal punit « quiconque pouvant empêcher par son action immédiate, sans risque pour lui ou pour les tiers, soit un crime, soit un délit contre l'intégrité corporelle s'abstient volontairement de le faire ». On peut voir dans cette infraction une application particulière de l'infraction plus générale de non-assistance à personne en péril, son seul trait distinctif consistant dans le fait que le péril doit ici être matérialisé par la commission d'un crime ou d'un délit contre l'intégrité corporelle. C'est pourquoi nous nous contenterons le plus souvent de renvoyer à ce qui a déjà été écrit relativement à la non-assistance à personne en péril.

1. L'élément préalable

152 **Un crime ou un délit contre l'intégrité corporelle.** Seul un crime ou un délit dirigé contre l'intégrité corporelle de la personne fait naître l'obligation d'assistance. Il n'est ainsi pas question d'avoir recours

1. Crim. 16 mars 1972, *Bull. crim. n°* 109 ; *D.* 1972. 394, 1re esp., note J.-L. Costa ; *JCP* 1973. II. 17474, 2e esp., note L. Moret.
2. Crim. 19 juin 1996, *Bull. crim. n°* 260 ; *D.* 1997. Somm. 142, obs. J. Pradel.

à cette incrimination lorsque la personne dont on recherche la responsabilité a été le témoin d'une infraction moins grave, telle une infraction contre les biens. En revanche, le domaine de l'infraction recouvre toutes les hypothèses dans lesquelles l'intégrité de la personne est menacée, quel que soit le rôle d'une telle menace dans la constitution de l'infraction imposant l'assistance. Par exemple, un vol avec violence ou une agression sexuelle font naître l'obligation d'assistance.

– **Imminence du crime ou du délit.** La commission du crime ou du délit contre l'intégrité corporelle doit en outre être imminente, ce qui implique, soit que l'infraction est en train de se produire, soit qu'elle est sur le point de se produire. C'est ainsi qu'un arrêt de la chambre criminelle du 4 mai 1951 conclut à la condamnation d'une femme, qui n'a pas fait obstacle à l'assassinat de son mari par son amant, alors qu'elle connaissait le projet[1].

2. L'élément matériel

153 **Comportement.** Le comportement prohibé consiste là encore en une abstention d'agir, là où l'action était possible, sans risque pour soi ou pour les tiers. L'action peut prendre la forme soit d'une intervention personnelle, soit de l'appel à des tiers. Ces différents éléments sont appréciés de la même manière que pour la non-assistance à personne en péril.

154 **Résultat.** Voir sur ce point les développements relatifs à la non-assistance à personne en péril.

3. L'élément moral

155 L'élément moral de l'infraction repose sur les mêmes éléments que la non-assistance à personne en péril (dol général et dol spécial).

4. La répression

156 **Concours d'infractions.** Le non-obstacle à la commission d'une infraction est susceptible de recouvrir les mêmes situations que la non-dénonciation de crime de l'article 434-1 du Code pénal. La question se pose dès lors de savoir si ces deux infractions sont susceptibles d'être retenues simultanément contre la même personne. La chambre criminelle semble en pareille hypothèse

1. Crim. 4 mai 1951, *Bull. crim. n°* 121 ; *D.* 1951. 452 ; *JCP* 1951. II. 6518 ; *Gaz. Pal.* 1951. 1. 379 ; *RSC* 1951. 516, obs. J. Magnol.

exclure le cumul des qualifications pour ne retenir que le non-obstacle à la commission d'une infraction, plus haute expression pénale [1].

157 **Peines.** Les mêmes peines sont encourues que pour la non-assistance à personne en péril.

C. L'abstention de combattre un sinistre

158 Le délit d'abstention de combattre un sinistre a été institué par le législateur à l'occasion de l'entrée en vigueur du nouveau Code pénal en 1994 dans le but de compléter l'incrimination de non-assistance à personne en péril, et d'imposer ainsi l'assistance là où aucune personne ne se trouve physiquement en danger (ex : incendie d'un bâtiment inoccupé). L'article 223-7 prévoit ainsi la mise en jeu de la responsabilité pénale de « quiconque s'abstient volontairement de prendre ou de provoquer les mesures permettant, sans risque pour lui ou pour les tiers, de combattre un sinistre de nature à créer un danger pour la sécurité des personnes ». La seule originalité de ce délit par rapport aux infractions précédemment examinées consiste dans son élément préalable lequel repose sur l'existence d'un « sinistre de nature à créer un danger pour la sécurité des personnes ». Entrent dans cette catégorie différents événements tels les incendies, inondations ou encore naufrages potentiellement dangereux pour les personnes. Ce délit n'ayant jusqu'à présent reçu que peu d'applications en jurisprudence, il est difficile d'en cerner les contours exacts. Tout porte néanmoins à croire que ses éléments constitutifs devraient être appréciés de la même manière que ceux de la non-assistance à personne en péril. Enfin, cette infraction doit être rapprochée de celle de l'article 223-5 du Code pénal, qui incrimine un acte positif consistant dans « le fait d'entraver volontairement l'arrivée de secours destinés à faire échapper une personne à un péril imminent ou à combattre un sinistre présentant un danger pour la sécurité des personnes ».

1. Crim. 24 janv. 1995, *Bull. crim.* n° 32.

§ 2. L'abus frauduleux d'état d'ignorance et de faiblesse

159 **Une atteinte aux biens érigée en infraction contre les personnes.** L'abus frauduleux de l'état d'ignorance ou de faiblesse, plus couramment appelé « abus de faiblesse » est incriminé au sein du chapitre consacré aux infractions de mise en danger, par l'article 223-15-2 du Code pénal. Le législateur le définit comme « l'abus frauduleux de l'état d'ignorance ou de la situation de faiblesse soit d'un mineur, soit d'une personne dont la particulière vulnérabilité, due à son âge, à une maladie, à une infirmité, à une déficience physique ou psychique ou à un état de grossesse, est apparente et connue de son auteur, soit d'une personne en état de sujétion psychologique ou physique résultant de l'exercice de pressions graves ou réitérées ou de techniques propres à altérer son jugement, pour conduire ce mineur ou cette personne à un acte ou à une abstention qui lui sont gravement préjudiciables ». Cette infraction était initialement classifiée par le législateur comme une infraction voisine de l'escroquerie, au titre des atteintes contre les biens, à l'art. 313-4 du Code pénal. C'est la loi du 12 juin 2001, relative à la lutte contre les mouvements sectaires, qui l'a déplacée parmi les infractions de mise en danger, sans pour autant en modifier substantiellement les éléments constitutifs. Il en résulte que doctrine et jurisprudence éprouvent désormais d'importantes difficultés lorsqu'il s'agit de définir l'intérêt protégé par l'infraction. Ainsi, alors que certaines décisions des juridictions du fond insistent sur la nécessité d'un acte « gravement préjudiciable », d'autres se concentrent sur l'exploitation de « particulière vulnérabilité de la victime ». C'est au regard de cette difficulté qu'il convient d'analyser l'infraction.

A. L'élément préalable : situation de faiblesse de la victime vulnérable

160 L'infraction d'abus de faiblesse n'est susceptible d'être commise qu'à l'encontre de victimes se trouvant dans un « état d'igno-

rance » ou dans une « situation de faiblesse ». Après avoir énoncé cette règle, afin de faire obstacle à une interprétation trop large du texte, le législateur dresse l'inventaire des personnes qui peuvent être considérées comme telles, qu'il répartit en trois catégories : 1) mineur ; 2) personne « d'une particulière vulnérabilité, due à son âge, à une maladie, à une infirmité, à une déficience physique ou psychique ou à un état de grossesse » ; 3) personne en « état de sujétion psychologique ou physique résultant de l'exercice de pressions graves ou réitérées ou de techniques propres à altérer son jugement ». Cette dernière catégorie a été instituée par la loi du 12 juin 2001 de manière à permettre l'appréhension de la manipulation mentale, dont sont le plus souvent victimes les adeptes des sectes. L'appartenance de la victime à l'une de ces catégories est nécessaire à la démonstration de la situation d'ignorance ou de faiblesse. Elle n'est néanmoins jamais suffisante à caractériser pareille situation. En effet, de manière constante, la Cour de cassation exige des juges du fond qu'ils établissent en quoi, dans chaque espèce, l'appartenance à l'une ou l'autre de ces catégories a généré la situation d'ignorance ou de faiblesse. Il n'est donc pas question de présumer l'état d'ignorance ou la situation de faiblesse. Cette règle vaut également à l'égard des mineurs. La précision est utile, car le législateur du 18 mars 2003 (loi sur la sécurité intérieure) a établi une présomption de vulnérabilité et de dépendance en faveur des victimes mineures au titre des infractions prohibant l'hébergement et les conditions de travail contraires à la dignité. Le texte précise néanmoins qu'une telle présomption n'a vocation à s'appliquer qu'aux infractions des articles 225-13 et 225-14 du Code pénal, et le principe de l'interprétation stricte de la loi pénale interdit d'étendre à d'autres infractions cette présomption défavorable à la personne poursuivie. Ainsi, l'élément préalable de l'abus de faiblesse, suppose non seulement que la victime appartienne à l'une des catégories visées par le législateur, mais encore que des éléments concrets tirés des faits de l'espèce accréditent l'état d'ignorance ou la situation de faiblesse.

B. L'élément matériel

161 **Le comportement.** Le législateur reste très vague quant au comportement requis pour la constitution de l'infraction, puisqu'il vise d'une manière très générale « l'abus » de l'état d'ignorance ou de la situation de faiblesse. Cette notion recoupe essentiellement les hypothèses d'exploitation outrancière d'une situation de fait, laquelle peut se traduire par des comportements très divers : pressions exercées sur la victime par la mise en place d'un harcèlement téléphonique ou de visite rapprochées, exploitation de son sentiment d'insécurité ou de dépendance, fausses promesses, mensonge...

162 **Le résultat.** Le texte indique que le comportement caractérisant l'abus doit conduire la victime « à un acte ou à une abstention qui lui sont gravement préjudiciables ». La question se pose dès lors de savoir si la réalisation d'un préjudice est nécessaire à la constitution de l'infraction. Dans un arrêt du 12 janvier 2000, la chambre criminelle a répondu à cette question par la négative, jugeant que l'infraction est réalisée par le seul fait de la signature d'un acte de nature à causer un préjudice, même si ce préjudice ne se manifeste pas réellement, l'acte initial n'ayant pu être mené à bonne fin [1]. L'abus de faiblesse doit donc être analysé comme une infraction formelle : dès lors que la victime de l'abus se livre à un acte ou à une abstention qui lui sont potentiellement gravement préjudiciables, l'infraction est consommée, peu importe, que le préjudice se produise effectivement ou non. De plus, la déclassification de l'infraction de la catégorie des atteintes aux biens vers la catégorie des atteintes aux personnes opérée par la loi du 12 juin 2001, a considérablement élargi la nature des préjudices envisageables. En effet, alors que le préjudice potentiel ne pouvait auparavant s'entendre que d'une atteinte au patrimoine, il s'étend désormais aux atteintes physiques ou psychiques à la personne, ou même à de simples atteintes morales [2].

1. Crim. 12 janv. 2000, *Bull. crim.* n° 15 ; *RSC* 2000. 614, obs. R. Ottenhof.
2. Crim. 15 nov. 2005, *JCP* 2006. II. 10057, note J. Y. Maréchal ; *RSC* 2006. 833, obs. R. Ottenhof.

163 **Le lien de causalité.** Un lien de causalité certain doit enfin pouvoir être constaté entre le comportement manifestant l'abus et l'acte ou l'abstention potentiellement préjudiciable.

C. L'élément moral

164 L'abus de faiblesse est une infraction intentionnelle. L'intention requise, composante essentielle de l'infraction, repose non seulement sur la preuve d'un dol général, mais aussi sur la démonstration d'un dol spécial. Le dol général nécessite que la vulnérabilité impliquant la situation de faiblesse ait été « apparente et connue » de l'auteur de l'infraction. Le dol spécial consiste quant à lui dans la volonté de conduire la victime à un acte ou à une abstention qui lui seraient gravement préjudiciables.

D. La répression

165 L'abus de faiblesse est réprimé à titre principal d'une peine de trois ans d'emprisonnement et de 375 000 € d'amende.

L'article 223-15-2 al. 2 du Code pénal porte les peines à cinq ans d'emprisonnement et à 750 000 € d'amende lorsque l'infraction est commise par le dirigeant de fait ou de droit d'un groupement qui poursuit des activités ayant pour but ou pour effet de créer, de maintenir ou d'exploiter la sujétion psychologique ou physique des personnes qui participent à ces activités.

Quant à la prescription de l'action publique, le délit d'abus de faiblesse est considéré comme une infraction instantanée pour laquelle le point de départ du délai de prescription est fixé au jour où l'infraction est consommée. Toutefois, l'abus de faiblesse fait partie de ces infractions qui se traduisent fréquemment par des exécutions successives (ex : versements de la victime échelonnés dans le temps). Or, en pareille hypothèse, la jurisprudence reporte le point de départ de la prescription à la dernière exécution de l'infraction [1].

1. Crim. 27 mai 2004, *Bull. crim.* n° 141 ; *RSC* 2004. 881, 886, 897 : « La prescription, en matière d' abus de faiblesse, ne commence à courir qu'à partir du dernier prélèvement effectué sur le patrimoine de la victime lorsque l'abus frauduleux procède d'une opération délictueuse unique ; il en est ainsi dans le cas de prélèvements bancaires réalisés sur le compte de la victime, au moyen de la même procuration ».

CHAPITRE 7

Les infractions sexuelles

166 **La protection de la liberté sexuelle.** Le Code pénal de 1810 a rompu avec la tradition de l'ancien droit qui incriminait les actes immoraux comme des péchés ; conformément au mouvement d'émancipation du droit par rapport à la morale, le Code napoléonien repose sur un principe de liberté des mœurs que le Code de 1994 est venu renforcer. Dans cette perspective, la législation répressive relative aux infractions sexuelles prend en considération non les mœurs elles-mêmes mais les comportements révélant la dangerosité de l'agent, que cette dangerosité tienne à la violence des actes incriminés, au trop jeune âge des personnes concernées ou bien encore à la publicité dont ce comportement a pu faire l'objet. Cela dit, le principe de légalité criminelle, garant de la protection des libertés individuelles, était parfois malmené, si l'on considère les contours souvent vagues des incriminations traditionnelles. À l'exception du viol, aux contours assez précis, l'ancien outrage à la pudeur ou aux bonnes mœurs renvoyait à des notions changeantes qui apparurent très vite inadaptées, tant au regard de l'évolution des mœurs, que de l'incertitude de l'incrimination. Aussi le législateur contemporain, tout en s'inscrivant dans la logique de liberté de mœurs de son devancier, s'est-il employé à moderniser la répression des infractions sexuelles, y compris au

regard des mots du droit pénal [1] : d'une part, la loi pénale consacre désormais un véritable droit à la liberté sexuelle, comme en témoigne l'incrimination des discriminations liées à l'orientation sexuelle, que ce soit en matière de vente, de prestation de service, d'accès à l'emploi ou de licenciement ; d'autre part, le principe de légalité criminelle a été conforté en matière d'infractions sexuelles, comme en témoignent par exemple la loi du 23 décembre 1980 apportant pour la première fois une définition légale du viol ou bien encore la définition de l'exhibition sexuelle donnée par le Code pénal de 1994 dans son article 222-32. Cependant, les infractions sexuelles constituent un véritable fléau de masse qui a incité le législateur à un renforcement de l'arsenal répressif et au développement de règles dérogatoires au droit commun destinées à garantir l'efficacité du dispositif. Ainsi, l'importante loi du 17 juin 1998 destinée à prévenir la récidive et à accroître la répression en matière d'infractions sexuelles a-t-elle créé de nouvelles incriminations telles que l'exploitation de l'image pornographique d'un mineur (art. 227-23 C. pén.), tout en développant les règles de procédure destinées à assurer les poursuites en brisant la loi du silence qui accompagne souvent ce type d'infractions. Les décrets d'application de cette loi sont intervenus le 18 mai 2000, mais la mise en œuvre de la réforme, notamment en matière de suivi socio-judiciaire, ne répond pas toujours aux objectifs ambitieux du texte.

L'ensemble du dispositif pénal de répression des infractions sexuelles constitue un réseau de règles très spéciales, souvent dérogatoires du droit commun [2]. Nous le vérifierons en envisageant successivement les agressions sexuelles (SECTION 1), les

1. De là la disparition de toute référence à la « pudeur » dans le Code de 1994, ce qui a fait l'objet de critiques : v. notamment, F.-L. Coste, « Le sexe, la loi pénale et le juge ou évolutions d'un principe séparateur instituant l'altérité », *D.* 1997. 179 « L'abandon de la notion de pudeur au profit de celle d'atteinte ou d'agression sexuelle traduit-il le souci du législateur de ne se référer qu'à l'anatomie ? Seul apparaît désormais, dans le texte de la loi, le sexe en tant que cible ou vecteur d'un geste agressif ou abusif. Plus particulièrement, dans l'atteinte sexuelle, réprimée au nom de la protection de la jeunesse, le sexe est désigné comme le moyen ou le lieu anatomique par - ou dans - lequel la pureté, la candeur ou l'innocence peuvent être vulnérabilisées et perverties ».

2. X. Lameyre, « Du régime pénal spécial appliqué, en France, aux auteurs d'infractions sexuelles », *RSC* 2002. 547.

atteintes sexuelles (SECTION 2) et les autres infractions qui complètent ce dispositif (SECTION 3).

SECTION 1
LES AGRESSIONS SEXUELLES

167 L'article 222-22 du Code pénal qualifie d'agression sexuelle « toute atteinte sexuelle commise avec violence, contrainte, menace ou surprise ». Les agressions sexuelles se distinguent ainsi des atteintes sexuelles lesquelles ne supposent pas l'emploi de tels procédés. En outre, alors que les atteintes sexuelles ne sont susceptibles d'être commises qu'à l'encontre de mineurs, les agressions sexuelles se conçoivent à l'égard de toute personne. Le législateur classifie dans la catégorie des agressions sexuelles le viol (**§ 1**), les autres agressions sexuelles (**§ 2**) et le harcèlement sexuel (**§ 3**).

§ 1. Le viol

168 L'article 222-23 du Code pénal définit le viol comme « tout acte de pénétration sexuelle, de quelque nature qu'il soit, commis sur la personne d'autrui par violence, contrainte, menace ou surprise [1] ».

A. L'élément matériel

169 L'élément matériel du viol se compose d'un acte de pénétration sexuelle, et de l'emploi de violence, contrainte, menace ou surprise.

1. Un acte de pénétration sexuelle

170 Un acte de pénétration sexuelle est toujours nécessaire à la caractérisation de l'élément matériel du viol. Cette composante est incontournable, dans la mesure où elle assoit à elle seule la dis-

1. Pour une histoire juridique du viol, v. notamment, M. Iacub, *Le crime était presque sexuel*, Flammarion, 2009.

tinction entre le viol et les autres agressions sexuelles. La notion « d'acte de pénétration sexuelle » appelle plusieurs observations. D'abord, l'acte de pénétration n'est constitutif de viol que dans la mesure où il est effectué par celui dont on recherche la responsabilité sur la personne d'autrui. À l'inverse, lorsque l'acte de pénétration est accompli par la victime sur la personne de celui dont on recherche la responsabilité, la qualification de viol doit être exclue au profit de la qualification d'agression sexuelle. Ainsi, après quelques hésitations [1], la Cour de cassation juge désormais que ne constitue pas un viol le fait pour une femme d'abuser de l'autorité dont elle dispose sur un jeune garçon pour lui imposer d'avoir avec elle des rapports sexuels, l'élément matériel n'étant caractérisé que si l'auteur réalise l'acte de pénétration sexuelle sur la personne de la victime [2].

Ensuite, l'acte de pénétration doit être de nature sexuelle. Cela implique qu'il faut caractériser un acte de pénétration par le sexe et/ou dans le sexe. Caractérise ainsi le viol la fellation, dès lors qu'il y a eu pénétration de la verge dans la bouche de la victime [3], ou encore introduction d'un doigt ou de tout autre objet dans le vagin d'une femme [4]. Toutefois, il est arrivé à la Cour de cassation d'inclure dans la qualification de viol des agissements ne se caractérisant pas par un acte de pénétration par le sexe et/ou dans le sexe, mais présentant simplement une connotation sexuelle [5]. Dans un arrêt du 21 février 2007 la Cour de cassation semble néanmoins revenir à l'exigence d'un acte de pénétration par le sexe et/ou dans le sexe. En effet, la chambre criminelle rejette ici la qualification de viol dans une affaire où un médecin avait forcé de jeunes patientes à introduire dans leur bouche un objet de

1. Crim. 16 déc. 1997, *Bull. crim.* n° 429, *JCP* 1998. II. 10074, note D. Mayer ; *adde*, pour une analyse très critique de cet arrêt, Y. Mayaud, « Le viol sur soi-même, nouveau cas d'interprétation *contra legem et... contra rationem* », *D.* 1998. 212.

2. Crim. 21 oct. 1998, *Bull. crim.* n° 274, *D.* 1999. 75 note Y. Mayaud, *Dr. pénal* 1999. Comm. 5, obs. M. Véron, *JCP* 1998. II. 10215, note D. Mayer.

3. Crim. 22 févr. 1984, *Bull. crim.* n° 71.

4. Crim. 9 juill. 1991, *Bull. crim.* n° 294.

5. Crim. 27 avr. 1994, *Bull. crim.* n° 157 : pour des actes de pénétration anale pratiqués avec le doigt ou des carottes dans un but d'initiation sexuelle ; Crim. 6 déc. 1995, *Bull. crim.* n° 372 : pour l'introduction par une femme d'un manche de pioche recouvert d'un préservatif dans l'anus d'un homme ; *adde*, Y. Mayaud, « Du caractère sexuel du viol : vers un critère finaliste ? », *RSC* 1996. 374.

forme phallique recouvert d'un préservatif, et leur avait fait accomplir des mouvements de va-et-vient. Elle motive sa décision par le fait que le viol doit consister « en un acte de pénétration sexuelle », ce qui signifie un acte de pénétration par le sexe du coupable ou dans le sexe de la victime. C'est pourquoi, pour être constitutive d'un viol, « la fellation implique une pénétration par l'organe sexuel masculin de l'auteur et non par un objet le représentant [1] ».

2. Violence, contrainte, menace ou surprise

171 L'élément matériel du viol n'est en outre caractérisé que dans la mesure où l'acte de pénétration sexuelle est imposé à la victime par « violence, contrainte, menace ou surprise ». L'usage de tels procédés par celui dont on recherche la responsabilité permet de caractériser l'absence de consentement de la victime à l'acte de pénétration sexuelle, et permet ainsi de distinguer nettement le viol des atteintes sexuelles.

– **Violence.** La violence exigée par le texte peut consister en une violence physique, mais aussi en une violence morale. C'est ainsi qu'un arrêt de la chambre criminelle du 31 janvier 1968 qualifie de violence constitutive de viol la menace faite à une femme de l'abandonner nue dans un endroit isolé [2].

– **Contrainte.** Notion voisine de la violence qu'elle recoupe souvent, la contrainte peut également être physique ou morale. Caractérise ainsi la contrainte morale la crainte suscitée par un supérieur hiérarchique, qui, d'un caractère tyrannique et d'une grande force physique, exerçait de façon despotique ses fonctions de directeur [3] ou encore l'état de grande vulnérabilité dans lequel se trouvait une femme face à un médecin au cours d'une consultation [4]. En revanche, la Cour de cassation juge que la contrainte ne peut se déduire uniquement de la qualité d'ascendant ou de personne ayant autorité sur la victime, ni du jeune âge de celle-ci (Cass., ass. plén., 14 févr. 2003 [5] ; Cass., ass. plén., 8 juill. 2005 [6]).

1. Crim. 21 févr. 2007, *Bull. crim.* n° 61 ; *RSC* 2007. 301, obs. Y. Mayaud.
2. Crim. 31 janv. 1968, *Bull. crim.* n° 32.
3. Crim. 8 févr. 1995, n° 94-85.202.
4. Crim. 25 oct. 1994, n° 94-83.726.
5. Cass., ass. plén., 14 févr. 2003, *Bull. Ass. plén.*, n° 1 ; *RSC* 2003. 557, obs. Y. Mayaud.
6. Cass., ass. plén. 8 juill. 2005, *Bull. Ass. plén.*, n° ; *D.* 2006. 1649.

De tels éléments sont en effet des circonstances aggravantes du crime de viol et ne peuvent donc caractériser l'élément matériel de l'infraction. Ainsi, lorsqu'aucun autre élément de fait que le jeune âge de la victime ne peut caractériser l'état de contrainte, la qualification d'atteinte sexuelle doit être préférée au crime de viol.

– **Menace.** La menace recoupant les mêmes hypothèses que la contrainte, cette prévision législative paraît superflue.

– **Surprise.** La surprise recoupe diverses hypothèses dans lesquelles la victime n'a pu avoir la présence d'esprit de repousser son agresseur. Ainsi, le viol est caractérisé, même à défaut de résistance de la victime lorsque celle-ci, âgée de 16 ans, était une arriérée mentale atteinte de débilité intellectuelle profonde et complètement sourde, qui avait été surprise par l'arrivée inopinée de l'auteur des faits [1]. De même, est punissable le viol commis en état d'hypnose, la victime n'ayant plus le contrôle ni de sa volonté ni de sa conscience [2].

Les éléments de violence, contrainte, menace ou surprise font l'objet d'une appréciation singulière lorsque l'infraction prend place au sein du couple. Le couple constitue souvent un terrain favorable à la commission d'infractions sexuelles. Or, dans un tel contexte, la preuve de la violence, contrainte, menace ou surprise, et donc de l'absence de consentement de la victime, est difficile à rapporter. Jusqu'à présent, les textes relatifs au viol et aux agressions sexuelles envisageaient sans distinction les actes accomplis « sur la personne d'autrui ». Ils n'écartaient donc pas la possibilité de viol ou d'agression sexuelle sur son conjoint ou concubin. La chambre criminelle a admis la possibilité de viol entre époux dans un arrêt du 5 septembre 1990, dans lequel elle pose le principe selon lequel « la présomption de consentement des époux aux actes sexuels accomplis dans l'intimité de la vie conjugale ne vaut que jusqu'à preuve contraire ». Le législateur a confirmé cette position lors de l'entrée en vigueur de la loi du 4 avril 2006 : l'art. 222-22 du Code pénal précise désormais que « le viol et les autres

1. Crim. 25 oct. 1994, n° 94-94. 072.
2. Crim. 3 sept. 1991, *RSC* 1993. 107, obs. Levasseur.

agressions sexuelles sont constitués quelle que soit la nature des relations existant entre l'agresseur et sa victime, y compris s'ils sont unis par les liens du mariage. Dans ce cas, la présomption de consentement des époux à l'acte sexuel ne vaut que jusqu'à preuve du contraire ».

B. L'élément moral

172 Le viol est une infraction intentionnelle. L'intention requise nécessite que l'auteur ait non seulement eu la volonté d'accomplir l'acte de pénétration sexuelle, mais aussi qu'il ait eu conscience de l'absence de consentement de la victime à cet acte. Le crime de viol n'est donc pas constitué lorsque l'auteur a cru au consentement de la victime à l'acte sexuel (Crim. 11 oct. 1978). Cette conscience du refus opposé aux actes accomplis par la victime est le plus souvent établie par la nature des moyens employés.

C. La répression

1. La tentative

173 Le viol constituant un crime, sa tentative est incriminée. À cet égard, le problème se pose de savoir quels agissements recoupe en la matière la notion de commencement d'exécution. En effet, toutes les fois où l'action est interrompue avant l'acte de pénétration sexuelle, la frontière séparant la tentative de viol de l'agression sexuelle est poreuse. Ainsi, ce n'est que lorsque le comportement manifestera sans équivoque l'intention de parvenir à un acte de pénétration sexuelle que des poursuites pourront être exercées du chef de tentative de viol. Dans les autres hypothèses, la qualification d'agression sexuelle devra être retenue. Ainsi, le fait de renverser une femme et de relever ses vêtements, est empreint d'équivoque et ne manifeste pas nécessairement l'intention de violer. En revanche, dans un arrêt du 10 janvier 1996, la chambre criminelle juge que commet une tentative de viol celui qui, après avoir mis un préservatif pour pénétrer la victime, renonce à son acte en raison d'une déficience physique [1].

1. Crim. 10 janv. 1996, *Bull. crim.* n° 14, *RSC* 1996. 656 et 846.

2. L'exercice des poursuites

174 **Prescription de l'action publique.** Le viol est un crime qui se prescrit en principe par dix ans à compter de sa commission. Toutefois, lorsqu'il est commis sur une victime mineure, le point de départ de la prescription de l'action publique est repoussé au jour de la majorité de la victime. De plus, la loi du 9 mars 2004 a porté en pareille hypothèse la durée du délai de prescription à vingt ans [1].

– **Dénonciation des faits.** L'article 226-14 du Code pénal autorise le médecin à violer le secret professionnel en portant à la connaissance du Procureur de la République les sévices qu'il a constatés dans l'exercice de sa profession, et qui lui permettent de présumer que des violences sexuelles ont été commises. Lorsque la victime est majeure, son accord à une telle révélation est nécessaire à la justification par l'autorisation de la loi. Il n'est en revanche pas requis lorsque la victime est mineure ou hors d'état de se protéger.

– **Constitution de partie civile des associations.** L'article 2-2 du Code de procédure pénale permet à « toute association régulièrement déclarée depuis au moins cinq ans à la date des faits dont l'objet statutaire comporte la lutte contre les violences sexuelles ou contre les violences exercées sur un membre de la famille » de se constituer partie civile en matière de viol, à condition de justifier de l'autorisation de la victime ou, si celle-ci est mineure, de celle du titulaire de l'autorité parentale ou du représentant légal ou encore, à défaut, de celle du juge des tutelles. L'article 2-3 du Code de procédure pénale autorise par ailleurs « les associations régulièrement déclarées depuis cinq ans au moins à la date des faits et se proposant par leurs statuts de défendre ou d'assister l'enfance martyrisée ou les mineurs victimes d'atteintes sexuelles » à intervenir dans les procédures de viol lorsque la victime est mineure.

3. Le jugement

175 En matière d'infractions sexuelles, le huis clos est de droit si la victime partie civile le demande. À défaut, il ne peut être ordonné

1. X. Lameyre, « La prescription de l'action publique en matière d'infractions contre les mineurs, ou les dysharmonies d'un régime pénal d'exception », *AJ pénal* 2006. 289.

qu'à la condition que la victime ne s'y oppose pas (art. 306 C. pr. pén.).

4. Les peines

176 **Un arsenal pénal impressionnant, complété en 2010 par l'inhibiteur de libido (« castration chimique »).** À l'état simple, le viol est puni de quinze ans de réclusion criminelle. L'exécution des peines est en outre soumise à un régime particulier en matière d'infractions sexuelles, impliquant notamment l'application de mesures de sûreté (lois des 12 décembre 2005, 10 août 2007, 25 février 2008, 3 mars 2010 [1]). Plusieurs circonstances aggravantes portent la répression à 20 ans de réclusion criminelle : viol ayant entraîné une mutilation ou une infirmité permanente ; viol commis sur un mineur de quinze ans ou sur une personne vulnérable ; viol commis par une personne qui abuse de l'autorité que lui confèrent ses fonctions ; viol commis par plusieurs personnes agissant en qualité d'auteur ou de complice ; viol commis avec usage ou menace d'une arme ; lorsque la victime a été mise en contact avec l'auteur des faits grâce à l'utilisation, pour la diffusion de messages à destination d'un public non déterminé, d'un réseau de télécommunications (loi du 5 mars 2007) ; viol commis à raison de l'orientation sexuelle de la victime ; viol en concours avec un ou plusieurs autres viols commis sur d'autres victimes ; viol commis par le conjoint ou le concubin de la victime ou le partenaire lié à la victime par un pacte civil de solidarité (loi du 4 avril 2006) ; viol commis par une personne agissant en état d'ivresse manifeste ou sous l'emprise manifeste de produits stupéfiants. Par ailleurs, depuis la loi du 12 décembre 2005, l'art. 222-31-1 du Code pénal prévoit que « lorsque le viol ou l'agression sexuelle est commis contre un mineur par une personne titulaire sur celui-ci de l'autorité parentale, la juridiction de jugement doit se prononcer sur le retrait total ou partiel de cette autorité en application des disposi-

1. La loi du 3 mars 2010 tendant à amoindrir le risque de récidive en matière criminelle prévoit que, dans le cadre de la surveillance de sûreté, créée par la loi du 25 février 2008 pour prolonger les obligations de surveillance judiciaire et de suivi socio-judiciaire après la libération, un traitement inhibiteur de la libido » puisse être administré dans le cadre d'une injonction de soin. Pour inciter le condamné à se soigner, le refus sera sanctionné de diverses manières (retrait de crédit de réduction de peine ou interdiction de bénéficier d'une réduction supplémentaire de peine ; incarcération ; placement en rétention de sûreté).

tions des articles 378 et 379-1 du Code civil. Elle peut alors statuer sur le retrait de cette autorité en ce qu'elle concerne les frères et sœurs mineurs de la victime ». Le viol est puni de trente ans de réclusion criminelle lorsqu'il a entraîné la mort de la victime. Enfin, l'article 222-26 prévoit que la répression est portée à la réclusion criminelle à perpétuité lorsqu'il est précédé, accompagné ou suivi de tortures ou d'actes de barbarie.

177 **L'inceste, ancienne circonstance aggravante devenue infraction autonome.** S'agissant de l'inceste [1], le Parlement a adopté en 2009 la proposition déposée par le groupe UMP « tendant à inscrire l'inceste commis sur les mineurs dans le Code pénal et à améliorer la détection et la prise en charge des victimes d'actes incestueux ». Désormais, en vertu de la loi du 8 février 2010, l'inceste n'est plus appréhendé, comme c'était le cas auparavant, comme une circonstance aggravante du crime de viol ou des agressions sexuelles. Il fait l'objet d'une incrimination autonome contenue au nouvel article 222-31-1 du Code pénal : « les viols et les agressions sexuelles sont qualifiés d'incestueux lorsqu'ils sont commis au sein de la famille sur la personne d'un mineur par un ascendant, un frère, une sœur ou par toute autre personne, y compris s'il s'agit d'un concubin d'un membre de la famille, ayant sur la victime une autorité de droit ou de fait ». L'inceste est donc punissable en cas de viol ou d'atteinte sexuelle. Et, le domaine de l'incrimination quant aux personnes est particulièrement large puisque le Sénat a ajouté au texte, plus restrictif, de l'Assemblée nationale, la notion de personne ayant autorité sur la victime.

§ 2. Les autres agressions sexuelles

A. Les agressions sexuelles proprement dites

178 L'article 222-22 du Code pénal qualifie d'agression sexuelle « toute atteinte sexuelle commise avec violence, contrainte,

1. M.-L. Rassat, « Inceste et droit pénal », *JCP* 1974. I. 2614 ; A. Breton, « L'enfant incestueux », *Recueil d'études en hommage à M. Ancel*, Pédone, 1975, p. 309 ; D. Mayer, « La pudeur du droit face à l'inceste », *D.* 1988. 213 ; A. Batteur, « L'interdit de l'inceste. Principe fondateur du droit de la famille », *RTD civ.* 2000. 759 ; I. Corpart, « L'inceste en droit français », *Gaz. Pal.* 1995. Doctr. 888 ; D. Guével, « La famille

menace ou surprise ». L'article 222-27 du Code pénal incrimine quant à lui, sans plus de détails « les agressions sexuelles autres que le viol ».

1. L'élément matériel

179 Les agressions sexuelles se définissent en premier lieu par opposition au viol. Le critère de distinction entre les qualifications d'agression sexuelle et de viol consiste dans l'acte de pénétration sexuelle : ce n'est que lorsqu'aucun acte de pénétration sexuelle n'aura été caractérisé la qualification d'agression sexuelle devra être préférée à celle de viol. En revanche, les actes de pénétration qui ne constituent pas des actes de pénétration sexuelle au sens de l'art. 222-23 du Code pénal incriminant le viol, tombent sous le coup de la qualification d'agression sexuelle. Ainsi, par exemple, relève de la qualification d'agression sexuelle les actes de pénétration accomplis par la personne de la victime sur la personne de l'auteur [1]. Si l'acte de pénétration sexuel est exclusif de la qualification d'agression sexuelle, cette infraction nécessite tout de même l'existence d'une atteinte à caractère sexuel accomplie sur la personne d'autrui. Ainsi, les actes de nature sexuelle que l'auteur accomplirait sur lui-même doivent être poursuivis du chef d'exhibition sexuelle, et non d'agression sexuelle. Ceci étant précisé, la notion d'agression sexuelle recouvre diverses formes d'atteintes : attouchements, caresses suggestives ou encore baisers. La doctrine considère à cet égard que la nature sexuelle de l'atteinte doit s'apprécier au regard de la connotation que revêtirait l'acte pour un individu moyen.

Enfin, à l'image du viol, l'élément matériel de l'agression sexuelle suppose que la victime n'ait pas consenti à l'atteinte. Cette absence de consentement doit être matérialisée par l'emploi de violence, contrainte, menace ou surprise (v. sur ce point les développements relatifs au viol).

---

incestueuse », *Gaz. Pal.* 2004. Doctr. 3043 ; Rapp. de la mission parlementaire, *Faut-il ériger l'inceste en infraction spécifique ?*, min. Justice, juill. 2005.

1. Crim. 21 oct. 1998, *Bull. crim.* n° 274, *D.* 1999. 75 note Y. Mayaud, *Dr. pénal* 1999. Comm. 5, obs. M. Véron, *JCP* 1998. II. 10215, note D. Mayer : hypothèse du rapport sexuel imposé par une femme à un homme.

2. L'élément moral

180 Les agressions sexuelles nécessitent la preuve d'une intention identique à celle que nous avons décrite relativement au viol.

3. Répression

181 **La tentative.** La tentative d'agression sexuelle est incriminée à l'article 222-31 du Code pénal. Là encore, la définition du commencement d'exécution pose problème. En effet, l'infraction d'agression sexuelle est consommée dès qu'une atteinte à caractère sexuel est réalisée sur la personne de la victime. Le commencement d'exécution doit donc se situer en amont d'une telle atteinte. Le problème se pose alors de savoir comment déterminer le but que poursuivait l'individu. Il est en effet difficile de savoir s'il entendait réaliser une pénétration sexuelle, auquel cas il conviendrait d'agir sur le fondement de la tentative de viol, ou s'il comptait se livrer à une autre forme d'atteinte, hypothèse dans laquelle la qualification de tentative d'agression sexuelle devra être retenue. Là encore, la discussion devra s'opérer au regard des faits de l'espèce.

182 **La prescription de l'action publique.** L'agression sexuelle est un délit qui se prescrit en principe par 3 ans à compter de sa commission. Toutefois, lorsqu'il est commis sur une victime mineure, le point de départ de la prescription de l'action publique est repoussé au jour de la majorité de la victime. De plus, la loi du 9 mars 2004 a porté en pareille hypothèse la durée du délai de prescription à vingt ans.

183 **Application de la loi pénale dans l'espace.** De manière à faciliter la répression du « tourisme sexuel », la loi du 17 juin 1998 a aménagé des dérogations aux conditions traditionnelles de la compétence personnelle en matière d'infractions sexuelles consistant en des délits. Au regard du droit commun, la poursuite en France des délits commis par des Français à l'étranger suppose la réciprocité d'incrimination (art. 113-6, al. 2, C. pén.) et elle « ne peut être exercée qu'à la requête du ministère public. Elle doit être précédée d'une plainte de la victime ou de ses ayants droit ou d'une dénonciation officielle par l'autorité du pays où le fait a été commis » (art. 113-8 C. pén.). Par dérogation à ces conditions, l'article 227-27-1 dispose : « Dans les cas où les infractions prévues par les

articles 227-22, 227-23 ou 227-25 à 227-27 sont commises à l'étranger par un Français ou par une personne résidant habituellement sur le territoire français, la loi française est applicable par dérogation au deuxième alinéa de l'article 113-6 et les dispositions de la seconde phrase de l'article 113-8 ne sont pas applicables ». En d'autres termes, notre droit procède ici à une égalisation des conditions entre Français et étrangers : la victime étrangère sera protégée et l'auteur français sera poursuivi en France quand bien même les conditions traditionnelles, et notamment la réciprocité d'incrimination, ne sont pas remplies.

184 **Dénonciation, constitution de partie civile et huis clos.** Les règles sont identiques à celles précédemment examinées relativement au viol.

185 **Les peines.** L'article 222-27 du Code pénal punit les agressions sexuelles autres que le viol de cinq ans d'emprisonnement et de 75 000 € d'amende. Plusieurs circonstances aggravantes, identiques pour la plupart à celles du viol, sont prévues par le texte, qui portent la répression à sept ans, ou à dix ans d'emprisonnement.

B. L'exhibition sexuelle

186 Reprenant l'ancienne incrimination d'outrage public à la pudeur, l'art. 222-32 du Code pénal incrimine, au titre des agressions sexuelles « l'exhibition sexuelle imposée à la vue d'autrui dans un lieu accessible aux regards du public ».

Quant à son élément matériel, cette infraction suppose d'abord « que le corps ou la partie du corps volontairement exposée à la vue d'autrui soit ou paraisse dénudé ». Ainsi, ne commet pas le délit le prévenu qui fait un geste obscène en direction d'une personne en prenant son sexe entre ses mains à travers son short [1]. Surtout, la caractérisation de l'élément matériel est subordonnée au fait que la nudité ait été imposée au public. À cet égard, l'art. 222-32 exige que l'exhibition se produise dans un lieu « accessible aux regards du public ». Dès lors que cette condition est remplie, il n'importe pas que celui qui s'exhibe se trouve en un lieu public

1. Crim. 4 janv. 2006, *Bull. crim.* n° 3 ; *D.* 2006. 1649 ; *RSC* 2006. 320.

ou en un lieu privé. L'exhibition doit en outre être « imposée » à la vue d'autrui. Ainsi, l'infraction n'est pas constituée lorsque les victimes ont recherché le spectacle ou si l'exhibition n'est accessible qu'à des personnes consentantes (ex : plages naturistes).

L'élément moral de l'infraction doit consister dans l'intention laquelle repose sur la volonté d'exposer sa nudité aux regards du public.

L'exhibition sexuelle est réprimée par un an d'emprisonnement et par 15 000 € d'amende.

§ 3. Le harcèlement sexuel

187 Le législateur a donné naissance au délit de harcèlement sexuel en 1994, à l'occasion de l'entrée en vigueur du nouveau Code pénal. Il figure aujourd'hui dans le chapitre consacré aux agressions sexuelles, à l'article 222-33 du Code pénal, qui punit « le fait de harceler autrui dans le but d'obtenir des faveurs de nature sexuelle ». Cette rédaction résulte de la loi de modernisation sociale du 17 janvier 2002, qui a considérablement élargi le champ de l'infraction.

A. L'élément matériel

188 L'élément matériel du délit de harcèlement sexuel repose uniquement sur un comportement consistant dans « le fait de harceler autrui ». Bien que le texte ne soit pas clair sur ce point, la notion même de harcèlement semble exiger la répétition de plusieurs actes qui se succèdent dans le temps. Quant à la forme que doivent revêtir ces actes successifs, là encore, le législateur ne fournit guère de détail. La rédaction antérieure à la loi du 17 janvier 2002 énumérait à cet égard les différents procédés susceptibles de caractériser le harcèlement. Étaient alors visés les ordres, menaces, contrainte, et les pressions graves. Bien que cette énumération ait été abandonnée par la nouvelle version de l'incrimination, il ne fait guère de doute que ces comportements demeurent susceptibles de caractériser le harcèlement. Toutefois, ils ne sont plus limitativement énumérés. Le harcèlement pourra donc être caractérisé

par tout autre procédé. On peut ainsi tout à fait imaginer qu'une succession de propositions insistantes constitue l'infraction. Le champ de l'incrimination est d'autant plus large si l'on considère que la loi du 17 janvier 2002 a supprimé l'exigence, initialement posée par le législateur, de commission de l'infraction « par une personne abusant de l'autorité que lui confèrent ses fonctions ». Il en résulte en effet que l'infraction peut désormais être constituée, quelle que soit la nature des relations unissant l'auteur à la victime. La subordination hiérarchique n'est plus une condition du délit, qui déborde de ce fait le domaine des relations de travail. Rien ne semble ainsi faire obstacle à ce que l'amoureux maladroit fasse l'objet de poursuites du chef de harcèlement sexuel. Telle qu'elle est désormais définie, l'infraction est donc source d'une grande insécurité juridique.

B. L'élément moral

189 Le harcèlement sexuel est un délit intentionnel, nécessitant non seulement la preuve d'un dol général, mais aussi la démonstration d'un dol spécial. Le dol général consiste dans la volonté d'accomplir les actes de harcèlement. Le dol spécial suppose quant à lui que le harcèlement ait été accompli « dans le but d'obtenir des faveurs sexuelles ». Là encore, le champ de l'incrimination paraît très large.

C. La répression

190 L'article 222-33 du Code pénal punit le harcèlement sexuel d'un an d'emprisonnement et de 15 000 € d'amende.

Section 2
Les atteintes sexuelles

191 À la différence du viol et des agressions sexuelles, les atteintes sexuelles ne sont susceptibles d'être commises qu'à l'encontre de mineurs. Elles présentent en outre cette particularité d'être exclusives de la violence, contrainte, menace et surprise. Si toutefois il

apparaît que l'un de ces procédés a été mis en œuvre à l'encontre du mineur par l'auteur de l'infraction, sa responsabilité pénale doit être recherchée sur le terrain du viol ou des agressions sexuelles, aggravés par la circonstance de minorité de la victime. Les atteintes sexuelles sont incriminées aux articles 227-25 et suivants du Code pénal. Ainsi, l'article 227-25 du Code pénal incrimine « le fait, par un majeur, d'exercer sans violence, contrainte, menace ni surprise une atteinte sexuelle sur la personne d'un mineur de quinze ans », tandis que l'article 227-27 du Code pénal punit « les atteintes sexuelles sans violence, contrainte, menace ni surprise sur un mineur âgé de plus de quinze ans et non émancipé par le mariage : 1° Lorsqu'elles sont commises par un ascendant légitime, naturel ou adoptif ou par toute autre personne ayant autorité sur la victime ; 2° Lorsqu'elles sont commises par une personne qui abuse de l'autorité que lui confèrent ses fonctions ».

A. L'élément matériel

192 Plusieurs éléments doivent être démontrés pour que l'élément matériel des atteintes sexuelles se trouve caractérisé.

D'abord, comme nous l'expliquions plus haut, les atteintes sexuelles supposent que l'auteur n'ait pas eu recours à la violence, la contrainte, la menace ou la surprise. Le consentement de la victime à l'atteinte apparaît ainsi comme une composante de l'infraction. Cet aspect pose difficulté notamment lorsque la victime est très jeune. En effet, la très jeune victime ne peut consentir de manière éclairée à l'atteinte. Ainsi, on doit considérer que son consentement est nécessairement surpris, et retenir de ce fait la qualification de viol ou celle d'agression sexuelle, à l'exclusion de celle d'atteinte sexuelle. La difficulté consiste alors à déterminer l'âge à partir duquel un enfant peut consentir de manière éclairée à un acte sexuel. Bien que la doctrine avance le chiffre de 12 ans, aucun seuil n'est précisément fixé par le législateur, si bien que cette question est laissée à l'appréciation souveraine des juges du fond, qui se déterminent en fonction des circonstances propres à chaque espèce.

Il faut ensuite que soit démontrée une atteinte de nature sexuelle. L'atteinte peut ici consister en un acte de pénétration sexuelle ou en toute autre atteinte de nature sexuelle.

Enfin, dans le seul cas où l'infraction a été commise sur un mineur de 15 à 18 ans, l'élément matériel n'est caractérisé que s'il a été commis par deux catégories de personnes : 1) un ascendant légitime, naturel ou adoptif ou par toute autre personne ayant autorité sur la victime ; 2) par une personne qui abuse de l'autorité que lui confèrent ses fonctions.

B. L'élément moral

193 Les délits d'atteinte sexuelle nécessitent la preuve d'une intention, reposant sur la volonté de commettre l'acte sexuel en connaissance de l'âge de la victime. L'erreur sur l'âge de la victime, lorsqu'elle est vraisemblable, fait ainsi obstacle à la caractérisation de l'élément moral de l'infraction.

C. La répression

194 **Les peines.** Les atteintes sexuelles sur mineur de 15 ans sont punies de cinq ans d'emprisonnement et de 75 000 € d'amende. Ces peines sont portées à dix ans d'emprisonnement et 150 000 € d'amende lorsque l'infraction est commise : 1) par un ascendant ou par toute autre personne ayant autorité sur la victime ; 2) par une personne qui abuse de l'autorité que lui confèrent ses fonctions ; 3) par plusieurs personnes agissant en qualité d'auteur ou de complice ; 4) grâce à l'utilisation, pour la diffusion de messages à destination d'un public non déterminé, d'un réseau de télécommunications ; 5) par une personne agissant en état d'ivresse manifeste ou sous l'emprise manifeste de produits stupéfiants. Les atteintes sexuelles sur mineur de plus de 15 ans sont quant à elles réprimées par deux ans d'emprisonnement et 30 000 € d'amende.

195 Les particularités procédurales. Les mêmes règles s'appliquent que celles décrites à propos du viol et des agressions sexuelles quant à l'application de la loi pénale dans l'espace, la prescription de l'action publique, le huis clos, la dénonciation et la constitution de partie civile des associations.

SECTION 3
LES AUTRES INFRACTIONS SEXUELLES

196 Le Code pénal comporte de nombreuses infractions qui, bien que non classifiées par le législateur dans la catégorie des « agressions sexuelles », présentent une forte connotation sexuelle. On y trouve notamment les infractions relatives à la prostitution (**A**), et les infractions formelles et obstacle sur mineur (**B**).

A. Les infractions relatives à la prostitution

Bien que la prostitution en tant que telle ne soit pas incriminée [1], nombreux sont les comportements qui s'y rapportent à être pénalement réprimés.

197 **Le proxénétisme.** Incriminé à l'article 225-5 du Code pénal, le proxénétisme peut prendre trois formes : 1) le proxénétisme par aide, assistance ou protection de la prostitution d'autrui ; 2) le proxénétisme profit qui consiste à tirer profit de la prostitution d'autrui, à en partager les produits ou à recevoir des subsides d'une personne se livrant habituellement à la prostitution ; 3) le proxénétisme incitation consistant dans le fait d'embaucher, d'entraîner ou de détourner une personne en vue de la prostitution ou d'exercer sur elle une pression pour qu'elle se prostitue ou continue à le faire.

En outre le législateur assimile au proxénétisme quatre comportements : 1) le fait de faire office d'intermédiaire entre deux personnes dont l'une se livre à la prostitution et l'autre exploite ou rémunère la prostitution d'autrui ; 2) le fait de faciliter à un

1. Même si la prostitution est souvent contrainte. Sur ce point, v. notamment, CEDH 11 sept. 2007, *Tremblay c. France* (*RTD civ.* 2007. 730, obs. J.-P. Marguénaud). C'est avec la plus grande fermeté que la Cour souligne qu'elle juge la prostitution incompatible avec les droits et la dignité de la personne humaine dès lors qu'elle est contrainte ; selon la haute juridiction européenne, cette question est elle aussi controversée, certains estimant que la prostitution n'est jamais librement consentie mais toujours, au moins, contrainte par les conditions socio-économiques ; elle ajoute qu'elle n'entend cependant pas entrer dans un débat dont l'issue n'est pas déterminante en l'espèce » ; *adde,* Y. Mayaud, « Pour une autre définition de la prostitution », *RSC* 1996. 853 et, pour une mise en perspective historique, A. Maugère, *Les politiques de la prostitution, Du Moyen-âge au XXIe siècle*, Nouvelle Bibliothèque de Thèses, Dalloz, 2009.

proxénète la justification de ressources fictives ; 3) le fait de ne pouvoir justifier de ressources correspondant à son train de vie tout en vivant avec une personne qui se livre habituellement à la prostitution ou tout en étant en relations habituelles avec une ou plusieurs personnes se livrant à la prostitution ; 4) le fait d'entraver l'action de prévention, de contrôle, d'assistance ou de rééducation entreprise par les organismes qualifiés à l'égard de personnes en danger de prostitution ou se livrant à la prostitution. Dans tous les cas, l'infraction est intentionnelle. Elle est réprimée par sept ans d'emprisonnement et de 150 000 € d'amende. Le législateur prévoit toutefois de nombreuses circonstances aggravantes portant la répression jusqu'à la réclusion criminelle à perpétuité lorsque le proxénétisme est accompagné de tortures et actes de barbarie. Par ailleurs, l'article 225-10 du Code pénal incrimine spécialement le proxénétisme par fourniture de locaux. Ainsi, est puni de dix ans d'emprisonnement et de 750 000 € d'amende le fait, par quiconque, agissant directement ou par personne interposée : 1) de détenir, gérer, exploiter, diriger, faire fonctionner, financer ou contribuer à financer un établissement de prostitution ; 2) d'accepter ou de tolérer habituellement qu'une ou plusieurs personnes se livrent à la prostitution à l'intérieur de l'établissement ou de ses annexes ou y recherchent des clients en vue de la prostitution ; 3) de vendre ou de tenir à la disposition d'une ou de plusieurs personnes des locaux ou emplacements non utilisés par le public, en sachant qu'elles s'y livreront à la prostitution ; 4) de vendre, de louer ou de tenir à la disposition, de quelque manière que ce soit, d'une ou plusieurs personnes, des véhicules de toute nature en sachant qu'elles s'y livreront à la prostitution. On signalera enfin à propos du proxénétisme la décision *Tremblay c/ France* rendue par la CEDH le 11 septembre 2007 [1]. En l'espèce, une prostituée affiliée auprès de l'Urssaf au régime des travailleurs indépendants, estimait que l'obligation au paiement des cotisations Urssaf l'empêchait de quitter le milieu de la prostitution. Elle invoquait donc la violation des articles 3 (interdiction des

1. CEDH 11 sept. 2007, *Tremblay c/ France*, *RTD civ.* 2007. 730, obs. J.-P. Marguénaud.

traitements inhumains ou dégradants) et 4 (interdiction du travail forcé) de la Convention. La CEDH ne se prononce pas sur la question de savoir si la prostitution est en elle-même « inhumaine » ou « dégradante » au sens de l'article 3 de la Convention. En revanche, elle souligne que la prostitution est incompatible avec les droits et la dignité de la personne humaine dès lors qu'elle est contrainte. En l'espèce cependant, la Cour n'est pas convaincue que la requérante s'est effectivement trouvée contrainte à continuer à se prostituer du fait de l'attitude de l'Urssaf à son égard. La Cour note en effet que l'Urssaf n'a jamais exigé de l'intéressée qu'elle finance les cotisations en continuant à se prostituer et était disposée à mettre en œuvre des aménagements de paiement. Elle relève aussi que la requérante n'a fourni aucun élément concret montrant qu'elle était dans l'impossibilité de payer les cotisations réclamées par d'autres moyens qu'en se livrant à la prostitution. Dans ces conditions, la Cour conclut à la non-violation de l'article 3. Cela dit, la position du droit français sur la prostitution n'est pas dénuée d'ambiguïtés : en effet, bien que la prostitution soit reconnue, ne serait-ce qu'au regard des cotisations Urssaf, elle doit demeurer discrète, comme en témoigne l'incrimination du racolage public [1].

198 **Le racolage public.** Alors que les textes antérieurs distinguaient entre racolage actif et racolage passif, l'article 225-10-1 du Code pénal, issu de la loi du 18 mars 2003 relative à la sécurité intérieure, incrimine « le fait, par tout moyen, y compris par une attitude même passive, de procéder publiquement au racolage d'autrui en vue de l'inciter à des relations sexuelles en échange d'une rémunération ou d'une promesse de rémunération ». Les termes de cette incrimination pouvaient sembler bien vagues, eu égard aux exigences du principe de légalité, mais la critique a été

1. Sur ces ambiguïtés, voir, notamment : C. Geslot, « Prostitution, dignité : par ici la monnaie ! », *D.* 2008. 1292 : l'auteur souligne notamment que l'incrimination du racolage public a accru l'insécurité physique et sanitaire des prostitué(e)s. Or, leur vulnérabilité s'est elle aussi accrue, eu égard à la nette augmentation de la prostitution d'origine étrangère relevée par l'Office central pour la répression de la traite des êtres humains (OCRTEH ; V. Rapport J. Rozier, n° 34, Sénat, Annexe au procès-verbal de la séance du 29 octobre 2002, p. 15).

écartée par le Conseil constitutionnel [1]. À propos du racolage passif, la Cour de cassation juge qu'il suppose, au titre de son élément matériel, une action entreprise par la prostituée pour racoler autrui. Ainsi, ne constitue pas l'infraction le seul fait de stationner en un lieu connu pour la prostitution dans une tenue provocante [2]. Cette infraction est punie de deux mois d'emprisonnement et de 3 750 € d'amende.

199 **Le recours à la prostitution de mineur ou de personne vulnérable.** Depuis la loi du 18 mars 2003, l'article 225-12-1 du Code pénal incrimine le fait de « solliciter, d'accepter ou d'obtenir, en échange d'une rémunération ou d'une promesse de rémunération, des relations de nature sexuelle » de la part d'une personne qui se livre à la prostitution, lorsque cette personne est mineure ou lorsqu'il s'agit d'une personne d'une particulière vulnérabilité, apparente ou connue de son auteur, due à une maladie, à une infirmité, à une déficience physique ou psychique ou à un état de grossesse. La loi du 18 mars 2003 a ainsi pénalisé les clients de prostitués mineurs ou vulnérables. L'infraction est punie de trois ans d'emprisonnement et de 45 000 € d'amende. Ces peines sont portées à sept ans d'emprisonnement et 100 000 € d'amende lorsqu'il s'agit d'un mineur de quinze ans.

B. Les infractions formelles et obstacles sur mineur

200 Au fil des réformes, le législateur a édicté plusieurs infractions, consommées indépendamment de la survenance d'un résultat, et ayant pour objet, soit de faire obstacle à la commission d'infractions sexuelles sur mineur, soit de protéger la moralité d'un mineur. Ces infractions sont aujourd'hui très nombreuses et se recoupent les unes les autres.

201 **La corruption de mineur (art. 227-22 C. pén.).** L'article 227-22 incrimine « le fait de favoriser ou de tenter de favoriser la corruption d'un mineur ». L'infraction est punie de cinq ans d'emprisonne-

1. Décision du 13 mars 2003, *D.* 2004. Somm. 1273, obs. S. Nicot ; *RSC.* 2003. 614 et 616, obs. V. Bück : « il n'y a pas atteinte au principe légaliste dès lors que les dispositions considérées définissent en termes clairs et précis le délit de racolage public » (consid. n° 62).
2. Crim. 25 mai 2005, *Dr. pénal* 2005. Comm. 138, obs. Véron ; *D.* 2005. 2986.

ment et de 75 000 € d'amende. Ces peines sont portées à sept ans d'emprisonnement et 100 000 € d'amende lorsque le mineur est âgé de moins de quinze ans ou lorsqu'il a été mis en contact avec l'auteur des faits grâce à l'utilisation d'un réseau de communications électroniques.

202 **L'organisation de réunions ou exhibition (art. 227-22 C. pén.).** Les mêmes peines s'appliquent au fait, commis par un majeur, d'organiser des réunions comportant des exhibitions ou des relations sexuelles auxquelles un mineur assiste ou participe.

203 **Le délit de proposition sexuelle à mineur (art. 227-22-1 C. pén.).** Depuis la loi du 5 mars 2007, est incriminé à titre principal, le seul fait, pour un majeur de faire des propositions sexuelles à un mineur de quinze ans ou à une personne se présentant comme telle en utilisant un moyen de communication électronique. Ces agissements sont punis de deux ans d'emprisonnement et de 30 000 € d'amende. Les peines sont portées à cinq ans d'emprisonnement et 75 000 € d'amende lorsque les propositions ont été suivies d'une rencontre.

204 **L'exploitation de l'image d'un mineur (art. 227-23 C. pén.).** Institué lors de l'entrée en vigueur du nouveau Code pénal, et maintes fois retouché depuis, l'article 227-23 du Code pénal incrimine « le fait, en vue de sa diffusion, de fixer, d'enregistrer ou de transmettre l'image ou la représentation d'un mineur lorsque cette image ou cette représentation présente un caractère pornographique ». L'infraction est punie de cinq ans d'emprisonnement et de 75 000 € d'amende. En outre, le fait d'offrir, de rendre disponible ou de diffuser une telle image ou représentation, par quelque moyen que ce soit, de l'importer ou de l'exporter, de la faire importer ou de la faire exporter, est puni des mêmes peines. Enfin, depuis la loi du 4 avril 2006, est également incriminé « le fait de consulter habituellement un service de communication au public en ligne mettant à disposition une telle image ou représentation ou de détenir une telle image ou représentation par quelque moyen ». Cette dernière modalité de l'infraction, particulièrement large, est punie de deux ans d'emprisonnement et 30 000 € d'amende. Pour le cas où il ne serait pas possible d'établir avec certitude l'âge du mineur représenté sur l'image exploitée, le

législateur a prévu que ces différentes incriminations sont applicables aux images pornographiques « d'une personne dont l'aspect physique est celui d'un mineur, sauf s'il est établi que cette personne était âgée de dix-huit ans au jour de la fixation ou de l'enregistrement de son image ».

205 **Fabrication et diffusion de message à caractère pornographique (art. 227-24 C. pén.).** Est également incriminé le fait soit de fabriquer, de faire commerce, de transporter, de diffuser, par quelque moyen que ce soit et quel qu'en soit le support, un message à caractère pornographique, lorsque ce message est susceptible d'être vu ou perçu par un mineur soit de faire commerce d'un tel message. L'infraction est punie de trois ans d'emprisonnement et de 75 000 € d'amende.

206 **Provocation à infractions sexuelles sur mineur (art. 227-28-23).** La loi du 4 avril 2006 a donné naissance à une incrimination nouvelle consistant dans le fait de faire à une personne des offres ou des promesses ou de lui proposer des dons, présents ou avantages quelconques afin qu'elle commette à l'encontre d'un mineur l'une des infractions sexuelles limitativement énumérées par le texte, lorsque cette infraction n'a été ni commise ni tentée. De tels faits sont réprimés de trois ans d'emprisonnement et 45 000 € d'amende.

CHAPITRE 8

La protection pénale du mineur

207 **Une inflation législative au service de la sanctuarisation pénale du mineur.** Le mineur bénéficie de toute la sollicitude du législateur contemporain, au titre d'une protection de sa vulnérabilité [1]. En effet, par-delà les infractions sexuelles précitées qui concernent spécifiquement le mineur, on a cherché à intensifier le réseau des incriminations pénales afin de faire en sorte que plus aucun comportement susceptible de lui nuire n'échappe aux prévisions du législateur : l'objectif est en quelque sorte de sanctuariser le mineur victime (SECTION 2), en complétant les incriminations traditionnelles de délaissement et d'abandon (SECTION 1). Précisons que seules les incriminations protégeant la vulnérabilité du mineur sont envisagées ici, ce qui exclut deux infractions : d'une part, l'incrimination de substitution, simulation ou dissimulation d'enfant qui vise à protéger l'intégrité des actes d'état civil [2] ;

1. Au reste, le contraste est frappant entre cette sollicitude pour le mineur victime et la sévérité accrue des réformes relatives à l'enfance délinquante : tout se passe comme si le législateur contemporain, ignorant la leçon de déterminisme des positivistes, ne percevait plus qu'il s'agit en réalité des deux faces d'une même monnaie : l'enfant en danger et l'enfant délinquant sont souvent un seul et même individu. Comp. J.-F. Renucci, « Le droit pénal des mineurs entre son passé et son avenir », *RSC* 2000. 79

2. Il s'agit d'une incrimination unique visée à l'article 227-13 du Code pénal. Au titre de la condition préalable, il faut préciser qu'elle ne peut concerner qu'un enfant vivant. Quant à l'élément matériel, il est « à trois branches », selon l'expression du Professeur Rassat. La substitution réside dans le fait d'échanger

d'autre part, l'abandon de famille qui vise le non-respect des décisions judiciaires et des conventions de divorce [1].

SECTION 1
LES INFRACTIONS CLASSIQUES DE DÉLAISSEMENT ET ABANDON

208 La catégorie des délaissements et abandons est composite, et elle a été encore enrichie par le législateur contemporain. Ici comme ailleurs, les lois de circonstance font sentir leurs effets. On peut tenter toutefois un classement en distinguant l'abandon d'enfant (**§ 1**) et l'abandon physique ou moral d'enfant (**§ 2**).

§ 1. L'abandon d'enfant

209 L'abandon d'enfant est visé à l'article 227-12 du Code pénal, au début de la section « des atteintes à la filiation ». Cette incrimination née en 1958 entend moraliser l'institution de l'adoption en réprimant la provocation à l'abandon proprement dite (art. 227-12, al. 1) (**A**) et l'entremise en vue de l'adoption (art. 227-12, al. 2) (**B**). La loi du 29 juillet 1994 relative au respect du corps humain a ajouté un alinéa 3 qui incrimine l'entremise entre parents d'accueil et « mère porteuse » (art. 227-12, al. 3) (**C**).

---

l'enfant dont une femme vient d'accoucher avec l'enfant né d'une autre femme. La supposition consiste à attribuer à une femme un enfant dont elle n'a pas accouché et qu'une autre femme a mis au monde, l'accouchement de cette dernière ayant fait l'objet d'une dissimulation. Ces deux comportements de simulation et de dissimulation peuvent être relevés notamment lorsqu'« une mère porteuse » abandonne son enfant au profit d'une autre femme : l'enfant est déclaré né de cette dernière, ce qui constitue la simulation, sans que l'accouchement de la première ne soit déclaré, ce qui constitue la dissimulation. La simulation peut également intervenir lorsqu'un couple ramène un enfant de l'étranger et déclare, faussement, qu'il est né de la femme qui compose ce couple (v. par exemple, Crim. 12 janv. 2000, *Bull. crim.* n° 22 : il s'agissait en l'espèce d'un enfant originaire du Brésil introduit clandestinement en France par un couple).

1. Visé à l'article 227-3 du Code pénal, l'abandon de famille est puni de deux ans d'emprisonnement et de 15 000 € d'amende. Il se définit comme « le fait, pour une personne, de ne pas exécuter une décision judiciaire ou une convention judiciairement homologuée lui imposant de verser au profit d'un enfant mineur, légitime, naturel ou adoptif, d'un descendant, d'un ascendant ou d'un conjoint une pension, une contribution, des subsides ou des prestations de toute nature due en raison de l'une des obligations familiales » prévues par le Code civil. Il s'agit ici de sanctionner pénalement l'absence d'exécution spontanée d'une décision judiciaire ou d'une convention de divorce, qui constitue l'élément préalable de l'infraction.

A. La provocation directe à l'abandon d'un enfant

210 L'alinéa 1 de l'article 227-12 du Code pénal incrimine le fait de « provoquer, soit dans un but lucratif, soit par don, promesse, menace ou abus d'autorité, les parents ou l'un d'entre eux à abandonner un enfant né ou à naître ». Deux conditions préalables sont requises. D'une part, l'incrimination vise un parent, qu'il s'agisse d'un parent légitime, naturel ou d'un simple géniteur. Entre ainsi dans les prévisions du texte le fait de convaincre une mère biologique de ne pas faire établir la filiation et de confier l'enfant en vue de l'adoption. D'autre part, il doit s'agir d'un enfant né ou à naître.

S'agissant de l'élément matériel, la provocation doit tendre à l'abandon de l'enfant, quel qu'en soit le résultat, et que ce soit dans le cadre d'une procédure légale d'adoption ou en dehors de celle-ci. Le texte vise, au titre des pressions exercées, le don, la promesse, la menace ou l'abus d'autorité. L'objet de la provocation consiste à inciter le parent à abandonner son enfant. La provocation aura le plus souvent vocation à faire pression sur la mère biologique de l'enfant afin qu'elle n'établisse pas le lien de filiation, dans le cadre d'un accouchement sous X par exemple. Quant à l'abandon, finalité de la provocation, il vise la remise de l'enfant au couple stérile ou à un intermédiaire, mais aussi, afin de renforcer la protection, le consentement à l'adoption et la remise de l'enfant à l'Aide sociale à l'enfance ou à une œuvre d'adoption autorisée s'il a été provoqué par des pressions sur la mère biologique. Ces pressions sont répréhensibles qu'elles aient lieu pendant la grossesse, voire même avant, ou à l'issue de l'accouchement.

S'agissant de l'élément moral, le délit d'abandon d'enfant suppose l'intention, c'est-à-dire la conscience de commettre un acte répréhensible et la volonté de voir la personne passer à l'acte. À ce dol général peut s'ajouter un dol spécial. En effet, le texte pose l'exigence éventuelle que le provocateur ait poursuivi un but lucratif. La loi vise au premier chef les intermédiaires, mais non le couple demandeur qui agit pour assouvir un désir de descendance. Cela dit, le couple pourra être poursuivi s'il a utilisé le don, la promesse, la menace ou l'abus d'autorité.

Au titre de la répression, rappelons au préalable que l'auteur de la provocation peut être une personne physique ou une personne morale. Les personnes physiques encourent principalement six mois d'emprisonnement et 7 500 € d'amende (art. 227-12, al. 1er). Elles sont aussi passibles de diverses peines complémentaires : interdiction des droits, suspension ou annulation du permis de conduire, interdiction de quitter le territoire, confiscation de la chose, interdiction d'exercice (art. 227-29), affichage ou diffusion de la décision (art. 227-30). Quant aux personnes morales (art. 227-14), elles sont punies de l'amende dont le taux est quintuplé et de certaines des peines complémentaires prévues à l'article 131-39 : dissolution, interdictions professionnelles ou sociales, placement sous surveillance judiciaire, confiscation, affichage ou diffusion de la décision. Enfin, la tentative de ce délit n'est pas punissable puisqu'elle n'est prévue que pour les deux autres infractions visées par l'article 227-12, alinéa 4.

B. L'entremise en vue de l'abandon et de l'adoption

211 L'alinéa 2 de l'article 227-12 incrimine « le fait, dans un but lucratif, de s'entremettre entre une personne désireuse d'adopter un enfant et un parent désireux d'abandonner son enfant né ou à naître ». Les conditions préalables sont les mêmes qu'en matière de provocation. S'agissant de l'élément matériel, l'entremise est plus large que la provocation puisqu'elle ne suppose pas de faire pression sur le consentement des parents ; il suffit de mettre en relation le couple stérile et le couple de parent en tant qu'intermédiaire. Ainsi, dès lors que les comptes rendus de réunion d'une association confirment que son dirigeant a introduit un langage de type commercial garantissant la rapidité et le succès des procédures, totalement inadapté au domaine de l'adoption et tendant à privilégier l'intérêt du « client adhérent » et non l'intérêt de l'enfant, l'infraction d'entremise est constituée. S'agissant de l'élément moral, contrairement au délit de provocation, le délit d'entremise suppose toujours, pour être constitué, que l'intermédiaire agisse dans un but lucratif. La tentative d'entremise est punissable, ce qui signifie que la simple prise de contact accompa-

gnée d'une demande d'argent suffit pour entrer en voie de condamnation. Les peines sont plus lourdes que pour la provocation : un an d'emprisonnement de 15 000 € d'amende. Les auteurs encourent également les peines complémentaires des articles 227-29 et 227-30 du Code pénal. Enfin, les personnes morales peuvent être condamnées dans les conditions prévues à l'article 227-14 du Code pénal.

C. L'entremise entre parents d'accueil et « mère porteuse »

212 L'alinéa 3 de l'article 227-12 est issu de la loi du 29 juillet 1994 ; il incrimine « le fait de s'entremettre entre une personne ou un couple désireux d'accueillir un enfant et une femme acceptant de porter en elle cet enfant en vue de leur remettre ». Cette loi est aussi à l'origine de l'article 16-7 du Code civil, qui entérinant la jurisprudence antérieure [1], a interdit le recours au procédé des mères porteuses en posant la nullité des conventions portant sur la procréation ou la gestation pour le compte d'autrui [2]. Le législateur a choisi de créer une incrimination spécifique de gestation pour le compte d'autrui, afin de renforcer l'interdit. Est ainsi puni des mêmes peines que celles de l'alinéa 2 le fait de l'entremettre entre une personne ou un couple désireux d'accueillir un enfant et une femme acceptant de porter en elle cet enfant en vue de leur remettre. L'infraction d'entremise en vue de la gestation pour le compte d'autrui ne suppose pas le but lucratif ; la simple entre-

1. Cass., ass. plén., 31 mai 1991, *D.* 1991. Jur. 417, rapp. Y. Chartier, note D. Thouvenin ; *JCP* 1991. II. 21752, comm. J. Bernard, concl. H. Dontenwille, note F. Terr ; *RTD civ.* 1991. 517, obs. *D.* Huet-Weiller, et 1992. 88, obs. J. Mestre, cassant Paris 15 juin 1990, préc. Dans le même sens : Civ. 1re, 29 juin 1994, *JCP* 1995. II. 22362, note J. Rubellin-Devichi ; *D.* 1994. Jur. 581, note Y. Chartier ; *RTD civ.* 1994. 842, obs. J. Hauser ; *D.* 1992. 59, note F. Dekeuwer-Defossez.

2. Les expressions « maternité de substitution » et « maternité pour autrui », sont des expressions génériques désignant deux sortes de pratiques techniquement réalisables depuis que la médecine est parvenue à dissocier les différentes phases du processus global que constitue la grossesse, de la fécondation de l'ovocyte jusqu'à l'accouchement. La première de ces pratiques consiste à implanter dans l'utérus de la mère de substitution un embryon formé des gamètes du couple pour le compte duquel elle portera l'enfant. On se trouve alors dans le cadre d'une gestation pour autrui, la mère de substitution pouvant être qualifiée de *mère utérin* » ou encore de mère *gestationnelle* ». La seconde pratique consiste à implanter dans l'utérus de la mère de substitution un embryon constitué grâce à un don d'ovocytes. Le don peut être réalisé par la femme qui s'engage à porter l'enfant ou par une tierce personne. Dans le premier cas, la mère de substitution sera à la fois la mère gestatrice et la mère génitrice, et l'on se trouve dans le cadre, non seulement de la gestation, mais aussi de la procréation pour autrui.

mise désintéressée suffit à constituer l'infraction. Le délit d'entremise consistant à rapprocher deux personnes se trouve caractérisé par une simple mise en relation. Ceci étant, les peines sont portées au double lorsque ces faits sont commis à titre habituel ou dans un but lucratif. Ici encore, la tentative est punissable, et les personnes morales peuvent être déclarées responsables (art. 227-14).

En réalité, cette volonté législative de créer une incrimination spéciale fait doublement problème. D'une part, d'un strict point de vue pénaliste, les incertitudes de qualification sont patentes. En effet, si l'auteur de l'infraction est l'intermédiaire qui met en relation un couple stérile et une mère porteuse, ces derniers pourraient aussi être poursuivis comme complices de l'infraction. Au reste, le couple désireux d'adopter un enfant pourrait tout aussi bien être poursuivi sur le fondement de l'alinéa 2. D'autre part, et cette question intéresse autant les civilistes que les pénalistes, la légitimité et l'opportunité de l'interdit sont discutées. En effet, une affaire retentissante est venue souligner les limites du droit pénal face à la pratique consistant pour un couple à se rendre à l'étranger afin d'y conclure une convention de maternité pour autrui. En l'espèce, un couple dont la femme était stérile s'était rendu aux États-Unis afin de conclure une convention de gestation pour autrui, suivant la procédure en vigueur en Californie. Aux termes de cette convention, l'épouse d'un couple de citoyens américains s'engage à porter l'enfant issu des gamètes du couple français. Les tentatives de fécondation *in vitro* s'étant révélées infructueuses, il est fait appel à une tierce personne qui fournit les ovocytes. La grossesse est menée à son terme et, le 25 octobre 2000, la mère gestationnelle met au monde deux petites filles. Le couple demanda ensuite au Consulat général de France à Los Angeles la transcription des actes de naissance des enfants. Sa demande fut refusée. Suspectant une affaire de mère porteuse, le Consulat général alerta le ministère public en France : le procureur de la République délivra un réquisitoire introductif visant les articles 227-12, alinéa 3, et 227-13 du Code pénal, respectivement relatifs aux délits d'entremise en vue de gestation pour le compte d'autrui et de simulation entraînant une atteinte à l'état civil des enfants. Un non-lieu, conforme aux réquisitions du parquet, fut prononcé en septembre 2004 [1]. Cela marquait l'issue de l'action pénale [2] mais non la fin des débats, tant le droit pénal paraît inefficace en la matière, et cela pour au moins trois raisons. D'abord, ces pratiques ont souvent lieu à l'étranger. Or, s'agissant d'un délit, rappelons que l'article 113-6, alinéa 2, du Code pénal dispose que la loi française est applicable aux délits commis par des Français hors du territoire « si les faits sont punis par la législation du pays où ils ont été commis » ; cette condition fait souvent défaut, puisque certains pays considèrent ces pratiques comme licites. Ensuite, le principe même de l'interdit est remis en cause dans l'hypothèse où la maternité pour autrui est considérée comme un geste noble, dès lors qu'il est effectué librement et à titre gratuit [3]. De là, dans certaines hypothèses, un sentiment de désuétude des qualifications pénales encourues. Enfin, l'intérêt de l'enfant fait l'objet des interprétations les plus variées : selon certains, cet enfant serait plus objet que sujet [4] ; selon d'autres, il importe avant tout de donner un état civil stable à l'enfant qui a été profondément et longuement désiré [5]. En attendant d'observer une éventuelle évolution de la législation [6], on peut d'ores et déjà relever combien est forte, en la matière, la résistance des faits au droit.

1. V. Depadt-Sebag, « Non-lieu dans une affaire de maternité pour autrui », *D.* 2005. 476.

2. S'agissant du volet civil de l'affaire, la saga s'est poursuivie. En octobre 2007, la Cour d'appel de Paris a jugé irrecevable la demande formée par le ministère public en annulation de la transcription sur les registres de l'état civil français des actes de naissance américains de jumelles nées en Californie en application d'une convention de gestation pour autrui. Ces actes de naissance, établis selon le droit californien, indiquaient comme père et mère le couple français. Par un arrêt de la première chambre civile du 17 décembre 2008, l'arrêt de la cour d'appel de Paris a été censuré. La haute juridiction ne prend pas position sur la maternité pour autrui, mais se borne à reconnaître le droit d'agir du ministère public. En effet, l'action du ministère public est fondée dans la mesure où, comme la cour d'appel l'avait elle-même constaté, les énonciations inscrites ne pouvaient résulter que d'une convention portant sur la gestation pour autrui ».

3. Même si la question de l'argent n'est jamais absente, eu égard au coût de ces pratiques. Sur ces ambiguïtés, V. A. Mirkovic, « À propos de la maternité pour autrui », *Dr. fam.* 2008. Chron. 15, n° 4 s.

4. A. Sériaux, « Maternités pour le compte d'autrui : la mainlevée de l'interdit ? », *D.* 2009. 1215 ; *adde*, S. Agacinsky-Jospin, *Corps en miettes*, Flammarion, 2009.

5. L. Brunet, « Un arrêt en trompe-l'oeil sur la gestation pour autrui : retour du droit ou recul de la raison juridique ? », *D.* 2009. 340.

6. En juin 2008, un groupe de travail du Sénat avait proposé d'autoriser la gestation pour autrui tout en l'encadrant strictement. Reste, il est vrai, qu'il recommandait de maintenir l'interdiction d'établir la filiation maternelle des enfants nés en violation de la loi française. Cinq mois plus tard, l'Office parlementaire d'évaluation des choix scientifiques et technologiques préconisait au contraire, dans son rapport d'évaluation de l'application de la loi bioéthique de 2004, le maintien de la prohibition.

§ 2. L'abandon physique ou moral d'enfant

213 Le droit pénal cherche à protéger la santé et la sécurité de l'enfant en sanctionnant notamment les cas de défaillance parentale [1]. D'abord, l'article 227-1 du Code pénal incrimine le « délaissement d'un mineur de quinze ans dans un lieu quelconque ». L'infraction ne vise pas seulement les personnes tenues d'une obligation juridique à l'égard de l'enfant. L'élément matériel requiert un acte positif volontaire et la Cour de cassation est venue préciser que le délaissement devait présenter un caractère définitif [2]. Quant à l'élément moral, il suppose bien sûr la volonté d'abandonner l'enfant. La généralité du texte interdit de réserver l'infraction aux personnes tenues d'une obligation juridique à l'égard de l'enfant. L'infraction est consommée même en l'absence de dommage, mais ce dernier fait varier la répression : délit puni de sept ans d'emprisonnement et de 100 000 € d'amende en vertu de l'article 227-1 du Code pénal, lorsqu'il n'a entraîné aucun dommage, le délaissement devient un crime puni de vingt ans de réclusion criminelle s'il a entraîné une mutilation ou une infirmité permanente de l'enfant et de trente ans de réclusion s'il a conduit à son décès (art. 227-2). Ensuite, la privation d'aliments visée à l'article 227-15 du Code pénal ne concerne que les mineurs de quinze ans et ne peut être reprochée qu'à un ascendant ou à une personne exerçant une autorité de droit ou de fait sur l'enfant. Elle consiste dans le fait de priver l'enfant d'aliments ou de soins au point de compromettre sa santé : il suffit d'avoir fait courir un risque grave à l'enfant pour que l'infraction soit consommée, même si le risque ne se réalise pas. Cela dit, le résultat dommageable est pris en compte au stade de la répression : en l'absence de décès du mineur, la privation d'aliments ou de soins est un délit puni par l'article 227-15 du Code pénal et elle devient, selon l'article 227-16 du même code, un crime dans l'hypothèse inverse. Enfin, la soustraction des parents à leurs obligations légales visée par

1. A. Gouttenoire-Cornut, « La répression pénale de l'abandon d'enfant », *AJ fam.* 2002. 244.
2. Crim. 23 févr. 2000, *RSC* 2000. 610, obs. Y. Mayaud.

l'article 227-17 du Code pénal, renvoie à l'hypothèse d'un abandon moral de l'enfant. Ce texte définit également une catégorie spécifique de victimes (les enfants mineurs, mais cette fois sans condition d'âge), et d'auteurs (les père et mère). L'abandon moral est consommé dès lors que la soustraction des parents à leurs obligations est susceptible de « compromettre gravement la santé, la sécurité, la moralité ou l'éducation de l'enfant [1] ». Cette incrimination a été sollicitée pour des cas de parents qui, intégrant une secte, s'en remettent au gourou pour l'éducation des enfants [2]. Or, c'est aussi pour lutter contre les sectes qu'a été créée en 1998 une nouvelle incrimination d'abandon scolaire, renforcée par la loi du 12 juin 2001 : visée aux articles 227-17-1 et 227-17-2, cette infraction sanctionne le fait pour les parents de ne pas inscrire leurs enfants, sans excuse valable, dans un établissement d'enseignement. Cela appelle deux précisions : d'une part, le droit pénal admet que les parents cessent de prendre en charge leur enfant et d'assumer leur rôle éducatif, dès lors qu'il n'est pas établi qu'il s'en est suivi un préjudice pour ce dernier [3] ; d'autre part, rappelons qu'en France c'est l'instruction et non la scolarisation qui est obligatoire. Précisions d'autant plus utiles que la sanction de ces divers cas d'abandon comporte, outre le volet pénal, le retrait de l'autorité parentale...

Section 2

Les infractions contemporaines visant à « sanctuariser » le mineur victime

214 La sollicitude du législateur contemporain à l'égard du mineur victime se manifeste à travers de nouvelles incriminations regrou-

1. Crim. 11 juill. 1994, *Bull. crim.* n° 269.
2. Crim. 11 juill. 1994, *Bull. crim.* n° 26 9 ; Crim. 17 oct. 2001, *D.* 2001. IR 3488.
3. M. Huyette, « Les sectes et les mineurs, entre droit pénal et droit civi l », note sous Crim., 17 oct. 2001, *D.* 2002, J. 751.

pées sous l'intitulé « Mise en péril du mineur » (art. 227-18 à 227-21 C. pén.). Il s'agit essentiellement de cas de provocation (**§ 1**). La provocation à la mendicité, initialement incriminée à l'article 227-20 du Code pénal, a été abrogée par la loi du 18 mars 2003 pour la sécurité intérieure. La minorité est désormais appréhendée en tant que circonstance aggravante de l'exploitation de la mendicité (**§ 2**).

§ 1. Les cas de provocation

215 Les provocations incriminées tendent à faire commettre par des mineurs des actes illicites ou dangereux pour eux-mêmes : provocation à l'usage et au trafic de stupéfiants (art. 227-18 et 227-18-1), provocation à la consommation d'alcool (art. 227-19), provocation à commettre une infraction (art. 227-21). L'objectif du législateur est de protéger les mineurs contre le péril qu'elles représentent, indépendamment de leur résultat. La structure de ces incriminations est très proche, ce qui invite à les envisager simultanément, tant au regard des éléments constitutifs (**A**) qu'au regard de la répression (**B**).

A. Les éléments constitutifs

216 Deux conditions préalables méritent d'être soulignées. D'une part, toutes les provocations doivent s'adresser à un mineur, peu importe son âge. Mais encore faut-il que le provocateur ait eu connaissance de la minorité de la victime, cette exigence résultant du caractère intentionnel de ces délits. D'autre part, et cette condition varie cette fois selon les provocations, il importe de vérifier l'objet de la provocation : l'usage illicite ou le trafic de stupéfiants, la consommation habituelle et excessive de boissons alcooliques [1], la commission d'un crime ou d'un délit [2]. Ces conditions préalables suggèrent deux remarques : en premier lieu, dans le

1. Ce qui exclut les incitations ponctuelles.
2. L'objectif est de lutter notamment contre l'attitude de certains parents qui envoient leurs enfants en première ligne parce qu'ils sont moins exposés à la répression. Un crime ou délit unique suffit, mais les contraventions sont exclues du champ d'application du texte.

cité n'avait plus d'objet dès lors que le législateur a créé un nouveau délit, plus large : il s'agit du délit d'exploitation de la mendicité (art. 225-12-5 s.). Or, parmi les circonstances aggravantes prévues par l'article 225-12-6 du Code pénal, figure l'exploitation de la mendicité commise à l'égard d'un mineur, punie de cinq ans d'emprisonnement et de 75 000 € d'amende. Le nouveau délit d'exploitation de la mendicité vise notamment le fait d'exercer sur une personne une pression pour qu'elle mendie ou continue de le faire. Au reste, on relèvera une aggravation de la sanction prévue pour les délits d'exploitation de la mendicité d'un mineur puisque les peines prévues pour le délit de provocation d'un mineur à la mendicité étaient de deux ans d'emprisonnement et 45 000 € d'amende et lorsque le destinataire de la provocation était un mineur de quinze ans, l'auteur encourait trois ans d'emprisonnement et 75 000 € d'amende.

CHAPITRE 9

Les atteintes à la personnalité

222 **La protection du « droit à l'obscurité ».** Dans le chapitre consacré aux « atteintes à la personnalité », le législateur a regroupé la protection de la vie privée (SECTION 1), la violation de domicile (SECTION 2), la dénonciation calomnieuse (SECTION 3) et la protection pénale du secret (SECTION 4) qu'il s'agisse du secret professionnel ou du secret des correspondances. Les biens protégés ici pénalement correspondent à l'intimité et aux intérêts moraux de la personne : si la sphère privée confère, selon l'heureuse formule de Benjamin Constant, un « droit à l'obscurité », c'est bien ce droit qui est protégé ici. Or, ce droit est aujourd'hui d'autant plus menacé que les techniques de surveillance et de fichage se sont développées à mesure des progrès technologiques, ouvrant de nouveaux champs à des comportements délictueux. C'est pourquoi ce chapitre s'est enrichi des atteintes aux droits de la personne résultant des fichiers ou des traitements informatiques (art. 226-16 à 226-24) [1], ainsi que des atteintes à la personne

1. La loi du 6 janvier 1978 relative à l'informatique, aux fichiers et aux libertés a soumis la mise en œuvre des traitements automatisés d'informations nominatives au respect de plusieurs formalités. Plusieurs infractions pénales prévues aux articles 226-16 à 226-24 du Code pénal sanctionnent ainsi les infractions à la mise en œuvre des fichiers (défaut de respect des formalités pour recueillir des informa-

résultant de ses caractéristiques génétiques ou de l'identification par ses empreintes génétiques (art. 226-25 à 226-30)[1]. Quelle que soit l'incrimination considérée, elle doit satisfaire un équilibre subtil entre des intérêts concurrents : la sphère privée n'est pas un sanctuaire absolument inviolable, il y a lieu d'admettre des immixtions de l'État et donc du droit pénal, afin de protéger notamment la sécurité et la santé publiques[2].

SECTION 1
LA PROTECTION PÉNALE DE LA VIE PRIVÉE

223 Au regard de l'autonomie du droit pénal, la protection qu'il accorde à la vie privée de la personne ne se borne pas à reproduire celle qui est fondée sur l'article 9 du Code civil. Celui-ci affirme en son premier alinéa que « chacun a droit au respect de sa vie privée ». La formule est assez compréhensive pour donner prise au pouvoir d'interprétation du juge civil. Cependant, le principe de légalité des délits et des peines interdit qu'elle soit transposée au droit pénal : le législateur, soucieux d'une gradation des atteintes à la vie privée, n'érige en infractions que les plus graves. Ainsi, la loi du 17 juillet 1970 qui avait par ailleurs consacré le

---

tions nominatives), à leur fonctionnement (collecte frauduleuse ou illicite de données) ou à leur utilisation (détournement de leur finalité, divulgation à un tiers non autorisé).

1. Les lois bioéthiques du 29 juillet 1994 ont été l'occasion d'introduire dans le Code pénal des infractions à l'inviolabilité des caractéristiques génétiques d'un individu. (art. 226-25 s.) Sont ainsi incriminés « le fait de procéder à l'examen des caractéristiques génétiques d'une personne à des fins autres que médicales ou de recherche scientifique, ou à des fins médicales ou de recherche scientifique, sans avoir recueilli préalablement son consentement » ; « le fait de détourner de leurs finalités médicales ou de recherche scientifique les informations recueillies sur une personne au moyen de l'examen de ses caractéristiques génétiques » ; « le fait de procéder à l'identification d'une personne par ses empreintes génétiques à des fins médicales ou de recherche scientifique sans avoir recueilli son consentement » ; ou encore « le fait de divulguer des informations relatives à l'identification d'une personne par ses empreintes génétiques ou de procéder à l'identification d'une personne par ses empreintes génétiques »

2. L'article 8 de la Convention européenne des droits de l'homme proclame dans son 1 que « toute personne a droit au respect de sa vie privée et familiale, de son domicile et de sa correspondance », mais admet néanmoins dans son 2 la possibilité d'une ingérence d'une autorité publique dans l'exercice de ce droit, pour autant que cette ingérence est prévue par la loi et qu'elle constitue une mesure qui, dans une société démocratique, est nécessaire à la sécurité nationale, à la sûreté publique, au bien-être économique du pays, à la défense de l'ordre et à la prévention des infractions pénales, à la protection de la santé ou de la morale, ou à la protection des droits et libertés d'autrui ».

droit au respect de la vie privée à l'article 9 du Code civil, a incriminé aux articles 226-1 et suivants du Code pénal deux façons, « au moyen d'un procédé quelconque », de « volontairement (...) porter atteinte à l'intimité de la vie privée d'autrui » : soit « en captant, enregistrant ou transmettant, sans le consentement de leur auteur, des paroles prononcées à titre privé ou confidentiel », soit en fixant, enregistrant ou transmettant, sans le consentement de celle-ci, l'image d'une personne se trouvant dans un lieu privé ». Ce dispositif pénal relève d'un subtil équilibre pour au moins trois raisons : d'abord, les contours de la vie privée sont mal tranchés [1], et l'absence d'une définition légale suscite des difficultés, en droit pénal comme en droit civil ; ensuite, la protection de la vie privée doit composer avec des intérêts concurrents, et notamment la liberté d'expression ; enfin, le « droit à l'obscurité » dans la sphère privée peut être un obstacle au bon fonctionnement de la justice, puisque l'on compte beaucoup sur le développement des écoutes et de la vidéosurveillance pour lutter contre la délinquance. Cet équilibre entre droits et intérêts concurrents se perçoit très bien si l'on considère la définition des éléments constitutifs (**§ 1**) mais aussi les conditions de la répression (**§ 2**).

§ 1. Les éléments constitutifs

224 Afin de juguler les excès d'une certaine presse, la loi du 17 juillet 1970 a donné naissance aux infractions consistant dans l'atteinte à la vie privée : elles visent à préserver l'intimité des personnes des regards extérieurs. Ainsi, l'article 226-1, 1° du Code pénal incrimine le « fait de capter, enregistrer ou transmettre au moyen d'un procédé quelconque des paroles prononcées à titre privé ou confidentiel », tandis que l'article 226-1, 2° du Code pénal punit « le fait de fixer, d'enregistrer ou transmettre au moyen d'un appa-

1. Que l'on songe à la distinction entre les personnes jouissant d'une certaine notoriété et les simples anonymes, à la question des informations patrimoniales, ou bien encore à la délicate protection de la vie personnelle du salarié. Au sujet de cette dernière, v. notamment, A. Lepage, « Vie privée du salarié et droit pénal », *AJ pénal* 2005. 9.

reil quelconque l'image d'une personne se trouvant dans un lieu privé ».

225 **L'élément matériel.** S'agissant de l'obtention frauduleuse des paroles ou de l'image, l'élément matériel témoigne d'une volonté de protéger largement la vie privée. En effet, l'article 226-1 incrimine le fait de capter, enregistrer ou transmettre au moyen d'un procédé quelconque des paroles prononcées à titre privé ou confidentiel : cela signifie que ce nouveau texte étend le champ de l'incrimination aux paroles prononcées, même dans un lieu public, mais à titre confidentiel ou privé. C'est le contenu des paroles qui importe, et non le lieu où celles-ci sont prononcées [1]. Pour l'image en revanche, le champ de l'incrimination est doublement restreint : l'article 226-1, 2° incrimine le fait de fixer, enregistrer ou transmettre au moyen d'un appareil quelconque l'image d'une personne dans un lieu privé, ce qui signifie que le simple fait de regarder n'est pas incriminé, et que seules les images volées dans un lieu privé sont incriminées. De là un contentieux relatif à la définition du lieu privé : une plage dite « privée » peut être un lieu public en raison de ses conditions d'accès [2], tandis qu'une prison est bien un lieu privé [3]. La notion de vie privée est ainsi délimitée au gré des espèces, la jurisprudence pénale complétant la jurisprudence civile : si la vie affective et sentimentale, la santé, les loisirs d'une personne font très certainement partie de la vie privée, il a aussi été jugé que le respect dû à la personne devait s'étendre au-delà même de la mort : c'est ainsi que la publication des photos d'une personne sur son lit de mort a pu être incriminée [4].

---

1. Crim. 8 déc. 1983, *Bull. crim.* n° 333 : « Commet le délit (...) la personne qui enregistre des communications téléphoniques d'ordre personnel, données du bureau d'une entreprise, dès lors qu'elle n'ignore pas que lesdites communications ont, par nature, un caractère intime »
2. TGI Paris 18 mars 1971, *D.* 1971. 447, note Foulon-Piganiol, *Gaz. Pal.* 1972. 1. J. 59, note Frémond, *JCP* 1971. II. 16875, *RSC* 1972. 118, obs. Levasseur.
3. Paris, 19 nov. 1986 ; *adde*, pour le parloir d'une prison, Crim. 1er mars 2006, *Bull. crim.* n° 59 ; *D.* 2006. J. 1504, note Pradel ; *AJ pénal* 2006. 222, obs. Céré.
4. Crim. 20 oct. 1998, *Bull. crim.* n° 264 ; *D.* 1999. 106 note Beignier, *JCP* 1999. II. 10044, note Loiseau, *Dr. pénal* 1999. Comm. 18, obs. Véron : il s'agissait en l'espèce de la condamnation de l'hebdomadaire qui avait publié deux photographies parues en doubles pages représentant François Mitterrand sur son lit de mort, sans avoir recueilli le consentement des ayants droit de celui-ci. La notion pharaonique de « vie privée des morts » est pour le moins embarrassante. C'est pourquoi l'arrêt de 1998 se focalise sur l'absence de consentement des ayants droit, évitant la formule maladroite employée dans l'affaire *Jean Gabin* : Crim. 21 oct. 1980, *Bull. crim.* n° 262, *D.* 1981. J. 72, note Lindon, *RSC* 1981. 878, obs. Levasseur :

226 **L'élément moral.** L'incrimination suppose par ailleurs que soit démontrée l'intention, puisque l'article 226-1 punit celui qui a « volontairement » porté atteinte à l'intimité de la vie privée. Or, si cette intention est aisée à établir lorsque la victime s'est opposée de façon indiscutable à des photos ou des enregistrements, sa preuve est plus délicate lorsque la victime a fait preuve d'une certaine complaisance.

§ 2. La répression

227 Le législateur de 1992 a décidé d'aggraver les peines d'emprisonnement et d'amende initialement prévues par la loi du 17 juillet 1970 afin de renforcer l'effet dissuasif de la répression pénale qui était jugée insuffisante. S'agissant des personnes physiques, les peines principales encourues pour les différents délits d'atteinte à l'intimité de la vie privée sont de un an d'emprisonnement et 45 000 € d'amende. S'agissant des personnes morales, la peine principale est très lourde puisqu'il s'agit d'une amende égale au quintuple de l'amende encourue par les personnes physiques pour les mêmes délits, à savoir 225 000 € (art. 226-7 C. pén.). Les peines complémentaires encourues par les personnes physiques sont précisées à l'article 226-31 : il peut ainsi s'agir de : 1° l'interdiction des droits civiques, civils et de famille suivant les modalités prévues par l'article 131-26 ; 2° l'interdiction d'exercer l'activité professionnelle ou sociale dans l'exercice ou à l'occasion de l'exercice de laquelle l'infraction a été commise suivant les modalités prévues à l'article 131-27 ; 3° l'interdiction, pour une durée de cinq ans au plus, de détenir ou de porter une arme soumise à autorisation ; 4° l'affichage ou de la diffusion de la décision prononcée, dans les conditions prévues par l'article 131-35 ; 5° la confiscation de la chose qui a servi ou était destinée à commettre l'infraction ou de la chose qui en est le produit. Si la peine de confiscation est facultative s'agissant des délits des articles 226-1

« La fixation de l'image d'une personne, vivante ou morte, est prohibée sans autorisation préalable des personnes ayant pouvoir de l'accorder, la protection de la vie privée persistant au-delà de la mort ».

et 226-2 du Code pénal, celle-ci est obligatoire pour les appareils visés à l'article 226-3. Les peines complémentaires encourues par les personnes morales sont quant à elles prévues à l'article 226-7, 2° et 3°. Il s'agit de l'interdiction, à titre définitif ou pour une durée de cinq ans au plus, d'exercer directement ou indirectement l'activité professionnelle ou sociale dans l'exercice ou à l'occasion de l'exercice de laquelle l'infraction a été commise et de l'affichage ou la diffusion de la décision prononcée dans les conditions prévues par l'article 131-35. La tentative des infractions prévues par l'article 226-1 du Code pénal est punissable en vertu de l'article 226-5 du même Code. Enfin, la responsabilité pénale des personnes morales peut être engagée sur le fondement de l'article 226-7 du Code pénal, dans les conditions prévues par l'article 121-2 du même Code.

228 **Les particularités de la répression.** La répression des atteintes à la vie privée suppose que l'action publique soit mise en mouvement par une plainte de la victime, de son représentant légal ou de ses ayants droit (art. 226-6 C. pén.). Cela signifie que le retrait de la plainte arrête toute poursuite, en vertu de l'article 6 alinéa 3 du Code de procédure pénale.

229 **Les justifications ponctuelles.** Il arrive que la vie privée se trouve en conflit avec d'autres valeurs sociales. L'intérêt public, qui commande de préserver l'ordre public et d'assurer le bon fonctionnement de la justice, permet donc dans certaines hypothèses légalement déterminées, de légitimer la violation de la vie privée. Nombreuses sont les dispositions du Code de procédure pénale qui permettent aux magistrats et policiers de commettre les agissements incriminés au titre des atteintes à la vie privée ou de la violation de domicile. Ainsi, la loi du 9 mars 2004 a octroyé au juge d'instruction, en matière de criminalité organisée, la possibilité de recourir à des sonorisations de lieux et à des fixations d'images de personnes se trouvant dans un lieu public ou privé [1].

1. C'est l'article 706-96 du Code de procédure pénale, introduit par la loi du 9 mars 2004 portant adaptation de la justice aux évolutions de la criminalité qui permet au juge d'instruction d'autoriser à des officiers de police judiciaire commis sur commission rogatoire de procéder à des sonorisations et des fixations d'images de certains lieux ou véhicules lorsque les nécessités de l'information l'exigent, à condition qu'il s'agisse d'un crime ou d'un délit entrant dans la définition nouvelle de la criminalité orga-

De même, les dispositions relatives aux perquisitions justifient la violation de domicile commise par les enquêteurs [1]. Rappelons, à propos des écoutes téléphoniques, qu'en réaction à la condamnation de la France par la Cour européenne des droits de l'homme, le législateur pénal adopta la loi du 10 juillet 1991 relative au secret des correspondances émises par la voie des télécommunications, afin d'encadrer et de légaliser la pratique des écoutes téléphoniques effectuées par des autorités publiques. Avec l'adoption de ce texte, l'atteinte à l'intimité de la vie privée résultant d'écoutes judiciaires ou administratives légalement effectuées devient un véritable fait justificatif, du fait de l'autorisation de la loi. L'atteinte ne pourra être cependant justifiée que si les différentes conditions de recours aux écoutes, comme d'exécution de celles-ci, ont été respectées [2].

SECTION 2

LA VIOLATION DE DOMICILE

230 L'article 226-4 du Code pénal figure dans la section réprimant les « Atteintes à la vie privée ». Il n'a pas pour objet d'assurer l'intégrité des propriétés immobilières contre une dégradation ou une usurpation, même si elle est violente ; destructions, dégradations et détériorations réprimées par les articles 322-1 et suivants du Code pénal. Mais il a pour but d'assurer le respect de la vie privée et la sécurité du citoyen en sanctionnant toute introduction violente ou frauduleuse d'un tiers dans le lieu où il habite. Il mentionne le « domicile d'autrui » ce qui englobe aussi celui des personnes morales. L'article 432-8 sanctionne lui aussi une « at-

nisée par l'article 706-73. Là encore, des considérations d'intérêt public viennent légitimer le comportement d'autorités publiques potentiellement attentatoire à l'intimité de la vie privée des individus.

1. Crim. 23 nov. 1999, *Bull. crim.* n° 269 : « par application des articles 81, 151 et 152, du Code de procédure pénale, le juge d'instruction peut prescrire par commission rogatoire, en vue de la constatation des infractions, la captation, la transmission et l'enregistrement de conversations privées, autres que des communications téléphoniques, pourvu que ces mesures aient lieu sous son contrôle et dans des conditions ne portant pas atteinte aux droits de la défense ».

2. Art. 100 à 100-7 C. pr. pén. pour les écoutes judiciaires.

teinte à la vie privée », mais il réprime une action dénuée de violence, quoique réalisée « contre le gré » de la victime [1].

§ 1. La notion de domicile en droit pénal

231 **Domicile des personnes physiques.** Sur le terrain de l'article 226-10 du Code pénal, le juge n'a pas hésité à promouvoir une définition autonome du domicile en droit pénal. En effet, dès le XIXe siècle, la Cour de cassation a posé le principe que « le domicile ne désigne pas seulement le lieu où la personne a son principal établissement, mais encore le lieu où, qu'elle y habite ou non, elle a le droit de se dire chez elle, quels que soient le titre juridique de son occupation et l'affectation donnée aux locaux ». Cette émancipation du juge pénal par rapport à la définition civiliste du domicile a permis par exemple d'incriminer l'intrusion dans une chambre d'hôtel ou bien dans un immeuble que ses nouveaux propriétaires n'ont encore jamais occupé [2]. Ce qui compte, c'est que le local fasse l'objet d'une occupation effective, même temporaire. C'est pourquoi un local vide ne peut donner prise à cette incrimination. En effet, la Chambre criminelle a rappelé à plusieurs reprises que l'article 226-4 du Code pénal, « qui réprime le fait de s'introduire ou de se maintenir au domicile d'autrui, n'a pas pour objet de garantir d'une manière générale les propriétés immobilières contre une usurpation [3] ».

232 **Domicile des personnes morales.** Au reste, la chambre criminelle juge qu'une personne morale peut avoir un domicile dont la viola-

1. *Infra*, n° 441
2. Crim. 28 févr. 2001, n° 00-83. 686
3. Crim. 30 oct. 2006, n° 06-80.680, *Bull. crim.* n° 26 ; *AJ pénal* 2007. 3 ; *D.* 2006. 3014, *RSC.* 2007. 83, obs. Y. Mayaud : dans cette affaire, l'occupant d'un terrain avait fait l'objet d'une expulsion par la SCI qui en avait la propriété. Le cabanon et la roulotte qui s'y trouvaient avaient été vidés de leur contenu, les verrous changés, et l'ensemble fermé à toute velléité d'intrusion. Mais le lendemain de ces opérations, l'expulsé réintégra sa roulotte, ce qui lui valut d'être poursuivi pour violation de domicile. D'abord relaxé en première instance, il fut condamné en appel, s'étant introduit et maintenu sans droit ni titre sur l'ensemble immobilier pourtant fermé à toute occupation. Le prévenu se pourvut en cassation, contestant que les éléments constitutifs du délit fussent réunis, faute de l'existence d'un domicile protégé au sens de la loi, même si l'atteinte à la propriété était manifeste. La chambre criminelle lui donna raison par l'attendu précité.

tion est pénalement sanctionnée [1]: l'intrusion peut d'ailleurs être imputable à une autre personne morale, comme ce fut le cas lorsque Greenpeace était entré illégalement dans les locaux de la COGEMA [2]. La solution est en harmonie avec la jurisprudence de la Cour européenne des droits de l'homme, qui a considéré qu'une société avait « le droit au respect de son siège social, son agence ou ses locaux professionnels [3] ».

§ 2. Les éléments constitutifs

233 L'acte incriminé consiste à s'introduire dans le domicile d'autrui à l'aide de l'un des moyens violents ou frauduleux, soit à s'y maintenir à l'aide de l'un de ces moyens. Il n'y a pas d'introduction dans le fait d'observer de l'extérieur d'une maison ce qui se passe à l'intérieur [4]. Le Code pénal ne sanctionne pas le simple refus de vider les lieux : le délit n'est consommé que si le maintien est assorti de « manœuvres, menaces, voies de fait ou contrainte ». Les manœuvres peuvent consister en l'usage d'une fausse qualité, la présentation d'un faux document, d'un déguisement [5], l'usage de clés conservées ou fabriquées de façon illicite [6]. Les menaces sont constituées soit par des gestes, soit par des paroles qu'il appartient au juge de rappeler et d'interpréter. Les exemples sont nombreux en jurisprudence [7]. Les violences peuvent être tant physiques que morales, contre les personnes ou contre les choses. Il suffit qu'un moyen anormal ait été mis en œuvre pour pénétrer

1. Crim. 23 mai 1995, *Bull. crim.* n° 193 ; *Dr. pénal* 1995. Comm. 220 ; *Rev. sociétés* 1996. 109, obs. B. Bouloc ; *adde*, L. Dumoulin, « Les droits de la personnalité des personnes morales », *Rev. sociétés* 2006. 1.
2. Caen 17 déc. 1997, *Dr. pénal* 1998 Comm. 82.
3. CEDH 16 avr. 2002, *Sté Colas Est c/ France*, *D.* 2003. 1541, obs. A. Lepage.
4. Crim. 29 mars 1994, *Bull. crim*, n° 118.
5. Paris, 17 mars 1986, *Gaz. Pal.* 1986. 2. 429.
6. L'usage d'une fausse clé est constitutif de manœuvres (Crim. 21 mai 1957, *Bull. crim*, n° 434) ; L'usage d'une « vraie clé » conservée par le propriétaire ou par le mari alors que l'instance en divorce est pendante et que le domicile a été attribué à sa femme, est toujours considéré comme une manœuvre ou une voie de fait (Crim. 16 avr. 1959, *Bull. crim*, n° 233, *JCP* 1959. II. 11241, note Chavanne ; 9 nov. 1971, *Gaz. Pal.* 1972. 1. 373). L'hôtelier qui s'introduit dans la chambre, avec le double de la clé, contre le gré du locataire commet lui aussi une violation de domicile (Crim. 14 janv. 1983, Juris-Data n° 20919).
7. Douai, 5 nov. 1993, *Gaz. Pal.* 26-27 avr. 1995, p. 8 : dans cette affaire, il s'agissait de trois prévenus, qui, accompagnés de dockers, s'étaient introduits dans l'enceinte d'un bâtiment du Port autonome de Dunkerque en menaçant l'appariteur des lieux de « tout casser en cas de refus ».

dans le local (escalade d'un mur, etc.). Enfin, la contrainte peut être de nature physique ou morale. En matière de violation de domicile, elle vise toute situation où le consentement de l'occupant ne serait pas donné librement [1].

234 La violation de domicile est un délit intentionnel. C'est pourquoi il ne saurait y avoir conscience et volonté de transgresser la loi pénale lorsqu'un individu croit, de bonne foi, entrer dans son propre domicile [2], ou bien encore lorsqu'il pense que le propriétaire des lieux a consenti à son entrée [3]. Il s'agit là d'une appréciation délicate, laissée aux juges du fond, et qui dépendra naturellement des moyens mis en œuvre pour s'introduire dans le domicile.

§ 3. La répression

235 La violation de domicile est un délit puni d'un emprisonnement d'un an et d'une amende de 15 000 €. Les personnes poursuivies encourent également les peines complémentaires de l'article 226-31 du Code pénal. La tentative est punissable, en vertu de l'article 226-5 du Code pénal. Enfin, les personnes morales encourent la peine d'amende et les peines complémentaires de l'article 226-7 du Code pénal.

SECTION 3
LA DÉNONCIATION CALOMNIEUSE

236 La dénonciation calomnieuse, visée à l'article 226-10 du Code pénal, protège des intérêts qui dépassent la stricte atteinte à la personnalité. En effet, on peut y voir aussi une atteinte à l'honorabilité des personnes, à leur tranquillité d'esprit, ou bien encore au bon fonctionnement de la justice. Rappelons, en effet, que la loi

1. Crim. 13 oct. 1986, *Gaz. Pal.* 1987. 1. Somm. 103, note J.-P. Doucet : intrusion chez un dentiste d'un groupe faisant pression par le nombre.
2. T. corr. Versailles, 27 janv. 1995, *BICC* 1995. 606, *Gaz. Pal.* 10-12 mars 1996.
3. Agen, 5 déc. 1905, *Gaz. Pal.* 1906. I. 33 ; Grenoble, 11 oct. 1995, Juris-Data n° 047298.

pénale oblige parfois à dénoncer aux autorités compétentes les infractions réellement commises dont un citoyen aurait eu connaissance [1]. Ceci dit, le nom de l'incrimination la décrit assez bien : il s'agit ici non seulement d'une dénonciation, mais encore d'une calomnie. L'objectif du législateur est de poursuivre les individus qui se livrent à des dénonciations mensongères ou sans fondement sérieux.

§ 1. Les éléments constitutifs

237 L'élément matériel renvoie à une dénonciation « effectuée par tout moyen ». Ainsi, la dénonciation peut être écrite ou verbale. Cela dit, si la forme de la dénonciation importe peu, loi et jurisprudence sont venus préciser les contours de l'élément matériel.

S'agissant des conditions légales, trois exigences cumulatives figurent à l'article 226-10 du Code pénal. D'abord, la dénonciation doit porter sur « un fait de nature à entraîner des sanctions judiciaires, administratives ou disciplinaires ». En effet, la dénonciation constitue une véritable accusation, si bien que la dénonciation de faits non punissables n'est pas pénalement sanctionnée [2]. Peu importe que des sanctions puissent effectivement être prononcées [3], ce qui compte c'est que les faits puissent avoir des suites pénales. Ensuite, l'article 226-10 du Code pénal renvoie à la dénonciation « dirigée contre une personne déterminée ». Le délit de l'article 226-10 du Code pénal n'est pas seulement constitué lorsque la personne dénoncée est identifiée, dénommée. Il l'est aussi lorsqu'elle est désignée en des termes qui la rendent « identifiable [4] ». Au reste, la personne déterminée peut-être une personne physique comme une personne morale [5]. Enfin, la dénonciation

1. V. notamment, l'article 434-1 du Code pénal.
2. Crim. 7 déc. 2004, *Bull. crim.* n° 308 ; *RSC* 2005. 304, obs. Mayaud : dénonciation du non-paiement d'une pension alimentaire non fixée par décision de justice.
3. Crim. 4 juill. 1962, *Bull. crim.* n° 235 : faits couverts par la prescription ou l'immunité familiale.
4. Crim. 26 juin 2007, n° 06-82.736, *Dr. pénal* 2007. Comm. 123 2e arrêt, obs. Véron : plainte avec constitution de partie civile déposée du chef de détournements contre les associés d'une société, au nombre de quatre, gérant compris, par ailleurs nommément visé dans une autre plainte pour faux et usage de faux.
5. Crim. 22 juin 1999, *Bull. crim.* n° 149, *D.* 2000. Somm. 35, obs. Mayaud, *Dr. pénal* 1999. Comm. 147, obs. Véron : « l'article 226-10 du Code pénal vise la dénonciation dirigée contre une personne déterminée, terme désignant aussi bien une personne physique qu'une personne morale ».

doit être adressée « soit à un officier de justice ou de police administrative ou judiciaire, soit à une autorité ayant le pouvoir d'y donner suite ou de saisir l'autorité compétente, soit aux supérieurs hiérarchiques ou à l'employeur de la personne dénoncée ». Ce qui importe, c'est que la dénonciation soit adressée à une personne compétente pour prononcer une sanction [1].

S'agissant de la condition jurisprudentielle, elle renvoie à la spontanéité de la dénonciation. En effet, même si les textes successifs n'en font aucune mention, la jurisprudence a très tôt fait du caractère spontané de la dénonciation un élément essentiel de l'incrimination [2]. L'exigence paraît logique : pour que la dénonciation soit « adressée », encore faut-il qu'elle relève d'une initiative personnelle. Cela exclut du champ de l'incrimination les dénonciations provoquées, eu égard à des obligations légales ou administratives d'information [3].

238 La dénonciation calomnieuse est un délit intentionnel. L'intention s'entend ici de la « connaissance de la fausseté du fait dénoncé ou imputé à autrui [4] », ce qui appelle deux séries de précisions.

S'agissant de la constatation de la fausseté des faits dénoncés, les alinéas 2 et 3 de l'article 226-10 du Code pénal disposent, respectivement, que : « La fausseté du fait dénoncé résulte nécessairement de la décision [...] d'acquittement, de relaxe ou de non lieu » et que « En tout autre cas, le tribunal saisi des poursuites contre le dénonciateur apprécie la pertinence des accusations portées par celui-ci. ». Il y a donc lieu de distinguer deux hypothèses : soit la fausseté du fait résulté d'une décision définitive (acquittement, relaxe, ordonnance de non-lieu), et lors il est impossible de

---

1. Exemples : un bâtonnier de l'ordre des avocats (Civ. 2e, 7 oct. 2004, *Bull. civ.* II, n° 450), un président de tribunal de commerce (Crim. 26 juin 2007, *Bull. crim.*, *Dr. pénal* 2007. Comm. 123, 1er arrêt, obs. Véron, car il est une autorité constituée qui, informée de la commission d'une infraction dans l'exercice de ses fonctions, doit en aviser le procureur de la République), ou bien encore une autorité administrative indépendante (pour la Commission des opérations de bourse, aujourd'hui Autorité des marchés financiers : Paris, 17 oct. 1990, *Dr. pénal* 1991. Comm. 75, obs. Véron ; pour la Commission nationale de l'informatique et des libertés : Crim. 3 févr. 1998, *Bull. crim.* n° 40, *D.* 1998. 443, note Gassin).

2. Crim. 3 déc. 1819, *Bull. crim.* n° 129 ; Crim. 3 mai 2000, *Bull. crim.* n° 175, *Dr. pénal* 2000. Comm. 111 1er arrêt, obs. Véron, *RSC* 2000. 821, obs. Mayaud : « la dénonciation calomnieuse n'est caractérisée que si elle est spontanée ».

3. Crim. 8 nov. 2005, *Bull. crim.* n° 279 : dénonciation au supérieur hiérarchique d'abus sexuels commis par des pompiers.

4. Crim. 30 janv. 1979, *Bull. crim.* n° 41, *RSC* 1980. 141, obs. Levasseur.

la remettre en cause ; soit tel n'est pas le cas [1], et alors le tribunal apprécie, avec la possibilité de condamner pour dénonciation calomnieuse celui qui a fait connaître un fait dont la fausseté n'est pas établie.

S'agissant de la connaissance de la fausseté des faits dénoncés, elle se distingue de la fausseté elle-même. En effet, il ne suffit pas d'établir la fausseté des faits dénoncés, il faut encore prouver que l'auteur de la dénonciation en connaissait la fausseté [2]. Ainsi, on ne saurait déduire la connaissance de la fausseté des faits de leur établissement par les voies de droit, sauf à renverser la charge de la preuve et méconnaître la présomption d'innocence [3].

§ 2. La répression

239 La dénonciation calomnieuse est punie de cinq ans d'emprisonnement et de 45 000 € d'amende. À ces peines principales peuvent s'ajouter les peines complémentaires suivantes de l'article 226-31 du Code pénal (interdiction des droits civiques, civils et de famille, interdiction d'exercer l'activité professionnelle ou sociale dans l'exercice ou à l'occasion de l'exercice de laquelle l'infraction a été commise, interdiction pour une durée de cinq ans au plus de détenir ou de porter une arme soumise à autorisation, affichage ou diffusion de la décision prononcée). Les peines encourues par les personnes morales sont l'amende d'un montant maximum de 225 000 €, l'interdiction à titre définitif ou pour une durée de cinq ans au plus d'exercer directement ou indirectement une activité professionnelle ou sociale dans l'exercice ou à l'occasion de l'exercice de laquelle la dénonciation calomnieuse a été commise, l'affichage ou la diffusion de la décision prononcée (art. 226-12 C. pén.).

1. Exemple : classement sans suite par le parquet, car il s'agit d'un acte révocable ne prouvant pas à coup sûr l'inexactitude du fait dénoncé
2. « Ce qui est faux n'est pas forcément mensonger. », Mayaud, obs. sous Crim. 7 juin 2005.
3. Crim. 7 déc. 2004, *Dr. pénal* 2004. Comm. 33, obs. Véron : dans cette espèce, la Cour de cassation censure un arrêt de cour d'appel ayant retenu l'intention au motif que le prévenu du chef de dénonciation, après une ordonnance de non-lieu rendue dans le cadre de l'instruction ouverte sur les faits dénoncés, « ne [pouvait] avoir agi de bonne foi ou apporter la preuve [qu'il] ignorait la fausseté des faits dénoncés ».

240 La tentative de dénonciation calomnieuse n'est pas punissable.

241 S'agissant de l'exercice de l'action publique, la chambre criminelle de la Cour de cassation a jugé que « le point de départ de la prescription du délit de dénonciation calomnieuse se place au jour où la dénonciation est parvenue à l'autorité ayant le pouvoir d'y donner suite ou de saisir l'autorité compétente [1] » S'agissant de l'action civile, la victime d'une dénonciation calomnieuse peut demander réparation de ses dommages personnels découlant directement de l'infraction, dans les conditions du droit d'option de la partie lésée, à son choix, devant le juge civil ou le juge pénal. Il a été jugé, sur le terrain de l'article 1382 du Code civil, que la témérité d'une plainte ou d'une dénonciation peut engager la responsabilité civile de son auteur, quand bien même les éléments constitutifs de la dénonciation calomnieuse ne sont pas réunis [2].

SECTION 4
LA PROTECTION PÉNALE DU SECRET

242 On distingue classiquement entre l'atteinte au secret des correspondances susceptible d'être commise par tous (**§ 1**), et les infractions relatives au secret susceptibles d'être commises par les seuls professionnels (**§ 2**).

§ 1. L'atteinte au secret des correspondances

243 L'atteinte au secret des correspondances est incriminée par l'article 226-15 du Code pénal : « Le fait, commis de mauvaise foi,

1. Crim. 24 sept. 2002, n° 02-84.485, *Bull. crim.* n° 171, *Dr. pénal* 2003. Comm. 17, obs. Véron : comme l'observe le Doyen Véron, « la Cour de cassation n'étend pas à cette infraction sa jurisprudence, aussi diversifiée qu'aléatoire, selon laquelle le point de départ du délit de prescription de nombreuses infractions doit être reporté au jour où la victime découvre les faits délictueux ».
2. Civ. 2e, 3 mai 2006, *D.* 2006. 2780, note C. Robaczewski.

d'ouvrir, de supprimer, de retarder ou de détourner des correspondances arrivées ou non à destination et adressées à des tiers, ou d'en prendre frauduleusement connaissance, est puni d'un an d'emprisonnement et de 45 000 € d'amende. Est puni des mêmes peines le fait, commis de mauvaise foi, d'intercepter, de détourner, d'utiliser ou de divulguer des correspondances émises, transmises ou reçues par la voie des télécommunications ou de procéder à l'installation d'appareils conçus pour réaliser de telles interceptions. »

– **Les correspondances protégées.** Le législateur a adopté une conception large des correspondances protégées visant à la fois les correspondances matérialisées et les correspondances dématérialisées. Ainsi, le terme de « correspondance » englobe missives, cartes postales, imprimés, journaux, courrier électronique, ou encore correspondances émises par la voie des télécommunications, dès lors qu'elles sont adressées à des tiers. Toutes les formes de correspondance sont donc incluses dans le champ de l'incrimination, peu importe leur contenu.

– **Le comportement prohibé.** Le législateur distingue entre deux modalités d'atteinte au secret des correspondances selon que celles-ci sont matérialisées ou dématérialisées : 1) Comportement prohibé quant aux correspondances matérialisées : le législateur prohibe pêle-mêle le fait de supprimer, d'ouvrir, de retarder, de détourner la correspondance, ainsi que le simple fait d'en prendre connaissance, sans pour autant entraver son acheminement vers son destinataire ; 2) Comportement prohibé quant aux correspondances dématérialisées : sont incriminés les comportements consistant à intercepter, détourner, utiliser ou divulguer des correspondances dématérialisées, ainsi que le fait de procéder à l'installation d'appareils conçus pour réaliser de telles interceptions.

244 **L'intention.** L'atteinte au secret des correspondances est une infraction intentionnelle qui n'est constituée que lorsque la personne a la volonté du comportement, tout en ayant conscience du fait que la correspondance ne lui est pas destinée. L'infraction n'est ainsi pas constituée en cas d'ouverture par erreur d'un courrier adressé à un tiers.

245 **La sanction.** L'infraction est réprimée par un an d'emprisonnement et 45 000 € d'amende.

246 **La justification.** L'infraction de violation du secret de la correspondance peut être justifiée par l'autorisation de la loi. En effet, plusieurs dispositions du Code de procédure pénale autorisent le juge d'instruction et, depuis la loi du 9 mars 2004, les policiers agissant dans le cadre de la procédure pénale applicable à la délinquance et à la criminalité organisée, à procéder à des écoutes téléphoniques. Par ailleurs, les correspondances matérielles et électroniques sont susceptibles d'être saisies à l'occasion de perquisitions.

§ 2. la violation du secret professionnel

247 L'article 226-13 du Code pénal incrimine au titre de la violation du secret professionnel « la révélation d'une information à caractère secret par une personne qui en est dépositaire soit par état ou par profession, soit en raison d'une fonction ou d'une mission temporaire [1] ».

A. L'élément préalable : une personne tenue au secret

248 L'infraction de l'article 226-13 du Code pénal n'est susceptible d'être commise que par des personnes qui sont tenues au secret professionnel. L'ancien article 378 du Code pénal visait explicitement un certain nombre de professions (les médecins, chirurgiens, pharmaciens et sages-femmes). Le nouveau Code pénal a abandonné cette liste pour viser d'une manière générale les personnes « dépositaires soit par état ou par profession, soit en raison d'une fonction ou d'une mission temporaire » d'une information à caractère secret. Ainsi, pour déterminer quelles personnes sont soumises au respect du secret professionnel, il faut désormais se référer soit à des textes extérieurs au Code pénal, soit à l'interprétation jurisprudentielle de l'art. 226-13.

1. L'*AJ pénal*, dans son numéro 4/2009, a consacré un dossier au secret professionnel intitulé « Le secret professionnel : quelles évolutions ? ».

– **Les personnes tenues au secret désignées par des textes spécifiques réglementant telle ou telle profession ou mission.** Les professions qui impliquent le respect du secret sont innombrables. On y retrouve pêle-mêle les infirmiers, médecins, assistantes sociales, avocats [1], ou encore banquiers. La tendance contemporaine va dans le sens d'une multiplication de cette référence, si bien qu'il est aujourd'hui impossible de dresser une liste exhaustive des personnes que la loi soumet au secret professionnel. On remarque aussi que la liste est très hétéroclite en ce qu'elle concerne des professionnels qui n'ont pas tous des rôles sociaux de la même importance.

– **Les personnes tenues au secret désignées par la jurisprudence.** À défaut de texte, il appartient aux juges de désigner au cas par cas les personnes dépositaires d'un secret par état ou par profession. Aucun critère fiable n'est exploitable en la matière. On relèvera simplement que la jurisprudence, considère toujours comme soumis au secret professionnel les « confidents obligés », c'est-à-dire ceux que l'intéressé n'a pas pu choisir (ceux qui collaborent au service de la justice ou de la police par exemple). Mais les tribunaux soumettent aussi aujourd'hui au secret des confidents dont le choix a été effectué librement par les intéressés (experts comptables, prêtres catholiques).

B. L'élément matériel

249 L'élément matériel de l'infraction repose sur « la révélation d'une information à caractère secret », ce qui implique la réunion de deux composantes :

– **Une révélation.** C'est la révélation du secret qui consomme l'infraction. La révélation doit s'entendre de la communication du secret commise par le dépositaire par un moyen quelconque.

– **Une information couverte par le secret.** Seule la divulgation d'une information confidentielle est incriminée par l'article 226-13 du Code pénal. Une information connue de plusieurs per-

1. B. Bouloc « Le secret professionnel de l'avocat », *in Mélanges Gassin*, PUAM, 200 ; A. Damien, *Le secret nécessaire*, Desclée de Brouwer, 199 ; H. Moutouh, « Secret professionnel et liberté de conscience », *D.* 2000. Chron. 431 ; C. Porteron, « Le secret professionnel de l'avocat », *AJ pénal* 2009. 158.

sonnes peut néanmoins être confidentielle : il suffit, pour qu'elle constitue un secret, que la connaissance soit réservée à ces personnes (secret partagé par plusieurs professionnels comme une équipe médicale). Par ailleurs, l'ancien Code pénal ne protégeait que le secret volontairement communiqué par le client. La jurisprudence avait élargi l'infraction en décidant que l'obligation de secret s'étendait à tout ce que la personne tenue au secret a pu constater, découvrir ou déduire personnellement à l'occasion ou en raison de son état, sa profession ou sa mission [1]. L'article 226-13 du Code pénal consacre cette conception large : il vise les connaissances acquises « par le fait » de l'activité professionnelle ou en « raison de cette activité ». Cela recouvre les informations parvenues à la connaissance de l'intéressé dans l'exercice de l'activité professionnelle, mais aussi à l'occasion de celle-ci. Le tribunal correctionnel de Caen dans le jugement du 4 septembre 2001 relatif à l'affaire de l'évêque de Bayeux procède ainsi à une analyse *contra legem* quand il considère que le secret ne recouvre que ce qui a été confié, et non ce qui a été découvert à la suite d'une investigation [2].

C. L'élément moral

250 La violation du secret professionnel est une infraction intentionnelle nécessitant la preuve d'un dol général. Ainsi, la personne doit se savoir tenue au secret et procéder sciemment à la révélation. La divulgation commise par imprudence ou négligence n'entre donc pas dans le champ de l'incrimination. Le mobile est en revanche indifférent à la constitution de l'infraction.

D. La répression et la justification de l'infraction

251 L'infraction de violation du secret professionnel est punie d'un an d'emprisonnement et de 15 000 € d'amende. Toutefois, le législateur a multiplié les hypothèses dans lesquelles il peut ou doit être

1. Crim. 17 mai 1973, *Bull. crim.* n° 228 ; *D.* 1973. 582, note P.-J. Doll.
2. Y. Mayaud, « La condamnation de l'évêque de Bayeux pour non-dénonciation, ou le tribu payé à César », *D.* 2001. 3454.

dérogé au secret professionnel. L'infraction sera alors justifiée par l'effet de l'ordre ou de l'autorisation de la loi.

1. La divulgation autorisée

252 L'article 226-14 du Code pénal énonce que la sanction de l'atteinte au secret professionnel « n'est pas applicable dans les cas où la loi impose ou autorise la révélation d'un secret ». Cette disposition justifie ainsi la violation du secret dans de très nombreuses situations.

– **Les obligations générales de parler** sont nombreuses : obligation de témoigner en faveur d'un innocent (art. 434-11) ou après qu'on a déclaré publiquement connaître les auteurs d'un crime ou d'un délit (art. 434-12) ; obligation de dénoncer un crime lorsqu'il est encore possible de prévenir ou de limiter ses effets ou lorsque ses auteurs sont susceptibles d'en commettre de nouveaux qui pourraient être empêchés (art. 434-1) ; obligation d'informer les autorités judiciaires ou administratives de privations, de mauvais traitements ou d'atteintes sexuelles infligées à un mineur de 15 ans (art. 434-3). Les textes sanctionnant la violation des obligations de témoigner ou de dénoncer constituent un ordre de la loi. Ces textes constitueront donc un fait justificatif qui fera obstacle à ce que soit engagée la responsabilité pénale de celui qui aura révélé un secret auquel il était pourtant tenu par sa profession. Est-ce que pour autant la divulgation du secret est obligatoire dans de tels cas - c'est-à-dire, est ce que la personne qui choisit de ne pas violer le secret professionnel peut être pénalement sanctionnée sur le fondement des textes réprimant la non-dénonciation ou le défaut de témoignage ? Chacun des textes concernés prévoit la justification des auteurs des infractions de non-dénonciation ou de défaut de témoignage en faveur d'un innocent lorsqu'il s'agit de personnes qui sont tenues au secret professionnel dans les conditions posées par l'article 226-13. Donc, la violation du secret professionnel, si elle est justifiée, n'est pas pour autant rendue obligatoire : le respect du secret, et donc la commission des infractions de non-dénonciation ou de défaut de témoignage, n'est pas pénalement punissable. Ce sont dans ce cas les dispositions relatives au secret professionnel lui-même qui constituent un fait justificatif. Les personnes tenues au secret professionnel peuvent donc choisir de se taire ou bien de parler, le législateur s'en remettant à leur seule conscience. C'est l'option de conscience [1].

– **Les dispositions spécifiques de l'article 226-14.** Selon l'article 226-14, les dispositions relatives au respect du secret professionnel ne sont pas applicables, en plus des cas où la loi impose ou autorise la révélation du secret :

1°/ À celui qui informe les autorités judiciaires, médicales ou administratives de privations, de sévices ou d'atteintes sexuelles infligées à un mineur ou à une personne qui n'est pas en mesure de se protéger.

2°/ Au médecin qui, avec l'accord de la victime, ou sans cet accord si la victime est mineure, porte à la connaissance du procureur de la République les sévices ou privations qu'il a constatées dans l'exercice de sa profession et qui lui permettent de présumer que des violences physiques, sexuelles ou psychiques de toute nature ont été commises.

3°/ Aux professionnels de la santé ou de l'action sociale qui informent le préfet du caractère dangereux pour elles-mêmes ou pour autrui des personnes qui les consultent et dont ils savent qu'elles détiennent une arme ou qu'elles ont manifesté leur intention d'en acquérir une. En outre, l'article 226-14 prévoit que le signalement aux autorités compétentes effectué dans de telles conditions ne peut faire l'objet d'aucune sanction disciplinaire. Ainsi, dans ces hypothèses, le fait de révéler le secret aux autorités compétentes n'expose pas le professionnel à des poursuites pour violation du secret professionnel (art. 226-14 1°).

– **Obligation générale de déposer en justice.** La violation de l'obligation générale de déposer en justice est pénalement sanctionnée (art. 326, 438 et 536 C. pr. pén.). Mais ici, le législateur a omis d'introduire la réserve des personnes soumises au secret professionnel. La jurisprudence adopte en la matière des solutions nuancées : si le professionnel est tenu à un secret absolu, il est tenu de comparaître mais il a la possibilité de refuser de porter

1. F. Alt-Maes, « Un exemple de dépénalisation : la liberté de conscience accordée aux personnes tenues au secret professionnel », *RSC* 1998. 301.

témoignage (médecin, avocat, assistante sociale, ministre du Culte). Il décide en conscience s'il doit parler ou se taire (médecin, avocat). Si le professionnel concerné est tenu à un secret relatif (ce qui implique de se référer au texte réglementant la profession concernée), il a l'obligation de rompre le secret en témoignant. S'il choisit de ne pas révéler le secret, il sera pénalement sanctionné pour avoir violé l'obligation de témoigner (fonctionnaires, banquier). On passe alors au stade de la divulgation obligatoire.

– **Intérêt du dépositaire du secret.** À la fin du XIXe siècle la Cour de cassation a posé le principe selon lequel le seul intérêt du dépositaire du secret ne peut en justifier la révélation (Crim. 19 déc. 1885 : médecin accusé d'avoir mal soigné son patient et ayant révélé les causes du décès). La jurisprudence ultérieure a tempéré cette solution : le professionnel peut révéler ce qu'il sait si cela est nécessaire à l'exercice des droits de la défense. La garantie des droits de la défense et l'égalité des justiciables commandent d'autoriser la révélation faite par un professionnel poursuivi en justice pour faute professionnelle [1].

2. La divulgation imposée

253 **Multiplication des textes spécifiques à certains professionnels.** Il existe de nombreux textes spécifiques à certains professionnels qui imposent la révélation du secret [2]. Par exemple, le médecin doit révéler : certaines maladies contagieuses (art. L. 3113-1 CSP), les troubles mentaux justifiant le placement sous sauvegarde de justice (art. L. 3211-6 CSP). Le commissaire aux comptes doit révéler les infractions dont il a connaissance au cours de l'accomplissement de sa mission (art. L. 820-7 C. com.). Force est donc de constater que des textes de plus en plus nombreux lèvent au moins partiellement le secret. Cela traduit une relativisation de plus en plus poussée du secret professionnel [3].

– **La divulgation imposée par les investigations judiciaires ou policières.** Le plus souvent, ce sont les investigations policières

1. Crim. 29 mai 1989, *Bull. crim.* n° 21 ; *RSC* 1990. 73, obs. J. Levasseur.
2. Pour les travailleurs sociaux, v. notamment, S. Hennion-Moreau, « Du secret dans l'exercice de la profession des travailleurs sociaux », *RDSS* 1991. 183.
3. B. Py, « Secret professionnel : le syndrome des assignats », *AJ pénal* 2004. 133 s., *in* n° spécial de l'*AJ pénal* sur « le secret professionnel : croissance ou déclin ? ».

ou judiciaires qui imposent la levée du secret. Ainsi, le secret professionnel ne peut faire obstacle à l'exercice d'investigations par les autorités judiciaires ou policières au cours des enquêtes policières ou de l'instruction préparatoire. Ceci étant, la préservation du secret professionnel impose le respect de règles particulières. Par exemple, les perquisitions au domicile ou au cabinet d'un avocat doivent être effectuées en présence du bâtonnier qui a le pouvoir de s'opposer à la saisie que le juge d'instruction veut opérer (art. 56-1 C. pr. pén.). Des professionnels très divers doivent se soumettre au droit de communication du fisc ou d'agents d'organismes divers (par exemple la HALDE), à leur droit de visite et de saisie. Le secret professionnel ne peut en principe pas faire obstacle à ces investigations. Le secret bancaire est également inopposable à l'autorité judiciaire agissant dans le cadre d'une procédure pénale. Enfin, selon l'article 40 du Code de procédure pénale, toute autorité constituée, tout officier public ou fonctionnaire, qui, dans l'exercice de ses fonctions, acquiert la connaissance d'un crime ou d'un délit est tenue d'en donner avis sans délai au Procureur de la République et de transmettre à ce magistrat tous les renseignements utiles. Dans tous ces cas, l'ordre de la loi dégage, par l'effet de la justification, de toute responsabilité pénale celui qui révèle le secret auquel il était tenu par les obligations relatives au secret professionnel. Mais plus encore, la révélation est obligatoire : celui qui ne trahit pas le secret encourt des sanctions pénales, administratives ou disciplinaires.

– **Non-opposabilité du secret professionnel.** Le secret professionnel n'est pas opposable à l'intéressé lui-même qui a droit à communication de tous les éléments d'information qui le concernent. La loi a facilité l'exercice de ce droit : elle a organisé l'accès aux documents administratifs et permis la mise à disposition des malades de leurs dossiers médicaux. Ainsi, les personnes concernées par le secret sont totalement libres de disposer des informations obtenues. Quant à l'opposabilité du secret à la parenté du déposant, le secret ne peut être opposé à ceux qui exercent l'autorité parentale sur la personne du déposant, l'autorité parentale devant être exercée dans l'intérêt du mineur (art. L. 1111-2 CSP). En revanche, en l'absence de représentation légale, les membres de la parenté doivent être considérés comme des tiers : le dépositaire viole le secret professionnel s'il leur fait des révélations. La loi du 4 mars 2002 écarte cependant l'opposabilité du secret médical aux ayants droit d'un défunt qui veulent faire valoir leurs droits, sauf si, de son vivant, l'intéressé a exprimé une volonté contraire.

CHAPITRE 10

L'incrimination des atteintes à la dignité individuelle

254 **L'expansion de la notion de dignité.** La notion de dignité fait florès, bien au-delà du droit pénal, et d'aucuns regrettent que ses occurrences soient inversement proportionnelles à sa consistance. Il y aurait lieu de distinguer entre la dignité collective et la dignité individuelle, la dignité de la personne et la dignité de tout être humain. Lorsque le Code pénal envisage les « atteintes à la dignité de la personne », c'est essentiellement la valeur de dignité individuelle qui est protégée. Tel est le cas par exemple avec l'incrimination de bizutage prévue depuis la loi du 17 juin 1998 et insérée aux articles 225-16-1 à 225-16-3 du Code pénal. Cela dit, la dignité ne se limite pas à la protection de la personne, puisque le respect dû aux morts est aussi inclus dans le chapitre relatif à la dignité [1]. Si l'exploitation, qui sous-tend l'absence de liberté, a souvent été utilisée comme critère de l'atteinte à la dignité, on voit surgir une nouvelle notion qui réside dans le refus du droit à la différence entre les hommes, ce qui tendrait à nier l'humanité qui existe dans chaque homme et à remettre en cause le concept

1. La loi du 19 décembre 2008, complétant l'article 16 du Code civil afin de permettre une protection du corps par-delà la mort, comporte ainsi un volet pénal inséré à l'article 225-17 du Code pénal.

d'égalité. C'est pourquoi, sans reprendre le détail de toutes les incriminations rangées sous cette bannière, il y a lieu de se focaliser sur la lutte contre les discriminations (SECTION 1), l'incrimination des conditions de travail et d'hébergement contraires à la dignité humaine (SECTION 2), et la traite des êtres humains (SECTION 3). Outre la notion de dignité, deux traits communs marquent ces qualifications pénales : d'une part, les difficultés probatoires sont redoutables, ce qui explique l'instauration de règles dérogatoires de droit commun, et notamment d'un jeu de présomptions ; d'autre part, la pression de la convention européenne des droits de l'homme est très forte, comme l'a montré la condamnation de la France pour esclavage domestique [1].

SECTION 1
LES DISCRIMINATIONS

255 **Le renforcement continu du dispositif de lutte contre les discriminations.** Initié en 1972, le dispositif pénal de lutte contre les discriminations n'a cessé de s'enrichir. La technique législative a consisté à multiplier les mobiles incriminés, afin de viser les distinctions opérées entre personnes physiques [2] à raison « de leur origine, de leur sexe, de leur situation de famille, de leur grossesse, de leur apparence physique, de leur patronyme, de leur état de santé, leur handicap, leurs caractéristiques génétiques, de leur orientation sexuelle, leur âge, leurs opinions politiques, leur appartenance ou leur non-appartenance, vraie ou supposée, à une ethnie, une race ou une religion déterminée ». Sont incriminées non seulement les discriminations commises par des particuliers (art. 225-1 s.), mais

1. CEDH 26 juill. 2005, *Siliadin c/ France*, *D.* 2006. 346, note D. Roets : en l'espèce, la requérante, était arrivée du Togo à 15 ans passés. En vertu d'un accord conclu entre son père et la personne à qui celui-ci l'avait confiée, elle était censée travailler jusqu'au remboursement de son billet d'avion, être scolarisée et sa situation administrative régularisée. Quelques mois plus tard, elle fut prêtée à un couple pour lequel elle travailla sans relâche, sans rémunération, sans scolarisation, sans régularisation, sans aucune contrepartie, sans papiers d'identité, sans aucun espace d'intimité.
2. Pour les personnes morales, constitue une discrimination toute distinction opérée entre elles à raison des mêmes éléments concernant les membres ou certains membres de ces personnes morales (art. 225-1, al. 2, C. pén.).

encore celles commises par un dépositaire de l'autorité publique (art. 432-7 C. pén.) [1], et la provocation à la discrimination [2]. La loi du 30 décembre 2004 a institué la Haute autorité de lutte contre les discriminations et pour l'égalité, dotant cette autorité administrative indépendante d'un pouvoir de dénonciation et de médiation en matière de discriminations pénales. Ainsi, le réseau pénal des incriminations paraît complet en droit français, ce qui satisfait aux exigences du droit européen, et notamment de l'article 14 de la Convention européenne des droits de l'homme [3]. Cependant, l'effectivité du droit pénal fait ici problème, car il existe un décalage frappant entre les cas multiples de discriminations et le faible nombre de condamnations pénales. Nous allons voir notamment quelles sont les difficultés probatoires, tant au regard des éléments constitutifs (**§ 1**) que pour la mise en œuvre de la répression (**§ 2**).

§ 1. Les éléments constitutifs des discriminations

A. L'élément matériel

256 Le délit décrit par l'article 225-2 n'incrimine pas tous les actes et comportements inspirés par un mobile discriminatoire, mais seulement certains d'entre eux, que l'on peut regrouper en trois catégories :

1. L'article 432-7-1° visant le fait de refuser le bénéfice d'un droit accordé par la loi suppose d'abord que le dépositaire de l'autorité publique agisse dans l'exercice de ses fonctions et à propos d'un droit relevant de celles-ci. Il vise donc un abus d'autorité et s'inscrit d'ailleurs dans une section intitulée « Des abus d'autorité entre les particuliers ». Dans ces conditions, l'infraction ne se conçoit pas de la part d'une personne dépourvue de réel pouvoir de décision et ne donnant qu'un avis consultatif, et dès lors qu'il s'inscrit en dehors des fonctions le refus discriminatoire ne relève que du seul article 225-2 du Code pénal.
2. Art. 24 al. 6 de la loi du 29 juill. 1881.
3. Cet article dispose que « la jouissance des droits et libertés reconnus dans la présente convention doit être assurée sans distinction aucune fondée notamment sur le sexe, la race, la couleur, la langue, la religion, les opinions politiques ou toutes autres opinions, l'origine nationale ou sociale, l'appartenance à une minorité nationale, la fortune, la naissance ou toute autre situation ». Rappelons cependant que le droit garanti à l'article 14 n'a juridiquement aucune existence indépendante et ne peut être invoqué qu'à titre accessoire et en combinaison avec un autre article. Si l'article 14 a été évoqué avec les articles 4, 9 et 10, c'est avec l'article 8 qu'il se rapproche le plus de la notion française de discrimination au niveau pénal.

En premier lieu, le fait de refuser la fourniture d'un bien ou d'un service ou de subordonner la fourniture d'un bien ou d'un service à l'un des éléments visés à l'article 225-1 du Code pénal. Entrent dans les prévisions du texte aussi bien les comportements de simples particuliers [1] que ceux de tous les artisans, commerçants, industriels et prestataires qui vendent des biens et des services. L'expression « bien ou service » désigne toutes choses susceptibles d'être l'objet d'un droit et qui représente une valeur pécuniaire ou un avantage, la doctrine s'accordant même à considérer qu'elle désigne non seulement les opérations juridiques portant sur un bien mais encore toutes les prestations, même à titre gratuit.

En second lieu, le fait d'entraver l'exercice normal d'une activité économique. L'objectif du législateur a été de lutter contre les pratiques de boycottage économique qui consistent à refuser de traiter avec certaines personnes ou entreprises [2]. La mise en œuvre de ce texte fait toutefois problème lorsque le refus est motivé par une mesure gouvernementale d'embargo : le boycott peut alors

1. Crim. 25 nov. 1997, *Bull. crim*, n° 399, *RSC* 1998. 543, obs. Mayaud : en cas de refus de location à une personne atteinte du SIDA.

2. Les illustrations jurisprudentielles sont assez rares ; V. toutefois Crim. 18 déc. 2007, *D.* 2008. 893, note S. Detraz : dans cette affaire, une société française et une société sise aux Émirats arabes unis avaient conclu un contrat de fourniture de machines de décoration de vaisselle. À cette occasion, la première société avait, à la demande de la seconde et de la banque intéressée, accepté de verser au dossier d'ouverture du crédit documentaire une attestation selon laquelle la livraison de la marchandise n'interviendrait pas par le canal d'un transporteur israélien ni ne transiterait par Israël ; ce document avait été visé par la Chambre de commerce et d'industrie de Limoges, sous la signature de son directeur. La société française et son dirigeant, ainsi que le président de la chambre de commerce et d'industrie et cette dernière ont été poursuivis, par citation directe de la Ligue internationale contre le racisme et l'antisémitisme (Licra), du chef de discrimination économique à raison de l'origine nationale et de complicité et recel en relation avec cette infraction. La cour d'appel - saisie, sur renvoi après cassation, des seuls intérêts civils - déclare que les infractions reprochées ne peuvent être imputées aux intéressés, estimant que l'acte discriminatoire en question s'inscrivait dans le cadre d'un *boycott* économique réciproque entre la quasi-totalité des États arabes et Israël qui, s'ils ne sont pas en guerre au sens du droit international, se trouvent dans une situation de belligérance privant de conditions normales l'exercice des relations commerciales aussi bien pour les acteurs économiques des États en conflit que pour ceux des pays tiers. La Ligue internationale contre le racisme et l'antisémitisme se pourvoit en cassation, faisant valoir, en premier lieu, que la circonstance du *boycott* économique, qui relève du simple réalisme économique, est sans influence sur la constitution du délit, en deuxième lieu, que, à supposer que l'existence dudit *boycott* puisse avoir une quelconque importance, il n'est de toute façon pas justifié par la réglementation internationale et européenne, et, en troisième lieu, que, s'agissant spécifiquement de la complicité, la chambre de commerce et d'industrie et son président ont, en validant l'attestation litigieuse, contribué à la commission de l'infraction par fourniture de moyens. La chambre criminelle de la Cour de cassation casse l'arrêt au motif qu'une discrimination en matière économique ne peut être justifiée par l'existence d'un *boycott* irrégulier, que l'article 225-2, 2°, du Code pénal a précisément pour but de sanctionner.

être considéré comme régulier, c'est-à-dire justifié par les directives gouvernementales [1].

En troisième lieu, le fait de refuser d'embaucher, de sanctionner ou licencier une personne, ou bien encore de subordonner une offre d'emploi une demande de stage ou une période de formation à une condition fondée sur un élément discriminatoire au sens de l'article 225-1 du Code pénal. Ici encore, l'infraction ne concerne pas seulement les professionnels, mais peut aussi viser des discriminations ponctuelles. Le refus discriminatoire à l'embauche peut être expressément formulé par l'employeur [2], mais peut aussi découler implicitement d'un prétexte fallacieux ou d'une absence de motif légitime [3]. En cas de soumission d'une offre d'emploi à une condition discriminatoire, l'article 225-2-5° du Code pénal vise le fait de subordonner une offre d'emploi à une condition discriminatoire : la matérialité du délit se réalise avant même que le candidat à l'emploi soit entré en relation avec l'employeur. Celui-ci fait connaître, par voie de presse ou autrement, son souhait de recruter un ou plusieurs salariés qui devront ne pas appartenir ou, au contraire, appartenir à telle race, religion, nationalité, etc. Naturellement, comme dans les formes précédentes de l'infraction, la discrimination peut être explicite [4] ou simplement implicite [5].

B. L'élément moral

257 Le délit de discrimination est toujours intentionnel : l'agent doit avoir un état d'esprit ségrégationniste, à raison d'une situation catégorielle (les noirs, les juifs, les femmes, etc.) ou personnelle (maladie, handicap etc.). S'agissant de la situation catégorielle, on remarquera que le texte vise les discriminations fondées sur

1. Loi du 7 juin 1977, portant diverses dispositions d'ordres économique et financier, art. 32, II : « Les dispositions des articles 225-2 et 432-7 du Code pénal ne sont pas applicables lorsque les faits visés dans ces articles sont conformes à des directives du gouvernement prises dans le cadre de sa politique économique et commerciale, ou en application de ses engagements internationaux ».
2. Crim. 14 oct. 1986. *Bull. crim*, n° 287 : refus d'embauche au motif explicite de la nationalité.
3. Pau, 10 oct. 1991, Juris-Data n° 048363.
4. Crim. 14 nov. 1989, *Dr. pénal* 1990. Comm. 129 : pour une assistante sociale ayant rédigé à l'intention de ses collègues une note concernant le recrutement d'aides ménagères et recommandant « d'éviter le personnel de couleur ».
5. Crim. 1er déc. 1992, *Bull. crim.* n° 398, *Dr. pénal* 1993. Somm. 107 : exigence d'une carte d'électeur.

« l'appartenance ou la non-appartenance », de sorte que le délit se conçoit dans les deux sens, à raison, par exemple, de la nationalité qu'a ou que n'a pas la victime. L'adjectif « déterminée » qui semble se rapporter à la seule religion est une précision qui pourrait s'avérer gênante par exemple dans le cas d'une discrimination qui serait commise envers les croyants en général. Enfin, la formule « vraie ou supposée » montre que le législateur a souhaité entendre la répression à toutes les hypothèses de discrimination reposant sur des suppositions ou des soupçons et qui, il est vrai, dénotent la même associabilité que les autres.

258 La preuve d'une intention discriminatoire, indispensable à la démonstration de l'infraction, présente en pratique des difficultés notables toutes les fois qu'elle ne s'extériorise pas par des propos, des écrits ou d'autres manifestations de nature à éclairer les juges sur les dispositions d'esprit de celui qui refuse un bien, un service ou un emploi. Les faits de discrimination ne sont pas toujours, loin s'en faut, univoques. Ainsi, à l'entrée d'une discothèque par exemple, peuvent être invoqués des motifs discriminatoires étrangers au Code pénal : la sélection de fait sur la base de critères plus ou moins objectifs comme l'apparence vestimentaire. Or, de telles motivations peuvent en dissimuler d'autres moins honorables. Les juges s'abstiennent d'entrer en répression si un doute subsiste [1]. De là l'intérêt de la preuve par « *testing* ». Il s'agit d'une méthode initiée par certaines associations qui consiste, le plus souvent sous le contrôle d'un huissier, à envoyer plusieurs personnes ou groupes de personnes apparemment de races différentes à se présenter à l'entrée du même établissement ou de la même entreprise, et à faire constater ceux qui sont acceptés et ceux qui sont refusés. Ce procédé de preuve, après avoir été admis par la Cour de cassation [2], a été consacré par le législateur dans la loi du 31 mars 2006 qui l'a introduit à l'article 225-3-1 du Code pénal.

1. Crim. 25 avr. 1989, pourvoi n° 8696046.
2. Crim. 11 juin 2002, *Bull. crim.* n° 3 ; *RSC* 2002. 879, obs. J.-F. Renucci ; L. Collet-Askri, « Testing or not testing », *D.* 2003. 1309.

§ 2. La répression

259 Les peines fulminées par l'article 225-2 du Code pénal ont été aggravées par la loi du 9 mars 2004. En effet, le législateur a renforcé la répression en prévoyant une peine de trois ans d'emprisonnement et de 45 000 € d'amende, au lieu de deux ans et de 30 000 €. Une circonstance aggravante a été en outre instituée, dès lors que le refus discriminatoire lié aux prestations de service est commis dans un lieu accueillant du public ou aux fins d'en interdire l'accès. En fin, la loi du 9 mars 2004 a aussi trouvé une peine spécifique en matière de discrimination qui n'a pour but que de sensibiliser l'individu aux valeurs fondamentales de la République, en particulier la dignité : il s'agit du stage de citoyenneté. Ainsi l'article 131-5-1 du Code pénal dispose que, « lorsqu'un délit est puni d'une peine d'emprisonnement, la juridiction peut, à la place de l'emprisonnement, prescrire que le condamné devra accomplir un stage de citoyenneté qui a pour objet de lui rappeler les valeurs républicaines de tolérance et de respect de la dignité humaine sur lesquelles est fondée la société ». Cette peine ne peut être prononcée contre le prévenu qui le refuse ou n'est pas présent à l'audience.

260 L'article 225-3 du Code pénal, modifié par la loi du 27 mai 2008, prévoit des faits justificatifs, distinguant certains cas de discrimination dans lesquels les dispositions pénales ne sont pas applicables. Ces autorisations légales de discriminer visent notamment la discrimination à l'embauche. Ainsi, les discriminations fondées sur l'état de santé peuvent être justifiées lorsque le refus d'embauche ou le licenciement est fondé sur l'inaptitude médicalement constatée ; de même, les discriminations fondées sur le sexe en matière d'embauche peuvent être justifiées lorsque l'appartenance à l'un ou l'autre sexe est une condition déterminante pour l'emploi (art. R. 123-1 C. pén. : artistes, mannequins, modèles...).

Section 2

Les conditions de travail et d'hébergement contraires à la dignité humaine

261 Humaniste, le Code pénal de 1994 a créé deux nouvelles incriminations visant les conditions de vie contraires à la dignité humaine (art. 225-13 et 225-14 C. pén.). L'objectif du législateur a été de sanctionner ceux qui exploitent les personnes en situation de vulnérabilité, comme les travailleurs clandestins ou les chômeurs. L'article 225-13 cherche à réprimer « l'esclavage domestique [1] » tandis que l'article 225-14 vise plutôt « l'esclavage économique ». Imprécis, les textes ont rapidement donné lieu à des poursuites qui ont révélé les limites du dispositif. C'est pourquoi la loi du 18 mars 2003 a modifié la rédaction des textes et aggravé la répression, créant par ailleurs une nouvelle incrimination visant la traite des êtres humains (art. 225-4-1 C. pén.). Il n'est pas certain pour autant que cela suffise à satisfaire aux exigences européennes, eu égard notamment aux cas d'esclavage domestique [2].

---

1. G. Vaz-Cabral, « Les formes contemporaines d'esclavage dans six pays de l'Union européenne - Autriche, Belgique, Espagne, France, Grande-Bretagne, Italie », Institut des hautes études de la sécurité intérieure, coll. Études et recherches, 2002 : L'esclavage domestique correspond en général à l'hypothèse suivante : une jeune étrangère est pris en charge par une famille française, en vue d'y effectuer des tâches ménagères et garde d'enfant. L'employeur lui confisque ses papiers d'identité ; la victime est contrainte de travailler 15 à 18 heures par jour sans être rémunérée ou pour une rémunération dérisoire. Elle est séquestrée la plupart du temps ou rigoureusement surveillée lors de ses rares sorties, se nourrit des restes du repas des employeurs, dort à même le sol, dans des cagibis... (A. Vidalis, Rapport Doc. AN n° 3459, 12 déc. 2001, p. 20 s.). L'esclavage économique est une notion plus diffuse, qui recouvre plusieurs situations : l'exploitation par un employeur d'une main-d'œuvre clandestine, en situation irrégulière au regard des conditions d'entrée et de séjour en France ; l'exploitation, par un employeur français d'une entreprise utilisant une main-d'œuvre non clandestine, imposant à ses salariés brimades, vexations et conditions de travail attentatoires à leur dignité.

2. Les juges de Strasbourg y ont rappelé l'obligation pour les États de pénaliser spécifiquement les comportements contraires aux droits garantis par l'article 4 de la Convention européenne des droits de l'homme, lequel consacre l'une des valeurs fondamentales des sociétés démocratiques (§ 82). Et s'agissant du droit pénal français, ils ont considéré que les dispositions en vigueur au moment des faits dénoncés - dont l'article 225-14 du Code pénal - ne permettaient pas d'en assurer efficacement le respect. On relèvera, en outre, que la Cour a donné, dans cet arrêt, une définition du travail forcé ou obligatoire » par référence à l'article 21 de la Convention de l'Organisation internationale du travail du 28 juin 1930 sur le travail forcé. Ce dernier correspond au travail [...] exigé sous la menace d'une peine quelconque et, de plus, contraire à la volonté de l'intéressé, pour lequel celui-ci ne s'est pas offert de son plein gré (§ 117 ; v. déjà CEDH 23 nov. 1983, *Van der Mussele c/ Belgique*). Il faut préciser que la notion de peine est enten-

§ 1. Les éléments constitutifs

A. L'élément matériel

262 Les articles 225-13 et 225-14 du Code pénal visent l'obtention de personnes vulnérables de services non rétribués ou très insuffisamment et la soumission à des conditions de travail ou d'hébergement indignes de personnes vulnérables. Les juges doivent caractériser la vulnérabilité de la victime et apprécier les conditions de sa rémunération, de son travail, de son hébergement. L'imprécision des textes donne en effet un grand pouvoir d'appréciation *in concreto*, les conditions de travail des salariés à l'aune de leur dignité. La jurisprudence est venue apporter des précisions utiles sur les contours de l'incrimination.

263 D'abord, l'infraction suppose une condition préalable tenant à la vulnérabilité ou à l'état de dépendance de la personne. Toutefois, le législateur n'a pas précisé les catégories de victimes protégées, à l'exception notable de l'article 225-15-1 du Code pénal qui vise les mineurs et les personnes soumises aux comportements incriminés dès leur arrivée sur le territoire national. Les juges, invités par la loi à placer sur le même plan vulnérabilité et dépendance, peuvent étendre la protection au-delà des personnes traditionnellement considérées comme vulnérables (âge, maladie, infirmité, état de grossesse...) [1]. La dépendance de droit (contrat de travail) ou de fait (situation irrégulière [2], pauvreté) entre ainsi en ligne de compte.

264 Ensuite, le texte se réfère de façon vague à la dignité : l'acte incriminé consiste à soumettre la victime à des conditions de tra-

due de manière extensive par la Cour européenne puisqu'elle comprend la crainte, ressentie par une personne en situation irrégulière, d'être arrêtée par la police (§ 118). Depuis l'époque des faits, une réforme législative est intervenue en 2003 pour mettre fin à l'exigence d'un abus de la vulnérabilité ou de la situation de dépendance de la personne, facilitant ainsi la répression (loi n° 2003-239 du 18 mars 2003). De même, un nouvel article 225-15-1 a été inséré dans le Code pénal en vue de poser une présomption de l'état de vulnérabilité ou de dépendance concernant les mineurs ou personnes qui ont été victimes des faits incriminés à leur arrivée sur le territoire français. Mais ces modifications qui restent accessoires ne font pas disparaître les reproches contenus dans la jurisprudence *Siliadin* : F. Massias « L'arrêt Siliadin. L'esclavage domestique demande une incrimination spécifique », *RSC* 2006. 139.

1. Comparer avec la liste des critères fournie sur le terrain de l'abus frauduleux de l'état d'ignorance ou de faiblesse : art. 223-15-2 C. pén.

2. Crim. 11 févr. 1998, précité

vail ou d'hébergement indignes. Il importe de souligner le caractère alternatif et non exclusif des conditions incompatibles à la dignité humaine : celles-ci peuvent avoir trait au travail ou à l'hébergement. Les critères jurisprudentiels renvoient à la violation de la réglementation en matière de salubrité des logements ou d'hygiène et de sécurité au travail [1]. Cependant, s'il apparaît établi que la réglementation du travail n'était pas respectée au regard de la durée du travail et du temps de repos, le non-respect du Code du travail est insuffisant pour considérer que les conditions de travail sont incompatibles avec la dignité humaine qui impliquerait, par exemple, des cadences infernales, des insultes et brimades fréquentes, la nécessité d'une force physique particulière sans commune mesure avec la stature de l'employé, l'exercice de l'activité dans un local insalubre [2]. C'est pourquoi, l'appréciation jurisprudentielle d'une atteinte à la dignité intègre de multiples critères, qui tiennent aux locaux (insalubres, non éclairés, non chauffés), aux conditions matérielles (bruit, odeurs...), aux cadences de travail (not. travail posté en l'absence de pauses...), à l'existence de pressions psychologiques (chantage, violence morale), à l'organisation du travail et ses répercussions sur la vie familiale (plages de travail longues, temps de transport)...Ce que visent ces incriminations, ce n'est pas la protection de l'occupant d'un logement ou d'un salarié *es-qualités*, mais bien la protection de la personne elle-même [3].

265 Enfin, la Cour de cassation a contribué à faciliter la preuve de l'atteinte à la dignité et à encadrer le pouvoir d'appréciation des juges du fond. D'une part, si le prévenu n'est pas en état d'empor-

1. Crim. 11 févr. 1998, *Bull. crim.* n° 53 : logement occupé par un trop grand nombre de personnes au regard de sa superficie ; Crim. 30 mai 2006, *Dr. pénal* 2006, n° 117 : logement sans eau, ni toilettes.

2. Crim. 11 déc. 2001, *Bull. crim.* n° 156.

3. C'est pourquoi la Cour de cassation a cassé l'arrêt d'une cour d'appel ayant relaxé un employeur pour soumission à des conditions de travail indignes subies par des salariés victimes de la part de l'employeur, au cours de leur travail, et notamment en présence de clients, d'actes de violence, brimades, injures et autres vexations. Les juges du fond avaient considéré que ces violences physiques et morales, si elles témoignent d'un comportement critiquable à l'égard des salariés, ne caractérisent pas une atteinte à la dignité humaine, mais relèvent plutôt d'un mode paternaliste de gestion non pénalement punissable (Crim. 23 avr. 2003, *Bull. crim.* n° 85) ; *adde*, pour un cas de mécanisation du comportement des salariés, accompagnée d'humiliations et de brimades : Crim. 4 mars 2003, *Bull. crim.* n° 53 ; *RSC*. 2003. 561, obs. Y. Mayaud ; *Dr. pénal* 2003. Comm. 83, obs. M. Véron, *RPDP*, juin 2003. 361, obs. J.-Y. Chevallier, *RJS* 6/ 2003, n° 702.

ter la conviction du juge sur la compatibilité des conditions de travail (ou d'hébergement) avec le principe de la dignité de la personne humaine, le juge doit alors en tirer la conséquence d'une présomption de soumissions à des conditions de travail ou d'hébergement indignes, sanctionnées par les articles 225-13 et 225-14 du Code pénal [1]. En d'autres termes, « là où il devient difficile de dire en quoi les conditions sont conformes à la dignité, il faut juridiquement en conclure qu'elles ne le sont pas [2] ». Le doute ne bénéficie pas au prévenu, ce qui donne des facilités probatoires aux victimes des infractions définies par les articles 225-13 et 225-14 du Code pénal. D'autre part, un arrêt important de la chambre criminelle du 13 janvier 2009 a affirmé, en se fondant sur l'article 4 de la Convention européenne des droits de l'homme relatif à l'interdiction de l'esclavage et du travail forcé, que « tout travail forcé est incompatible avec la dignité humaine [3] ». Il s'agit d'une certaine façon pour la Chambre criminelle de prendre en compte les exigences européennes, puisque les hauts magistrats se fondent précisément sur le texte à l'appui duquel la France a été condamnée : la Cour de cassation indique clairement que l'article 225-14 du Code pénal doit être interprété à la lumière de ce dernier. Cela renforce l'effectivité de l'incrimination : tout travail forcé est *ipso facto* nécessairement contraire à la dignité. Cela neutralise automatiquement la défense fondée sur la parfaite intégration de la victime à la famille...

B. L'élément moral

266 Les infractions des articles 225-13 et 225-14 sont intentionnelles : l'agent doit connaître la situation de vulnérabilité ou la situation

1. Crim. 11 déc. 2001, précité : La cour d'appel, dont l'arrêt a été cassé, avait relaxé l'employeur au motif que la soumission à des conditions de travail ou d'hébergement incompatibles avec la dignité humaine « n'a pas été révélée ». En se prononçant ainsi sans préciser les éléments de fait établissant que les conditions de travail de l'employée étaient compatibles avec la dignité humaine, la Cour de cassation a prononcé la censure.
2. Y. Mayaud, *RSC* 2002. 326.
3. Crim. 13 janv. 2009, *RSC* 2009. 376, obs. Y. Mayaud : aussi les juges du fond ne pouvaient-ils, sans se contredire, relever, d'une part, le fait que la jeune fille, privée de son passeport, avait exécuté un travail permanent sans congés et sans véritable rétribution et conclure, d'autre part, à l'absence d'atteinte à la dignité humaine. Les conditions de l'espèce s'apparentant à un travail forcé apparaissaient bien en relation avec celles requises par l'article 225-14 du Code pénal.

de dépendance de la victime. Cette connaissance se déduit d'un certain nombre d'éléments factuels : profil socioculturel de la victime, connaissance de la langue française, situation irrégulière au regard des textes sur le droit de séjour. Cela dit, même si la plupart des décisions connues infèrent l'élément moral de la matérialité des faits, il faut relever une décision de la chambre criminelle du 10 mai 2000 qui approuve la relaxe prononcée par les juges du fond, en l'absence d'intention prouvée [1]. Les décisions connues témoignent de la place très négligeable occupée par la recherche de l'élément intentionnel.

§ 2. La répression

267 La loi du 18 mars 2003 sur la sécurité intérieure a voulu renforcer la répression de ces incriminations en aggravant les peines, qui sont passées de deux ans d'emprisonnement et 75 000 € à cinq ans d'emprisonnement et 150 000 € d'amende. Si ces infractions sont commises à l'égard de plusieurs personnes ou d'un mineur, les peines sont portées à 7 ans et 200 000 €, et 10 ans et 300 000 € si figurent parmi les victimes un ou plusieurs mineurs (art. 225-15 C. pén.). Peuvent également trouver à s'appliquer les peines complémentaires de l'article 225-19 du Code pénal.

268 Les personnes morales coupables des infractions définies aux articles 225-13 et 225-14 sont très lourdement sanctionnées. Avant la réforme introduite par la loi du 18 mars 2003, les peines encourues comprenaient en premier lieu une amende (fixée par l'article 225-16, 1°, par renvoi à l'article 131-38) : taux maximum égal au quintuple de celui prévu pour les personnes physiques, soit 375 000 € ou 750 000 € si l'infraction est commise à l'égard de plusieurs personnes, aux termes de l'article 225-16 du Code

1. Crim. 10 mai 2000, *Bull. crim.* n° 183 : en l'espèce, à la suite de l'effondrement d'un palier dans un immeuble déclaré insalubre par l'autorité administrative, un locataire a poursuivi le propriétaire sur le fondement de l'article 225-14. La cour d'appel d'Aix-en-Provence l'a débouté de ses demandes, et la Cour de cassation a rejeté le pourvoi. Pour relaxer le prévenu, les juges d'appel ont retenu que, afin de se conformer aux prescriptions administratives exigeant des travaux importants, le prévenu avait mis en demeure le locataire de quitter les lieux et que, devant son refus, il l'avait assigné en expulsion. S'en remettant à l'appréciation souveraine des juges du fond, la Cour de cassation en a déduit que l'élément intentionnel du délit n'était pas caractérisé.

pénal, dans sa rédaction antérieure. Cependant, la loi sur la sécurité intérieure du 18 mars 2003 a cherché à rendre dissuasive, par l'organisation des peines, la commission de l'infraction. Le montant doit ainsi être augmenté : cinq fois 150 000 € (750 000 €) dans le cas général ; cinq fois 200 000 € lorsque l'infraction est commise à l'égard de plusieurs personnes ou d'un mineur (soit 1 000 000 €) ; cinq fois 300 000 € lorsque l'infraction est commise à l'égard de plusieurs personnes, parmi lesquelles figurent un ou plusieurs mineurs (soit 1 500 000 €). L'article 225-16 prévoit, par renvoi à l'article 131-39, neuf peines complémentaires (dissolution, placement sous surveillance judiciaire etc.).

SECTION 3
LA TRAITE DES ÊTRES HUMAINS

269 L'important volet de droit pénal spécial de la loi du 18 mars 2003 a créé une nouvelle infraction visant la traite des êtres humains (art. 225-4-1 s. C. pén.). Il s'agit de prévenir les atteintes à la dignité en incriminant notamment les réseaux de passeurs (**§ 1**) et la répression est du reste plus lourde que pour les atteintes à la dignité précédemment étudiées (**§ 2**).

§ 1. Les éléments constitutifs

A. L'élément matériel

270 **Une incrimination formelle visant les intermédiaires.** L'objectif criminologique est clair : il s'agit de viser une opération d'intermédiaire commise en vue d'une délinquance. Cela dit, la technique législative mise en œuvre pour parvenir à ce résultat est discutable. En effet, l'élément matériel de la traite consiste à recruter, transporter, transférer, héberger ou accueillir une personne. Le but immédiat est la mise de cette personne, victime de la traite, à la disposition d'un tiers. Le but final transforme la victime de la traite en victime d'infractions énumérées (proxénétisme, agressions ou atteintes sexuelles, exploitation de la mendicité, conditions de travail et

d'hébergement contraires à la dignité) ou en auteur d'une infraction sous la contrainte. Cela dit, le but final comme le but immédiat ne sont pas requis pour la consommation de l'infraction : un but potentiel suffit, ce qui fait bien de cette infraction une infraction formelle. Il s'agit en quelque sorte d'une forme d'incrimination autonome de la complicité par fourniture de moyens humains. Dans le cadre de la prostitution par exemple, l'exploiteur va recruter une personne en vue de la mettre à disposition du proxénète. Ce qui est surprenant, c'est qu'en dépit de la pression européenne et des définitions internationales, la traite de l'article 225-4-1 ignore l'esclavage et la servitude. Le champ de l'incrimination est en effet réduit, puisque le recrutement ou le déplacement de la victime doit se faire en vue d'objectifs bien limités. Si l'on considère par exemple l'exploitation, elle n'est prévue par la loi que pour l'exploitation de la mendicité. L'esclavage, qui consiste à réifier les être humains en procédant notamment à leur vente, n'est pas visé explicitement.

B. L'élément moral

271 Ce texte sanctionne une opération d'intermédiaire dont la caractérisation suppose, outre l'intention (conscience et volonté de commettre l'infraction), un intéressement objectivement constaté (rémunération ou avantage obtenu ou promis).

§ 2. La répression

272 La traite des êtres humains est punie de 7 ans d'emprisonnement et de 150 000 € d'amende. La tentative est punissable (art. 225-4-7 C. pén.).

273 Des circonstances aggravantes sont prévues, qui sont largement inspirées de celles du proxénétisme, comme en témoigne la lecture de l'article 225-4-2 : « L'infraction prévue à l'article 225-4-1 est punie de 10 ans d'emprisonnement et de 1 500 000 € d'amende lorsqu'elle est commise : 1° À l'égard d'un mineur ; 2° À l'égard d'une personne dont la particulière vulnérabilité, due à son âge, à une maladie, à une infirmité, à une déficience physique ou psy-

chique ou à un état de grossesse, est apparente ou connue de son auteur ; 3° À l'égard de plusieurs personnes ; 4° À l'égard d'une personne qui se trouvait hors du territoire de la République ou lors de son arrivée sur le territoire de la République ; 5° Lorsque la personne a été mise en contact avec l'auteur des faits grâce à l'utilisation, pour la diffusion de messages à destination d'un public non déterminé, d'un réseau de télécommunications ; 6° Dans des circonstances qui exposent directement la personne à l'égard de laquelle l'infraction est commise à un risque immédiat de mort ou de blessures de nature à entraîner une mutilation ou une infirmité permanente (cas non prévu pour le proxénétisme) ; 7° Avec l'emploi de menaces, de contraintes, de violences ou de manœuvres dolosives visant l'intéressé, sa famille ou une personne étant en relation habituelle avec lui (plus large que dans l'art. 225-7, § 8°) ; 8° Par un ascendant légitime, naturel ou adoptif de la personne victime de l'infraction prévue à l'article 225-4-1 ou par une personne qui a autorité sur elle ou abuse de l'autorité que lui confèrent ses fonctions ; 9° Par une personne appelée à participer, par ses fonctions, à la lutte contre la traite ou le maintien de l'ordre public ».

Selon l'article 225-4-3, « l'infraction prévue à l'article 225-4-1 est punie de vingt ans de réclusion criminelle et de 3 000 000 € d'amende lorsqu'elle est commise en bande organisée » et selon l'article 225-4-4, « l'infraction prévue à l'article 225-4-1 commise en recourant à des tortures ou à des actes de barbarie est punie de la réclusion criminelle à perpétuité et de 4 500 000 € d'amende ».

274 Le lien qui existe entre la traite et la réalisation d'autres infractions, a conduit le législateur - comme en matière de recel ou de blanchiment - à prévoir une circonstance aggravante d'emprunt de pénalité. Selon l'article 225-4-5 du Code pénal, « lorsque le crime ou le délit qui a été commis ou qui devait être commis contre la personne victime de l'infraction de traite des êtres humains est puni d'une peine privative de liberté d'une durée supérieure à celle de l'emprisonnement encouru en application des articles 225-4-1 à 225-4-3, l'infraction de traite des êtres humains est punie des peines attachées aux crimes ou aux délits dont son auteur a eu connaissance et, si ce crime ou ce délit est

accompagné de circonstances aggravantes, des peines attachées aux seules circonstances aggravantes dont il a eu connaissance ».

275 L'article 225-4-6 prévoit la responsabilité pénale des personnes morales pour toutes les infractions de cette nouvelle section avec amende quintuplée et toutes les peines mentionnées à l'article 131-39, y compris donc la dissolution.

276 Quant à l'article 225-4-8, il prévoit que « le fait de ne pas pouvoir justifier de ressources correspondant à son train de vie, tout en étant en relations habituelles avec une ou plusieurs personnes victimes ou auteurs des infractions prévues aux articles 225-4-1 à 225-4-6, est puni de 7 ans d'emprisonnement et de 750 000 € d'amende ». On retrouve ici une conjonction, désormais fréquente dans notre droit, entre train de vie non justifié et relations habituelles avec des personnes auteurs de certaines infractions : cela fait naître une présomption simple [1] qui permet d'entrer en voie de condamnation. De façon plus inédite, cette présomption s'attache, non plus seulement à la fréquentation de délinquants (auteurs de trafic de stupéfiants, d'association de malfaiteurs, de blanchiment, de recel...) ou de personnes considérées comme « déviantes » (usagers de stupéfiants, prostitués), mais aussi de victimes (le texte vise la fréquentation « d'une ou plusieurs personnes victimes ou auteurs » de la traite des êtres humains). Les six peines complémentaires énumérées à l'article 225-20 et l'interdiction de territoire français (art. 225-21) sont rendues applicables aux personnes physiques coupables de ces infractions. Une « peine complémentaire de confiscation de tout ou partie de leurs biens, quelle qu'en soit la nature, meubles ou immeubles, divis ou indivis » est prévue à l'encontre des personnes physiques et morales coupables des infractions de cette section 1 *bis* et de la section 2 (art. 225-25 C. pén.).

Enfin, il convient de noter que l'article 345-1 du Code de l'action sociale et des familles dispose que « des places en centres d'hébergement et de réinsertion sociale sont ouvertes à l'accueil des victimes de la traite des êtres humains dans des conditions sécurisantes ».

1. Cette présomption peut naturellement être renversée par la justification des revenus.

CHAPITRE 11

Le trafic de stupéfiants

277 **Complexité du dispositif de lutte contre le trafic de stupéfiants.** Le dispositif pénal de lutte contre l'usage et le trafic de stupéfiants est d'une remarquable complexité. Cette complexité s'explique par trois raisons principales. D'abord, ici encore, un éclatement entre différents Codes peut être observé : alors que l'usage illicite est en partie incriminé dans le Code de la santé publique [1], le trafic

---

1. L'article L. 628 du Code de la santé publique incrimine l'usage illicite des stupéfiants. Il punit ceux qui auront de manière illicite fait usage de l'une de ces substances ou plantes classées comme stupéfiants. L'usage s'entend au sens de consommation ou d'absorption, qu'il soit habituel ou occasionnel, individuel ou collectif. La circulaire 69 F 389 III du garde des Sceaux du 25 août 1971, confirmée par celle du 30 mars 1973 (7311), indique « que l'incrimination de l'article L. 628 du Code de la santé publique couvre également les faits d'acquisition, de détention ou de transport de stupéfiants lorsqu'il est établi que ces substances acquises, détenues ou transportées sont destinées à l'usage exclusif de la personne concernée. Le parquet doit apprécier dans chaque cas d'espèce, selon la nature et la quantité de stupéfiants ou du degré d'intoxication de l'usager, de quel chef il conviendra d'exercer les poursuites », et éventuellement, viser l'article 222-37 du Code pénal. Au vu des procès-verbaux constatant le délit de l'article L. 628 du Code de la santé publique, le procureur de la République peut prescrire une cure de désintoxication ou un placement sous surveillance médicale. Cette injonction est notifiée personnellement par un magistrat du ministère public. Exceptionnellement, elle peut être notifiée par l'intermédiaire d'un officier de police judiciaire (OPJ), toujours sur instruction d'un magistrat du ministère public. Les toxicomanes peuvent tout d'abord se présenter spontanément dans un dispensaire ou un établissement hospitalier afin d'y être traités. Dans ce cas, ils peuvent demander expressément l'anonymat, lequel ne pourra être levé que pour des causes autres que pour la répression de l'usage illicite des stupéfiants (CSP art. L. 355-21). L'autorité sanitaire saisie du cas d'un usager par le rapport d'une assistance sociale ou le certificat d'un médecin peut lui enjoindre de suivre une cure de désintoxication ou de se placer sous surveillance médicale dans des conditions définies à l'article L. 355-20 du même code. Un traitement médical peut être prescrit ou ordonné par les autorités judiciaires à tous les stades d'une procédure pénale qui serait suivie contre un usager pour le délit prévu à l'article L. 628 du Code de la santé publique : injonction thérapeutique du procureur de la République (CSP art. L. 628-1, L. 628-4, L. 628-5, L. 355-15 à L. 355-17) ; traitement prescrit par le juge d'instruction (art. L. 628-2, L. 628-3, al. 2, L. 628-4, L. 628-5), traitement prescrit par

est réprimé dans le Code pénal, tantôt en tant que crime, tantôt en tant que délit (art. 222-34 à 222-51 C. pén.). Ensuite, il convient d'articuler en la matière la législation interne avec les très nombreuses conventions internationales et européennes [1]. Enfin, et c'est ce point qui nous retiendra particulièrement, la lutte contre le trafic de stupéfiants est assurée par un réseau dense d'incriminations qui concernent aussi bien le trafic de stupéfiants proprement dit que des infractions périphériques (SECTION 1), avec un système de répression qui est très largement dérogatoire de droit commun, tant au regard des dispositions substantielles que des dispositions procédurales (SECTION 2).

SECTION 1
L'INCRIMINATION PROTÉIFORME DU TRAFIC DE STUPÉFIANTS

278 **Le principe général de prohibition.** L'incrimination du trafic de stupéfiants est fondée sur le principe de la prohibition, générale et absolue, de tout produit légalement qualifié de stupéfiants. Les sources de cette prohibition sont multiples. Ainsi, la notion de « stupéfiants » est définie à l'article 222-41 du Code pénal par référence à l'article L. 627 du Code de la santé publique, lequel ren-

la juridiction de jugement (art. L. 628-3 et L. 628-5) ; traitement prescrit par le juge des enfants pour l'usager mineur (art. L. 628-2, L. 628-4 et L. 628-5). Il est à noter que la substance qui justifie la condamnation pour usage illicite doit être désignée avec suffisamment de précision. Ainsi, la Cour de cassation (Crim. 18 déc. 1984, Lexilaser Cassation : pourvoi n° 84-94787) a censuré une condamnation pour usage illicite de « Zamal » (nom donné au cannabis à la Réunion), rappelant que le classement est un élément constitutif du délit. Il en serait de même si la qualification visait le « shit » ou le « haschisch ». La même juridiction a précisé « qu'un juge ne peut se contenter de viser de façon générale des substances stupéfiantes sans préciser desquelles il s'agit ». De là l'importance d'une analyse scientifique des substances incriminées. Sur cette question, voir F. Besacier, « Trafic de stupéfiants : une approche scientifique », *AJ pénal* 2006. 251

1. V., par exemple, la loi du 29 avril 1996 relative au trafic de stupéfiants en haute mer et portant adaptation de la législation française à l'article 17 de la Convention des Nations unies contre le trafic illicite des stupéfiants et substances psychotropes faite à Vienne le 20 décembre 1988 et entrée en vigueur le 1er novembre 1990. Ledit article 17 incite les États parties à coopérer dans toute la mesure du possible en vue de mettre fin au trafic illicite par mer et, par exception au principe traditionnel de la loi du pavillon, il autorise un État partie à prendre les « mesures appropriées » à l'égard d'un navire étranger battant pavillon d'un autre État partie et suspecté de trafic de stupéfiants, sous réserve de l'accord de l'État du pavillon.

voie à un décret en Conseil d'État [1]. Il faut en outre tenir compte des multiples conventions internationales. Les incriminations du trafic de stupéfiants sont nombreuses et variées (**§ 1**) et elles sont complétées par des incriminations périphériques (**§ 2**).

§ 1. L'incrimination variée du trafic de stupéfiants proprement dit

279 Les incriminations du trafic de stupéfiants sont très diversifiées, afin de tenir compte de la variété des comportements et des profils criminologiques. Derrière la notion de « trafic de stupéfiants » se cachent en réalité plusieurs infractions prévues et réprimées par les articles 222-34 à 222-39 du Code pénal.

280 **Direction ou organisation d'un groupement ayant pour objet le trafic (art. 222-34).** L'article 222-34 du Code pénal réprime le fait de diriger ou d'organiser un groupement ayant pour objet la production, la fabrication, l'importation [2], l'exportation, le transport, la détention, l'offre, la cession, l'acquisition ou l'emploi illicites de stupéfiants (art. 222-34 C. pén.). Cette infraction très grave, punie de la réclusion criminelle à perpétuité, assortie de la période de sûreté automatique et de 7 500 000 € d'amende, a pour objet de sanctionner les responsables d'organisations structurées. Le législateur vise notamment ici les responsables d'organisations structurées de type mafieux. L'élément matériel correspond à la création d'une organisation ou d'un groupement destiné spécialement au trafic de stupéfiants, et non à l'utilisation d'une structure existante à cette même fin. Ce crime ne doit pas être confondu avec le délit d'association de malfaiteurs en vue de préparer un trafic de stupéfiants (art. 450-1 C. pén.). En effet, l'association de

1. Parmi ces « substances ou plantes vénéneuses classées comme stupéfiants par voie réglementaire » figure le cannabis : Crim. 13 mars 1995, *Bull. crim.* n° 101.
2. Crim. 7 avr. 2004, *Bull. crim.* n° 95 ; *Dr. pénal* 2004. Comm. 121 : jugé que sont « importateurs » ceux qui achètent à plusieurs reprises de l'héroïne à l'étranger, la faisant ensuite entrer en France par un porteur. Ainsi, il n'est pas nécessaire de passer soi-même la frontière pour être importateur.

malfaiteurs est constituée alors même que le trafic n'a pas encore été réalisé [1], tandis que les dispositions de l'article 222-34 supposent la commission effective du trafic.

281 **Production ou fabrication illicites (art. 222-35).** Ce crime est puni de vingt ans de réclusion, peine portée à trente ans si ces faits sont commis en bande organisée. Il faut entendre bande organisée au sens de l'article 132-71 du Code pénal, c'est-à-dire, tout groupement formé ou toute entente établie en vue de la préparation, caractérisée par un ou plusieurs faits matériels, d'une ou plusieurs infractions. La circonstance de bande organisée ne doit pas être confondue avec celle de réunion, prévue pour d'autres infractions. Le simple fait que l'exportation ou l'importation ait été matériellement commise par plusieurs personnes ne suffit pas à conférer une nature criminelle à ces agissements, s'il n'est pas établi que ceux-ci ont fait l'objet d'une préparation de la part d'un groupe d'individus organisés. Soulignons toutefois que l'identification des membres de ce groupement n'est pas une condition exigée : il pourra advenir, dans certaines circonstances établissant matériellement une organisation criminelle, que la notion de bande organisée soit retenue alors même qu'une seule personne est renvoyée devant la cour d'assises.

282 **Importation ou exportation illicites (art. 222-36).** Elles sont punies de dix ans d'emprisonnement et de 7 500 000 € d'amende en vertu de l'article 222-36, alinéa 1er, du Code pénal. Le délit devient crime et la peine est portée à trente ans de réclusion si ces faits sont commis en bande organisée, en vertu de l'alinéa 2 du même article. L'importation et l'exportation constituent deux infractions distinctes [2]. L'importation illicite étant une infraction instantanée qui se commet chaque fois qu'une importation est effectuée, une qualification criminelle a pu être retenue pour des importations commises en bande organisée et réalisées postérieurement à la date d'entrée en vigueur du Code pénal [3].

1. V. *infra*, n° 501 s.
2. Crim. 22 déc. 1973, *Bull. crim.* n° 434.
3. Crim. 5 sept. 1995, *Bull. crim.* n° 269.

283 **Transport, détention, offre, cession, acquisition ou emploi illicites (art. 222-37).** Ils sont punis de dix ans d'emprisonnement et de 7 500 000 € d'amende en vertu de l'article 222-37, alinéa 1er, du Code pénal. Sont visées ici les activités des intermédiaires, grossistes et semi-grossistes. Deux précisions s'imposent ici. D'une part, l'acquisition en vue de la revente entre dans les prévisions de ce texte, parfois de façon très sévère [1]. D'autre part, cette qualification doit être distinguée de la cession ou la vente à une personne déterminée en vue de sa consommation personnelle (art. 222-39) et du seul usage illicite de stupéfiants (art. L. 3421-1 CSP).

284 **Cession ou offre de stupéfiants à une personne en vue de sa consommation personnelle (art. 222-39).** Cette infraction, ainsi que les circonstances aggravantes qui peuvent s'y rattacher, sont prévues par l'article 222-39 du Code pénal qui reprend, sans les modifier, les dispositions de l'article L. 627-2 du Code de la santé publique. Les circonstances aggravantes sont prévues à l'alinéa 2 : offre ou cession à des mineurs ou dans des centres d'enseignement, d'éducation ou dans des locaux de l'administration. La peine est de cinq ans d'emprisonnement et 75 000 € d'amende. L'emprisonnement est porté à dix ans en cas de circonstance aggravante. C'est sur ce terrain que sont poursuivis les « petits dealers ».

285 **Tentative de trafic (art. 222-40).** L'incrimination est prévue à l'article 222-40 et vise la tentative des infractions des articles 222-36, alinéa 1er à 222-39 et est assimilée au délit consommé. La tentative fait l'objet d'une définition large en matière de trafic de stupéfiant [2].

---

1. Crim. 17 oct. 1994, *Bull. crim.* n° 334 : condamné sur ce fondement un prisonnier qui détenait un gramme de haschich dans sa cellule.

2. Alors qu'en droit commun la tentative nécessite un commencement d'exécution et une absence de désistement volontaire, il semble que la jurisprudence se contente parfois d'actes préparatoires en matière de trafic. La Cour de cassation (Crim. 18 août 1973, *Bull. crim.* n° 339) précise que « le commencement d'exécution est caractérisé au sens de l'article 2 du Code pénal, dans le cas d'une négociation tendant à la cession et à l'acquisition d'une certaine quantité de stupéfiants alors même que les parties ne s'étaient pas mises d'accord sur le prix au moment de leur interpellation par les policiers ». En d'autres termes, « toute discussion directe ou par téléphone, en vue de vendre ou d'acheter de la drogue est constitutive d'une tentative de trafic » (F. Caballero, *Le droit de la drogue*, Dalloz). À l'inverse, il a été décidé (Crim. 15 mai 1979, *Bull. crim.* n° 175) que « le fait de remettre à un tiers une somme d'argent destinée à l'achat de résine de cannabis ne constitue pas un commencement d'exécution, dès lors que la somme d'argent ayant été expédiée par ce tiers à un autre individu sous forme de mandat, celui-ci a été retourné impayé à l'expéditeur sans qu'aucun vendeur de stupéfiants n'ait été contacté ».

§ 2. Les infractions périphériques du trafic de stupéfiants

286 **La densification du maillage pénal, afin d'appréhender tous les maillons du trafic.** Le législateur pénal, soucieux d'incriminer de façon précise non seulement les diverses modalités du trafic mais encore la totalité des maillons de la chaîne, du producteur au consommateur de stupéfiants, a multiplié les infractions périphériques du trafic.

287 **Blanchiment (art. 222-38).** Le blanchiment de l'argent de la drogue, réprimé par l'article 222-38 du Code pénal, est puni de dix ans d'emprisonnement et de 750 000 € d'amende. Cette amende peut être portée jusqu'à la moitié de la valeur des biens ou des fonds sur lesquels ont porté les opérations de blanchiment. L'élément matériel consiste à apporter son concours à une opération de placement [1], de dissimulation [2] ou de conversion du produit de l'une des infractions prévues par les articles 222-34 à 222-37 du Code pénal. Il importe de bien distinguer cette incrimination de celle des articles 324-1 à 324-9 du Code pénal, introduite par la loi du 13 mai 1996, qui vise de façon générale le blanchiment du produit direct ou indirect de tout crime ou délit [3]. En égard au principe de spécialité, c'est l'incrimination de l'article 222-38 qui trouvera à s'appliquer en cas de blanchiment de l'argent de la drogue, avec pour conséquence la mise en œuvre des mesures dérogatoires de droit commun, au regard de la procédure pénale notamment. L'élément moral consiste dans la connaissance de l'origine des fonds placés ou convertis. Il suffit en général d'établir que le prévenu entretenait d'étroites relations familiales ou d'affaires avec une personne se livrant au trafic de stupéfiants [4]. Sa preuve peut s'avérer plus délicate lorsque sont poursuivies des banques ou des

1. Crim. 7 déc. 1995, *Bull. crim.* n° 375 ; *RSC* 1996. 666, obs. Delmas-Saint-Hilaire : concours apporté par un notaire à des opérations de placement.
2. Crim. 23 oct. 1997, *Bull. crim.* n° 350 ; *Dr. pénal* 1998. Comm. 31 : transfert de fonds sur un compte ouvert à l'étranger.
3. *Infra*, n° 362 et s.
4. Cass., ass. plén., 4 oct. 2002, *Bull. crim.* n° 1 ; *Dr. pénal* 2003. Comm. 34.

organismes financiers, mais de nombreuses dispositions leur imposent des obligations de dénonciation en cas de soupçon sur l'origine des fonds qui transitent entre leurs mains [1].

288 **Facilitation de l'usage (art. 222-37, al. 2).** L'article 222-37, alinéa 2, du Code pénal sanctionne de dix ans d'emprisonnement et de 7 500 000 € d'amende ceux qui auront facilité, par quelque moyen que ce soit, l'usage illicite de stupéfiants. Il s'agit d'une complicité par fourniture de moyens que le législateur incrimine de façon autonome. Sont visées les facilités matérielles telles que la mise à disposition d'un local [2] ou le prêt d'argent, mais aussi la délivrance d'ordonnances fictives ou de complaisance. Sont ici particulièrement visés les médecins prescripteurs [3] mais aussi les pharmaciens qui délivrent des substances sur présentation d'une ordonnance dont le caractère fictif ou de complaisance est connu. Au regard de ces manœuvres par lesquelles un toxicomane cherche à se procurer des produits stupéfiants, il serait aussi possible dans ce cas de relever le faux en écriture privée, prévu et réprimé à l'article 441-1 du Code pénal.

289 **Provocation.** L'article L. 3421-4 du Code de la santé publique incrimine un certain nombre de provocations, qu'elles soient ou non suivies d'effet [4]. Le législateur cherche ici à éviter que la presse ou les médias ne fassent directement ou indirectement l'apologie de la drogue. C'est pourquoi la provocation est entendue de façon plus large qu'en matière de complicité : tout acte d'incitation est visé, même s'il n'y a pas de contrainte ou de violence. Trois situations entrent dans les prévisions du texte : la provocation à l'un des crimes ou délits des articles 222-34 à 222-39, la provocation à l'usage ou l'achat et la présentation sous un jour favorable. Sont

1. *Infra*, n° 369.
2. Crim. 13 déc. 2000, *Bull. crim.* n° 379 ; *RSC* 2001. 376, obs. Y. Mayaud : animateurs d'une discothèque qui connaissent le trafic organisé dans leur établissement et facilitent en connaissance de cause les rendez-vous des toxicomanes.
3. Crim. 6 déc. 1983 et 10 janv. 1984, *D.* 1984. IR 464, obs. Penneau.
4. Le dispositif est complété par l'article 227-18-1 du Code pénal, déjà envisagé au titre de la protection pénale du mineur. Rappelons que ce texte vise le fait de provoquer un mineur au transport, à la détention, à l'offre ou à la cession de stupéfiants. La peine est de sept ans d'emprisonnement et de 150000 € d'amende. Elle est portée à dix ans d'emprisonnement et 300 000 € d'amende si la provocation est faite sur un mineur de quinze ans (al. 2).

ainsi prohibées toutes les formes de provocation ou de publicité visant à valoriser les produits classés stupéfiants [1].

290 **Non-justification de ressources.** L'article 222-39-1 du Code pénal incriminait le fait de ne pas pouvoir justifier de ressources correspondant à son train de vie, tout en étant en relations habituelles avec une ou plusieurs personnes se livrant au trafic ou à l'usage de stupéfiants. La loi du 23 janvier 2006 relative à la lutte contre le terrorisme a généralisé l'incrimination de non-justification de ressources par celui qui est en relations habituelles avec une ou plusieurs personnes se livrant à la commission de crimes ou de délits punis d'au moins cinq ans d'emprisonnement (art. 321-6). Le législateur a choisi en conséquence d'abroger l'incrimination spéciale de l'article 222-29-1. C'est donc désormais sur le terrain de l'article 321-6 du Code pénal qu'un prévenu aura la charge de prouver l'origine licite de ses fonds [2]. Il faut toutefois noter que l'article 222-38 du Code pénal continue à incriminer, de façon complémentaire, le fait de faciliter par tout moyen la justification mensongère de l'origine des biens ou des revenus de l'auteur des infractions mentionnées aux articles 222-34 à 222-37 du Code pénal (fausses factures, ventes déguisées, bulletins de salaire, reconnaissances de dette...).

SECTION 2
LA RÉPRESSION DU TRAFIC DE STUPÉFIANTS

291 **Une répression largement dérogatoire du droit commun.** La répression du trafic de stupéfiants présente de nombreuses spécificités. Au vrai, elle est très largement exorbitante de droit commun, qu'il

1. Crim. 9 janv. 1974, *Bull. crim.* n° 15 : a considéré que commettait ce délit l'individu qui a vendu des exemplaires d'une carte postale portant au recto l'inscription « LSD j'aime », agrémentée d'un dessin en forme de cœur et reproduisant au verso l'image d'une seringue à injection hypodermique. Mais la cour d'appel de Paris (Paris, 7 mai 1979, inédit) a estimé que ne commettait pas une provocation à la fabrication, à la commercialisation, ou à l'usage de stupéfiants, la présentation d'un parfum, d'un cosmétique ou de produits similaires vendus sous l'appellation « Opium ».
2. Sur cette incrimination, v. *infra* n° 370 s.

s'agisse des mesures substantielles (§ 1) ou des mesures procédurales relatives à la poursuite, à l'instruction et au jugement (§2). Peut-être faut-il inverser les perspectives et considérer que ces conditions de répression préfigurent le droit commun de demain... Pour l'heure, ce qui est certain, c'est que la politique criminelle de répression privilégie la réinsertion pour les simples usagers, alors qu'elle réprime de façon très sévère les vendeurs de stupéfiants. L'objectif poursuivi est de lutter contre la toxicomanie en cherchant à tarir les sources d'approvisionnement [1].

§ 1. Les mesures substantielles

292 S'agissant de l'application de la loi pénale dans l'espace, la tendance est connue qui consiste, à partir du principe de territorialité, à hypertrophier le champ de compétence du droit français, en utilisant les notions de connexité et d'indivisibilité [2]. Cette tendance s'illustre particulièrement en matière de trafic de stupéfiants, ce qui permet de poursuivre en France des infractions commises à l'étranger [3].

293 Le repenti, ou « collaborateur de justice », n'appartenait pas à la tradition juridique française. Il n'a été introduit en matière de trafic de stupéfiants qu'en 1987 (art. 222-43 C. pén.). Cependant, la loi *Perben II* du 9 mars 2004 a considérablement élargi son domaine d'application en l'inscrivant dans les dispositions générales du Code pénal (art. 132-78 C. pén.) et en multipliant le

1. M. Vaubaillon, « Politique de poursuites en matière d'usage et de trafic de stupéfiants », *RSC* 1997. 35 ; cela dit, la pérennité de la politique française de prohibition suscite, on le sait, des débats. En effet, la répression de l'usage de stupéfiants n'est pas légitimée par la présence d'une victime mais par un contrôle social qui renvoie à la figure d'un droit pénal paternaliste. En ce sens, v. N. Carrier, *La politique de la stupéfaction, Pérennité de la prohibition des drogues*, Presses universitaires de Rennes, 2009.

2. X. Pin, *Droit pénal général*, 2e éd., Dalloz, 2007, n° 116, p. 100.

3. Crim. 11 juin 2008, *D.* 2008. AJ 1830 : en l'espèce, un voilier faisant route du Maroc vers les Pays Bas avait été surpris dans les eaux territoriales françaises avec, à son bord, une importante quantité de cannabis transportée par un équipage relevant de plusieurs nationalités, toutes étrangères. Si la compétence française ne faisait pas de doute en ce qui concerne le trafic de stupéfiants, pouvait-elle également être retenue en ce qui concerne l'association de malfaiteurs alors qu'aucun de ses éléments constitutifs ne s'était réalisé en Franc ? La chambre criminelle, pour répondre par l'affirmative, a constaté l'indivisibilité entre les deux infractions dès lors que le prévenu savait que le projet auquel il était associé pouvait le conduire à entrer dans les eaux territoriales françaises (V. déjà dans une espèce assez proche, Crim. 20 févr. 1990, *Bull. crim.* n° 8 ; *D.* 1991. J. 395, note A. Fournier).

nombre des infractions concernées [1]. Ce système offre un régime pluriel de récompense qui constitue en quelque sorte le prix de la délation : une exemption de peine en cas d'infraction tentée (art. 222-43-1 en matière de stupéfiants) et une atténuation en cas d'infraction consommée.

294 La circonstance aggravante spéciale de bande organisée vient ici naturellement élever le *quantum* des peines encourues. Il faut toutefois rappeler que la circonstance aggravante peut parfois se trouver en concours avec une cause légale de diminution de peine, comme celle qui peut être accordée à ceux qui collaborent avec la justice pour faire cesser les agissements dont ils se sont d'abord rendus coupables (art. 222-43 C. pén. en matière de trafic de stupéfiants). Dans ce cas, les circonstances aggravantes spéciales doivent être appliquées en premier. Puis, sont appliquées les causes légales d'indulgence se rapportant aux faits. S'il y a lieu d'en faire application, la circonstance aggravante générale de récidive n'est appliquée qu'une fois effectuées les deux opérations précédentes.

295 Les articles 222-44 à 222-48-1 prévoient de nombreuses peines complémentaires applicables aux seules personnes physiques, tandis que les articles 222-49 à 222-51 visent les peines complémentaires communes aux personnes physiques et morales. Parmi les peines complémentaires applicables aux personnes physiques, l'interdiction de territoire français de l'article 222-48 du Code pénal est entourée de garanties procédurales afin de respecter la vie familiale de l'étranger au sens de l'article 8 de la Convention européenne des droits de l'homme [2]. En effet, certaines associations ont présenté cette peine complémentaire comme une « double peine », applicable uniquement aux étrangers. Le débat risque de resurgir, car la Cour de cassation a eu l'occasion récemment

1. G. Roussel, « L'introduction du repentir ou le pragmatisme appliqué du législateur », *AJ pénal* 2005. 363.
2. La Cour européenne exige un contrôle de proportionnalité entre la peine fulminée et l'objectif poursuivi. Cela dit, depuis 1996 (CEDH 24 avr. 1996, *Boughanemi c/ France*), « le juge européen fait prévaloir les impératifs nationaux sur l'intérêt individuel, minorant les liens de l'intéressé avec le pays d'accueil » (M. Levinet, « Éloignement des étrangers délinquants », *JCP* 2001. II. 10503).

d'affirmer, à propos d'un individu condamné pour trafic de stupéfiants, que cette peine complémentaire est imprescriptible [1].

§ 2. Les mesures procédurales relatives à la poursuite, à l'instruction et au jugement

296 En application des articles 706-26 et 706-27 du Code de procédure pénale, le jugement des accusés majeurs de crimes prévus par les articles 222-34 à 222-40 du Code pénal, du délit de participation à une association de malfaiteurs ayant pour objet de préparer l'un de ces crimes et d'infractions qui leur sont connexes relève, dans le ressort de chaque cour d'appel, de la compétence exclusive d'une ou plusieurs cours d'assises, dont la liste et le ressort sont fixés par l'article D. 47-7 du même code. Cette cour d'assises spéciale siège dans la composition et selon les règles prévues à l'article 698-6 du Code de procédure pénale : elle comprend sept magistrats professionnels en premier ressort et neuf en appel.

297 Avant la loi du 9 mars 2004 dite *Perben II*, Les infractions en matière de trafic de stupéfiants, de proxénétisme et de terrorisme donnaient déjà lieu à des règles de procédures particulières. Le législateur a choisi de ne pas les abroger, tout en veillant à leur coordination avec l'extension des procédures dérogatoires applicables au crime organisé [2]. L'objectif poursuivi est de muscler la procédure pénale en général et la procédure d'enquête en particu-

1. Crim. 7 janv. 2009, En l'espèce, le demandeur au pourvoi s'étant soustrait à l'exécution de la peine d'emprisonnement, la peine complémentaire d'interdiction du territoire ne pouvait commencer à s'appliquer qu'à l'expiration du délai imparti pour faire exécuter la peine principale. Le demandeur au pourvoi soutenait que l'application de la peine complémentaire s'opérait à la même date que l'exécution de la peine principale, la peine se prescrivant par conséquent par la même durée. Cet argument était fragile, car la prescription de l'interdiction du territoire ne peut pas courir tant que la peine ne peut s'exécuter, le condamné étant détenu dans un établissement pénitentiaire français. Les juges du fond de l'ont pas entendu, préférant une application littérale des dispositions de l' article 131-30, alinéa 3, du Code pénal et rappelant que le régime de la peine principale diffère de celui de la peine complémentaire ». La solution est approuvée par la chambre criminelle. V. E. Hartmann, « La peine complémentaire d'interdiction du territoire est imprescriptible », *AJ pénal* 2009. 305.

2. L'article 706-73 dernier alinéa, du Code de procédure pénale pose ce principe de cumul : « Pour les infractions visées aux 3°, 6° et 11°, sont applicables, sauf disposition contraire, les dispositions du présent titre ainsi que celles des titres XV, XVI et XVI ».

lier, afin de lutter contre les délinquances organisées et occultes. L'enquête classique, dite réactive, est, en effet considérée comme inadaptée pour appréhender ces formes de délinquance ; de là l'idée, soutenue auparavant en doctrine, d'instaurer une enquête « proactive [1] ». L'article 706-29 ancien du Code de procédure pénale prévoyait déjà des dispositions particulières en cas de garde à vue en matière de trafic de stupéfiants : désignation d'un médecin expert toutes les vingt-quatre heures pour voir le gardé à vue, prolongation de quarante-huit heures possible après la première prolongation de vingt-quatre heures. L'article 706-29 a été abrogé par la loi du 9 mars 2004. Désormais, le trafic de produits stupéfiants fait partie des cas prévus par l'article 706-73, en matière de criminalité organisée [2].

298 La provocation policière revêt une importance particulière en matière de trafic de stupéfiants. La Cour de cassation a déjà eu l'occasion d'affirmer que de telles provocations n'entrent pas dans les prévisions de l'article L. 3421-4 incriminant les provocations [3]. Cela dit, cette pratique fréquente - qui consiste dans le fait pour un policier de se présenter à un trafiquant comme acheteur de stupéfiants - doit aussi être articulée avec les principes fondamentaux de la preuve, et notamment le principe de loyauté qui entre dans les garanties du procès équitable. Ainsi la Cour européenne des droits de l'Homme a considéré que viole l'article 6, § 1, de la Convention européenne des droits de l'Homme une condamnation pour trafic de drogue fondée essentiellement sur les déclarations de deux policiers dont l'intervention a provoqué l'infraction [4]. Si

1. J. Pradel, « De l'enquête pénale proactive : suggestions pour un statut légal », *D.* 1998. Chron. 5 ; Le professeur Pradel la définit comme « l'ensemble des investigations utilisant le plus souvent des techniques spéciales pour prévenir la commission probable d'infractions ou détecter des infractions déjà commises, mais encore inconnue ». L'auteur avertissait toutefois de la nécessité d'encadrer ce type d'enquête dans des conditions précises, respectueuses des principes de légalité, d'exceptionnalité - fait de subsidiarité, de proportionnalité et de spécialité - et de judiciarité.

2. H. Vlamynck, « Le trafic de stupéfiants et les procédures policières afférentes », *AJ pénal* 2004. 187.

3. Crim. 2 mars 1971, *Bull. crim.* n° 71 ; *RSC* 1972. 85 : les actes de l'enquêteur ne sauraient constituer une provocation, dès lors que « l'intervention (du policier qui s'était présenté comme acheteur de stupéfiants) n'a en rien déterminé les agissements délictueux du prévenu, mais a eu seulement pour effet d'en arrêter la continuation ».

4. CEDH 9 juin 1998, *Teixeira de Castro*. Cependant, les juges européens ont rejeté la requête d'une personne condamnée pour trafic de stupéfiants dès lors qu'« on ne peut conclure que l'action de l'agent infiltré a provoqué, en exerçant une pression de nature à l'inciter, la commission d'une infraction qui, sans son intervention, n'aurait pas été perpétrée », « l'intervention s'étant limitée à celle d'un agent infiltré ne privant pas le requérant d'un procès équitable » (CEDH 21 mars 2002, sect. I, *Calabro c/ Italie*).

l'on cherche à synthétiser la jurisprudence tant européenne que française sur la question, on peut avancer les deux propositions suivantes : la provocation policière ne sera pas retenue comme une preuve valable si elle a été la cause impulsive et déterminante de l'infraction constatée ; en revanche, la provocation servira de preuve si elle n'a fait que contribuer à la mise au jour d'un trafic préexistant [1].

299 Enfin, s'agissant de la durée du délai de prescription de l'action publique, des dispositions très répressives ont été introduites par une loi du 8 février 1995 en matière de trafic de stupéfiants : la prescription de l'action passe à trente ans en cas de crime (art. 706-31, al. 1er, C. pr. pén.) et à vingt ans en cas de délit (art. 706-31, al. 2, C. pr. pén.).

1. Crim. 22 juin 1994, *Bull. crim.* n° 24 : en l'espèce, un fonctionnaire de l'Office central pour la répression du trafic illicite des stupéfiants s'étant présenté comme acheteur en utilisant le concours d'un délinquant repenti, la cour relève dans les constatations des juges du fond que l'intervention de la police a eu lieu dans un contexte préexistant de trafic, dont l'un des opérateurs, rouage important de l'organisation, était déjà connu ; ce qui expliquait la rapidité avec laquelle un autre participant avait pu recueillir trois cent cinquante kilos de cocaïne presque pure.

DEUXIÈME PARTIE

LES INFRACTIONS CONTRE LES BIENS

300 **Les infractions contre les biens, ouvrage avancé de la protection de la personne.** La protection pénale des biens ne ressortit pas à une simple préoccupation matérialiste : il s'agit, à bien des égards, de l'ouvrage avancé de la protection de la personne. De là une absence d'étanchéité parfaite entre la deuxième et la troisième partie du Code pénal. Ainsi, l'abus frauduleux de l'état d'ignorance ou de faiblesse, plus couramment appelé « abus de faiblesse » est incriminé au sein du chapitre consacré aux infractions de mise en danger, par l'article 223-15-2 du Code pénal. Le législateur le définit comme « l'abus frauduleux de l'état d'ignorance ou de la situation de faiblesse soit d'un mineur, soit d'une personne dont la particulière vulnérabilité, due à son âge, à une maladie, à une infirmité, à une déficience physique ou psychique ou à un état de grossesse, est apparente et connue de son auteur, soit d'une personne en état de sujétion psychologique ou physique résultant de l'exercice de pressions graves ou réitérées ou de techniques propres à altérer son jugement, pour conduire ce mineur ou cette personne à un acte ou à une abstention qui lui sont gravement préjudiciables ». Or, cette infraction était initialement considérée par le législateur comme une infraction voisine de

l'escroquerie, au titre des atteintes contre les biens, à l'article 313-4 du Code pénal. C'est la loi du 12 juin 2001, relative à la lutte contre les mouvements sectaires, qui l'a déplacée parmi les infractions de mise en danger, sans pour autant en modifier substantiellement les éléments constitutifs [1]. Nous verrons que cette porosité entre les intérêts protégés par la deuxième partie du Code pénal et ceux protégés par la troisième se vérifie souvent : incriminer les atteintes aux biens, cela revient aussi à protéger le consentement de la personne, voire son corps (un vol à l'arraché peut causer des blessures...).

301 **Le raffinement des qualifications pénales depuis 1810.** Les infractions contre les biens ont connu, comme les infractions contre les personnes, un phénomène de raffinement des qualifications. En effet, le législateur a cherché, ici comme ailleurs, à adapter le réseau des incriminations aux évolutions de la criminalité. Ce processus appelle deux séries de remarques. D'une part, les lois de communication ne sont pas absentes en la matière : il s'agit parfois de lois d'affichage dont l'effectivité réelle est inversement proportionnelle à leur bruit médiatique. Ainsi en est-il de la demande de fonds sous contrainte, dite « mendicité agressive », incriminée depuis 2003 : il s'agit d'une variété d'extorsion qui est rarement poursuivie [2]. D'autre part, les évolutions de la criminalité correspondent ici à l'évolution de la composition des patrimoines. En effet, à l'époque de l'adoption du Code napoléonien de 1810, les patrimoines étaient essentiellement composés de biens immobiliers. Cela explique pourquoi le législateur n'envisageait qu'un faible nombre d'incriminations contre les biens (vol, escroquerie, abus de confiance, extorsion). Avec l'essor du capitalisme, les premières grandes fortunes mobilières sont apparues dès la fin du XIXe siècle : certaines fortunes étaient composées essentiellement des titres au porteur de sociétés par action. De là la naissance, en 1935, de l'abus de biens sociaux, qui vise à atteindre des comportements que l'abus de confiance ne permettait pas de réprimer. Au reste, cette date peut aussi être considérée comme la date de

1. *Supra*, n° 159.
2. *Infra*, n° 343.

naissance du droit pénal économique et financier, qui s'est progressivement considérablement étoffé, au point de former désormais une matière distincte du droit pénal spécial [1]. Dans les années quatre-vingt du XXe siècle, le processus s'est poursuivi avec une certaine dématérialisation des fortunes, symbolisée notamment par la « dématérialisation des valeurs mobilières ». L'adaptation du droit pénal a mobilisé les ressources de l'interprétation jurisprudentielle afin d'élargir, dans les limites autorisées par les règles de l'interprétation, le champ des incriminations traditionnelles. En effet, si l'analogie est bannie dès lors qu'elle n'est pas *in favorem*, rien n'interdit au juge, dans le respect de l'interprétation stricte et téléologique, d'adapter une incrimination aux évolutions des mœurs et des techniques. C'est ce qu'illustre, de façon exemplaire, le vol d'électricité, admis par la Cour de cassation dès 1912 [2]. Cela dit, eu égard à ces limites d'interprétation, le législateur a dû souvent prendre le relais en créant de nouvelles incriminations adaptées à l'évolution des patrimoines.

302 **Le mythe de la dématérialisation absolue.** Il convient ici de s'arrêter un instant sur la notion de « dématérialisation ». En effet, on avance souvent l'idée selon laquelle les mutations du capitalisme, et particulièrement le capitalisme financier, nous auraient fait entrer dans l'ère de l'immatériel et de la société de l'information. L'immatériel serait ainsi la nouvelle frontière du droit des biens, du droit bancaire et du droit boursier, ce qui ne manquerait pas de rejaillir sur les infractions contre les biens. Or, il y a là quelque mystification et bon nombre d'approximations qui obscurcissent le propos au lieu de l'éclairer. Quand bien même la créance serait « détitrisée », quand bien même l'avoir sur un compte se résumerait à une inscription en compte-courant, il y aura toujours une irréductible matérialité, une certaine corporéité [3]. Faut-il rappeler

1. M. Véron, *Droit pénal des affaires*, 7e éd., Dalloz, 2007.
2. Crim. 3 août 1912, *Bull. crim.* n° 450, *DP* 1913. 1. 439, *S.* 1913. 1. 337, note J.-A. Roux.
3. En ce sens, v. notamment, D. R. Martin, « De la nature corporelle des valeurs mobilières (et autres droits scripturaux) », *D.* 1996. 47 : « Tout se passe comme si l'on avait pris au mot la pure commodité de langage qui a conduit, par image, à parler de « dématérialisation » des valeurs mobilières, au lieu de recourir à la notion plus exacte, mais moins vulgaire, de détitrisation. Et le mot a fait florès. Il a donc accoutumé les esprits à l'idée jumelle, puis à la conviction par avatar, d'une incorporalité des valeurs mobilières. Réduction fâcheuse où l'on néglige qu'une dématérialisation peut s'entendre aussi d'une moindre matérialité - par « dégraissage » en quelque sorte - sans atteindre nécessairement le stade de la pure abstraction men-

en effet que l'écriture ne peut être que matérielle, dans la mesure où l'on ne saurait écrire sans support, fût-il informatique ? L'observation est d'une particulière importance en droit pénal : dès lors qu'aucun bien n'est une pure abstraction mentale, est écarté le risque d'une police de la pensée. Il nous est loisible de lire quelques lignes d'un livre dans une librairie, voire tout le livre – tout dépend de la patience et de l'amabilité du libraire – sans être poursuivi pour vol... Il en va de même pour la cybercriminalité qui mobilise de façon croissante l'attention du législateur [1] : les systèmes et réseaux informatiques servent tantôt de support, tantôt de moyen ou d'objet pour définir les contours de l'incrimination, mais jamais cette dernière ne vise la simple pensée, nue, dématérialisée.

303 S'agissant du plan de cette partie, il appelle deux remarques complémentaires. D'une part, il ne saurait être question de suivre à la lettre l'ordre du Code pénal : non seulement le plan de la troisième partie n'est pas à l'abri de la critique [2], mais il faut garder à l'esprit que de nombreuses infractions contre les biens se trouvent en dehors du Code pénal, notamment dans le Code de la consommation, le Code monétaire et financier et le Code de l'environnement.

tale. Or, c'est, ni plus ni moins, d'un tel allégement formel, donc matériel, qu'ont bénéficié, depuis 1984, les valeurs mobilières. En effet, leur représentation concrète, dans le monde sensible, n'est pas supprimée. Elle se trouve seulement - et intelligemment - réduite à la plus simple, et ultime, expression qu'autorise le progrès de la technique - informatique - et des mentalités : une écriture en compte. La réforme intervenue a consisté en une scripturalisation des valeurs mobilières : où il faut voir moins un changement de nature que de manière d'être ; il ne s'agit pas tant d'une métamorphose que d'une mue, de transmutation que de mutation ».

1. Depuis la loi Informatique et libertés de 1978, de nombreuses lois sont intervenues dans ce domaine : la loi Godfrain (L. n° 88-19 du 5 janv. 1988 relative à la fraude informatique), la loi relative à la sécurité quotidienne (L. n° 2001-1062 du 15 nov. 2001 relative à la sécurité quotidienne), la loi pour la sécurité intérieure (L. n° 2003-239 du 18 mars 2003 pour la sécurité intérieure), la loi portant adaptation de la justice aux évolutions de la criminalité (L. n° 2004-204 du 9 mars 2004 portant adaptation de la justice aux évolutions de la criminalité), la loi pour la confiance dans l'économie numérique (L. n° 2004-575 du 21 juin 2004 pour la confiance dans l'économie numérique), la loi relative aux communications électroniques et aux services de communication (L. n° 2004-669 du 9 juill. 2004).

2. Le livre III du Code pénal, qui fut le moins touché par la rénovation de 1992-1994, comporte deux titres : le premier concerne les appropriations frauduleuses, le second les autres atteintes aux biens... Autant dire que la classification est sommaire. Quant aux atteintes envers les animaux, elles sont placées dans le livre V consacré « aux autres crimes et délits », ce qui est une manière pour le législateur de traiter l'animal en transcendant la *summa divisio* des personnes et des choses. Nous aborderons néanmoins les infractions relatives aux animaux comme une variété d'infraction contre les biens, car l'animal conçu comme un bien conserve sa pertinence pour aborder certaines infractions le concernant. V. S. Antoine, « L'animal est-il une chose ? », *Gaz. Pal.* 1994. 1. Doctr. 594 ; J.-P. Marguénaud, « L'animal dans le nouveau Code pénal », *D.* 1995. 187.

D'autre part, les infractions contre les biens constituent une vaste nébuleuse : dans les limites de ce manuel, des choix s'imposent, gouvernés essentiellement par le caractère usuel de l'incrimination. Ces observations liminaires justifient le plan suivant :

Chapitre 1. Les appropriations frauduleuses

Chapitre 2. Le recel, le blanchiment et la non-justification de ressources

Chapitre 3. Les destructions, dégradations et détériorations

Chapitre 4. Les atteintes envers les animaux

CHAPITRE 1

Les appropriations frauduleuses

304 **L'adaptation du droit pénal à l'évolution de la composition des patrimoines.** Le Code pénal réunit sous la dénomination d' « appropriations frauduleuses » un certain nombre d'infractions par lesquelles une personne s'attribue la propriété d'un bien de manière illicite : le vol, l'extorsion et le chantage, l'escroquerie et l'abus de confiance. Anciennes, ces incriminations étaient initialement conçues pour appréhender les comportements portant une atteinte matérielle à la propriété de valeurs corporelles. Cependant, l'évolution de la composition des patrimoines depuis 1810 s'est traduite par l'émergence de valeurs « immatérielles », et le phénomène s'est accéléré avec le développement des nouvelles technologies de communication, entraînant dans son sillage l'apparition de nouvelles formes de délinquance. Le législateur et le juge ont ainsi dû permettre l'adaptation des appropriations frauduleuses aux formes modernes d'atteintes à la propriété d'autrui, tout en veillant à ne violer ni le principe de la légalité criminelle, ni le principe de la nécessité et de la proportionnalité des peines. Pareille adaptation a impliqué non seulement un raffinement des infractions anciennes, mais aussi la création de nouvelles infractions voisines de celles-ci, dont nous joindrons l'analyse à celle

du vol (SECTION 1), de l'abus de confiance (SECTION 2), de l'extorsion de du chantage (SECTION 3), et de l'escroquerie (SECTION 4).

SECTION 1
LE VOL

305 À Rome, le *furtum* correspondait à une incrimination très large qui visait la pensée de lucre, qu'elle se soit manifestée par une soustraction (c'est le cas du vol d'aujourd'hui), un abus d'usage ou un détournement (ce qui correspond davantage à l'abus de confiance et à l'escroquerie actuels). En 1810, le législateur français s'est démarqué de cette tradition romaine, en ne faisant plus dépendre de délit de la seule pensée du lucre, et en ne l'étendant plus à l'abus d'usage. Sur ce dernier point toutefois, nous verrons que la jurisprudence a renoué en partie avec la définition romaine dans son interprétation de la notion de soustraction [1]. L'actuel article 311-1 du Code pénal définit en effet le vol comme « la soustraction frauduleuse de la chose d'autrui », ce qui a donné prise à un travail d'interprétation jurisprudentielle. Nous le verrons en considérant les éléments constitutifs de l'infraction (**§ 1**), avant de nous pencher sur sa répression (**§ 2**).

§ 1. Les éléments constitutifs

A. L'élément matériel

306 À la différence de la plupart des infractions pénales, le comportement et le résultat de l'infraction de vol sont étroitement mêlés (le comportement consistant en la soustraction, et le résultat en l'appropriation, dès que l'un est caractérisé, l'autre l'est aussi), si bien qu'il n'est pas utile de reproduire ici la distinction traditionnelle entre comportement, résultat et lien de causalité. Trois élé-

1. C'est particulièrement vrai lorsqu'on considère les vols commis par les salariés. V. *infra*, n° 330. *Adde*, dans le même sens, note R. Ottenhof sous Crim. 21 avr. 1964, 2 espèces, *JCP* 1965. J. 3973 ; M. Véron, « Les détournements commis par les salariés », *Dr. pénal* 1991. Chron. 4.

ments doivent tout de même être constatés de manière cumulative pour que l'élément matériel soit caractérisé.

307 **Une soustraction.** Ce que protège le vol, c'est moins une conception abstraite du droit de propriété que la puissance concrète que confère ce droit sur une chose. De là l'importance de cette notion de soustraction. Longtemps, le vol a nécessité une soustraction matérielle de la chose. Toutefois, pour les besoins de la répression, la jurisprudence a progressivement donné naissance, en dehors de toute prévision légale, à une seconde forme de soustraction : la soustraction par maniement juridique. Ainsi, l'élément matériel du vol peut aujourd'hui être caractérisé soit par une soustraction matérielle, soit par une soustraction par maniement juridique.

– **La soustraction matérielle** : formule traditionnelle du vol, la soustraction matérielle consiste dans le fait de déplacer matériellement la chose, c'est-à-dire dans le fait de « prendre, enlever, ravir » la chose, selon l'expression de l'arrêt *Beaudet* de 1837 [1]. La soustraction matérielle nécessite donc que l'action se déroule à l'insu ou contre le gré du propriétaire ou possesseur de la chose. C'est pourquoi toutes les fois où le propriétaire ou possesseur a volontairement remis la chose à l'auteur de l'infraction, ou a volontairement fait en sorte que celui-ci la saisisse, la soustraction matérielle ne peut être caractérisée : la remise volontaire de la chose, même faite par erreur, est exclusive du vol. Ainsi, celui qui conserve ce qui lui a été remis, même de mauvaise foi n'est pas coupable de vol [2]. Il en va de même de celui qui refuse de restituer le bien immobilier acquis suite à une vente assortie d'une clause de réserve de propriété [3]. Les qualifications d'escroquerie ou d'abus de confiance, à les supposer constituées, paraissent plus appropriées à semblables situations. En revanche, puisqu'il n'est alors plus question de remise volontaire de la chose, la Cour de

1. Crim. 18 nov. 1837, *Bull. crim.* n° 405, *S.* 1838. 1. 366.
2. Crim. 24 nov. 1983, *Bull. crim.* n° 315 ; *D.* 1984. 465, note C. Lucas de Leyssac, et IR 306, obs. M. Vasseur, *D.* 1985. IR 46, obs. J. Huet, *JCP* 1985. II. 20450, note H. Croze : « Le retrait d'un distributeur automatique de billets de banque, par le titulaire d'une carte magnétique, d'une somme d'argent excédant le montant de sa provision disponible de son compte bancaire, s'analyse en l'inobservation d'une obligation contractuelle et n'entre dans les prévisions d'aucun texte répressif ». La remise faite par une machine constitue donc bien une remise « volontaire », ce qui exclut la qualification de vol.
3. Crim. 11 oct. 1990, *Bull. crim.* n° 341, *D.* 1991. 234, note M.-A. Peano, *D.* 1991. Somm. 272, obs. G. Azibert, *RSC* 1991. 765, obs. P. Bouzat.

cassation juge que la soustraction matérielle est démontrée lorsque la victime remet contre son gré la chose au voleur. Ainsi, la soustraction matérielle est caractérisée quand le prévenu se fait remettre la chose par une personne dont le consentement n'est pas totalement conscient, soit parce que, trop jeune, elle agit sans discernement, soit parce que ses facultés intellectuelles ou mentales sont altérées par l'âge [1]. Est aussi involontaire et donc constitutive de vol par soustraction matérielle la remise obtenue par la menace d'une arme ou l'usage de la violence physique ou morale [2].

– **La soustraction par maniement juridique** : la soustraction par maniement juridique a été développée par la jurisprudence, sous l'empire de l'ancien Code pénal, en dehors de toute prévision légale, pour pallier les lacunes de la qualification d'abus de confiance. En effet, au titre de l'abus de confiance, le législateur de 1810 énumérait de manière limitative les contrats en vertu desquels la chose devait être remise. En vertu du principe de l'interprétation stricte de la loi pénale, la qualification d'abus de confiance était donc inapplicable aux situations dans lesquelles la chose avait été volontairement remise par son propriétaire en vertu d'un contrat ne figurant pas dans la liste établie par le législateur (ex : contrat de travail). C'est pour faire en sorte que le détournement de choses ainsi remises ne reste pas impuni, que la jurisprudence a progressivement donné naissance à la notion de vol par soustraction par maniement juridique. La soustraction par maniement juridique correspond ainsi à l'hypothèse dans laquelle le propriétaire a volontairement remis la chose ou l'a laissée saisir en n'entendant conférer qu'une détention matérielle et non en transférer la pleine possession [3]. Elle consiste donc, pour le bénéficiaire de la remise auquel on confère une détention matérielle, à usurper une possession qui ne lui était pas transmise. Dans de

1. Crim. 16 mars 1989, *Bull. crim.* n° 133 ; *RSC* 1990. 80, obs. P. Bouzat.

2. Crim. 4 mai 1973, *Bull. crim.* n° 207 : chauffeur de taxi menaçant sa cliente de l'abandonner sur la route...

3. Il faut donc dans ce cas raisonner en tenant compte des intentions de la victime : a-t-elle voulu transférer ou, au contraire, conserver la propriété de la chose ? V. P.-A. Pageaud, « L'intention de la victime comme critère de la notion de « soustraction » en matière de vol », *JCP* 1955. I. 1256.

tels cas, la Cour de cassation décide que « la détention purement matérielle, non accompagnée d'une remise de la possession, n'est pas exclusive de la soustraction [1] ». Ainsi, bien que le magasin libre-service ait volontairement laissé des marchandises à la disposition du client, celui qui emporte les produits sans les payer est coupable de vol. En effet, le fait de franchir la barrière de la caisse avec des marchandises impayées, dissimulées, ou non déclarées, constitue un vol, car le vendeur ne remet la chose à l'acheteur que sous condition de paiement. Jusque-là il n'y a que remise à titre de détention matérielle [2]. La remise volontaire de la chose n'est donc plus désormais nécessairement incompatible avec la qualification de vol. Bien que le législateur ait abandonné, à l'occasion de l'entrée en vigueur du nouveau Code pénal, l'énumération limitative des contrats au titre de l'abus de confiance, la jurisprudence a conservé, par tradition ou par commodité, la qualification de vol par soustraction par maniement juridique, ce qui est de nature à démultiplier les hypothèses de concours de qualifications avec l'abus de confiance [3].

308 **Une chose.** L'article 311-1 du Code pénal vise, comme l'ancien article 379, la soustraction d'une « chose », sans autre précision. On s'accorde en général pour considérer que cela vise essentiellement les meubles corporels, les meubles étant par excellence les choses susceptibles d'être déplacées. Les immeubles sont ainsi logiquement exclus du champ de l'incrimination, de la même manière que les *res nullius*, les choses sans maître. Cependant, la Cour de cassation a eu l'occasion d'étendre la définition des choses susceptibles d'être soustraites. Déjà, en 1912, elle avait considéré que l'électricité pouvait être une chose [4], solution désormais consacrée par l'article 311-2 qui assimile au vol la « soustraction frauduleuse d'énergie au préjudice d'autrui ». De même, la captation frauduleuse d'une émission télévisée codée à l'aide d'un

1. Crim. 11 juin 1990, *Bull. crim.* n° 238 ; Crim. 8 févr. 1993, *Bull. crim.* n° 65.
2. Il s'agit désormais d'une jurisprudence constante. V. par ex., Crim. 10 juin 1964, *Bull. crim.* n° 200 ; cela explique que celui qui est surpris en train de dissimuler des objets avant de passer par les caisses ou qui abandonne son chariot parce qu'il se sens épié se rend coupable de tentative de vol : Crim. 3 janv. 1973, *Gaz. Pal.* 1973. 1. 290.
3. *Infra*, n° 330.
4. Crim. 3 août 1912, *Bull. crim.* n° 450, *DP* 1913. 1. 439, *S.* 1913. 1. 337, note J.-A. Roux.

décodeur pirate fait l'objet d'une incrimination spéciale (art. 79-1 s. de la loi du 30 sept. 1986). Ensuite, la Cour de cassation a admis de sanctionner le « photocopiage » de documents et le vol de données informatiques. Dans le célèbre arrêt *Logabax*, des salariés, ayant photocopié des documents appartenant à leur employeur, pour en produire la photocopie dans une instance prud'homale qui allait les opposer à celui-ci, ont été condamnés pour vol au motif « qu'en prenant des photocopies, à des fins personnelles, à l'insu et contre le gré du propriétaire de ces documents, le prévenu, qui n'en avait que la simple détention matérielle, les avait appréhendés frauduleusement pendant le temps nécessaire à leur reproduction [1] ». L'élément matériel de l'infraction repose alors sur l'appréhension des documents pendant le temps nécessaire à leur reproduction [2], ou sur l'appréhension de disquettes pendant le temps nécessaire à la reproduction de leur contenu [3]. On notera à cet égard que les tribunaux ont tendance à sanctionner de tels faits commis par des employés au détriment de leurs employeurs sous la qualification de vol et non d'abus de confiance, ce qui est critiquable [4]. Le salarié qui usurpe la prérogative de reproduction des documents appartenant à l'employeur peut ainsi être condamné pour vol, de même que le salarié qui vole l'usage d'une disquette informatique le temps nécessaire à sa reproduction. D'un point de vue économique, il est certain que, par ces décisions, la Cour de cassation a entendu punir un vol d'informations, car ce sont les informations qui ont une valeur et non leur support. Cependant, dans chaque espèce l'information n'était pas totalement détachée de son support matériel (photocopie ou disquette). Le « contenu informationnel » est bien l'objet du vol, quand bien même il n'y a pas de déplacement du support (copie informa-

1. Crim. 8 janv. 1979, *D.* 1979. 509, note P. Corlay, et IR 182, obs. G. Roujou de Boubée ; M.-P. Lucas de Leyssac, « Une information seule est-elle susceptible de vol ou d'une autre atteinte juridique aux biens ? », *D.* 1985. Chron. 443, n° 22 s. ; R. Gassin, « Le droit pénal de l'informatique », *D.* 1986. Chron. 35 ; F. Alt-Maes, « Une évolution vers l'abstraction : de nouvelles applications de la détention », *RTD civ.* 1987. 21.

2. Crim. 24 oct. 1990, *Antoniolli, Bull. crim.* n° 355 ; *RSC* 1991. 575, obs. P. Bouzat.

3. Crim. 12 janv. 1989, *Bourquin, Bull. crim.* n° 14 ; *RSC* 1990. 346 et 507, obs. P. Bouzat et M. P. Lucas de Leyssac.

4. *Infra*, n° 330.

tique [1]). L'interprétation stricte impose en effet de nécessaires limites à l'extension par la Cour de cassation de l'objet du vol. Ainsi, le vol ne peut être retenu contre le pirate informatique qui se contente d'appréhender les informations par leur lecture. C'est la raison pour laquelle a été créée par la loi du 5 janvier 1988 l'incrimination spécifique d'accès ou de maintien frauduleux dans un système de traitement automatisé des données (art. 323-1 à 323-7). Pour les mêmes raisons, la soustraction des prestations de service est également exclue du champ de l'incrimination : il faut alors se tourner vers les qualifications d'escroquerie ou d'abus de confiance, et vérifier si leurs conditions d'application peuvent être réunies.

309 **La propriété d'autrui.** Seule la soustraction de la chose d'autrui est incriminée. Il suffit à cet égard d'établir que la chose n'est pas la propriété de celui qui l'a soustraite. Peu importe que la chose lui ait appartenu auparavant [2]. Peu importe également que la chose soustraite appartienne en commun à l'auteur de la soustraction et à des tiers [3]. De même, une chose perdue est susceptible de faire l'objet d'un vol. En revanche, les choses abandonnées n'entrent pas dans le champ de l'incrimination. La jurisprudence considère ici que les objets de valeur et ceux qui sont neufs doivent être présumés perdus et non abandonnés, ce qui les rend susceptibles de faire l'objet d'un vol.

B. L'élément moral

310 Le vol est une infraction intentionnelle. L'intention requise repose à la fois sur un dol général et sur un dol spécial. Le dol général consiste dans le fait d'agir volontairement contre le gré ou à l'insu du propriétaire ou du possesseur. Le vol n'est ainsi pas constitué à l'encontre de celui qui, par erreur, emporte un objet qu'il croit

1. Pour une illustration récente, v. Crim. 4 mars 2008, *D.* 2008. 2213, note S. Detraz.
2. Crim. 24 avr. 2001, *Bull. crim.* n° 98 ; *RSC* 2001. 829, obs. G. Giudicelli-Delage : « Constitue un vol par salarié, le fait, par celui-ci de reprendre dans un dossier dont il avait la détention matérielle, dans le but de se rétracter, une attestation qu'il avait précédemment délivrée à son employeur, celui-ci étant demeuré propriétaire du document, qui ne saurait être confondu avec le contenu qui en est la substance. »
3. Crim. 27 févr. 1996, *Bull. crim.* n° 96 ; *RTD civ.* 1996. 936, obs. F. Zénati : succession indivise ; Crim. 25 mai 1988, *Bull. crim.* n° 223 : bien en copropriété.

être le sien [1]. Le dol spécial est quant à lui constitué par l'intention de se comporter en propriétaire de la chose, même de manière temporaire. La Cour de cassation a en effet depuis longtemps consacré la notion de « vol d'usage [2] », qui permet de réprimer au titre du vol l'emprunt de véhicules, ou l'emprunt par le salarié, le temps de leur photocopiage, de documents appartenant à son employeur. Les mobiles sont en revanche indifférents à la constitution de l'infraction : un créancier impayé ne saurait ainsi, pour récupérer son dû, s'emparer frauduleusement d'un bien ou de valeurs appartenant à son débiteur [3] ; le vol est également constitué lorsque le mobile consiste dans la destruction de la chose soustraite [4]. Toutefois les mobiles pourront être pris en compte au titre de la justification du vol [5].

311 La constatation de l'élément moral, c'est-à-dire du caractère frauduleux de l'intention, est essentielle, faute de quoi la cassation est encourue [6]. L'appréciation de l'intention relève toutefois des juges du fond. Trois remarques s'imposent ici. D'abord, l'intention frauduleuse doit exister au moment de la soustraction : le repentir actif – le prévenu proposant de restituer la chose – peut être retenu comme facteur atténuant au stade de la répression mais ne fait pas disparaître l'infraction. Ensuite, le doute sur l'intention frauduleuse est équivalent à l'absence d'intention et doit entraîner la relaxe [7]. Enfin, il existe un lien certain entre la matérialité de l'infraction et la preuve de l'élément moral : plus l'élément matériel sera évident, plus il sera aisé d'en induire la preuve de l'élément moral. Dans le cadre des soustractions matérielles, il n'y a pas à établir spécialement que l'agent avait une volonté d'appropriation, car celui qui prend, enlève ou ravit une chose en ayant

1. Crim. 30 oct. 1914, *Bull. crim. n*° 418.
2. Crim. 19 févr. 1959, *D.* 1959. 331, note G. Roujou de Boubée, *S.* 1959. 21, note M.R.M.P., *JCP* 1959. II. 11178, note Chambon.
3. Crim. 20 nov. 1947, *S.* 1948. 1. 176.
4. Crim. 12 mars 1970, *Bull. crim.* n° 103 ; *D.* 1970. 385, note M. Delmas, *JCP* 1970. II. 16536, note R. de Lestang : dans cet arrêt, ont été condamnés pour vol les prévenus qui, jugeant indécent le contenu de journaux et de brochures exposés dans une église, s'en étaient emparés, puis les avaient jetés dans une rivière.
5. *Infra,* n° 316.
6. Crim. 12 déc. 1868, *Bull. crim.* n° 246.
7. Crim. 21 déc. 1949, *RSC* 1950. 208, obs. P. Bouzat.

conscience de la propriété d'autrui et de l'absence de contentement du propriétaire a nécessairement la volonté de se l'approprier. En revanche, si l'on considère les soustractions juridiques, la volonté d'appropriation doit être prouvée positivement et distinctement. En effet, dans ce cas, l'individu qui n'a reçu que le *corpus* usurpe l'*animus* : il convient donc de prouver que l'agent était mu par l'*animus domini*, c'est-à-dire la volonté d'être propriétaire.

§ 2. La répression

A. Sanctions et circonstances aggravantes

312 À l'état simple, le vol est réprimé par 3 ans d'emprisonnement et 45 000 € d'amende. La tentative de vol est punissable, qu'il soit simple ou aggravé (art. 311-13 C. pén.). À cela s'ajoutent les peines complémentaires des articles 311-14 et 311-15 du Code pénal. Le législateur prévoit de nombreuses circonstances aggravantes générant un sévère alourdissement de la répression aux articles 311-4 et suivants. Outre les circonstances aggravantes qui conservent au vol sa qualification correctionnelle (art. 311-4 à 311-6), il convient de souligner que le vol revêt une qualification criminelle si les circonstances aggravantes des articles 311-7 à 311-10 se trouvent réunies (violences graves, main armée, bande organisée). Ainsi, en vertu de l'article 311-10 du Code pénal, les peines sont portées à la réclusion criminelle à perpétuité et à 150 000 € d'amende si le vol est précédé, accompagné, ou suivi soit de violences ayant entraîné la mort, soit de tortures ou d'actes de barbarie. Sans entrer dans le détail fastidieux de ces circonstances aggravantes, deux méritent d'être retenues car elles illustrent, chacune à leur manière, une tendance lourde (dans tous les sens du terme) du droit pénal contemporain :

313 **La tendance contemporaine faisant de la bande organisée une donnée essentielle de la qualification pénale.** La loi du 9 mars 2004 a créé une procédure pénale dérogatoire en matière de criminalité et de délinquance organisées permettant la mise en œuvre de moyens importants. Cette procédure pénale dérogatoire est applicable à

plusieurs infractions très diverses dès lors qu'elles sont commises en bande organisée. On retrouve le vol parmi ces infractions. Or, le Conseil constitutionnel a émis une réserve d'interprétation à cet égard : si le vol commis en bande organisée trouve sa place dans cette liste, il ne saurait en être ainsi que s'il présente des éléments de gravité suffisants pour justifier les mesures dérogatoires en matière de procédure pénale. Dans le cas contraire, ces procédures spéciales imposeraient une rigueur non nécessaire au sens de l'article 9 de la Déclaration de 1789 [1]. Il appartient à l'autorité judiciaire d'apprécier l'existence de tels éléments de gravité dans le cadre de l'application de la loi.

314 **La tendance contemporaine à faire de toute loi nouvelle une source de « saupoudrage » du Code pénal.** La circonstance aggravante issue de la loi du 15 juillet 2008 relative à la protection des archives est topique de la tendance du législateur à saupoudrer le Code pénal de nouvelles circonstances aggravantes, dès qu'une loi nouvelle surgit. L'article 311-4-2 du Code pénal dispose désormais que le vol est puni de sept ans d'emprisonnement et de 100 000 € d'amende lorsqu'il porte sur : 1) Un objet mobilier classé ou inscrit ou un document d'archives privées classé ; 2) Une découverte archéologique faite au cours de fouilles ou fortuitement ; 3) un bien culturel qui relève du domaine public mobilier ou qui est exposé, conservé ou déposé, même de façon temporaire, soit dans un musée de France, une bibliothèque, une médiathèque ou un service d'archives, soit dans un lieu dépendant d'une personne publique ou d'une personne privée assurant une mission d'intérêt général, soit dans un édifice affecté au culte. Les peines d'amende peuvent alors être élevées jusqu'à la moitié de la valeur du bien volé.

B. Immunités et justifications

315 **Immunités familiales.** L'article 311-12 du Code pénal prévoit l'application au vol des immunités familiales. Elles bénéficient au conjoint, au concubin, et aux ascendants et descendants. Les

1. Cons. const., DC n° 2004-492, 2 mars 2004, *RSC* 2004. 725 s., obs. Ch. Lazerges.

immunités familiales font disparaître le caractère délictueux des faits, mais laissent subsister la responsabilité civile. La loi du 4 avril 2006 a toutefois restreint leur domaine, en excluant leur application lorsque l'infraction porte sur un objet indispensable à la vie quotidienne de la victime (titre de séjour, papiers d'identité, moyens de paiement).

316 **Justifications traditionnelles et contemporaines : état de nécessité et exercice des droits de la défense.** Au titre des faits justificatifs, il y a lieu de mentionner spécialement l'état de nécessité, cause justificative traditionnelle, et l'exercice des droits de la défense, cause justificative apparue récemment.

S'agissant de l'état de nécessité, il convient de rappeler que sa « découverte » par le juge *Magnaud*, dans la célèbre affaire *Ménard*, concernait précisément un vol de pain commis sous l'empire de la faim [1]. Cette décision, emblématique du romantisme juridique de la fin du XIXe siècle, témoignait de l'irruption de ce que l'on appelait à l'époque « la question sociale » : face à la valeur défendue par le Code pénal (la propriété), il convenait de faire une place à des valeurs concurrentes, et singulièrement aux besoins élémentaires de la survie. Aujourd'hui, l'état de nécessité est consacré par le législateur (art. 122-7 C. pén.) mais rares sont les vols (en supermarché notamment) qui sont justifiés sur ce fondement, car l'exigence de proportionnalité est appréciée très strictement [2].

S'agissant de l'exercice légitime des droits de la défense, il requiert un bref rappel préalable. Pendant longtemps, lorsqu'un salarié s'emparait de documents appartenant à son employeur de manière à pouvoir se défendre contre celui-ci dans le cadre d'une instance prud'homale, la chambre criminelle retenait sa responsa-

1. T. corr. Château-Thierry, 4 mars 1898 ; en appel : Amiens, 22 avr. 1898 : *DP* 1899. 2. 329, note Josserand ; *S.* 1899. 2. 1, note Roux : en réalité, la lecture attentive de la décision du « bon juge » montre que la relaxe était davantage fondée sur l'absence d'intention frauduleuse que sur l'état de nécessité proprement dit.

2. Poitiers, 11 avr. 1997, *JCP* 1997. II. 1997, note Olive : Dans cette affaire qui à l'époque fit grand bruit, la cour d'appel de Poitiers a annulé, pour violation de l'art. 122-7 C. pén., le jugement qui, pour relaxer une mère de famille prévenue de plusieurs vols de denrées alimentaires, avait déclaré que la prévenue avait obéi à un état de nécessité ; les juges d'appel considèrent que ses difficultés financières sont insuffisantes pour caractériser un danger réel et imminent menaçant la santé de ses enfants et que l'importance des quantités volées est incompatible avec le seul acte nécessaire à la sauvegarde de la personne menacée.

bilité du chef de vol [1]. La situation a changé avec deux arrêts du 11 mai 2004 : la Cour de cassation conclut dans une hypothèse similaire à la relaxe de la salariée au motif que « les documents de l'entreprise dont la prévenue avait eu connaissance à l'occasion de l'exercice de ses fonctions et qu'elle a appréhendés ou reproduits sans l'autorisation de son employeur étaient strictement nécessaires à l'exercice des droits de sa défense dans le litige l'opposant à ce dernier [2] ». Ces arrêts constituent donc un revirement de jurisprudence, qui n'affecte pas la constitution de l'infraction, mais sa justification. Or, le Code pénal ne prévoit pas que l'exercice nécessaire des droits de la défense soit de nature à justifier la commission d'une infraction. D'ailleurs, la Cour de cassation ne vise ni l'autorisation de la loi (art. 122-4) ni l'état de nécessité (art. 122-7). Seul le « principe du respect des droits de la défense » est visé, ce qui conduit à penser que l'exercice nécessaire des droits de la défense doit désormais se comprendre comme une cause autonome de justification pénale. Cela dit, la justification ne vaut que si les documents dérobés sont utilisés par le salarié pour organiser sa défense aux prud'hommes : tel n'est plus le cas – et le vol ne saurait alors être justifié – si les documents servent à jeter le discrédit sur l'employeur [3].

Section 2
L'abus de confiance

317 L'article 314-1 du Code pénal définit l'abus de confiance comme « le fait par une personne de détourner, au préjudice d'autrui, des

1. Crim. 16 mars 1999, 8 déc. 1998, *D.* 2000. Somm. 120, obs. M. Segonds ; *RSC* 1999. 822, obs. R. Ottenhof ; *RTD com.* 1999. 722, obs. B. Bouloc.
2. Crim. 11 mai 2004, deux arrêts, *Bull. crim.* n° 113 et 117, *D.* 2004. J. 2326, note H. Kobina Gaba et Somm. 2759, obs. G. Roujou de Boubée ; *JCP* 2004. II. 124, note Carole Girault, *RSC* 2004. 635 et 866, obs. E. Fortis et G. Vermelle ; *adde*, pour une comparaison avec la justification des journalistes en cas de violation d'un secret, n° 361 et B. de Lamy, « Les droits de la défense, cause de justification autonome », *D.* 2004. 317.
3. Crim. 9 juin 2009, *AJ pénal* 2009. 361 ; *Dr. pénal* 2009. Comm. 127, note M. Véron : dans cette affaire, un ancien salarié avait produit devant les gendarmes des documents d'origine frauduleuse destinés à établir les carences de l'entreprise dans la protection contre le risque de vol des marchandises confiées. L'entreprise a alors fait citer le salarié pour diffamation et vol. La cour d'appel infirmant le jugement de relaxe, a retenu le vol car les documents tendaient non pas à assurer la défense dans un litige prud'homal mais à établir la vérité des faits imputés à l'employeur. La chambre criminelle a approuvé la cour d'appel.

fonds, des valeurs ou un bien quelconque qui lui ont été remis et qu'elle a acceptés à charge de les rendre, de le représenter ou d'en faire un usage déterminé ». Cette formulation, censée simplifier la répression de l'abus de confiance, par rapport à l'ancien article 408 du Code pénal, suscite en réalité une abondante jurisprudence, tant la notion de « détournement » est difficile à cerner [1]. Cette infraction nécessite pour être constituée la réunion d'éléments préalables (**§ 1**), d'un élément matériel (**§ 2**) et d'un élément moral (**§ 3**). Nous envisagerons ensuite les conditions de sa répression (**§ 4**).

§ 1. Les éléments préalables

318 La qualification d'abus de confiance n'est applicable que dans les hypothèses où la chose détournée a préalablement été remise à titre précaire à l'auteur de l'infraction en vertu d'un contrat. Cela suppose que trois éléments soient vérifiés préalablement à l'analyse de la constitution de l'infraction.

319 **Existence d'un contrat.** Alors que l'ancien Code pénal énumérait limitativement les contrats en vertu desquels la chose devait être remise, le législateur a abandonné cette énumération à l'occasion de l'entrée en vigueur du nouveau Code pénal. Ainsi, l'abus de confiance est désormais susceptible de sanctionner le détournement des choses remises en vertu de n'importe quel contrat (contrat de travail, de mandat ou bien encore de fiducie [2] par exemple). Cependant, la Cour de cassation va encore plus loin puisqu'elle juge désormais que l'abus de confiance « ne suppose pas nécessairement que la somme détournée ait été remise en vertu d'un contrat », pour admettre que l'infraction recouvre les hypothèses

1. C. Souweine, « Le domaine de l'abus de confiance dans le nouveau Code pénal », *in Mélanges Larguier*, 1993, p. 303 s. ; M. Véron, « L'abus de confiance, son extension dans l'espace et dans le temps », *in Mélanges Bouloc*, p. 1153 s. ; Y. Muller, « La protection pénale de la relation de confiance, Observations sur le délit d'abus de confiance », *RSC* 2006. 809.

2. R. Ollard, « La fiducie : aspects de droit pénal », *RSC* 2009. 545 : l'auteur considère que la qualification d'abus de confiance pourrait trouver à s'appliquer à des hypothèses de détournement dans le cadre de la fiducie consacrée en France par la loi du 19 février 2007, qu'il s'agisse de la fiducie-sûreté ou de la fiducie-gestion.

dans lesquelles la chose a été remise en application d'une disposition légale ou réglementaire [1].

320 **Des fonds, valeurs ou biens quelconques.** À la différence du vol qui ne s'applique qu'aux « choses », l'abus de confiance est applicable aux détournements de « fonds, valeurs ou biens quelconques ». Cette formulation englobe non seulement tous les biens meubles corporels, mais aussi, suivant la position de la Cour de cassation, les choses immatérielles. À cet égard, la Haute Cour a longtemps considéré que la remise devait impérativement avoir un contenu matériel. Elle jugeait ainsi que l'abus de confiance ne pouvait pas porter sur une information, mais seulement sur son support matériel [2]. Toutefois, la jurisprudence a évolué sur ce point : la chambre criminelle juge maintenant que les dispositions de l'article 314-1 s'appliquent « à un bien quelconque et non pas seulement à un bien corporel ». Ainsi, dans un arrêt du 14 novembre 2000, elle a estimé que le numéro d'une carte de crédit détaché de son support matériel est susceptible de faire l'objet d'un abus de confiance [3]. De la même manière, dans un arrêt du 19 mai 2004, la chambre criminelle juge que l'abus de confiance peut porter sur une connexion internet mise à disposition d'un salarié par un employeur [4]. Cependant, s'il peut désormais porter sur un bien incorporel, l'abus de confiance n'est pas susceptible de s'appliquer aux détournements d'immeubles. Ainsi, le bénéficiaire du prêt d'une chambre pour quelques jours qui refuse de restituer les clefs ne commet pas un abus de confiance [5].

321 **Une remise à titre précaire.** L'abus de confiance ne peut être recherché que lorsque les choses ont été remises par leurs propriétaires

1. Crim 1er mars 2000, *Bull. crim.* n° 97 ; *RSC* 2000. 831, obs. R. Ottenhof : à propos d'un maire qui tient son mandat du Code général des collectivités territoriales (art. L. 3221-1) ; Crim. 18 oct. 2000, *RSC* 2001. 384, note R. Ottenhof, *Dr. pénal* 2001. Comm. 28, obs. M. Véron, *JCP* 2001. I. 346, obs. M. Véron : mandat de séquestre judiciaire ; Crim. 3 déc. 2003, *Bull. crim.* n° 232 : à propos d'un gérant de tutelle.
2. Crim. 9 mars 1987, *Bull. crim.* n° 111.
3. Crim. 14 nov. 2000, *Bull. crim.* n° 338, *D.* 2001. 1423, note B. de Lamy, *RTD civ.* 2001. 912, note Th. Revet
4. Crim. 19 mai 2004, *Bull. crim.* n° 126 ; *D.* 2004. 2748, note B. de Lamy : « Se rend coupable d'abus de confiance le salarié qui, au moyen de l'ordinateur et de la connexion Internet mis à sa disposition pour les besoins de son activité professionnelle, visite des sites pornographiques et stocke sur son disque dur de très nombreux messages de même nature ».
5. Crim. 10 oct. 2001, *Dr. pénal* 2002. Comm. 1, obs. M. Véron ; *RSC* 2002. 108, obs. R. Ottenhof ; S. Jacopin, « Le début d'une évolution sur la nature de la chose susceptible d'appropriation frauduleuse », *Dr. pénal* 2001. Chron. 16 ; *adde*, Crim. 14 janv. 2009, *Dr. pénal* 2009. Comm. 65, obs. M. Véron ; *RSC* 2009.

ou possesseurs « à charge de les rendre, de les représenter, ou d'en faire un usage déterminé », c'est-à-dire à titre précaire. Ainsi, l'abus de confiance ne s'applique pas aux situations dans lesquelles le contrat transfère à la personne la libre disposition ou la propriété de la chose. Si les fonds ont été remis et acceptés seulement à charge de les rendre, celui qui les a reçus en devient propriétaire et en a la libre disposition. Il en est ainsi en cas de prêt des sommes prétendument détournées, même si le contrat de prêt avait mentionné une certaine affectation des fonds. C'est la solution dégagée par un arrêt rendu par la chambre criminelle le 5 septembre 2007, confirmant ainsi un arrêt en date du 14 février 2007 [1]. Le contrat mentionnait en l'espèce que le prêt était destiné à financer la construction d'une villa, et les fonds avaient en réalité été utilisés pour les besoins personnels de l'emprunteur. L'emprunteur, affirme la Cour de cassation, a la libre disposition des sommes empruntées, et il est simplement tenu d'en restituer l'équivalent. En revanche, les choses se présentent de façon différente si les sommes sont remises à titre de subventions en exécution de convention prévoyant précisément l'affectation des sommes versées. Dans ce cas, l'attributaire n'a pas la libre disposition de ces sommes et doit, non pas les rendre, mais en faire un usage déterminé par les conventions initiales. À défaut, il y a détournement de ces sommes constitutif d'un abus de confiance. C'est ce qu'a rappelé la Cour de cassation dans un arrêt du 9 janvier 2008 [2].

§ 2. L'élément matériel

322 L'élément matériel de l'abus de confiance repose sur la réunion d'un comportement, d'un résultat et d'un lien de causalité entre les deux.

841, obs. R. Ottenhof : jugé que ne saurait être réprimée sur le terrain de l'abus de confiance « l'utilisation abusive d'un bien immobilier ou de droits réels portant sur un immeuble ».

1. Crim. 5 sept. 2007, *Bull. crim.* n° 194 : « L' abus de confiance ne peut porter que sur des fonds, valeurs ou biens remis à titre précaire. Ne commet pas cette infraction la personne qui refuse de restituer des fonds qui lui ont été prêtés ».

2. Crim. 9 janv. 2008, n° 07-83.425, *Dr. pénal* 2008. Comm. 50, obs. M. Véron ; *D.* 2008. 1573, obs. C. Mascala ; *D.* 2009. 123.

323 **Le comportement.** Le comportement de l'abus de confiance présente la particularité de pouvoir résulter soit d'une commission, soit d'une omission. Bien que le principe de l'interprétation stricte de la loi pénale fasse en principe obstacle à ce que le juge étende des incriminations de commission à des comportements consistant en de simples abstentions, le législateur a rédigé le texte incriminateur de manière suffisamment vague pour permettre au juge d'y inclure des comportements d'omission, sans pour autant contrevenir au principe de l'interprétation stricte de la loi pénale. En effet, l'article 314-1 du Code pénal exige, pour que l'abus de confiance soit constitué, que puisse être démontré, au titre de son élément matériel, « un détournement ». Le législateur a laissé à la jurisprudence le soin de définir cette notion, ce qui a donné lieu à des appréciations délicates. Il résulte de l'évolution jurisprudentielle intervenue en la matière que l'abus de confiance est constitué par tout acte frauduleux qui empêche la victime d'exercer ses droits sur la chose et, pour reprendre la célèbre formule de *Garçon*, il s'agit d'un acte qui implique une « interversion du titre » par substitution d'une véritable possession à une simple détention matérielle et précaire de la chose. Dans ces conditions, peu importe que l'acte délictueux se traduise par une disparition ou une destruction de la chose, par sa vente ou sa donation qui en empêchera toute restitution, ou qu'il comporte un usage ou un emploi autre que celui déterminé par le contrat préalable. Ainsi, l'omission qui se manifeste par un retard dans la restitution de la chose peut constituer un abus de confiance dès lors que le prévenu est animé par une intention coupable. Cette solution procède de la définition du détournement dont on sait qu'il ne correspond pas à un fait déterminé. C'est ce qui explique qu'il puisse être indifféremment caractérisé par une action ou une abstention. Il suffit qu'il en ressorte un comportement de propriétaire de la part de son auteur et une atteinte portée aux droits d'autrui sur le bien.

324 **Le résultat.** Un préjudice doit pouvoir être caractérisé au titre du résultat de l'infraction. La jurisprudence a toutefois adopté une conception élargie de cette notion considérant que le délit est consommé, même en cas de préjudice éventuel, c'est-à-dire de préjudice qui ne s'est pas effectivement produit. Cette position

trouve certainement son explication dans l'absence d'incrimination de la tentative d'abus de confiance. Peu importe en outre que le coupable ait ou non profité du bien détourné ou encore la qualité de propriétaire, détenteur ou simple possesseur de la victime de l'infraction. Ainsi, il suffit pour que l'infraction soit consommée que le détournement soit susceptible de priver le propriétaire ou le possesseur de ses droits sur la chose [1]. Une conception si large du préjudice conduit finalement à douter de l'exigence réelle d'un résultat.

325 **Le lien de causalité.** Un lien de cause à effet doit en principe être constaté entre le détournement et le préjudice.

§ 3. L'élément moral

326 L'abus de confiance est une infraction intentionnelle. L'intention requise semble reposer sur un simple dol général. Il suffit en effet que l'auteur du détournement ait voulu se livrer à un tel comportement en connaissance de la précarité de la remise, et qu'il ait eu conscience d'agir en violation de ces éléments. Le plus souvent, les juges évoquent la « mauvaise foi » pour caractériser l'élément moral de l'infraction.

§ 4. La répression

327 **Sanctions et circonstances aggravantes.** Rappelons au préalable que la tentative d'abus de confiance n'est pas punissable, car, s'agissant d'un délit, aucun texte ne le prévoit expressément [2]. À l'état simple, l'abus de confiance est réprimé par 3 ans d'emprisonnement et 375 000 € d'amende. Les peines sont portées à sept ans d'emprisonnement et à 750 000 € d'amende lorsque l'abus de

1. Crim. 15 mai 1968, *Bull. crim.* n° 155 ; Crim. 11 oct. 2006, *Dr. pénal* 2007. Comm. 1, obs. Véron ; Crim. 13 janv. 2010, , à paraître au bulletin : « l'existence d'un préjudice, qui peut n'être qu'éventuel, se trouve nécessairement inclus dans la constatation du détournement ».

2. Cette exclusion de la tentative d'abus de confiance est logique au regard de la nature de l'infraction : dès lors que l'abus de confiance repose sur une remise volontaire à l'agent par le véritable propriétaire, une tentative d'appropriation ne paraît pas concevable.

confiance est réalisé : 1) par une personne qui fait appel au public afin d'obtenir la remise de fonds ou de valeurs soit pour son propre compte, soit comme dirigeant ou préposé de droit ou de fait d'une entreprise industrielle ou commerciale ; 2) par toute autre personne qui, de manière habituelle, se livre ou prête son concours, même à titre accessoire, à des opérations portant sur les biens des tiers pour le compte desquels elle recouvre des fonds ou des valeurs ; 3) au préjudice d'une association qui fait appel au public en vue de la collecte de fonds à des fins d'entraide humanitaire ou sociale ; 4) au préjudice d'une personne dont la particulière vulnérabilité, due à son âge, à une maladie, à une infirmité, à une déficience physique ou psychique ou à un état de grossesse, est apparente ou connue de son auteur. Les peines sont portées à dix ans d'emprisonnement et à 1 500 000 € d'amende lorsque l'abus de confiance est réalisé par un mandataire de justice ou par un officier public ou ministériel soit dans l'exercice ou à l'occasion de l'exercice de ses fonctions, soit en raison de sa qualité.

328 **Prescription de l'action publique.** La Cour de cassation admet de traiter l'abus de confiance comme une infraction clandestine, dont la prescription ne court qu'à compter du jour où la victime du délit disposait des éléments nécessaires à sa découverte [1].

329 **Immunités familiales.** Le nouveau Code pénal a étendu à l'abus de confiance le bénéfice des immunités familiales prévues au titre du vol.

330 **Conflit de qualification avec le vol par soustraction par maniement juridique.** Malgré l'abandon par le législateur de l'énumération limitative des contrats concernés par la qualification d'abus de confiance, la jurisprudence a conservé la notion de vol par soustraction juridique. Ainsi, la distinction entre l'abus de confiance et le vol par soustraction par maniement juridique est parfois difficile. Tel est le cas notamment lorsque la chose a été remise en vertu d'un contrat de travail. En effet, dans cette hypothèse, la jurisprudence ne sanctionne comme abus de confiance que le détournement de choses remises « à titre personnel et exclusif ».

1. Crim. 4 sept. 1995, *RSC* 1996. 378, obs. R. Ottenhof ; Crim. 19 nov. 2003, n° 03-80.591.

Ainsi, commet un abus de confiance celui qui détourne le fichier clients dont il use normalement pour passer les commandes de la société [1]. En revanche, commet un vol celui qui emporte des marchandises provenant des magasins, bureaux ou usines où il travaille. Toutefois, cette distinction ne vaut pas dans le cas où le salarié s'empare de documents appartenant à l'employeur pour les photocopier [2]. Dans cette hypothèse particulière, les tribunaux préfèrent toujours la qualification de vol à celle d'abus de confiance, quand bien même les documents auraient été remis à l'employé à titre personnel et exclusif. Or, il est rare que la Cour de cassation, rétablissant la véritable qualification, fasse usage de la théorie dite de la « peine justifiée ».

SECTION 3

L'EXTORSION, LE CHANTAGE ET LES INFRACTIONS VOISINES

§ 1. L'extorsion

331 L'article 312-1 du Code pénal définit l'extorsion comme le « fait d'obtenir par violence, menace de violences ou contrainte soit une signature, un engagement ou une renonciation, soit la révélation d'un secret, soit la remise de fonds, de valeurs ou d'un bien quelconque ».

A. L'élément matériel

L'élément matériel de l'extorsion nécessite la preuve d'un comportement, d'un résultat et d'un lien de causalité.

332 **Le comportement.** L'article 312-1 vise au titre du comportement prohibé la « violence, menace de violences ou contrainte ». Ainsi, l'extorsion est une infraction de commission nécessitant la preuve

1. Crim. 4 janv. 1968, *Bull. crim.* n° 1.
2. Crim. 19 janv. 1994, *RSC* 1994. 767 ; *Dr. pénal* 1994. 109. Comm. M. Véron.

d'un acte positif pour être constituée, cet acte positif devant consister en un moyen de coercition exercé sur les personnes. Les notions de « violence, menace de violences ou contrainte » sont entendues largement par la jurisprudence. Ainsi peu importe que ces agissements soient exercés à l'encontre de la victime elle-même, à l'encontre de ses biens ou à l'encontre de tiers. De même, peu importe que la contrainte soit physique ou morale. Seul compte le fait que les moyens mis en œuvre aient été de nature à faire pression sur une personne raisonnable. À cet égard, on soulignera que les juges apprécient ces éléments au regard de l'âge et des facultés de résistance de la victime [1].

333 **Le résultat.** L'extorsion est une infraction matérielle, nécessitant la survenance d'un résultat pour être consommée. Quant à la teneur du résultat exigé, le législateur distingue entre trois possibilités : 1) le résultat peut consister dans l'obtention d'une signature, d'un engagement ou d'une renonciation de la victime : cela recouvre un large éventail de possibilités. Ainsi, s'agissant de la signature, peu importe qu'elle porte ou non sur un écrit susceptible de causer préjudice à la victime (reconnaissance de dette, lettre de change, quittance, résiliation d'un bail). L'engagement peut quant à lui être simplement verbal. Enfin, la signature, l'engagement ou la renonciation peuvent indifféremment viser à obtenir de la victime aussi bien une action ou une omission ; 2) le résultat peut également consister dans l'obtention de la révélation d'un secret par la victime, dont la nature est indifférente à la constitution de l'infraction ; 3) Enfin, le résultat peut consister dans la remise de fonds, valeurs ou biens quelconques : peu importe donc qu'il s'agisse de biens matériels ou immatériels. Dans les deux cas, leur remise consomme l'extorsion. On remarquera à cet égard, que, à la différence du vol, c'est ici la victime qui doit remettre le bien à l'auteur, et non ce dernier qui doit s'en emparer à son insu. C'est d'ailleurs ce critère qui permet d'opérer la distinction entre les deux infractions. Lorsque le résultat ne survient pas, c'est-à-dire, lorsque malgré les violences, menaces de violence ou contrainte,

1. Crim. 6 févr. 1997, *Bull. crim.* n° 53.

l'auteur n'obtient rien de la victime, il doit être poursuivi sur le fondement de la tentative d'extorsion, laquelle est spécialement incriminée par l'article 312-9 du Code pénal.

334 **Le lien de causalité.** Un lien de causalité certain doit enfin pouvoir être démontré entre les violences, menaces de violences ou contrainte et l'exécution des exigences formulées par le coupable.

B. L'élément moral

335 L'extorsion est une infraction intentionnelle. L'intention requise repose sur un dol général et un dol spécial. Le dol général consiste dans la volonté de l'acte positif de violences, menaces ou contrainte. Le dol spécial exige quant à lui que l'auteur ait adopté pareil comportement dans le but d'obtenir de la victime « une signature, un engagement ou une renonciation, soit la révélation d'un secret, soit la remise de fonds, de valeurs ou d'un bien quelconque ». C'est notamment ce dol spécial qui permet de distinguer l'extorsion des infractions de violences.

C. La répression

336 À l'état simple, l'extorsion est punie d'une peine de sept ans d'emprisonnement et de 100 000 € d'amende. Toutefois, le législateur a mis en place de nombreuses circonstances aggravantes. Parmi ces circonstances, on retrouve notamment les conséquences des éventuelles violences sur l'intégrité de la victime. Ainsi, les peines sont portées à dix ans d'emprisonnement et de 150 000 € d'amende lorsque l'extorsion est précédée, accompagnée ou suivie de violences sur autrui ayant entraîné une incapacité totale de travail pendant huit jours au plus ; elles sont portées à quinze ans de réclusion criminelle et 150 000 € d'amende lorsque l'extorsion est précédée, accompagnée ou suivie de violences sur autrui ayant entraîné une incapacité totale de travail pendant plus de huit jours ; elles sont portées à vingt ans de réclusion criminelle et de 150 000 € d'amende lorsqu'elle est précédée, accompagnée ou suivie de violences sur autrui ayant entraîné une mutilation ou une infirmité permanente ; enfin, l'extorsion est punie de la réclusion criminelle à perpétuité et de 150 000 € d'amende lorsqu'elle

est précédée, accompagnée ou suivie soit de violences ayant entraîné la mort, soit de tortures ou d'actes de barbarie. La bande organisée figure également au titre des circonstances susceptibles d'aggraver la répression de l'infraction. Elle porte alors les peines à vingt ans de réclusion criminelle et 150 000 € d'amende. Surtout, cette circonstance permet la mise en œuvre de la procédure pénale dérogatoire relative à la délinquance et à la criminalité organisée.

Enfin, le bénéfice des immunités familiales prévues au titre du vol a été étendu à l'auteur d'une extorsion par le législateur à l'occasion de l'entrée en vigueur du nouveau Code pénal.

§ 2. Le chantage

337 Introduit dans notre droit par une loi du 13 mai 1863 de manière à permettre la poursuite de faits n'entrant alors dans le champ d'aucune des incriminations existantes, le chantage est aujourd'hui incriminé par l'article 312-10 du Code pénal. Il est défini comme « le fait d'obtenir, en menaçant de révéler ou d'imputer des faits de nature à porter atteinte à l'honneur ou à la considération, soit une signature, un engagement ou une renonciation, soit la révélation d'un secret, soit la remise de fonds, de valeurs ou d'un bien quelconque ».

A. L'élément matériel

L'élément matériel du chantage repose sur la réunion d'un comportement, d'un résultat et d'un lien de causalité.

338 **Le comportement.** Le chantage est une infraction de commission nécessitant la preuve d'un acte positif, qui doit consister dans la menace, soit de révéler des faits de nature à porter atteinte à l'honneur ou à la considération, soit d'imputer ces mêmes faits. C'est notamment ce comportement qui permet de distinguer le chantage de l'extorsion. En effet, là ou l'extorsion nécessite des violences, menaces de violence ou contrainte, le chantage requiert une menace bien précise : celle de révéler ou d'imputer des faits portant atteinte à l'honneur ou à la considération. La responsabi-

lité de l'auteur d'une menace de révélation ne doit donc pas être recherchée sur le terrain de l'extorsion, même si un tel comportement peut s'apparenter à la contrainte visée à l'article 312-1, mais sur le terrain du chantage, qualification plus spéciale. Peu importe pour que le comportement soit caractérisé, que les faits que l'on menace de révéler ou d'imputer soient vrais ou faux. Dans les deux cas, l'infraction est constituée. En outre, il n'est pas indispensable que la menace d'imputations ou de révélations ait été adressée directement à la personne visée par ces imputations et révélations : le chantage est punissable quand la menace est adressée à une autre personne que celle qui paiera.

339 **Le résultat.** Le chantage est une infraction matérielle qui nécessite, pour être consommée, que l'auteur obtienne « soit une signature, un engagement ou une renonciation, soit la révélation d'un secret, soit la remise de fonds, de valeurs ou d'un bien quelconque ». Ces éléments sont identiques à ceux que prévoit le législateur quant au résultat de l'extorsion. On se contentera donc de souligner que, lorsque l'auteur de la menace n'obtient rien de la victime malgré sa menace, sa responsabilité doit être recherchée du chef de tentative de chantage, laquelle est incriminée par l'article 312-12 du Code pénal.

340 **Le lien de causalité.** Un lien de causalité certain doit pouvoir être caractérisé entre la menace de révélation et le résultat prohibé.

B. L'élément moral

341 Le chantage est une infraction intentionnelle reposant à la fois sur un dol général et sur un dol spécial. Le dol général consiste dans la volonté de contraindre autrui à souscrire des engagements ou à remettre des fonds. Le dol spécial repose sur l'intention d'obtenir une signature, un engagement ou une renonciation, soit la révélation d'un secret, soit la remise de fonds, de valeurs ou d'un bien quelconque. Très longtemps, la jurisprudence a ajouté aux éléments constitutifs du délit de chantage l'existence d'un « but de cupidité illégitime » non prévu par la loi. Depuis 1972, la Cour de cassation a abandonné cette référence au mobile qui est

désormais indifférent à la constitution de l'infraction [1]. Deux hypothèses particulières semblent toutefois déroger à la règle :

– **Hypothèse de la victime d'une infraction qui menace de dénoncer cette infraction si elle n'est pas dédommagée :** la jurisprudence décide en pareil cas que la victime ne commet pas un chantage faute d'élément moral, dès lors qu'elle agit de manière désintéressée, c'est-à-dire si elle tente simplement d'obtenir réparation de son préjudice par la voie extra-judiciaire. En revanche, il est de jurisprudence constante, selon la Cour de cassation, que celui qui obtient sous la menace d'une plainte une transaction lui assurant une réparation hors de proportion avec l'importance du dommage commet un chantage. Les juges du fond procèdent alors à un contrôle de « proportionnalité » des transactions afin d'assurer une réparation équitable du préjudice [2].

– **Hypothèse de la menace faite par un créancier pour retrouver son dû :** un créancier civil qui réclame simplement ce qui lui est dû en menaçant de recourir aux voies de droit et actions en justice que la loi met à sa disposition ne commet pas de chantage [3]. La solution est bien sûr différente dans le cas où le créancier menace son débiteur de le diffamer pour le contraindre à s'acquitter de sa dette : le chantage est alors constitué si le fait que le créancier se propose de révéler est étranger à la dette alléguée [4].

C. La répression

342 Le chantage est puni de cinq ans d'emprisonnement et de 75 000 € d'amende. Lorsque l'auteur du chantage a mis sa menace à exécution, la peine est portée à sept ans d'emprisonnement et à 100 000 € d'amende. L'article 312-12, alinéa 2, accorde le bénéfice des immunités familiales en cas de chantage.

1. Crim. 22 juin 1972, *Bull. crim.* n° 216 ; *JCP* 1973. II. 17326, note J. Larguier, *RSC* 1972. 890, obs. P. Bouzat.
2. Crim. 20 févr. 1963, *D.* 1963. Somm. 103.
3. Crim. 12 mars 1985, *Bull. crim.* n° 110.
4. Crim. 5 mars 1975, *Bull. crim.* n° 72.

§ 3. La demande de fonds sous contrainte

343 Introduite dans notre droit par la loi du 18 mars 2003 relative à la sécurité intérieure, la demande de fonds sous contrainte est incriminée par l'article 312-12-1 du Code pénal. Elle est définie comme « le fait, en réunion et de manière agressive, ou sous la menace d'un animal dangereux, de solliciter, sur la voie publique, la remise de fonds, de valeurs ou d'un bien ». Cette infraction mérite d'être comparée à l'extorsion qu'elle recoupe à certains égards. Tout d'abord, à la différence de l'extorsion, plusieurs éléments cumulatifs sont nécessaires à la caractérisation du comportement de l'élément matériel : 1) la remise de fonds, de valeurs ou de biens doit être sollicitée ; 2) cette sollicitation doit intervenir alors que celui qui la formule agit en réunion ; 3) l'action doit se dérouler sur la voie publique ; 4) la sollicitation doit avoir lieu « de manière agressive » (on remarquera ici la subjectivité d'une telle mention [1]) ou sous la menace d'un animal dangereux.

344 Ensuite, alors que l'extorsion nécessite pour être consommée que la remise soit effectivement survenue, n'est incriminé au titre de la demande de fonds sous contrainte que le fait de « solliciter ». Il s'agit donc d'une infraction obstacle de l'extorsion, consommée indépendamment de la survenance de la remise. Ainsi, si la remise a lieu, c'est la qualification d'extorsion qui devra être préférée à celle de demande de fonds sous contrainte. Le législateur aura certainement oublié que la tentative d'extorsion étant incriminée, cette incrimination nouvelle est inutile. En effet, la situation ici décrite par le législateur caractérise dans tous ses éléments le commencement d'exécution de l'extorsion. Au reste, le législateur a manqué son objectif de durcissement de la répression : en effet, l'institution de cette qualification spéciale par rapport à l'extorsion et à sa tentative, a pour effet d'amoindrir finalement la

1. Pour une critique de cette nouvelle incrimination au regard des exigences de la légalité criminelle, v. notamment, J.-F. Seuvic, *RSC* 2003. 840 : « La portée du texte peut vite dépasser la mendicité pour atteindre des sollicitations et quêtes sur la voie publique un peu trop "insistantes" ou "persuasives" menées par des grévistes, des adeptes de telle religion ou les farouches partisans de tel parti ou syndicat ! (...) À trop vouloir légiférer au gré des circonstances d'apparition des nouvelles peurs sociétales, on risque de compromettre la cohérence déjà fragile du système ».

répression, puisque la peine encourue est ici de six mois d'emprisonnement et de 3 750 € d'amende.

SECTION 4

L'ESCROQUERIE ET LES INFRACTIONS VOISINES

§ 1. L'escroquerie

345 L'escroquerie, parfait exemple de délinquance astucieuse, consiste à user de moyens frauduleux pour obtenir de la victime la remise espérée. Elle est incriminée à l'article 313-1 du Code pénal qui la définit comme « le fait, soit par l'usage d'un faux nom ou d'une fausse qualité, soit par l'abus d'une qualité vraie, soit par l'emploi de manœuvres frauduleuses, de tromper une personne physique ou morale et de la déterminer ainsi, à son préjudice ou au préjudice d'un tiers, à remettre des fonds, des valeurs ou un bien quelconque, à fournir un service ou à consentir un acte opérant obligation ou décharge ».

A. L'élément matériel

346 **Le comportement.** On peut déduire de la rédaction de l'article 313-1 du Code pénal que, quel que soit le procédé utilisé par l'escroc, l'escroquerie demeure une infraction de commission. L'usage d'un faux nom ou d'une fausse qualité, l'abus d'une qualité vraie ou l'emploi de manœuvres frauduleuses nécessitent une attitude active de la part de l'escroc. Mais que faut-il entendre par « attitude active » ? Dans un arrêt du 8 avril 1999, la Chambre criminelle juge que l'escroquerie est constituée contre celui qui, prenant l'initiative d'une action positive, omet de mentionner des éléments dont la connaissance aurait dissuadé la victime de lui verser les sommes demandées (usage de la fausse qualité de tra-

vailleur privé d'emploi) [1]. Le 30 avril 2003, la même Chambre décide qu'en s'abstenant de mentionner l'amélioration de son état de santé lors du renouvellement d'une allocation, la prévenue a fait usage d'une fausse qualité [2]. Le silence sur ce point constitue une abstention dans l'action punissable au titre de l'escroquerie. Ainsi, dès lors qu'elle s'inscrit dans une démarche positive, l'omission est assimilée par les juges à un acte positif, et est traitée comme telle. Ceci étant précisé, le législateur prévoit trois modalités alternatives de comportement :

• L'usage de faux noms et de fausses qualités : alors que le mensonge seul, non accompagné de faits extérieurs destinés à l'accréditer, ne caractérise pas les manœuvres frauduleuses (troisième modalité de l'escroquerie, v. infra), il est suffisant à constituer l'escroquerie par usage de faux noms et de fausses qualités. L'usage de faux nom consiste à usurper un nom pour inspirer confiance et tromper sa victime. Peu importe que le nom soit ou non celui d'une personne réelle. Relève par exemple de l'usage de faux noms le fait de payer des marchandises avec des cartes de crédit volées en apposant des signatures apocryphes [3]. Par qualité, on entend les éléments de l'état des personnes (âge, situation matrimoniale, profession, titre...), mais aussi toute particularité de nature à inspirer confiance et à déterminer une remise. Par ailleurs, la Cour de cassation estime que le fait de se présenter faussement comme mandaté par un tiers (personne physique ou morale du type association caritative) constitue l'usage de fausse qualité [4].

• L'abus de qualité vraie : L'abus de qualité vraie n'existait pas en 1810, mais elle a été visée par la jurisprudence, puis consacrée par la loi, afin d'appréhender l'escroc qui utilise une qualité qu'il possède réellement pour donner une apparence de crédit et de sincérité à ses mensonges grâce à la confiance qu'il inspire. Tel serait

1. Crim. 8 avr. 1999, *Dr. pénal* 1999. Comm. 126, obs. M. Véron.
2. Crim. 30 avr. 2003, *Dr. pénal* 2003. Comm. 119, obs. M. Véron.
3. Crim. 19 mai 1987, Gaz. Pal. 1988. 1. Somm. 5.
4. Crim. 29 déc. 1949, *Bull. crim.* n° 363, *JCP* 1950. II. 5582, note Chavanne, *RSC* 1950. 420, obs. P. Bouzat ; Crim. 10 oct. 1977, *Bull. crim.* n° 298 ; 10 juin 1991, *Dr. pénal* 1993. Comm. 283 : hypothèses d'escroquerie à la charité publique, au nom de la Croix rouge ou d'autres associations caritatives.

le cas de l'avocat qui abuse de sa qualité pour obtenir le désistement de l'adversaire de son client [1].

• L'emploi de manœuvres frauduleuses : comme nous l'évoquions plus haut, de jurisprudence constante, le mensonge, ne suffit pas à lui seul à caractériser l'emploi de manœuvres frauduleuses. Ce n'est que lorsqu'il aura été accrédité par des éléments matériels extérieurs destinés à lui donner force et crédit qu'il entrera dans le champ de l'incrimination [2]. Ainsi l'emploi de manœuvres frauduleuses pourra se déduire d'un mensonge accompagné de la production d'écrits, de l'intervention d'un tiers, ou encore d'une mise en scène. Un arrêt rendu par la Chambre criminelle le 14 novembre 2007 est toutefois venu semer le trouble quant à l'insuffisance du simple mensonge à caractériser les manœuvres frauduleuses [3]. En l'espèce, le gérant d'une société assujettie au régime normal de TVA ne comptabilisait pas les factures d'un client, mentionnant une taxe au taux réduit de 5, 5 % puis leur substituant une TVA au taux normal de 19, 6 %. Après avoir déposé des déclarations mensuelles de chiffre d'affaires mentionnant un montant de taxe déductible inexact, il sollicita le remboursement des crédits de taxe ainsi constitués. Conformément à la jurisprudence établie, la cour d'appel concluait à l'impossibilité de retenir la qualification d'escroquerie, le comportement du prévenu se limitant à « des mensonges écrits insuffisants à caractériser les manœuvres frauduleuses » constituant l'élément matériel de l'infraction. En matière de TVA spécifiquement, les manœuvres ne peuvent être constituées par la seule mention d'une taxe déductible fictive sur la déclaration de chiffre d'affaires. Il ne s'agit alors que d'un mensonge, qui pourra toutefois être réprimé sur le fondement de l'article 1741 du Code général des impôts. Pourtant, la chambre criminelle de la Cour de cassation censure la juridiction du fond au motif que « constitue une mise en scène caractérisant les manœuvres frauduleuses visées par l'article 313-1 du Code pénal des demandes de paiement

1. Crim. 6 avr. 1993, n° 92-84.225.
2. Crim. 24 sept. 1998, *Bull. crim.* n° 236 ; *RSC* 1999. 586, obs. R. Ottenhof ; *adde*, Y. Mayaud, « La crédibilité, critère du mensonge punissable en droit pénal », *AJ pénal* 2008. 111.
3. Crim. 14 nov. 2007, *Bull. crim.* n° 280 ; *D.* 2009. 123, obs. Th. Garé.

de crédits indus de TVA justifiées par des déclarations mensuelles de chiffre d'affaires indiquant un montant fictif de taxe déductible sous le couvert d'une comptabilité inexacte, dissimulant le montant de la taxe effectivement décaissée ». Il semble ainsi que l'on s'achemine, sous couvert de mise en scène, vers la prise en compte des simples mensonges écrits dans la qualification de l'escroquerie à la TVA.

347 **Le résultat.** L'escroquerie est une infraction matérielle, nécessitant la survenance d'un résultat pour être consommée. Ce résultat repose lui-même sur deux composantes cumulatives :

• La remise de la chose par la victime de l'escroquerie : la remise peut porter sur des fonds, valeurs ou biens quelconques, sur la fourniture d'un service, ou encore consister dans le consentement à un acte opérant obligation ou décharge. La fourniture d'un service a été introduite par le législateur dans le champ de l'infraction à l'occasion de l'entrée en vigueur du nouveau Code pénal. Elle parachève le mouvement de dématérialisation du contenu des appropriations frauduleuses initié par la jurisprudence, en permettant de sanctionner l'escroquerie de n'importe quelle prestation de service. Le dispositif est du reste complété par les infractions voisines de filouteries. Les immeubles en revanche restent en dehors du champ d'application de l'infraction [1].

• Un préjudice : la remise de la chose par la victime doit être effectuée, nous dit le texte légal, « à son préjudice ou au préjudice d'un tiers ». Doit-on en déduire que la survenance d'un préjudice est une condition de la consommation de l'infraction ? Cette question a fait l'objet d'hésitations jurisprudentielles. La Cour de cassation, se démarquant de la lettre de l'article 313-1 du Code pénal, a plusieurs fois répondu par la négative à cette question. Elle considère en effet que le préjudice consiste dans la remise qui n'est pas librement consentie, et non pas dans le profit que l'escroc en aurait tiré [2]. Ainsi, doit être poursuivi pour escro-

1. Crim. 15 juin 1992, *Bull. crim.* n° 235 ; *RSC* 1993. 782, obs. P. Bouzat ; *Dr. pén*, déc. 1992, n° 281. Comm. M. Véron ; *JCP* 1992. IV. 2821. 307 ; *Gaz. Pal.* 23-24 déc. 1992, Chron. dr. crim. Comm. J.-P. Doucet, p. 16.
2. Crim. 19 déc. 1979, *Bull. crim.* n° 369 ; Crim. 15 juin 1992, précité.

querie celui qui n'a pas pu encaisser le chèque remis par la victime. Cela dit, d'autres arrêts témoignent d'un plus grand respect du texte légal, refusant d'entrer en voie de condamnation lorsque l'escroquerie n'a causé aucun préjudice [1]. Cette dernière solution mérite a priori d'être approuvée pour au moins trois raisons. D'abord, le respect du principe de légalité commande de vérifier la consistance du préjudice. Ensuite, faire fi du préjudice conduirait à faire de l'escroquerie une infraction formelle et non plus une infraction matérielle. Enfin, dès lors que l'infraction appartient à la catégorie des « appropriations frauduleuses », il y aurait lieu de vérifier ladite appropriation, sauf à ce que les mots perdent de leur sens ou que la valeur protégée par l'escroquerie soit modifiée : il ne s'agirait plus de protéger la propriété mais bien davantage d'assurer la protection du consentement des personnes [2]. Toutefois, l'enjeu est ici plus théorique que pratique, car, en toute hypothèse, l'individu pourra être poursuivi sur le terrain de la tentative d'escroquerie...

En effet, c'est sur la remise de la chose par la victime que repose le résultat de l'escroquerie. Lorsque, malgré les efforts déployés par l'escroc, cette remise ne survient pas, l'auteur devra être poursuivi du chef de tentative d'escroquerie, laquelle est incriminée par l'art. 313-3 du Code pénal. Rappelons que, de manière constante, la jurisprudence prend soin de distinguer le commencement d'exécution des simples actes préparatoires. Les actes préparatoires ne sont en effet pas punissables au titre de la tentative. Ainsi, à défaut de texte les incriminant de manière autonome (ex : association de malfaiteurs, embuscade, mandat

1. Crim. 26 oct. 1994, *Bull. crim.* n° 341 ; *Dr. pénal* 1995. Comm. 65 ; *RSC* 1995. 593, obs. J.-P. Delmas Saint-Hilaire : la remise par la préfecture d'un titre de séjour, obtenu par l'utilisation de manœuvres frauduleuses, ne constitue pas une escroquerie, car ces faits ne « portent pas atteinte à la fortune d'autrui ».

2. M.-L. Lanthiez, « Du préjudice dans quelques infractions contre les biens », *D.* 2005. Chron. 464 : l'auteur considère que « l'anéantissement jurisprudentiel de la condition de préjudice » opère un renouvellement de l'intérêt protégé par le droit pénal. « Ce mouvement jurisprudentiel fait primer, dans le cadre des infractions contre les biens, la protection de l'intégrité du consentement des individus sur la finalité légale de protection du droit de propriété. Ce phénomène jurisprudentiel ne pourrait-il pas être entendu comme un prolongement du renversement de la hiérarchie des valeurs protégées opérées par le Code pénal de 1992 ? À l'instar du législateur qui a assuré le primat de la protection de l'individu sur celle des biens, la jurisprudence transcrirait cet idéal dans le cadre des infractions contre les biens en revisitant les finalités recherchées : d'incriminations contre les atteintes au patrimoine, elles deviennent instruments de protection du consentement du propriétaire des biens ».

criminel...), ils resteront impunis. Le commencement d'exécution caractérisant l'élément matériel de la tentative se situe quant à lui plus en aval sur *l'iter criminis*. Dans les arrêts *Lacour* et *Schieb* du 25 octobre 1962, la chambre criminelle l'a en effet défini comme « l'acte qui doit avoir pour conséquence directe et immédiate de consommer le crime, celui-ci étant entré dans sa période d'exécution [1] ». Bien que cette définition, couramment utilisée depuis par la Cour de cassation, paraisse distinguer clairement le commencement d'exécution des actes préparatoires, il demeure que, dans certaines hypothèses, la frontière entre les deux notions n'est pas si nette. Tel est précisément le cas en matière d'escroquerie, et notamment d'escroquerie à l'assurance [2]. Ainsi, si la chambre criminelle considère que la demande de paiement, adressée à son assureur par un assuré ayant simulé un sinistre, caractérise le commencement d'exécution de la tentative d'escroquerie [3], elle juge que, lorsque l'assuré en reste au stade de la mise en scène de l'accident et ne s'adresse pas à la compagnie, il ne s'agit que d'un acte préparatoire non punissable [4].

---

1. Crim. 25 oct. 1962, 2 arrêts, *D.* 1963. 221, note P. Bouzat, *JCP* 1963. II. 12985, note R. Vouin, *RSC* 1963. 533, obs. A. Légal.

2. V. en ce sens, B. Bouloc, *RSC* 1994. 760 : « Il ne saurait faire de doute qu'il y a tentative d'escroquerie lorsqu'une demande de paiement est présentée à un assureur, en lui donnant à penser que le dommage est bien un « accident » et qu'il entre dans les prévisions légales et contractuelles. Mais s'il ne lui est pas demandé de « remise » n'est-ce pas dans le domaine de l'information ou de la préparation ? Car après tout, classiquement, le commencement d'exécution s'entend d'actes univoques, ou tendant directement (et immédiatement) à l'infraction. Or, tant que l'on met en place le décor, la pièce n'est pas commencée. Il semble donc que, tant que l'assuré ne demande pas la mise en jeu des garanties promises, il n'y a pas de commencement d'exécution, étant rappelé que le mensonge n'est pas une manœuvre frauduleuse. À cet égard, on peut regretter que le nouveau Code pénal n'ait pas institué une sorte de mini-escroquerie (comparable à la grivèlerie, devenue filouterie, « voisine de l'escroquerie », art. 313-5 du Code pénal), pour nombre d'agissements où l'on aurait puni en fonction de déclarations inexactes ».

3. Crim. 1er juin 1994, *RSC*. 1995. 102, obs. Ottenhof ; 6 avr. 1994, *Bull. crim.* n° 135 ; Crim. 22 févr. 1996, *Bull. crim.* n° 89 : la chambre criminelle considère qu'il n'est plus nécessaire que la demande d'indemnisation soit formulée de façon expresse, dès lors que la seule déclaration du sinistre suffit à mettre en œuvre le mécanisme de l'assurance.

4. Crim. 22 mai 1984, *Bull. crim.* n° 187 : « La destruction volontaire d'un bien, objet de l'assurance, n'est qu'un acte préparatoire et ne saurait, en l'absence de demande de remboursement présentée par l'assuré, constituer le commencement d'exécution justifiant une condamnation pour tentative d'escroquerie » ; *adde*, Crim. 17 déc. 2008, *AJ pénal* 2009. 130 ; A. Prothais, « Un fraudeur à l'assurance trop tôt confondu », *D.* 2009. 1796 : en l'espèce, un individu dans le besoin avait demandé à un tiers de mettre le feu à son véhicule afin de percevoir une indemnisation auprès de son assureur. Le fraudeur, démasqué dès le dépôt de sa plainte à la police, fut condamné par les juges du fond pour tentative d'escroquerie. Cependant, la Cour de cassation, juge bien fondé le pourvoi, en raison du défaut de commencement d'exécution : « La destruction d'un véhicule et la plainte pour vol ne constituent que des actes préparatoires qui ne sauraient, en l'absence de déclaration de sinistre, constituer un commencement d'exécution justifiant une condamnation pour tentative d'escroquerie ». Le professeur *Prothais* se montre critique à

348 **Le lien de causalité.** Le juge ne peut condamner pour escroquerie sans préciser le lien de causalité entre le procédé frauduleux et la remise : le procédé de tromperie doit être déterminant de la remise. Ainsi, les manœuvres postérieures à la remise destinées à empêcher la restitution ne constituent pas une escroquerie [1].

B. L'élément moral

349 L'escroquerie est une infraction intentionnelle, dont l'élément coupable repose à la fois sur un dol général et sur un dol spécial. Le dol général consiste dans la volonté d'user de faux noms ou fausses qualités, de manœuvres frauduleuses ou d'abuser d'une qualité vraie. Le dol spécial implique quant à lui que l'escroc ait poursuivi le but de « tromper une personne physique ou morale » ; il n'implique pas en revanche la volonté de tirer un bénéfice de la consommation du délit [2]. L'appréciation de l'élément moral doit se faire en se plaçant au moment de l'accomplissement des manœuvres. D'une part, les juges du fond sont sensibles à l'importance de la mise en scène : plus celle-ci est sophistiquée, plus ils auront tendance à en inférer la preuve de l'élément moral, surtout s'ils ont affaire à des professionnels avertis [3]. D'autre part, conformément au principe général du droit pénal, les mobiles sont indifférents : escroquer celui qui nous a escroqué auparavant n'empêche pas le délit d'être consommé [4]. Où l'on voit combien le refus de la prise en considération des mobiles correspond, outre les difficultés probatoires, à un rejet de la justice privée.

l'égard de cette décision, considérant qu'elle conduit à une impunité trop automatique, d'autant qu'en l'espèce l'individu poursuivi avait reconnu être l'instigateur de l'incendie.

1. Crim. 16 déc. 1965, *Bull. crim.* n° 279 ; Crim. 10 nov. 1999, *Bull. crim.* n° 253.
2. Crim. 9 mars 1972, *JCP* 1973. II. 17434.
3. Crim. 31 janv. 2007, 2 arrêts, *D.* 2007. 1843, obs. B. Bouloc ; *Dr. pénal* 2007. Comm. 56, obs. M. Véron ; *Rev. sociétés* 2007. 341, note H. Matsopoulou : Justifie sa décision, la cour d'appel qui, pour déclarer un expert-comptable et un commissaire aux comptes coupables de complicité d'escroqueries commises par un dirigeant de société, après avoir constaté que le premier a attesté la conformité et la sincérité de comptes dont le caractère fictif ne pouvait lui échapper, et que le second a certifié ces comptes en toute connaissance de cause durant plusieurs exercices, énonce qu'ils ont sciemment fourni à l'auteur principal les moyens lui permettant de réitérer l'escroquerie commise en matière de TVA (arrêt n° 1) et de commettre les escroqueries relatives à l'obtention d'ouvertures de crédits (arrêt n° 2).
4. Crim. 3 juill. 1947, *JCP* 1948. II. 4474, note J. Carbonnier.

C. La répression

350 À l'état simple, l'escroquerie est punie de 5 ans d'emprisonnement et de 375 000 € d'amende. Ces peines sont portées à sept ans d'emprisonnement et à 750 000 € d'amende lorsque l'escroquerie est réalisée :

1) par une personne dépositaire de l'autorité publique ou chargée d'une mission de service public, dans l'exercice ou à l'occasion de l'exercice de ses fonctions ou de sa mission ;

2) par une personne qui prend indûment la qualité d'une personne dépositaire de l'autorité publique ou chargée d'une mission de service public ;

3) par une personne qui fait appel au public en vue de l'émission de titres ou en vue de la collecte de fonds à des fins d'entraide humanitaire ou sociale ;

4) Au préjudice d'une personne dont la particulière vulnérabilité, due à son âge, à une maladie, à une infirmité, à une déficience physique ou psychique ou à un état de grossesse, est apparente ou connue de son auteur. Elles sont portées à dix ans d'emprisonnement et à 1 000 000 € d'amende lorsque l'escroquerie est commise en bande organisée. L'immunité familiale est par ailleurs prévue au bénéfice de l'escroc (art. 313-3 C. pén. par renvoi aux dispositions de l'art. 311-12 relatives au vol).

§ 2. Les filouteries

351 Les infractions de filouterie, introduites dans notre droit en 1873 pour les premières, permettent d'appréhender les comportements d'individus qui laissent leurs victimes leur remettre certains biens ou services, en se sachant dans l'impossibilité de les payer ou en étant déterminés à ne pas les payer. Ces infractions se caractérisent donc essentiellement par l'absence de soustraction matérielle, et par l'absence d'acte positif. C'est pourquoi, avant que le législateur incrimine spécialement la filouterie, la Cour de cassation a censuré les tentatives de juridictions du fond de poursuivre

de tels agissements sur le fondement du vol [1] ou de l'escroquerie [2]. La filouterie est donc restée en dehors du champ du droit pénal jusqu'à une loi du 26 juillet 1873 incriminant spécialement la grivèlerie d'aliments. Une loi du 31 mars 1926 vint ensuite incriminer la filouterie de voitures de louage, et une loi du 28 janvier 1937 la filouterie de logement. Enfin, le développement de l'automobile a conduit le législateur à incriminer la filouterie de carburant et de lubrifiant par une loi du 16 juin 1966.

352 L'article 313-5 du Code pénal définit aujourd'hui la filouterie comme « le fait par une personne qui sait être dans l'impossibilité absolue de payer ou qui est déterminée à ne pas payer :

1° De se faire servir des boissons ou des aliments dans un établissement vendant des boissons ou des aliments ;

2° De se faire attribuer et d'occuper effectivement une ou plusieurs chambres dans un établissement louant des chambres, lorsque l'occupation n'a pas excédé dix jours ;

3° De se faire servir des carburants ou lubrifiants dont elle fait remplir tout ou partie des réservoirs d'un véhicule par des professionnels de la distribution ;

4° De se faire transporter en taxi ou en voiture de place ».

La Cour de cassation attend des juges du fond qu'ils précisent sur quelles constatations ils se fondent pour entrer en voie de condamnation : il est notamment important de mentionner que le prévenu savait qu'il se trouvait dans l'impossibilité absolue de payer, ou qu'il était déterminé à ne pas payer [3]. S'agissant de la filouterie au logement, dont les applications sont rares [4], la Cour de cassation veille au respect de l'article 313-5, 2° du Code pénal : si l'occupation de la chambre a excédé dix jours, le délit n'est plus consommé [5]. La filouterie est punie de six mois d'emprisonnement et de 7 500 € d'amende.

1. Crim. 5 nov. 1847, *Bull. crim.* n° 565 : « Le fait par un individu de s'être présenté dans une auberge pour y demander un repas sans avoir les moyens de le payer ni l'intention de le faire, ne constitue ni vol ni filouterie ».
2. Crim. 9 déc. 1922, *Bull. crim. n°* 411.
3. Crim. 24 janv. 1996, *RSC* 1996. 659, obs. R. Ottenhof ; *Gaz. Pal.* 17-21 mai 1996, p. 18, obs. Doucet
4. Crim., 25 mars 1965, *Bull. crim. n°* 90.
5. Crim. 29 nov. 2005, *AJ pénal* 2006. 85.

Chapitre 2

Le recel et les infractions voisines

353 **L'importance criminologique du recel et l'extension toujours renouvelée du champ de la répression.** Un proverbe courant dès le XIXe siècle affirme que « les receleurs sont pires que les malfaiteurs ». En effet, l'incrimination du recel repose sur l'idée qu'il y aurait moins de délinquants s'il n'y avait personne pour profiter du fruit de leurs infractions. C'est donc en sanctionnant ce qui apparaît comme le prolongement naturel de certaines infractions que le droit pénal pense prévenir la consommation de ces dernières. Est visé, ici, le recel de choses de l'article 321-1 du Code pénal. Il existe d'autres formes de recel à l'instar du recel de cadavre (art. 434-7) ou de malfaiteurs (art. 434-6) dont l'objectif est néanmoins fort différent puisqu'il s'agit, dans ces deux hypothèses, d'incriminer des comportements entravant l'exercice de la justice [1]. Le recel de choses vise, quant à lui, à punir celui qui reçoit et conserve des objets dont il connaît la provenance délictueuse. Son lien avec une infraction principale a conduit pendant longtemps le droit pénal à n'y voir qu'une forme de complicité. Cette qualification était néanmoins insatisfaisante tant sur le plan

1. *Infra*, n° 482 s.

théorique (la complicité est nécessairement antérieure ou concomitante à l'infraction principale au contraire du recel qui intervient postérieurement) que pratique (notamment en raison du principe d'emprunt absolu de criminalité). C'est pourquoi une loi du 22 mai 1915 a modifié la nature du recel en en faisant une infraction autonome seulement conditionnée par l'existence d'une infraction préalable. Le recel restait toutefois soumis à un système de pénalité par référence d'autant plus défectueux qu'il ne visait que le vol. Il faudra attendre la loi du 30 novembre 1987 pour qu'il soit doté de sanctions propres. En même temps qu'il devenait une infraction distincte, la matérialité du recel était soumise à une extension considérable sous l'influence cette fois de la jurisprudence profitant de l'absence de définition de l'ancien article 460 du Code pénal. Le Code pénal de 1994 est allé dans le même sens en consacrant une partie les solutions prétoriennes : selon l'heureuse formule de Robert Badinter, « la loi pénale doit en premier lieu atteindre ceux qui incitent au vol, l'organisent ou en tirent profit ». Aussi, l'incrimination du recel et l'application qui en est faite par les juridictions répressives traduisent une volonté répressive indéniable. Or, cette volonté répressive s'est aussi traduite par l'incrimination autonome d'infractions voisines du recel. C'est pourquoi, après avoir considéré le recel en lui-même (SECTION 1), il conviendra d'étudier le blanchiment de capitaux illicites (SECTION 2) et la non-justification de ressources (SECTION 3) qui complètent l'arsenal du droit pénal contemporain.

SECTION 1
LE RECEL

354 **L'autonomie du recel et la variété des valeurs protégées.** Nous l'avons vu, le recel de choses était sous l'empire du Code pénal napoléonien assimilé à un cas de complicité. C'est la loi du 22 mai 1915 qui l'a érigé en infraction autonome, visée aujourd'hui dans les articles 321-1 à 321-5 du Code pénal. L'incrimination telle qu'elle se présente aujourd'hui appelle trois remarques liminaires. D'abord, bien qu'il s'agisse d'une infraction autonome, le recel

constitue une infraction de conséquence qui implique une infraction préalable : c'est sur elle que vont venir se greffer les éléments constitutifs propres au recel. Ensuite, les valeurs protégées par le recel de choses se sont diversifiées. Certes, la valeur principale est bien la protection du patrimoine, comme en témoigne l'inclusion de l'incrimination dans un chapitre consacré aux atteintes aux biens. Cependant, la jurisprudence a contribué à élargir la palette des valeurs protégées en incriminant le recel de violation du secret de l'instruction [1] : la protection de la justice est désormais incluse dans les valeurs préservées par le recel de choses, ce qui le rapproche de recels spéciaux visés dans la quatrième partie du Code [2]. Enfin, Il convient de souligner que le Code pénal n'a pas l'apanage de la lutte contre le recel. En effet, certains recels spéciaux sont incriminés hors du Code pénal, dans le Code de commerce [3], mais aussi dans le Code civil [4].

355 L'article 321-1 du Code pénal est donc le siège du recel de choses de droit commun, défini comme « le fait de dissimuler, de détenir ou de transmettre une chose, ou de faire office d'intermédiaire afin de la transmettre, en sachant que cette chose provient d'un crime ou d'un délit ». L'alinéa 2 complète le dispositif en précisant que « constitue également un recel le fait, en connaissance de cause, de bénéficier, par tout moyen, du produit d'un crime ou d'un délit ». Cette définition légale montre combien le recel est une infraction de conséquence qui suppose pour sa consommation l'existence d'une infraction préalable : c'est à partir de cette der-

1. Crim. 13 mai 1991, *Bull. crim.* n° 200, *RSC* 1992. 312, obs. J.-P. Delmas Saint-Hilaire ; Crim. 25 oct. 2005, *Bull. crim.* n° 268, *D.* 2005. IR 3037, *Dr. pénal* 2006. Comm. 18, obs. A. Maron ; Crim. 12 juin 2007, n° 06-87.361, *Bull. crim.* n° 157, *JCP* 2007. I. 210, obs. Dreyer, *AJ pénal* 2007. 439, obs. Royer, *Dr. pénal* 2007. Comm. 143, obs. M. Véron, *RSC* 2008. 95, obs. Francillon.

2. Au titre des entraves à la saisine de la justice, est pénalement punissable le fait de receler un document public ou privé ou un objet de nature à faciliter la découverte d'un crime ou d'un délit, la recherche des preuves ou la condamnation des coupables (C. pén., art. 434-4, 2°).

3. C'est le cas notamment du Code de commerce qui incrimine certains recels dans le cadre de la procédure de sauvegarde ou de redressement judiciaire. Sont visés par l'article L. 654-10 du Code de commerce le conjoint, les descendants, les ascendants ou les collatéraux et enfin les alliés des personnes mentionnées à l'article L. 654-1 qui auront recelé des effets dépendant de l'actif du débiteur soumis à une procédure de sauvegarde ou de redressement judiciaire.

4. Ainsi, l'article 1477 du Code civil prive celui des époux qui a recelé quelques effets de la communauté de sa portion dans lesdits effets. On retrouve également des déchéances de droit fulminées à l'encontre des héritiers qui ont recelé soit des biens ou des droits d'une succession (art. 778 C. civ.), soit recelé ou omis des éléments actifs ou passifs de la succession ou qui n'ont pas affecté au paiement des créanciers de la succession la valeur des biens conservés ou le prix des biens aliénés (art. 800 C. civ.).

nière, qui constitue la condition préalable (**§ 1**) qu'il faut penser l'élément matériel (**§ 2**), l'élément moral (**§ 3**), mais aussi les singularités de la poursuite et de la répression (**§ 4**) du recel de choses.

§ 1. La condition préalable : l'infraction originaire

356 **La provenance de la chose.** S'agissant de la provenance de la chose, il s'agit toujours, aux termes de l'article 321-1, alinéa 1er, du Code pénal, d'un crime ou d'un délit. Les contraventions ne sont pas visées par le texte. Le cas le plus topique est celui du vol, mais l'infraction d'origine peut aussi être une escroquerie, un abus de confiance, un abus de biens sociaux [1], un trafic d'influence [2], une violation du secret de l'instruction [3] ou bien encore la fixation d'images pornographiques [4]. Précisons que le recel ne peut être retenu que si l'infraction d'origine est pénalement punissable. C'est pourquoi le recel est exclu si l'infraction d'origine est amnistiée ou abrogée par une loi nouvelle [5]. En revanche, il n'est pas nécessaire que l'auteur de l'infraction originaire ait été effectivement puni, dès lors que l'existence de cette infraction d'origine est constatée [6] : l'auteur de l'infraction d'origine peut être décédé, en fuite, ou inconnu [7]. Enfin, le recel peut être retenu, même si l'auteur de l'infraction originaire ne peut être poursuivi, en raison d'une immunité familiale [8] ou du jeu de la prescription [9].

1. Crim. 6 févr. 1997, *affaire Noir, Bull. crim.* n° 48 ; *JCP* 1997. II. 22823, note Pralus ; Crim. 27 oct. 1997, *affaire Carignon, Bull. crim.* n° 352 ; *JCP* 1998. 10017, note Pralus.
2. Crim. 16 déc. 1997, *affaire Emmanueli, Bull. crim.* n° 428 ; *Dr. pénal* 1998. Comm. 51, Véron.
3. Crim. 11 juin 2002, *Dr. pénal* 2002. Comm. 135, Véron.
4. Crim. 28 sept. 2005, *Bull. crim.* 2005, n° 148 ; *D.* 2005. 2991, obs. G. Roujou de Boubée. L'infraction d'origine est ici celle visée à l'article 227-23 du Code pénal. La qualification de recel a perdu de son intérêt avec la réforme opérée par la loi du 5 mars 2007 incriminant le fait de consulter habituellement de telles images (C. pén., art. 227-23, al. 5, mod. par L. 5 mars 2007, art. 29).
5. Crim. 17 mai 1989, *Bull. crim.* n° 205.
6. Crim. 9 nov. 1965, *Bull crim.* n° 277.
7. Crim. 10 oct. 1972, *Bull. crim.* n° 277.
8. Crim. 7 mai 1942, *Bull. crim.* n° 56.
9. Crim. 16 juill. 1984, *Bull. crim.* n° 241.

§ 2. L'élément matériel

357 **Le comportement.** S'agissant des comportements incriminés, l'article 321-1 du Code pénal n'a fait qu'entériner les solutions dégagées antérieurement par la jurisprudence. Sont visés la dissimulation, la détention ou encore la transmission ou l'office d'intermédiaire pour transmettre une chose provenant d'un crime ou d'un délit. La dissimulation consiste à conserver la chose hors de la vue, cette seule dissimulation faisant présumer la connaissance de l'origine frauduleuse de ladite chose. La détention appelle une double précision. D'une part, le titre en vertu duquel le receleur a reçu la chose est indifférent : il peut s'agir d'un achat, d'une acceptation à titre de gage, d'un dépôt, du paiement d'une créance, ou bien encore de la présentation d'un chèque en vue d'encaisser des fonds d'origine délictueuse. D'autre part, la jurisprudence a élargi les prévisions du délit de recel en consacrant le recel-profit, qui vise « tous ceux qui, en connaissance de cause, ont, par un moyen quelconque, bénéficié du produit d'un crime ou d'un délit[1] ». Cette extension, consacrée par le législateur à l'alinéa 2 de l'article 321-1 du Code pénal, conduit à envisager de façon très large la « chose » objet du recel.

358 **La nature de la chose.** On entend par chose recelée toute chose mobilière, c'est-à-dire tout objet susceptible d'être matériellement soustrait, sa valeur important peu pour la consommation du délit[2]. Il suffit qu'il s'agisse d'une chose pouvant être dissimulée, détenue, ou transmise dès lors qu'elle provient d'une infraction délictuelle ou criminelle ou qu'elle en est le produit. Ainsi, tout ce qui peut être matière à vol peut faire l'objet d'un recel punissable. Sont en revanche exclus les immeubles [3] alors même que ceux-ci peuvent être l'objet de l'infraction d'origine[4]. Il faut toutefois ici compter avec la notion de recel-profit, qui a considérablement élargi le champ de l'incrimina-

---

1. Crim. 9 juill. 1970, *JCP* 1971. II. 16616, note Bénabent.
2. Aix-en-Provence, 9 mai 1989, *Dr. pénal* 1990. Comm. 1, obs. M. Véron : en l'espèce, le détenteur de cartons de bouteilles volées et retrouvées vides fut condamné pour recel au motif qu'il avait été constaté par les services de gendarmerie que ces cartons, quoique vides de tout objet litigieux, avaient une forte odeur de pastis...
3. Certains recels spéciaux peuvent viser des immeubles : c'est le cas de l'article L. 654-9 du Code de commerce, qui punit des peines de la banqueroute l'individu qui recèle tout ou partie des biens meubles ou immeubles des personnes désignées à l'article L. 654-1 du Code de commerce.
4. Un abus de biens sociaux peut ainsi porter sur un immeuble.

tion du recel : un profit n'implique pas forcément une quelconque détention, ce qui suffit à justifier que le recel puisse avoir pour objet un immeuble ou un bien incorporel. D'une part, les juges ont pu considérer qu'il y a recel à profiter de l'amélioration d'origine délictueuse apportée à un immeuble [1]. D'autre part, la question s'est posée de savoir si le recel pouvait porter sur un bien incorporel. Les hésitations jurisprudentielles sont ici nombreuses, eu égard à la diversité des intérêts en présence. Certes, on a pu admettre le recel de créance [2] ou le recel de service [3], mais la question la plus épineuse est celle du recel d'information. Après avoir considéré que l'on pouvait receler un renseignement obtenu par violation de secret de fabrique [4], la chambre criminelle a opéré un revirement de jurisprudence en 1995, énonçant qu'une information, quelle qu'en soit la nature ou l'origine, échappe aux prévisions du recel [5]. Désormais, il apparaît qu'une information détachée de son support ne peut constituer l'acte matériel de recel [6], ce qui montre les limites de la prétendue « dématérialisation » des infractions contre les biens. L'objet du recel peut en revanche être constitué par des documents, comme c'est le cas en matière de recel d'une violation du secret de l'instruction [7]. Lorsqu'on détient une information privilégiée, indépendamment de tout support, on ne saurait être poursuivi pour recel, du moins tant qu'on n'en a pas tiré profit. Il reste qu'en ce domaine subsistent encore aujourd'hui certaines hésitations, dues notamment à la protection des sources journalistiques, comme nous le verrons en envisageant les conditions de la répression du recel.

1. Crim. 3 mai 1982, *Bull. crim.* n° 110, *Rev. sociétés* 1983. 811, obs. B. Bouloc ; Crim. 9 févr. 1987, *Bull. crim.* n° 61.
2. Crim. 18 janv. 1988, *Bull. crim.* n° 22, *Rev. sociétés* 1988. 579, obs. B. Bouloc, *RSC* 1989. 118, obs. P. Bouzat.
3. Crim. 9 juill. 1970, *Bull. crim.* n° 236, *D.* 1971. 3, note M.-J. Littmann, *Gaz. Pal.* 1970. 1. 217, note J.-P.D., *JCP* 1971. II. 16616, note A. Bénabent.
4. Crim. 7 nov. 1974, *Bull. crim.* n° 323, *D.* 1974. Somm. 144.
5. Crim. 3 avr. 1995, *Bull. crim.* n° 142, *D.* 1995. Somm. 320, obs. J. Pradel, *JCP* 1995. II. 22329, note E. Derieux.
6. Crim. 26 oct. 1995, *Bull. crim.* n° 328, *RSC* 1996. 660, obs. R. Ottenhof ; Crim. 19 juin 2001, *Bull. crim.* n° 149, *D.* 2001. 2538, note B. Beignier et B. de Lamy, *D.* 2002. Somm. 1463, obs. J. Pradel, *RSC* 2002. 96, obs. B. Bouloc, *RSC* 2002. 119, obs. J. Françillon, *RSC* 2002. 592, obs. J.-P. Delmas Saint-Hilaire, *JCP* 2002. II. 10064, concl. D. Commaret, note A. Lepage.
7. Crim. 13 mai 1991, *Bull. crim.* n° 200, *Gaz. Pal.* 1991. 2. Somm. 481, *RSC* 1992. 312, obs. J.-P. Delmas Saint-Hilaire ; Crim. 19 juin 2001, préc. ; Crim. 12 juin 2007, n° 06-87.361, *Bull. crim.* n° 157), ou du secret professionnel (Crim. 26 oct. 1995, *Bull. crim.* n° 324, *RSC* 1996. 648, obs. B. Bouloc, *Dr. pénal* 1996. Comm. 189, obs. J.-H. Robert ; Crim. 4 déc. 2007, n° 05-87.384, *Bull. crim.* n° 302).

§ 3. L'élément moral

359 Le recel suppose une intention coupable, caractérisée par la mauvaise foi de l'agent. C'est ce qu'exprime l'article 321-1 du Code pénal par les expressions « en sachant que » et « en connaissance de cause ». On ne saurait être receleur sans le savoir. Reste à préciser les conditions de preuve de l'élément moral, la consistance de cet élément moral et enfin le moment de son appréciation. D'abord, la Cour de cassation censure les juges du fond qui ne motivent pas leur décision sur cet élément [1] ; cela dit, la connaissance par le receleur de la nature exacte de l'infraction commise et des « détails des circonstances » de sa commission importent peu [2]. Il suffit d'établir que le receleur n'avait aucun doute, ou ne pouvait avoir aucun doute, sur l'origine frauduleuse des choses. La jurisprudence n'hésite pas à recourir à des présomptions tirées des éléments de fait de la cause. Ainsi, le prix dérisoire de la transaction, les liens entre voleur et receleur, l'absence de facture ou bien la dissimulation de la chose sont-ils autant de circonstances de fait qui permettent d'établir l'intention [3]. Il y a là une grande sévérité qui aboutit à renverser la charge de la preuve : c'est finalement au prévenu de démontrer son ignorance de l'origine infractionnelle face à ce type d'indices. Ensuite, la consistance de l'élément moral peut varier d'un prévenu à l'autre. Ainsi dans un arrêt du 9 juillet 1998, la haute juridiction ne voit aucune objection à la relaxe d'un prévenu poursuivi pour recel, après avoir accepté pendant de longues années d'accueillir sur son compte bancaire, au prix de largesses évaluées à près d'un million de francs, les fonds provenant de prétendues opérations de bourse, alors que ceux-ci provenaient de détournements frauduleux commis au préjudice d'une société [4]. Comme le souligne le professeur *Ottenhof*, il est particulièrement regrettable que l'appréciation de l'élément moral devienne un élément d'indi-

1. Crim. 7 nov. 1990, *Dr. pénal* 1991. Comm. 77.
2. Crim. 6 oct. 2004, *Dr. pénal* 2005. Comm. 38.
3. Crim. 19 déc. 1992, *Dr. pénal* 1993. Comm. 132 ; Crim. 22 mai 1997, *Bull. crim.* n° 201 ; Crim. 14 mai 2003, *Bull. crim.* n° 97, *D.* 2004. Somm. 319, obs. M. Segonds.
4. Crim. 9 juill. 1998, pourvoi n° 97-84.354.

vidualisation de la répression, ici en faveur d'une certaine forme de délinquance socialement privilégiée [1]. Enfin, la question s'est posée de savoir à quel moment la mauvaise foi devait être appréciée. Que décider notamment pour les personnes qui ont reçu la chose de bonne foi, et n'ont appris qu'ultérieurement l'origine délictueuse de leur acquisition ? Les juridictions ont longtemps fait preuve sur ce point d'une grande sévérité en jugeant que le recel était punissable dès lors que la personne détenant la chose provenant d'un crime ou d'un délit avait continué à la détenir après en avoir appris l'origine délictueuse. La chambre criminelle considérait que le délit était caractérisé « lorsque le prévenu avait conservé la détention d'une chose de provenance délictueuse après avoir acquis la connaissance de cette provenance [2] ». La formule était pour le moins discutable, eu égard au jeu de l'article 2279 du Code civil : comment pouvait-on avoir recelé une chose dont était devenu propriétaire par le jeu de la prescription acquisitive ? Il faudra attendre un revirement de jurisprudence du 24 novembre 1977 pour que la Cour de cassation affirme qu'il n'y a pas de recel punissable de la part de « l'acquéreur d'un bien mobilier lorsque la régularité de la possession et la bonne foi de cet acquéreur impliquent la réunion des conditions d'application de l'article 2279, alinéa 1er, du Code civil [3] ». Désormais l'appréciation de l'élément moral du recel s'effectue au moment de la prise en possession. Si cette dernière est régulière et de bonne foi, la qualification de recel est écartée.

§ 4. La répression

360 À l'état simple, le recel commis par des personnes physiques est puni d'une peine de cinq ans d'emprisonnement et de 375 000 € d'amende. Il ressort des articles 321-2 et 321-4 du Code pénal que

1. *RSC* 2000. 832 : comparant plusieurs décisions relatives au recel, le professeur *Ottenhof* observe les fluctuations de son élément moral (tantôt la naïveté est réprimée, tantôt elle est absoute) : « Il est dommage que les incertitudes qui affectent, en droit pénal français, l'analyse de l'élément intentionnel, constituent l'instrument majeur de l'individualisation de la répression ».
2. Crim. 12 juill. 1850, *Bull. crim.* n° 219 ; Crim. 15 juin 1973, *Bull. crim.* n° 270.
3. Crim. 24 nov. 1977, *Bull. crim.* n° 371, *D.* 1978. 42, note S. Kehrig ; *Gaz. Pal.* 1977. 2. 682, note P.M. ; M.-E. Cartier, « Le rapport de la Cour de cassation (Années judiciaires 1976 et 1977) », *JCP* 1979. I. 2953, n° 5.

le recel aggravé peut l'être soit par lui-même, en raison des modalités de commission de l'infraction, soit en raison de l'infraction d'origine. L'article 321-5 précise qu'au regard de la récidive, le recel est assimilé à l'infraction d'origine. Les peines complémentaires sont prévues par l'article 321-9 du Code pénal. Les personnes morales peuvent être déclarées responsables et encourent la peine d'amende et l'ensemble des peines complémentaires mentionnées à l'article 131-39 du Code pénal. S'agissant de la prescription, elle présente ici certaines particularités intéressantes. Le recel peut parfois se manifester par un acte ponctuel, comme c'est le cas lorsqu'un intermédiaire transmet un objet. Dans ce cas, la Cour de cassation considère que le recel ne constitue pas une infraction clandestine, si bien qu'elle refuse de retarder le point de départ de la prescription au moment où la victime a eu connaissance de cet acte [1]. Si le recel se traduit par une détention prolongée, il devient une infraction continue, et le point de départ de la prescription est fixé au moment où la détention cesse. On perçoit alors pleinement l'autonomie du recel : l'infraction d'origine peut être prescrite alors que celle du recel continue à courir [2]. Cependant, l'autonomie du recel par rapport à l'infraction d'origine admet une exception importante lorsque l'infraction d'origine se prescrit selon des règles spéciales. C'est ainsi qu'en matière de recel du produit d'un abus de biens sociaux, la Cour de cassation a jugé que ledit recel ne saurait commencer à se prescrire avant que l'infraction dont il procède soit apparue et ait pu être constatée dans des conditions permettant l'exercice de l'action publique [3]. Cette solution, critiquée en doctrine, a pourtant été étendue par la Cour de cassation au recel d'abus de confiance [4].

361 **La protection des sources journalistiques : des équilibres jurisprudentiels à la loi du 4 janvier 2010.** La répression du recel suscite une

---

1. Crim. 8 nov. 2005, *Bull. crim.* n° 284.
2. Crim. 16 juill. 1964, *Bull. crim.* n° 241.
3. Crim. 6 févr. 1997, *Bull. crim.* n° 48, *D.* 1997. 334, note J.-F. Renucci, *JCP* 1997. II. 22823, note M. Pralus, *Gaz. Pal.* 6-8 août 1997, p. 30, note J.-P. Doucet, *Dr. pénal* 1997. Comm. 61, obs. M. Véron, *RSC* 1997. 644, obs. R. Ottenhoff, *Rev. sociétés* 1997. 146, obs. B. Bouloc, *D. affaires* 1997. 780, obs. H. Matsopoulou ; Crim. 27 oct. 1997, n° 96-83.698, *Bull. crim.* n° 352, *RSC* 1998. 336, obs. Renucci, *JCP* 1998. II. 10017, note M. Pralus, *Dr. pénal* 1998. Comm. 16, obs. M. Véron.
4. Crim. 7 mai 2002, *Bull. crim.* n° 105, *D.* 2002. IR 1883, *Dr. pénal* 2002. Comm. 108, obs. M. Véron ; Crim. 19 nov. 2003, n° 03-80.591, *Dr. pénal* 2004. Comm. 36, obs. M. Véron.

question récurrente et sensible : celle du recel d'information par les journalistes et de la protection nécessaire des sources journalistiques, « pierre angulaire de la liberté de la presse » selon la formule du célèbre arrêt *Goodwin* de la Cour européenne des droits de l'homme [1]. En effet, ne peut-on pas soutenir qu'un bon journaliste, dans une société démocratique, ne saurait se contenter de sources officielles, ce qui le conduit parfois à receler des informations afin de nourrir ses papiers ? D'un autre côté, n'est-ce pas faire bon marché de la protection des secrets en général, et du secret de l'instruction en particulier ? Les termes du débat – et du dilemme – ont été posés dans la célèbre affaire *Calvet* [2] : la Chambre criminelle de la Cour de cassation a posé en principe qu'« il ne saurait être reproché à la cour d'appel d'avoir méconnu l'article 460 du Code pénal alors applicable et ne réprimant que le recel de choses, dès lors que, si elle a déclaré caractériser, en l'espèce, un recel de photocopies, elle a écarté, à bon droit, la prévention de recel d'informations qui avait été retenue par l'ordonnance de renvoi [3] ». Ainsi, une information n'est pas susceptible de recel, mais les documents sur lesquels elle se trouve inscrite, eux, le sont [4]. Même si elle est circonscrite au document, support de l'information, la qualification de recel suscite chez le journaliste le dilemme suivant : taire ses sources et être condamné le cas échéant pour diffamation ; les révéler et se retrouver sous le coup d'une poursuite pour recel de violation d'un secret. La question est d'autant plus délicate que la pression européenne s'exerce de façon directe. En effet, par un arrêt *Fressoz et Roire contre France* du 21 janvier 1999, rendu à propos de l'affaire Calvet, les juges européens considèrent que « la condamnation des

1. CEDH 27 mars 1996, n° 17488/90, *Rec. CEDH* 1996-II ; *D.* 1997. Somm. 211, obs. N. Fricero ; *JCP* 1997. I. 4000, obs. F. Sudre ; *RTDH* 1996. 433, obs. P. de Fontbressin et obs. P. Toussaint.
2. Il s'agissait de la publication par le « Canard enchaîné » de la feuille d'imposition du PDG de Peugeot, lors d'un conflit social chez le constructeur automobile.
3. Crim. 3 avr. 1995, *Bull. crim.* n° 142 ; *D.* 1995. Somm. 320, obs. J. Pradel ; *RSC* 1995. 599, obs. J. Francillon, 821, obs. R. Ottenhof, 1996. 645, obs. B. Bouloc, et 660, obs. R. Ottenhof ; *JCP* 1995. II. 22429, note E. Derieux ; *Dr. pénal* 1995. Comm. 175, obs. M. Véron. *Adde* C. de Jacobet de Nombel, « Le recel d'information », *Dr. pénal* 2008. Étude n° 21.
4. Crim. 19 juin 2001, *D.* 2001. J. 2538, note B. Beignier et B. de Lamy, et 2002. Somm. 1463, obs. J. Pradel ; *RSC* 2002. 96, obs. B. Bouloc, 119, obs. J. Francillon, et 592, obs. J.-P. Delmas Saint-Hilaire ; *RTD com.* 2002. 178, obs. B. Bouloc ; *JCP* 2002. II. 10064, concl. D. Commaret et note A. Lepage.

journalistes ne représentait pas un moyen raisonnablement proportionné à la poursuite des buts légitimes visés compte tenu de l'intérêt de la société démocratique à assurer et à maintenir la liberté de la presse [1] ». La Cour de cassation a cherché à ménager ces intérêts contradictoires, en mettant au jour deux moyens de justification. D'une part, les hauts magistrats ont admis qu'un journaliste pouvait invoquer un fait justificatif tiré de l'exercice légitime des droits de la défense : poursuivi pour dif*fama*tion, le journaliste peut se défendre en produisant les documents d'origine frauduleuse, sans être inquiété sur le terrain du recel [2]. Il s'agit d'une nouvelle manifestation de la cause justificative d'exercice des droits de la défense, reconnue également au bénéfice du salarié qui soustrait des documents pour se défendre aux prud'hommes [3]. D'autre part, et de façon plus spécifique, le journaliste peut invoquer la nécessité d'informer le lecteur, sur le fondement de l'article 10 de la Convention européenne. Cela dit, si la nécessité de violer un secret n'est pas établie au regard de l'objectif poursuivi, la violation sera punissable [4]. En réalité, les journalistes continuent à être poursuivis et condamnés pour recel, dès lors que le recel porte sur des documents, supports de l'information [5]. Tout se passe comme si la Chambre criminelle cherchait à

1. CEDH 21 janv. 1999, *Fressoz et Roire*, *D.* 1999. Somm. 272, obs. N. Fricero ; *JCP* 1999. II. 10120, note E. Derieux.
2. Crim. 11 juin 2002, *Bull. crim.* n° 132.
3. B. de Lamy, « Les droits de la défense, cause de justification autonome », *D.* 2004. 317.
4. Crim. 25 oct. 2005, *Bull. crim.* n° 268 ; Crim. 30 oct. 2006, *Bull. crim.* n° 258 : dans ce dernier arrêt, la Cour de cassation n'hésite pas à reprendre à son compte le test européen (limite prévue par un texte, nécessaire dans une société démocratique, proportionnée) pour conclure que la sanction de la violation du secret ne contrevient pas à l'article 10 de la Convention européenne.
5. Crim. 12 juin 2007, n° 06-87.361, *AJ pénal* 2007. 439, obs. G. Royer ; *RSC* 2008. 95, obs. J. Francillon ; *RTD com.* 2008. 197, obs. B. Bouloc ; *JCP* 2007. II. 10159, note F. Fourment, C. Michalski et P. Piot ; *Dr. pénal* 2007. Comm. n° 143, obs. M. Véron : dans cette affaire, il s'agissait de la diffusion d'un reportage télévisé montrant des procès-verbaux extraits d'un dossier d'instruction. L'individu concerné se constitue partie civile pour violation du secret de l'instruction et recel. Le journaliste est renvoyé devant le tribunal correctionnel pour recel de violation du secret de l'instruction. Condamné en première instance, il interjette appel de la décision du tribunal correctionnel et soutient que les faits qui lui sont reprochés ne peuvent être poursuivis que comme la violation de l'interdiction de publier des actes d'accusation et tous autres actes d'une procédure criminelle ou correctionnelle avant leur lecture en audience publique (délit prévu par l'art. 38, al. 1er de la loi du 29 juill. 1881). La qualification de recel serait donc exclue. La cour d'appel ne retient pas l'argument, et la chambre criminelle rejette le pourvoi au motif que « si une information échappe aux prévisions de l'article 321-1 du Code pénal qui réprime le seul recel d'une chose, et ne relève, le cas échéant, que des dispositions légales spécifiques à la liberté de la presse, tel n'est pas le cas du recel de documents provenant d'une violation du secret de l'instruction ou du secret professionnel ».

mettre la France à l'abri des foudres européennes, en reprenant à son compte, au moins formellement, le raisonnement européen. Rien ne dit que cette position trouve grâce aux yeux des juges strasbourgeois, à moins que ces derniers ne fassent prévaloir l'idée, qu'ils avaient d'ailleurs formulée dans l'arrêt *Fressoz et Roire*, « que les journalistes ne sauraient, en principe, être déliés par la protection que leur offre l'article 10 de leur devoir de respecter les lois pénales de droit commun ». On a pu croire un temps que l'équilibre des droits serait mieux assuré par le législateur [1] : telle était en tout cas l'ambition du projet de loi du gouvernement français, présenté au printemps 2008. Il s'agissait, sur le modèle de la loi belge du 7 avril 2005 relative à la protection des sources journalistiques, de réformer la loi du 29 juillet 1881 et le Code de procédure pénale [2]. Cependant, ce projet n'a pas abouti [3]. Finalement, c'est une loi du 4 janvier 2010 qui est intervenue pour fixer un cadre en la matière, même si l'œuvre législative paraît, au regard de l'édifice jurisprudentiel antérieur, décevante [4].

---

1. L'opportunité d'une intervention législative est discutée en doctrine. Tandis que certains auteurs prônent l'adoption d'une loi calquée sur le modèle belge (F. Fourment, « La protection des sources du journaliste », *AJ pénal* 2007. 15), d'autres s'y opposent fermement (voir notamment, J. Francillon, *RSC* 2007. 106 : « nous estimons pour notre part qu'une telle réforme ne serait ni opportune ni légitime (...). C'est le lieu de rappeler avec force que les journalistes d'investigation ne sauraient se réclamer d'un droit à l'impunité sous prétexte qu'il leur est légalement permis de taire l'origine de leurs informations ; qu'à cet égard le délit de violation du secret d'une enquête ou d'une instruction est parfaitement justifié dans la mesure où - pour reprendre l'une des exigences de la Cour EDH - il répond à un « impératif prépondérant d'intérêt public » ; qu'il n'est pas en effet tolérable que les actes d'une enquête ou d'une instruction judiciaire soient divulgués sans vergogne, sans contrôle, au mépris des droits d'autrui et dans des conditions susceptibles d'entraver la bonne marche de la justice et le déroulement d'un procès qui se doit d'être « équitable », surtout lorsque l'on sait que les journalistes qui divulguent de telles informations sont parfaitement conscients « des risques attachés aux publications litigieuses », comme c'était le cas en l'espèce. Les arguments contraires sont de peu de poids en présence de violations aussi flagrantes de l'état de droit et du respect dû aux droits de l'homme dans le procès, dont se réclament à juste titre ceux-là même qui - mais à tort cette fois - appellent de leurs vœux une société transparente où l'éradication des secrets serait la règle dans les affaires judiciaires en cours ».

2. Le projet de loi posait le principe de l'inscription à l'alinéa 1er de l'article 2 de la loi sur la presse du 29 juillet 1881, du principe général selon lequel « le secret des sources des journalistes est protégé afin de permettre l'information du public sur des questions d'intérêt général ». Le texte de loi indiquait notamment qu'il pourra être porté atteinte au secret des sources des journalistes « lorsqu'un intérêt impérieux l'impose [...] à titre exceptionnel, si la nature et la particulière gravité du crime ou du délit sur lesquels elle porte ainsi que les nécessités des investigations le justifient ». Au regard du principe de légalité, cette exception apparaissait particulièrement large...

3. Pour une critique de ce projet, dans l'ensemble mal accueilli par les journalistes, v. notamment, A. Guedj, « Le projet de loi relatif à la protection du secret des sources des journalistes », *D.* 2008. 1283 ; « Le secret des sources des journalistes », *AJ pénal* 2009. 163.

4. A. Chavagnon, « La protection des sources des journalistes : la décevante loi n° 2010-1 du 4 janvier 2010 », *D.* 2010. 275.

Désormais, l'article 2 de la loi du 29 juillet 1881 dispose que « le secret des sources des journalistes est protégé dans l'exercice de leur mission d'information du public ». Les bénéficiaires énumérés par la loi sont les journalistes professionnels (pigistes ou salariés par un seul éditeur) exerçant sur tous supports (presse écrite, presse en ligne, presse audiovisuelle) ainsi que ceux travaillant pour le compte d'agences de presse. En revanche, les *bloggeurs*, et plus largement les journalistes non professionnels, ne sont pas visés par la loi. Le secret des sources est écarté en cas d'« impératif prépondérant d'intérêt public » (formule jugée préférable à celle d' « intérêt impérieux », antérieurement envisagée). D'après la loi, la nécessité de l'atteinte s'apprécie au regard de « la gravité du crime ou du délit, de l'importance de l'information recherchée pour la répression ou la prévention de cette infraction et du fait que les mesures d'investigation sont indispensables à la manifestation de la vérité ». Autant dire que cette loi ne définit pas précisément l'exception [1], échouant ainsi à stabiliser l'état du droit en la matière. Même après la loi du 4 janvier 2010, c'est au juge qu'il appartiendra de préciser la notion d'impératif prépondérant d'intérêt public.

Section 2
Le blanchiment de capitaux illicites

362 Le blanchiment de capitaux illicites revêt une dimension internationale et constitue un des défis majeurs de la mondialisation du droit en général, et du droit pénal en particulier [2]. Il entre dans la

1. La loi belge, plus pragmatique, circonscrit de façon beaucoup plus précise l'exception : les journalistes « ne peuvent être tenus de livrer les sources d'information (...) qu'à la requête du juge, si elles sont de nature à prévenir la commission d'infractions constituant une menace grave pour l'intégrité physique d'une ou de plusieurs personnes en ce compris les infractions visées à l'article 137 du Code pénal, pour autant qu'elles portent atteinte à l'intégrité physique, et si les conditions cumulatives suivantes sont remplies : 1° les informations demandées revêtent une importance cruciale pour la prévention de la commission de ces infractions ; 2° les informations demandées ne peuvent être obtenues d'aucune autre manière ».
2. J. Riffaut, « Le blanchiment de capitaux illicites, Droit comparé », *RSC* 1999. 231.

catégorie de la « criminalité grave transfrontière » pour laquelle le Traité de Lisbonne [1] reconnaît une compétence matérielle à l'Union européenne afin d'harmoniser les incriminations et les sanctions pénales des États membres [2]. Cette harmonisation a déjà été promue au plan international par le GAFI (Groupe d'action financière) : il s'agit d'un organisme intergouvernemental qui s'est vu confier la mission de concevoir et de promouvoir des politiques de lutte contre le blanchiment de capitaux et le financement du terrorisme aussi bien à l'échelon national qu'international. Dès 1990, le GAFI a proposé une série de recommandations révisées régulièrement. L'Union européenne, membre du GAFI, a adopté plusieurs directives en 1991, 2001, 2005 et 2006 [3], afin de mettre en œuvre ces recommandations. Les deux dernières directives de 2005 et 2006 constituent désormais, pour les États membres de l'Union européenne, le *corpus juris* du nouveau droit du blanchiment.

363 Au plan interne, l'évolution normative a été à la fois lente et chaotique. Dans un premier temps, à partir de 1987, la répression du

1. Traité de Lisbonne modifiant le traité sur l'Union européenne et le traité instituant la Communauté européenne, signé à Lisbonne le 13 décembre 2007, *JOUE* 2007/C 306/01.

2. Sur ce traité et ses implications pénales, v. notamment, S. Manacorda, « La consolidation de l'Espace de liberté, de sécurité et de justice : vers une « mise à l'écart » du rapprochement pénal ? », *RSC* 2007. 899 ; E. Rubi-Cavagna, « Réflexions sur l'harmonisation des incriminations et des sanctions pénales prévue par le traité de Lisbonne », *RSC* 2009. 501.

3. La première directive européenne relative à la prévention du blanchiment de capitaux date de 1991. Cette directive qui avait pour objet d'harmoniser les moyens de prévention, consacrait le principe selon lequel chaque État membre devait formuler dans sa législation nationale l'interdiction du blanchiment de capitaux et mettre en œuvre des procédures de contrôle interne dans le secteur financier, afin d'identifier les opérations douteuses. La seconde directive de 2001, dans un souci d'efficacité accrue, s'engageait dans un double processus d'élargissement des personnes assujetties à la déclaration de soupçon des opérations de blanchiment de capitaux, et des activités illicites produisant l'argent objet de l'opération de blanchiment. Le Parlement européen et le Conseil de l'Union européenne ont arrêté le 26 octobre 2005 la troisième directive relative à « la prévention de l'utilisation du système financier aux fins de blanchiment de capitaux et du financement du terrorisme » (Dir. n° 2005/60/CE, *JOUE* n° L. 309/15, 25 nov. 2005 ; *D.* 2005, *Actu. législative* 1626). L'objectif de ce nouveau texte est de renforcer le dispositif de prévention contre le blanchiment de capitaux illicites, mis en œuvre par les directives de 1991 et de 2001. Cette nouvelle directive s'inscrit dans la continuité des précédentes dont elle reprend toutes les dispositions, et complète les moyens de détection des opérations frauduleuses. La troisième directive s'intègre dans un mouvement mondial de renforcement du dispositif préventif afin d'identifier les acteurs et les opérations de blanchiment de capitaux. Ce nouveau texte introduit dans la législation communautaire des dispositions beaucoup plus précises que les précédentes directives, qui devraient permettre de contrôler un nombre plus important de transactions douteuses réalisées avec des fonds d'origine illicite. En incitant les États membres à mettre leur législation en conformité avec cette directive avant le 15 décembre 2007, l'arsenal législatif de lutte se renforce (Mascala, « Lutte contre le blanchiment de capitaux : une nouvelle directive en attente de transposition », *Rev. Europe* 2006. 5).

blanchiment de l'argent illicite a été incriminée dans le cadre des opérations portant sur le produit du trafic de stupéfiants. Dans un deuxième temps, la loi du 13 mai 1996 a incriminé de façon beaucoup plus large les opérations de blanchiment du produit de tout crime ou de délit : il s'agit des articles 324-1 à 324-9 du Code pénal insérés dans le chapitre IV du livre III intitulé « Du blanchiment ». Enfin dans un troisième temps, une avalanche de textes (lois, ordonnances, décrets [1]) est venue compléter le dispositif, essentiellement pour satisfaire aux exigences de transposition des directives européennes. La loi du 4 août 2008 de modernisation de l'économie a habilité le gouvernement à prendre par ordonnance, dans un délai de six mois à compter de sa publication, des mesures adaptant la législation au droit communautaire. L'ordonnance du 30 janvier 2009 constitue ainsi (provisoirement) le dernier épisode de cette saga normative [2]... Même si notre droit positif du blanchiment manque parfois de lisibilité, on peut toutefois chercher à résumer le dispositif pénal en quatre points, en considérant successivement l'élément préalable de l'incrimination (**§ 1**), l'élément matériel (**§ 2**), l'élément moral (**§ 3**) puis les conditions de la répression (**§ 4**).

§ 1. L'élément préalable

364 Le blanchiment constitue, comme le recel, une infraction de conséquence [3]. Il suppose donc une infraction préalable. Le blanchiment du produit de n'importe quel crime ou délit peut être poursuivi. En pratique, sont essentiellement visés les recyclages financiers des produits d'infractions très lucratives (corruption, extorsion de fonds, proxénétisme, trafic d'armes, de stupéfiants,

1. V. notamment, la loi du 11 février 2004 dite « Loi profession » qui transposait en droit interne la deuxième directive européenne en matière de lutte contre le blanchiment d'argent et le décret du 26 juin 2006 relatif à la profession d'avocat. Ch. Cutajar, « La participation des avocats à la prévention du blanchiment et du financement du terrorisme après le décret n° 2006-736 du 26 juin 2006 relatif à la lutte contre le blanchiment de capitaux et modifiant le Code monétaire et financier (partie réglementaire) », *D.* 2006. Chron. 2104 ; C. Mascala, « Le rôle des professionnels dans la lutte contre le blanchiment de capitaux », *Dr. et patr.* juin 2006.

2. Ch. Cutajar, « Droit du blanchiment : une ordonnance nécessaire mais à parfaire (premières réflexions sur l'ordonnance n° 2009-104 du 30 janv. 2009) », *D.* 2009. 821.

3. C. Ducouloux-Favard, « Recel et blanchiment : deux délits de conséquence », *Gaz. Pal.* 1-4 janv. 2003, p. 11.

d'œuvre d'art). Toutefois, la qualification générale de blanchiment apparue en 1996 peut susciter deux types de difficultés. D'une part, les frontières entre recel et blanchiment ne sont pas toujours aisées à tracer : en effet, la Cour de cassation a eu l'occasion d'approuver la qualification de recel appliquée à celui qui a fait office d'intermédiaire dans la négociation de bons du Trésor dont il connaissait l'origine frauduleuse [1]. Il s'agit en quelque sorte d'un recel « virtuel [2] » qui n'est pas toujours facile à distinguer du blanchiment. D'autre part, le blanchiment suppose, pour pouvoir être poursuivi, que soient strictement caractérisés les éléments constitutifs du crime ou du délit principal qui a procuré au prévenu de blanchiment un profit direct ou indirect [3]. Or, la jurisprudence est particulièrement sévère puisqu'elle décide que l'article 324-1 du Code pénal est applicable à l'auteur de l'infraction principale. C'est pourquoi un prévenu condamné pour travail clandestin et fraude fiscale peut aussi être condamné pour blanchiment des sommes produites par son activité illicite [4]. La règle *non bis in idem* ne trouve pas à s'appliquer à cette double poursuite, puisque les éléments constitutifs de l'infraction préalable sont totalement distincts de ceux constitutifs du blanchiment. Un arrêt de la chambre criminelle du 20 février 2008 s'inscrit dans cette ligne, qui admet le cumul des qualifications de complicité de blanchiment et de recel, dès lors que les faits visés sont différents [5].

---

1. Crim. 30 nov. 1999, *Bull. crim.* n° 282.
2. *RSC* 2000. 832, obs. R. Ottenhof.
3. Crim. 25 juin 2003, *RSC* 2004. 350, obs. R. Ottenhof ; *Dr. pénal* 2003. Comm. n° 142, obs. M. Véron.
4. Crim. 14 janv. 2004, *Bull. crim.* n° 12 ; *D.* 2004. J. 1377, note C. Cutajar ; *RSC* 2004. 350, obs. R. Ottenhof ; *RTD com.* 2004. 623, obs. B. Bouloc ; *Dr. pénal* 2004. Comm. n° 48, obs. M. Véron ; *JCP* 2004. II. 10081, note H. Matsopoulou.
5. Crim. 20 févr. 2008, n° 07-82.977, *D.* 2008. J. 1585, note C. Cutajar, et Pan. 1573, obs. C. Mascala ; *AJ pénal* 2008. 234, obs. A. Darsonville ; *Dr. pénal* 2008. Comm. n° 67, obs. M. Véron ; *JCP* 2008. II. 10103, note J. Lasserre Capdeville ; *adde* J.-H. Robert, « Réflexions sur la nature de l'infraction de blanchiment d'argent », *JCP* 2008. I. 146 : dans cette affaire, le prévenu avait été condamné en appel comme auteur principal du blanchiment du produit d'une fraude fiscale pour avoir négligé, pendant plusieurs années, de déclarer ses revenus au fisc et avoir investi les économies ainsi réalisées dans des casinos et dans la souscription de bons anonymes. Son objectif était de transformer le produit de ses fraudes fiscales en revenus licites, autrement dit de les blanchir. Rejetant le pourvoi, la chambre criminelle relève que l'article 324-1 du Code pénal est applicable à l'auteur du blanchiment du produit d'une infraction qu'il a lui-même commise. En outre, comme le prévenu avait aussi fait acquérir une voiture de grosse cylindrée par un de ses amis - (qui avait immatriculé ladite voiture à son nom) tout en lui remboursant le prix d'achat et en la conduisant de manière, semble-t-il, habituelle - il est condamné pour complicité de blanchiment (par fourniture de moyens) et pour recel. Le pourvoi soutenait en vain que ces deux qualifications ne sont pas cumulables. La chambre criminelle écarte l'argu-

Cette jurisprudence montre combien le blanchiment constitue une infraction distincte et autonome par rapport au recel [1], mais aussi une infraction complexe : cette complexité tient pour beaucoup à la dualité de son élément matériel.

§ 2. L'élément matériel

365 L'article 324-1 alinéa 1 du Code pénal incrimine le fait « de faciliter, par tout moyen, la justification mensongère de l'origine des biens ou des revenus de l'auteur d'un crime ou d'un délit ayant procuré à celui-ci un profit direct ou indirect ». Il s'agit ici d'incriminer une forme de complicité par aide ou assistance de façon autonome : est visé l'individu qui facilite la justification mensongère de l'origine des biens du crime ou du délit. L'élément matériel fait l'objet d'une appréciation sévère : peu importe la nature du crime ou du délit, peu importent les moyens employés (fausses factures, faux bulletins de paie, faux contrats de travail...), peu importe que le mensonge porte sur le produit du crime ou délit. Il existe ici une sorte de présomption de fond : si la justification est mensongère et si le bénéficiaire du mensonge est l'auteur d'un crime ou d'un délit, le délit de blanchiment est constitué. C'est une différence importante avec la seconde modalité du blanchiment.

366 L'article 324 alinéa 2 du Code pénal envisage une autre modalité de blanchiment, conforme à l'image que l'on s'en fait couramment, et définie de façon plus précise. Cette modalité consiste dans « le fait d'apporter un concours à une opération de placement, de dissimulation ou de conversion du produit direct ou indirect d'un crime ou d'un délit ». Cette seconde modalité exige que soit rapportée par l'accusation la preuve que les sommes objet du blanchiment proviennent effectivement d'un crime ou d'un délit. Le concours à l'opération de placement consiste à intégrer le produit de l'infraction dans un circuit financier licite ou à dissimuler

ment : complicité et recel sont cumulables lorsque les faits de complicité et de recel sont différents : la complicité visait le financement de la voiture, alors que le recel visait sa détention et son utilisation.

1. Ch. Cutajar, « Le blanchiment, une infraction générale, distincte et autonome », *D.* 2008. 1585.

la trace de son origine illicite [1]. Deux précisions s'imposent ici : d'une part, c'est cette modalité qui a permis à la Cour de cassation de considérer qu'une personne pouvait être poursuivie du chef de blanchiment d'une infraction qu'elle a elle-même commise [2]. D'autre part, il est permis de penser que certaines opérations frauduleuses, utilisant le mécanisme de la fiducie, tomberaient aussi sous le coup de cette qualification [3].

§ 3. L'élément moral

367 Si le blanchiment est bien un délit intentionnel, les contours de l'intention varient selon la modalité du blanchiment envisagé. Ici encore, l'alinéa 2 de l'article 324-1 du Code pénal se révèle plus exigeant que l'alinéa 1. Dans le cadre de l'alinéa 1, l'intention suppose que l'agent sait que la personne dont il justifie mensongèrement l'origine des ressources a commis un crime ou un délit, même si ledit crime ou délit n'a aucun rapport avec les biens ou revenus blanchis. À la différence du recel, il importe en revanche de vérifier que l'agent connaissait la nature exacte du crime ou du délit commis [4]. Dans le cadre du second alinéa, il importe d'établir que l'agent sait que l'opération de placement à laquelle il apporte son concours porte sur le produit direct ou indirect d'un crime ou d'un délit ; en revanche sa connaissance de la qualification exacte de l'infraction est cette fois indifférente.

§ 4. La répression

368 La répression du blanchiment est d'une particulière sévérité, et certaines dispositions dérogent au droit commun. Une distinction

1. Crim. 2 déc. 2003, *JCP* 2003. II. 10066, note Ch. Cutajar : en l'espèce il s'agissait d'un conseiller financier qui avait, en connaissance de cause, converti en bons anonymes les fonds apportés en liquide.
2. Crim. 14 janv. 2004, précité.
3. On sait que la fiducie, consacrée en 2007, était traditionnellement rejetée par notre droit, en raison de son incompatibilité avec la théorie personnaliste du patrimoine, mais aussi, et surtout, en raison des facilités d'évasion fiscale et de blanchiment qu'elle offre ; Sur ces liens entre fiducie et blanchiment, v. notamment, R. Ollard, « La fiducie : aspects de droit pénal », *RSC* 2009. 545.
4. Crim. 25 juin 2003, *Bull. crim.* n° 142 ; *RSC* 2004. 350, obs. R. Ottenhof.

est faite entre le blanchiment simple et le blanchiment aggravé. S'agissant du blanchiment simple, les deux modalités du blanchiment sont punies de cinq ans d'emprisonnement et 375 000 € d'amende (art. 324-1 C. pén.). S'agissant du blanchiment aggravé, les peines sont portées à dix ans d'emprisonnement et 750 000 € d'amende si l'infraction est commise de façon habituelle ou en utilisant les facilités d'une activité professionnelle (notaires, banquiers, sociétés de bourse...) ou lorsqu'elle est commise en bande organisée (art. 324-2 C. pén.). Afin d'accroître l'effectivité de la répression, l'article 324-3 du Code pénal précise que dans tous les cas, les peines d'amende peuvent être élevées jusqu'à la moitié de la valeur des biens ou des fonds sur lesquels ont porté les opérations de blanchiment. Le blanchiment peut même être assorti de peines criminelles, dès lors que l'auteur connaissait la qualification criminelle de l'infraction dont proviennent les fonds blanchis. Le coupable encourt de nombreuses peines complémentaires prévues à l'article 324-7 du Code pénal, y compris la confiscation de « tout ou partie des biens du condamné » : introduite par la loi du 15 mai 2001, cette peine est dérogatoire du droit commun de la confiscation, qui se limite en droit commun au seul produit de l'infraction. Si le coupable est étranger, il encourt la peine complémentaire d'interdiction du territoire (art. 324-8 C. pén.). La tentative est punissable (art. 324-6 C. pén.) et, au regard de la récidive, le blanchiment est assimilé à l'infraction à l'occasion de laquelle ont été commises les opérations de blanchiment (art. 324-5 C. pén.). Enfin, les personnes morales peuvent être déclarées responsables dans les conditions prévues à l'article 121-2 du Code pénal : elles encourent alors l'amende quintuple de celle prévue pour les personnes physiques ainsi que les peines complémentaires de l'article 131-39 du Code pénal (art. 324-9 C. pén.).

369 La transposition en droit français des directives communautaires relatives à la prévention et à la détection du blanchiment a conduit à instaurer un dispositif de déclaration de soupçons qui n'a cessé de s'élargir. Ainsi, un certain nombre de professionnels sont aujourd'hui soumis à des obligations contraignantes afin de les associer étroitement à la lutte contre le blanchiment de capitaux. Le Code monétaire et financier impose à des personnes limitativement énumérées à l'article L. 562-1, l'obligation de déclarer certaines opérations « douteuses » déterminées par la loi. Cette liste de professionnels s'est considérablement allongée au gré des réformes successives. Sont tenus à déclaration de soupçon les établissements bancaires y compris la Banque de France ; les entreprises d'assurance ; les entreprises d'investissement ; les changeurs manuels ; les personnes qui réalisent, contrôlent ou conseillent des opérations portant sur l'acquisition, la vente, la cession ou la location de biens immobiliers ; les responsables de casinos et de sociétés de jeux ; les personnes se livrant habituellement au commerce ou organisant la vente de pierres précieuses, de matériaux précieux, d'antiquités et d'œuvres d'art ; les experts-comptables et commissaires aux comptes ; les notaires, huissiers de justice, administrateurs et mandataires judiciaires à la liquidation des entreprises, les avocats et avoués ; les commissaires-priseurs judiciaires et les sociétés de vente volontaire de meubles aux enchères publiques. Certaines professions, comme les avocats, se sont montrées très hostiles à la déclaration de soupçon, au nom du secret professionnel. C'est pourquoi un décret du 27 juin 2006, pris en application de la loi « Professions » du 11 février 2004, est venu préciser les contours de l'obligation de déclaration incombant aux avocats, les faisant bénéficier d'une procédure dérogatoire [1]. L'article L. 562-8 du Code monétaire et financier précise

1. L'article L. 562-2-1 du Code monétaire et financier écarte la déclaration de soupçon lorsque les informations ont été reçues d'un de leur client ou obtenues sur un client, soit dans le cadre d'une consultation juridique, sauf si celle-ci est fournie aux fins de blanchiment de capitaux, soit dans l'exercice de leur activité dans l'intérêt du client lorsque celle-ci se rattache à une procédure juridictionnelle, ce qui limite considérablement le domaine de la déclaration. La difficulté demeure pour les avocats de distinguer nettement les activités de conseil et une activité de consultation juridique dans le cadre d'une procédure juridictionnelle. Tel est l'objet du décret du 27 juin 2006 qui précise aussi les modalités particulières de déclaration lorsque celle-ci est faite par un avocat. La procédure de déclaration de soupçon diffère en effet selon la qualité du professionnel déclarant. La procédure de droit commun est mise en œuvre par un service placé sous la tutelle du ministre de l'Économie et des Finances : Tracfin. La déclaration de soupçon est envoyée sous forme écrite ou transmise verbalement à ce service par le professionnel déclarant. La procédure particulière instaurée par la loi pour les avocats aux Conseils ou près des cours d'appels (art. L. 562-2-1, al. 3, C. mon. fin.) prévoit la déclaration au bâtonnier de l'ordre auprès duquel il est inscrit. Le bâtonnier a huit jours, suivant la réception de la déclaration, pour décider de la transmettre ou pas à Tracfin, mais on imagine mal qu'il ne transmette pas, en raison du risque de poursuites pour complicité de blanchiment... Le bâtonnier doit en outre informer le président du Conseil national des barreaux qui doit faire semestriellement un rapport au garde des Sceaux sur les situations qui n'ont pas donné lieu à la saisine de Tracfin.

qu'en toute hypothèse aucune poursuite pour violation du secret professionnel ne saurait être engagée en cas de déclaration de soupçon [1].

SECTION 3
LA NON-JUSTIFICATION DE RESSOURCES

370 Le Code pénal a longtemps assimilé au recel le défaut de justification du train de vie des personnes ayant autorité sur des mineurs délinquants. Tel était l'objet de l'ancien article 321-6 du Code pénal qui cherchait à sanctionner les parents ou leurs tuteurs incitant de jeunes enfants à des actes de délinquance afin de profiter du produit de leur activité illicite. Eu égard aux difficultés probatoires, le législateur pénal avait instauré une incrimination autonome reposant sur une présomption de mauvaise foi : l'instigation à la délinquance était présumée, et il appartenait au prévenu de faire la preuve par tous moyens de l'origine licite de ses revenus [2]. Après plusieurs extensions du champ de l'incrimination, la loi du 23 janvier 2006 relative à la lutte contre le terrorisme en a fait une incrimination de portée générale [3]. Désormais, l'article 321-6 du Code pénal incrimine le fait, pour toutes personnes en relations habituelles avec des personnes qui, soit se livrent à la commission d'infractions punies d'au moins cinq ans d'emprisonnement et qui leur procurent un profit quelconque, soit sont les victimes de ces infractions, d'être incapables de justifier de leur train de vie ou de l'origine des biens qu'elles détiennent. Le fait que ce comporte-

1. Crim. 3 déc. 2003, *Bull. crim.* n° 234 ; *RSC* 2004. 636, obs. E. Fortis : s'agissant d'une déclaration à Tracfin, l'arrêt écarte toutefois l'irresponsabilité pénale de l'article L. 562-8 du Code monétaire et financier en cas de concertation frauduleuse entre le prévenu et le propriétaire des fonds blanchis.

2. Crim. 8 févr. 1989, *RSC* 1989. 491, obs. A. Vitu : en l'espèce les prévenus furent condamnés, car ils n'étaient pas parvenus à justifier suffisamment leurs revenus alors que « tous vivaient en un groupe étroit et organisé et que les ressources dont ils justifiaient ne pouvaient expliquer la détention d'une grosse somme d'argent et la propriété de trois véhicules de grande puissance ».

3. En bonne logique, l'incrimination générale de l'article 321-6 du Code pénal remplace les cas particuliers antérieurement prévus ; pourtant, la loi du 23 juin 2006 a laissé subsister des cas spéciaux, qu'il s'agisse des relations avec des personnes se livrant à la prostitution (art. 225-6 2°et 3°), à la mendicité (art. 225-12-5), ou à des actes de terrorisme (art. 421-2-3).

ment émane d'une personne ayant autorité sur mineur délinquant constitue désormais une des circonstances aggravantes de l'infraction (art. 321-6-1, al. 1er).

371 Au regard de l'élément matériel, l'article 321-6 prévoit deux modalités distinctes. Dans son premier alinéa, il incrimine « le fait de ne pas pouvoir justifier de ressources correspondant à son train de vie ou de ne pas pouvoir justifier de l'origine d'un bien détenu, tout en étant en relations habituelles avec une ou plusieurs personnes, qui soit se livrent à la commission de crimes ou de délits punis d'au moins cinq ans d'emprisonnement et procurant à celles-ci un profit direct ou indirect, soit sont les victimes d'une de ces infractions ». Dans le second alinéa du même article, est incriminé « le fait de faciliter la justification de ressources fictives pour des personnes se livrant à la commission de crimes ou de délits punis d'au moins cinq ans d'emprisonnement et procurant à celles-ci un profit direct ou indirect ». Cette seconde modalité peut laisser perplexe, car elle crée un concours éventuel de qualification avec le blanchiment de l'article 324-1 du Code pénal [1].

372 La répression de la non-justification de ressources a été durcie. À l'état simple, dans ces deux modalités, le délit est puni d'une peine de trois ans d'emprisonnement et de 75 000 € d'amende. Toutefois, selon l'article 321-6-1, dans son alinéa 1, les peines sont portées à cinq ans d'emprisonnement et 150 000 € d'amende lorsque les crimes et délits sont commis par un mineur sur lequel la personne ne pouvant justifier ses ressources a autorité. En vertu de l'alinéa 2, les peines sont portées à 7 ans d'emprisonnement et 200 000 € d'amende lorsque les infractions commises constituent les crimes ou les délits spécifiés au texte, dont précisément celui d'association de malfaiteurs à côté de ceux de traites d'êtres humains, d'extorsion ou de trafic de stupéfiants. Dans ces trois cas mentionnés à l'alinéa 2, les peines principales sont portées à 10 ans et 200 000 € d'amende lorsqu'un mineur est l'auteur d'une infraction dont il a été tiré profit. Les peines complémentaires sont aussi sévères puisque sont désormais applicables aux personnes

1. Dans le même sens, v. J.-F. Seuvic, *RSC* 2006. 363.

physiques non seulement les peines complémentaires prévues à l'article 321-9 mais encore la confiscation de tout ou partie des biens prévue à l'article 321-10-1 du Code pénal.

CHAPITRE 3

Les destructions, dégradations et détériorations

373 **Un maquis normatif.** Le dispositif d'incrimination des destructions, dégradations et détériorations est d'une singulière complexité. En effet, le législateur et le pouvoir réglementaire sont intervenus de façon chaotique, fragmentée, et la stratification de leurs interventions produit un réseau normatif à la fois dense et peu lisible : un véritable maquis, où les concours de qualifications ne sont pas rares. Il faut dire que la diversité des comportements visés et la variété des mobiles sont impressionnantes, tant les profils criminologiques sont multiples. Comment embrasser à la fois le vandalisme des incivilités urbaines et le saccage des parcelles OGM, manifestation de désobéissance civique ? Comment distinguer les déprédations et les gestes artistiques, qu'il s'agisse du tag ou du « *ready-made* » cher à Duchamp, qui peut consister à détruire totalement ou partiellement une œuvre pour en devenir le co-auteur ? Comment incriminer les incendies, les décharges sauvages d'ordures et autres atteintes à l'environnement ? Jouant sur une gamme d'incriminations contraventionnelles et correctionnelles, notre droit présente une distinction essentielle entre les infrac-

tions ne présentant pas de danger pour les personnes (SECTION 1) et celles présentant un danger pour les personnes (SECTION 2). Sont également incriminées les menaces et fausses alertes (SECTION 3).

SECTION 1
LES INFRACTIONS NE PRÉSENTANT PAS DE DANGER POUR LES PERSONNES

374 Les infractions ne présentant pas de danger pour les personnes sont visées aux articles 322-1 à 322-4-1. Le système d'incriminations a été intensifié par la loi du 18 mars 2003 sur la sécurité quotidienne qui a notamment créé le délit d'occupation illicite d'un terrain (**§ 3**). Quant aux destructions, dégradations et détériorations par un moyen quelconque (**§ 1**), la dernière intervention législative date du 15 juillet 2008. Enfin, la répression des inscriptions, signes, dessins et tags (**§ 2**) a été complétée par la loi du 9 septembre 2002, afin de permettre le prononcé d'un travail d'intérêt général.

§ 1. Les destructions par un moyen quelconque

A. L'élément matériel

375 De façon très compréhensive, l'article 322-1 du Code pénal incrimine « la destruction, la dégradation ou la détérioration d'un bien appartenant à autrui », afin de lutter contre ce que l'on appelle communément le vandalisme. La terminologie légale marque un decrescendo dans la gravité des faits : la « dégradation » apparaît comme une atteinte moins grave que la « destruction » ; quant à la « détérioration » elle vise le dommage léger qui ne fait perdre à

la chose qu'une partie de sa valeur [1]. La disposition a vocation à s'appliquer aux biens les plus divers, qu'ils soient meubles [2] ou immeubles, habités ou non [3], déjà détériorés ou non. Il faut en revanche que le bien appartienne à autrui, ce qui se comprend parfaitement au regard de la prérogative de l'*abusus* qui donne au propriétaire la faculté de faire sortir une chose de son patrimoine par des actes juridiques (vente ou donation par exemple), mais aussi par des actes matériels (destruction totale ou partielle). Le texte est par ailleurs indifférent aux procédés de destruction employés, sauf s'il s'agit de l'un de ceux visés à l'article 322-6 du Code pénal (incendie, substance explosive ou tout autre moyen susceptible de causer un dommage pour les personnes).

B. L'élément intentionnel

376 Si l'article 322-1 ne précise pas l'exigence de l'élément intentionnel, l'article 121-3 du Code pénal pose le principe que tous les crimes et délits sont intentionnels. Seul un dol général est requis. En revanche, l'imprudence est indifférente : le Code pénal n'incrimine pas la destruction involontaire par un moyen quelconque. Il convient d'établir que l'agent a agi sciemment et volontairement, dans la mesure où il sait que le bien visé ne lui appartient pas et qu'il n'a sur lui aucun droit de disposition [4]. Les mobiles sont indifférents, afin d'éviter les manifestations de justice privée [5]. Cela dit, la jurisprudence a parfois oscillé sur la question du mobile politique. Un arrêt de la Cour de cassation du 28 septembre 1970 a considéré comme une infraction politique la dégradation d'un édifice sur le quel était apposée une l'inscription en raison

1. Crim. 21 avr. 1944, *D.* 1945. 85 : la détérioration renvoie en l'espèce au fait de retirer et de dissimuler certaines pièces essentielles d'un engin empêchant celui-ci de fonctionner pendant quelque temps.
2. Le texte s'applique fréquemment aux automobiles ; v. notamment, Crim. 20 janv. 1981, *Bull. crim.* n° 27, *JCP* 1981. II. 19673, note R. de L.
3. Crim. 22 janv. 1997, *Bull. crim*, n° 31 : individu forçant la serrure de la porte d'entrée d'un appartement vide en vue de s'y installer.
4. Crim. 18 sept. 1991, *Dr. pénal* 1992. Comm. 37 M. Véron : destruction par un locataire en fin de bail d'une cabane édifiée par lui-même sur le terrain d'autrui.
5. Crim. 11 oct. 1989, *Bull. crim.* n° 346 : destructions de terrain par l'auteur d'une action en revendication.

de « son libellé objectivement politique [1] ». Cette décision est toutefois restée isolée, la jurisprudence retenant dans l'ensemble une définition très étroite de l'infraction politique. C'est pourquoi les inscriptions politiques sur des monuments d'utilité publique sont considérées comme des infractions de droit commun, quel qu'ait été le mobile du prévenu [2]. Nous allons retrouver cette question du mobile politique dans le cadre de la répression, car le mobile affleure parfois sur le terrain du fait justificatif tiré de l'état de nécessité.

C. La répression

377 À l'état simple, les peines principales sanctionnant le délit de destruction, dégradation et détérioration, sauf s'il en est résulté un dommage léger, consistent, d'après l'article 322-1, alinéa 1er, du Code pénal, en des peines de deux ans d'emprisonnement et de 30 000 € d'amende. Sont également encourues les peines complémentaires de l'article 322-15, 1°, 2°, 3°, 5° et 6° du Code pénal. La tentative du délit est punissable (art. 322-4 C. pén.). En cas de dommage léger, les faits entrent dans les prévisions de l'article R. 635-1 du Code pénal : il s'agit de contraventions de cinquième classe. La notion de dommage léger fait l'objet d'une appréciation souveraine par les tribunaux [3].

Les circonstances aggravantes sont prévues aux articles 322-2 et suivants du Code pénal. Il s'agit d'un réseau très dense de causes d'aggravation qui ont été remaniées en 2003 [4], 2008 [5] et 2009 [6]. En vertu de l'article 322-2 du Code pénal, la peine peut être aggravée et portée à trois ans d'emprisonnement et 45 000 €

1. Crim. 28 sept. 1970, *Bull. crim.* n° 252, *D.* 1971. 36, note F. Chabas, *JCP* 1972. II. 17272, note R. Koering-Joulin, *RSC* 1971. 669, obs. A. Légal.
2. Crim. 4 févr. 1971, *Bull. crim. n°* 41, *JCP* 1971. II. 17272, note R. Koering- Joulin ; 23 févr. 1972, *Bull. crim.* n° 74, *D.* 1973. 333, note M.-J. Littmann.
3. Crim. 13 mai 1954, *D.* 1954. 457 : dégonfler les pneus d'un véhicule ; Crim. 22 févr. 1983, *Gaz. Pal.* 1983. 2. 322, obs. Doucet : traverser un champ ensemencé.
4. La loi du 3 février 2003 visant à aggraver les peines punissant les infractions à caractère raciste, antisémite ou xénophobe.
5. La loi du 15 juillet 2008 relative à la protection des archives ; Sur cette loi, v. notamment, P. Gonod, « La réforme des archives : une occasion manquée », *AJDA* 2008. 1587 ; Ph. Yolka, « Le couteau de Lichtenberg, Remarques sur la protection pénale du domaine public », *AJDA* 2009. 2341.
6. Loi du 29 juillet 2009 relative à la programmation militaire pour les années 2009 à 2014.

d'amende dans trois cas : un bien destiné à l'utilité ou à la décoration publique [1] ; un registre, une minute ou un acte original de l'autorité publique. Enfin, la loi du 3 février 2003 visant à aggraver les peines punissant les infractions à caractère raciste, antisémite ou xénophobe a créé une nouvelle circonstance aggravante insérée dans l'article 132-76 du Code pénal ainsi rédigée « les peines encourues pour un crime ou un délit sont aggravées lorsque l'infraction est commise à raison de l'appartenance ou de la non-appartenance, vraie ou supposée, de la victime à une ethnie, une nation, une race ou une religion déterminée ». Ce troisième cas d'aggravation est mentionné sous l'article 322-2 mais n'est toutefois pas numéroté. La loi du 15 juillet 2008 relative à la protection des archives a remanié le dispositif en prévoyant de très nombreuses causes d'aggravation à l'article 322-3 du Code pénal : ces causes tiennent compte de la qualité de l'auteur (plusieurs personnes agissant en qualité d'auteur ou de complice) et de celle de la victime (victime vulnérable, témoin, ou bien personne investie d'une charge publique comme un magistrat, un avocat, un militaire...). Dans ce cas, la peine est portée à cinq ans d'emprisonnement et 75 000 € d'amende [2]. Enfin, l'article 322-3-1 du

---

1. Pour une destruction de statue, v. TGI Paris, 24 janv. 2006, *D.* 2006. 1827, note A. Tricoire.

2. Une fois n'est pas coutume, cela vaut la peine de citer *in extenso* l'article 322-3 afin de mesurer à la fois l'ampleur du recours contemporain aux circonstances aggravantes et les remaniements permanents qui font de nombreux textes du Code pénal (qui a pourtant moins de 20 ans), une sorte d'antique palimpseste : l'infraction définie au premier alinéa de l' article 322-1 est punie de cinq ans d'emprisonnement et de 75 000 € d'amende et celle définie au deuxième alinéa du même article de 15 000 € d'amende *(L. n° 2002-1138 du 9 sept. 2002, art. 24)* « et d'une peine de travail d'intérêt général » :

1° Lorsqu'elle est commise par plusieurs personnes agissant en qualité d'auteur ou de complice ;

2° Lorsqu'elle est facilitée par l'état d'une personne dont la particulière vulnérabilité, due à son âge, à une maladie, à une infirmité, à une déficience physique ou psychique ou à un état de grossesse, est apparente ou connue de son auteur ;

3° Lorsqu'elle est commise au préjudice d'un magistrat, d'un juré, d'un avocat, d'un officier public ou ministériel (*L. n° 96-647 du 22 juill. 1996*), « d'un militaire de la gendarmerie, d'un fonctionnaire de la police nationale, des douanes, de l'administration pénitentiaire » ou de toute autre personne dépositaire de l'autorité publique ou chargée d'une mission de service public, en vue d'influencer son comportement dans l'exercice de ses fonctions ou de sa mission ;

4° Lorsqu'elle est commise au préjudice d'un témoin, d'une victime ou d'une partie civile, soit pour l'empêcher de dénoncer le fait, de porter plainte ou de déposer en justice, soit en raison de sa dénonciation, de sa plainte ou de sa déposition ;

5° Lorsqu'elle est commise dans un local d'habitation ou dans un lieu utilisé ou destiné à l'entrepôt de fonds, valeurs, marchandises ou matériels, en pénétrant dans les lieux par ruse, effraction ou escalade.

(L. n° 2009-928 du 29 juill. 2009, art. 12-V)

6° Lorsqu'elle est commise à l'encontre d'un lieu classifié au titre du secret de la défense nationale. » *(L. n° 2003-88 du 3 févr. 2003)* « Lorsque l'infraction définie au premier alinéa de l' article 322-1 est

Code pénal vise à assurer la protection du patrimoine culturel : cette fois la peine est portée à sept ans d'emprisonnement et 100 000 € d'amende, notamment lorsque le bien est un objet conservé ou déposé dans un musée de France ou dans les musées appartenant à une personne publique[1] ou bien présenté lors d'une exposition à caractère historique.

L'état de nécessité prévu à l'article 122-7 du Code pénal a parfois été invoqué devant les juges pour justifier l'infraction, sans beaucoup de succès. D'une part, la justification a pu être retenue, du moins par un juge de première instance, au nom du droit au logement : de là la relaxe d'un individu qui avait scié les gonds de la porte d'entrée d'un logement vacant pour s'y installer avec sa famille[2]. D'autre part, la justification a été invoquée dans un certain nombre de manifestations de désobéissance civile[3], souvent amplement médiatisées. Que l'on songe à la destruction du restaurant *Mac Donald 's* de Millau, où le fait justificatif ne fut pas retenu[4], ou bien – et les acteurs sont souvent les mêmes, emmenés par une véritable mythologie nationale, le célèbre « X Joseph, dit José », comme le mentionnent les décisions de justice – au fauchage des parcelles ensemencées de maïs génétiquement

commise à l'encontre *(Abrogé par L. n° 2008-696 du 15 juill. 2008, art. 34) « d'un lieu de culte, »* d'un établissement scolaire, éducatif ou de loisirs ou d'un véhicule transportant des enfants, les peines encourues sont également portées à cinq ans d'emprisonnement et à 75 000 € d'amende. »

1. Dans le cadre de cette circonstance aggravante, l'infraction est constituée, même si son auteur est le propriétaire du bien détruit, dégradé ou détérioré. Cette spécificité, intégrée par la loi du 3 août 1995, se comprend aisément. En effet, la conservation du patrimoine culturel s'impose même face au droit de propriété et à son caractère particulier.

2. TGI Paris, 30e ch., 20 nov. 2000, *JCP* 2001. II. 10573, note G. Ginestet.

3. Pour un panorama des manifestations de cette désobéissance civile en France, v. R. Encinas de Munagorri, « La désobéissance civile : une source du droit ? », *RTD civ.* 2005. 73 : « Les mouvements de désobéissance civile sont presque toujours liés à l'affirmation d'un droit : droit à l'avortement ou droit à la vie (*pro life*), droit au logement, droit à la solidarité, droit à un environnement sain, droit au mariage des homosexuels ».

4. Crim. 6 févr. 2002, pourvoi n° 01-82.646 : dans cette affaire, les prévenus, producteurs de fromage de Roquefort, avaient démonté le restaurant Mac Donald's de Millau, afin de protester contre la surtaxation de ce fromage par les États-Unis. Les prévenus soutenaient qu'ils étaient ainsi privés d'une partie des fruits de leur propriété agricole et qu'ils subissaient une atteinte à leurs biens au sens de l'article 1er du protocole additionnel n° 1 de la Convention européenne des droits de l'Homme et des libertés fondamentales. Leur action aurait été rendu nécessaire par l'absence de prise en considération par les autorités politiques nationales et européennes des difficultés économiques qu'ils rencontraient. La cour d'appel, confirmée par la Cour de cassation, n'a guère été convaincue par cet argumentaire et cela pour au moins deux raisons. D'une part, les prévenus disposaient d'autres moyens de faire valoir leur revendication ; d'autre part, les actes ont été commis après la prise de décision de surtaxation du fromage et ne pouvaient donc permettre de l'empêcher. C'est pourquoi les raisons invoquées ne rentraient pas dans les prévisions de l'article 122-7 du Code pénal.

modifié. Poursuivis pour avoir volontairement détruit ces plantations au nom de la lutte contre les OGM, les prévenus ont fait valoir l'état de nécessité, affirmant que les poursuites dirigées contre eux étaient contraires, notamment, aux articles 2 et 8 de la Convention européenne des droits de l'homme, 1er du Protocole additionnel à ladite Convention, ainsi qu'au principe de précaution. Ici encore l'argumentation a été rejetée par les juges du fond, solution confirmée par la Cour de cassation [1].

§ 2. Les inscriptions, signes, dessins et tags

378 Les inscriptions, signes, dessins et tags, visés par l'article 322-1 alinéa 2 du Code pénal relèvent de ce que les criminologues nomment la « délinquance d'expression », par opposition à la « délinquance de profit ». Cette expression peut certes revêtir une dimension artistique, mais le législateur a choisi d'incriminer les graffitis sauvages, en raison du coût élevé de remise en état du mobilier et de la voirie urbains, pour les particuliers comme pour les collectivités publiques [2]. La technique législative consiste ici à incriminer de manière autonome le « tag », en isolant et correctionnalisant un comportement qui devrait relever de la qualification contraventionnelle. Les contours de l'incrimination sont toutefois plus précis qu'en matière de destruction par tout moyen : tandis que l'article 322-1, alinéa 1er, du Code pénal vise de façon large « le bien appartenant à autrui », l'article 322-1, alinéa 2, vise de manière plus précise « les façades, les véhicules, les voies publiques ou le mobilier urbain ». Peu importe en revanche le

1. Crim. 7 févr. 200, *D.* 2007. 573, note A. Darsonville, et 1310, note Feldman ; *JCP* 2007. II. 10059, note F.-G. Trébulle ; *AJ pénal* 2007. 133 ; *adde*, L. Gradoni, H. Ruiz Fabri, « Droit de l'OMC et précaution à la lumière de l'affaire des "OGM" », *D.* 2007. Chron. 1532. Depuis cette affaire, la loi du 25 juin 2008 est venue encadrer très strictement la culture d'organismes génétiquement modifiés, sans que cela n'apaise pour autant les esprits, tant le débat reste vif. V. notamment, C. Moiroud, « La loi du 25 juin 2008 relative aux organismes génétiquement modifiés : de la politique, du droit et des sciences », *AJDA* 2008. 2069.

2. D. Fontanaud, « La question du tag en droit pénal », *Dr. pénal* 1992. Chron. 36 ; M. Peisse, « La répression des graffitis », *Administrer* 1991, n° 224, p. 46 ; v., par ex., Crim. 11 mars 1992, *Bull. crim.* n° 110.

caractère public ou privé des biens immobiliers dont les façades ont fait l'objet d'un tag, du moins au regard de la qualification : les singularités de l'édifice visé pourront être prises en considération sur le terrain de la répression (tags racistes sur une mosquée par exemple). L'élément matériel consiste dans le fait de tracer des inscriptions, des signes ou des dessins sans autorisation préalable sur les façades, les véhicules, les voies publiques ou le mobilier urbain. L'élément moral renvoie à une intention qui consiste dans l'exigence d'un simple dol général déduit, le plus souvent, de la matérialité des faits. La répression varie selon les dommages occasionnés. Lorsque le tag a détérioré le support sur lequel il a été apposé, le dommage étant plus important, le comportement relève de l'article 322-1, alinéa 1er, du Code pénal [1]. Lorsque l'infraction ne cause qu'un dommage léger, la peine prévue consiste en une amende de 3 750 €. L'article 322-2 prévoit un ensemble de circonstances aggravantes. L'infraction de l'alinéa 2 est punie de 7 500 € d'amende et d'une peine de travail d'intérêt général lorsque le bien détruit, dégradé, détérioré présente des caractéristiques particulières. Ces circonstances aggravantes sont visées à l'article 322-3 du Code pénal. Elles concernent les personnes auteurs, les personnes victimes, ainsi que certaines modalités de réalisation de l'infraction. Elles aggravent de manière importante la peine, puisque l'infraction définie à l'alinéa 2 du même article est punie de 15 000 € d'amende. L'article 322-15 du Code pénal prévoit les différentes peines complémentaires qui peuvent être prononcées par le juge. Notons que c'est la loi du 9 septembre 2002 qui a complété le dispositif répressif en prévoyant la peine de travail d'intérêt général [2]. L'article 322-1 alinéa 2 précise désormais que l'infraction est punie « de 3 750 € et d'une peine de travail d'intérêt général ». Cet ajout suscite deux interrogations. D'une part, il semble bien que le législateur conçoive ici le travail d'intérêt général et l'amende comme des peines cumulatives, ce

1. Crim. 1er juin 1994 *Dr. pénal* 1994. Comm. 254, obs. M. Véron : inscription à la peinture sur un wagon de la SNCF, ayant détérioré à la fois le revêtement peint du wagon et son support métallique ; V. aussi Crim. 4 févr. 1992, pour des panneaux de signalisation dont la réflectorisation avait disparu au cours d'essai de nettoyage et qui avaient dû être remplacés par les services de l'équipement.
2. F. Le Gunehec, « Les tigs contre les tags », *JCP* 2002. I. 1881 ; *RSC* 2002. 858, obs. J.-Fr. Seuvic.

qui est étonnant et pour le moins dérogatoire du droit commun [1]. En effet, l'article 131-9, alinéa 4, du Code pénal prévoit qu'une peine de travail d'intérêt général est une peine alternative à la peine principale. Au reste, les délits de dégradations légères demeurent soumis à cette règle du non-cumul. D'autre part, le travail d'intérêt général requiert le consentement de l'individu. Or, s'agissant le plus souvent d'une délinquance d'expression, il n'est pas certain que ce consentement soit facilement donné.

§ 3. L'occupation illicite d'un terrain

379 La loi du 18 mars 2003 pour la sécurité intérieure a inséré, après l'article 322-4 du Code pénal, un article 322-4-1 qui incrimine « le fait de s'installer en réunion, en vue d'y établir une habitation, même temporaire, sur un terrain appartenant soit à une commune qui s'est conformée aux obligations lui incombant en vertu du schéma départemental prévu par l'article 2 de la loi n° 2000-614 du 5 juillet 2000, relative à l'accueil et à l'habitat des gens du voyage, ou qui n'est pas inscrite à ce schéma, soit à tout autre propriétaire autre qu'une commune, sans être en mesure de justifier de son autorisation ou de celle du titulaire du droit d'usage du terrain ». Cette incrimination nouvelle [2] cherche à lutter contre

1. X. Pin, « Le travail d'intérêt général, peine principale de référence. L'innovation en vaut-elle la peine ? » *D.* 2003, Point de vue 75 s : L'auteur, perplexe, y voit la naissance d'une nouvelle figure légale, « la peine principale obligatoirement alternative ».

2. On sait combien cette loi du 18 mars 2003 dite « sur la sécurité intérieure » est riche en incriminations nouvelles qui sont pour la plupart des incriminations de circonstance, nées de l'émoi consécutif à un fait divers. C'est du reste cette même loi qui a instauré le délit de regroupement dans les parties communes des immeubles, inséré à l'article L. 126-3 du Code de la construction et de l'habitation, et durci par la loi du 5 mars 2007. Désormais l'article L. 126-3 CCH rend passibles de deux mois d'emprisonnement et de 3 750 € d'amende « Le fait d'occuper en réunion les espaces communs ou les toits des immeubles collectifs d'habitation en entravant délibérément l'accès ou la libre circulation des personnes ou en empêchant le bon fonctionnement des dispositifs de sécurité et de sûreté ». Les peines sont portées à six mois d'emprisonnement et 7 500 € d'amende lorsque cette infraction est accompagnée de voies de fait ou de menaces. Cette incrimination, censée lutter contre les attroupements dans les halls d'immeuble, est toutefois davantage expressive que normative : son effectivité est sujette à caution, ne serait-ce qu'au regard de la caractérisation de l'élément moral. V., notamment, Ch. Lazerges, « De la fonction déclarative de la loi pénale », *RSC* 2004. 94 : « Le problème visé est bien connu, mais relève-t-il la loi pénale de tenter d'y répondre ? N'est-on pas typiquement dans des hypothèses où si aucune infraction pénale classique (violences, dégradation, menace, injure, etc.) n'est constituée, la réponse aux comportements déviants doit être sociétale (conciliation, médiation sociale, groupes de parole, etc.) ? ».

les pratiques d'occupation illicite d'un terrain qui peuvent nuire au voisinage : la précision d'une installation « en réunion » vise implicitement les gens du voyage. Cela dit, sa place dans le Code pénal, sous la bannière des destructions, dégradations et détériorations, est discutable, car l'occupation, bien qu'illicite, peut être paisible.

L'élément matériel de l'incrimination appelle plusieurs séries de précisions. D'abord, la loi du 5 juillet 2000 pose le principe selon lequel les communes participent à l'accueil des personnes dites « gens du voyage » et dont l'habitat traditionnel est constitué de résidences mobiles. Conformément à ce principe, un schéma départemental prévoit des secteurs géographiques d'implantation des aires permanentes d'accueil. Si le terrain appartient à un particulier, il convient que ce dernier ou, du moins, celui qui en a l'usage, ait donné son autorisation. Échappe en revanche au champ de l'incrimination le fait de s'installer sur le terrain d'une commune qui n'est pas en règle avec le schéma légal auquel elle est censée se soumettre. Ensuite, si la notion d'installation n'a pas été précisément définie, les travaux préparatoires montrent qu'elle recouvre un comportement qui dépasse le simple stationnement temporaire. Enfin, la réunion n'est pas davantage précisée, mais la jurisprudence considère que la pluralité en droit pénal commence au nombre de deux...

L'élément moral correspond à une intention qui se déduira le plus souvent de la seule constatation chez l'agent de la violation en connaissance de cause d'une prescription légale ou réglementaire [1].

Le délit d'occupation illicite de terrain est puni de six mois d'emprisonnement et 3 750 € d'amende. Au titre des peines complémentaires, l'article 322-15-1 du Code pénal prévoit : « 1° la suspension pour une durée de trois ans au plus du permis de conduire ; 2° la confiscation du ou des véhicules automobiles utilisés pour commettre l'infraction à l'exception des véhicules destinés à l'habitation. » L'article 322-4-1 du Code pénal prévoit

1. Crim. 12 juill. 1994, *Bull. crim.* n° 280 ; 7 déc. 1999, *Dr. pénal* 2000. Comm. 77, obs. J.-H. Robert.

dans son alinéa 2 que, lorsque l'installation s'est faite au moyen de véhicules automobiles, il peut être procédé à leur saisie, à l'exception des véhicules destinés à l'habitation, en vue de leur confiscation par la juridiction pénale.

§ 4. L'abandon d'ordures, déchets, matériaux ou autres objets

380 L'article R. 632-1 du Code pénal, modifié par un décret fourre-tout du 26 septembre 2007, punit de l'amende prévue pour les contraventions de la 2e classe « le fait de déposer, d'abandonner, de jeter ou de déverser, en lieu public ou privé, à l'exception des emplacements désignés à cet effet par l'autorité administrative compétente, des ordures, déchets, déjections, matériaux, liquides insalubres ou tout autre objet de quelque nature qu'il soit, y compris en urinant sur la voie publique, si ces faits ne sont pas accomplis par la personne ayant la jouissance du lieu ou avec son autorisation ». L'alinéa 2 poursuit : « Est puni de la même peine le fait de déposer ou d'abandonner sur la voie publique des ordures, déchets, matériaux ou tout autre objet de quelque nature qu'il soit, en vue de leur enlèvement par le service de collecte, sans respecter les conditions fixées par l'autorité administrative compétente, notamment en matière de jours et d'horaires de collecte ou de tri des ordures. »

Cette contravention vise à protéger l'environnement en luttant notamment contre les décharges sauvages d'ordures [1]. De façon plus anecdotique, elle incrimine également, et cela depuis 2007, « le fait d'uriner sur la voie publique »... Le dispositif est complété par deux incriminations : d'une part, l'article l'article R. 635-8, alinéa 1er, punit des peines applicables aux contraventions de 5e classe, le fait de déposer, d'abandonner ou de jeter, en un lieu public ou privé, à l'exception des emplacements désignés à cet effet par l'autorité administrative compétente, soit l'épave de

1. Crim. 7 nov. 2006, *Bull. crim.* n° 278 ; *Environnement* 2007. Comm. 87, obs. Ph. Billet.

véhicule, soit des ordures, déchets, matériaux ou tout autre objet, de quelque nature qu'il soit, lorsque ceux-ci ont été transportés avec l'aide d'un véhicule, si ce dépôt n'est pas effectué par la personne ayant la jouissance du lieu ou avec son autorisation. D'autre part, si les déchets abandonnés sont susceptibles de créer un dommage pour les personnes, il est possible de faire entrer les faits incriminés dans le cadre de la loi du 15 juillet 1975 relative à l'élimination des déchets et à la récupération des matériaux. Cette loi est désormais codifiée et s'inscrit aux articles L. 541-1 et suivants du Code de l'environnement. En vertu de l'article L. 541-1 du Code de l'environnement, le déchet est défini comme « tout résidu d'un processus de production, de transformation ou d'utilisation, toute substance, matériau ou plus généralement tout bien meuble abandonné ou que son détenteur destine à l'abandon ». La notion, proche des *res derelictae* du droit civil, recouvre les corps solides, liquides et les gaz, étant précisé que la qualification de déchet ne dépend pas de la toxicité ou de l'innocuité d'une substance [1]. Les abandons de déchets créant un danger pour les personnes sont des délits pour lesquels les personnes poursuivies encourent deux ans d'emprisonnement et 75 000 € d'amende. Dans tous les cas, qu'il s'agisse des contraventions du Code pénal ou des délits du Code de l'environnement, les personnes morales peuvent être déclarées responsables pénalement, dans les conditions de l'article 121-2 du Code pénal.

Section 2
Les infractions présentant un danger pour les personnes

381 Les dangers inhérents à l'emploi de certains moyens tels que l'incendie, les explosifs ou toutes autres substances dangereuses

1. Crim. 14 mai 1991, *Bull. crim.* n° 205 ; sur la définition du déchet, v. notamment Ph. Billet, « Le déchet ou la déréliction progressive d'une notion », *BDEI*, juin 2006, n° 3, p. 7.

ont conduit le législateur à intervenir pour sanctionner des comportements tant volontaires qu'involontaires. L'évolution législative en la matière fut à la fois lente et chaotique. Les articles 322-5 et 322-6 du Code pénal, qui ont une valeur supplétive [1], incriminent les destructions et dégradations involontaires (**§ 1**) et volontaires (**§ 2**). La loi du 9 mars 2004, dite *Perben II*, a créé l'incrimination de diffusion de procédés de destruction (**§ 3**), tandis que la loi du 5 mars 2007 est à l'origine de l'incrimination de détention et de transport de substances ou produits incendiaires ou explosifs (**§ 4**).

§ 1. Les destructions et détériorations involontaires

A. Les éléments constitutifs

382 L'article 322-5 du Code pénal vise la destruction, la dégradation ou la détérioration involontaire d'un bien appartenant à autrui « par l'effet de l'explosion ou d'un incendie ».

L'élément matériel appelle deux observations. D'une part, les deux moyens expressément visés par le législateur sont l'incendie et l'explosion, ce qui conduit à exclure, par le silence de la loi, les autres moyens dangereux. D'autre part, les moyens mis en œuvre doivent mettre en danger les personnes, ce qui se vérifie *ipso facto* pour l'incendie et l'explosion, même si le législateur précise qu'ils doivent avoir été provoqués par « manquement à une obligation de prudence ou de sécurité imposée par la loi ou le règlement ».

L'élément moral exige de tenir compte de la loi du 10 juillet 2000 qui a enrichi la typologie des fautes d'imprudence, non seulement pour les atteintes aux personnes (art. 221-6, 222-19 et 222-20 C. pén. notamment) mais aussi pour les atteintes aux

1. Conformément au principe *specialia generalibus*, ils doivent être écartés lorsque le législateur organise une protection spécifique, au sein du Code pénal (par exemple, les biens faisant l'objet d'une protection contraventionnelle en vertu des articles R. 635-8 et R. 632-1) ou bien dans un autre Code (par exemple l'article L. 341-19, II, 2° du Code de l'environnement qui vise spécifiquement le fait de détruire ou de modifier dans son état ou son aspect un monument naturel ou un site classé sans l'autorisation de l'article L. 341-10).

biens. Il convient de distinguer l'imprudence simple de l'imprudence qualifiée, caractérisée par une violation « manifestement délibérée » de l'obligation de prudence ou de sécurité. Ce dernier cas correspond à un palier intermédiaire entre l'imprudence simple et l'intention : l'agent a conscience et volonté de transgresser une norme de sécurité et de prudence mais sans intention de produire le dommage qui peut en résulter. Cette distinction, qui renvoie aux profils criminologiques de l'imprudent et du téméraire, a une incidence importante sur les conditions de la répression.

B. La répression

383 L'article 322-5 du Code pénal prévoit une peine d'un an d'emprisonnement et de 15 000 € d'amende. Si le manquement à l'obligation est manifestement délibéré, les peines sont aggravées et l'auteur encourt deux ans d'emprisonnement et 30 000 € d'amende. Les peines complémentaires sont prévues par l'article 322-15 du Code pénal qui envisage de manière limitative : « ...1° l'interdiction des droits civiques, civils et de famille, suivant les modalités prévues par l'article 131-26 ; ... 2° l'interdiction selon les modalités prévues par l'article 131-27, d'exercer une fonction publique ou d'exercer l'activité professionnelle ou sociale dans l'exercice ou à l'exercice de laquelle l'infraction a été commise, cette interdiction ne peut être définitive. Elle ne peut excéder cinq ans dans le cas où elle est provisoire ; ... 3° l'interdiction de détenir ou de porter pour une durée de cinq ans au plus une arme soumise à autorisation ». Cela signifie que l'interdiction de séjour et l'interdiction du territoire ne peuvent être prononcées dans le cadre d'une atteinte involontaire aux biens ayant entraîné une mise en danger des personnes. Enfin, la loi du 9 mars 2004 a considérablement durci la répression des incendies de bois, de forêts, de maquis ou de landes, afin d'appeler à la vigilance de tous (propriétaires, promeneurs, campeurs) pour la préservation de la nature. Cette intervention législative entendait réagir fermement aux incendies dramatiques de l'été 2003, ce qui est un objectif louable, même si ici encore la lisibilité du dispositif laisse à

désirer [1]. Désormais, l'incendie involontaire, par manquement à une obligation de sécurité ou de prudence imposée par la loi ou le règlement, est puni de deux ans d'emprisonnement et de 30 000 € d'amende, peines qui sont respectivement portées à trois ans et 45 000 € en cas d'imprudence aggravée (c'est-à-dire violation manifestement délibérée d'une obligation particulière de sécurité ou de prudence prévue par la loi ou le règlement). Si l'incendie est intervenu dans des conditions de nature à exposer les personnes à un dommage corporel, ou à créer un dommage irréversible à l'environnement [2] les peines sont de trois ans d'emprisonnement et 45 000 € en cas d'imprudence simple et de cinq ans et 100 000 € en cas d'imprudence aggravée. Enfin, lorsque le dommage corporel s'est effectivement produit, les peines sont logiquement aggravées : en cas d'incapacité totale de travail pendant huit jours au plus, les peines sont de cinq ans et 75 000 € (imprudence simple) et sept ans et 100 000 € (imprudence aggravée) ; en cas de mort d'une ou plusieurs personnes, elles sont de sept ans et 100 000 € (imprudence simple) ou dix ans et 150 000 € (imprudence aggravée).

§ 2. Les destructions et détériorations volontaires

A. Les éléments constitutifs

384 L'article 322-6 du Code pénal reprend les deux moyens très classiques de destruction de biens, c'est-à-dire l'incendie et la substance explosive, envisagés cette fois dans le cadre d'une infraction volontaire. La disposition se démarque toutefois de l'article 322-5 car elle prévoit aussi, dans des termes larges, un

1. En effet, non seulement les notions mises en œuvre ont parfois des contours mal tranchés, mais encore le législateur a cherché à raffiner la gamme des peines, afin de s'adapter à la variété des profils criminologiques. En d'autres termes, il se montre tantôt vague au regard des éléments d'incrimination, tantôt excessivement nuancé dans l'échelle des peines encourues. V. notamment J.-Ph. Guédon, « Le maquis juridique de la répression des incendies de forêt », *Dr. pénal* 2004. Chron. 11 ; G. Roujou de Boubée, « Incidences de la loi du 9 mars 2004 sur la responsabilité des personnes morales en matière d' incendies de bois et forêts », *RDI* 2004. 377.

2. La notion de « dommage irréversible à l'environnement » est pour le moins compréhensive...

troisième moyen : « tout autre moyen de nature à créer un danger pour les personnes ». Ces moyens doivent être de nature à créer un danger sans que pour autant le danger à l'égard de la personne se soit effectivement réalisé [1]. S'agissant de l'utilisation d'une substance explosive ou d'un incendie, on présume en toute circonstance qu'ils sont de nature à porter atteinte aux personnes. S'agissant des autres moyens, il appartient aux juges de caractériser, au regard des circonstances particulières, la situation de mise en danger [2]. En revanche, l'infraction ne suppose pas nécessairement que des personnes aient été effectivement atteintes. Cela explique pourquoi le fait de mettre le feu à une habitation tombe sous le coup de cette qualification, même si les lieux étaient vides de tout occupant au moment de l'infraction [3]. La personne poursuivie ne pourra arguer du fait que le résultat obtenu a dépassé ses propres prévisions. Cela signifie que l'infraction entre dans la catégorie des infractions *praeter* intentionnelles. La preuve de l'intention se déduit en général de l'élément matériel [4].

B. La répression

385 À l'état simple, l'infraction visée à l'article 322-6 du Code pénal est punie de dix ans d'emprisonnement et de 150 000 € d'amende. Les peines complémentaires sont prévues par l'article 322-15 du Code pénal, qui cite de manière limitative six mesures (interdiction des droits civiques, interdictions professionnelles, interdiction de porter une arme, interdiction de séjour, stage de citoyenneté, stage de sensibilisation aux dangers de l'usage des stupéfiants) auxquelles s'ajoute la possibilité de condamner le coupable à un suivi socio-judiciaire (art. 322-18 C. pén.). Les per-

1. On peut songer à des moyens aussi divers que l'usage d'un engin de chantier, l'éboulement, la provocation d'une avalanche.
2. Metz, 21 avr. 1983, *D.* 1983. 567, note Mayer-Jack.
3. Crim. 24 juin 1998, *Bull. crim.* n° 206, *Dr. pénal* 1998. Comm. 153, obs. M. Véron ; 30 sept. 2003, *Bull. crim.* n° 171 ; cela dit, cette possibilité peut susciter un conflit de qualification entre le délit de destruction et le délit de risque causé à autrui. V. notamment Douai, 28 sept. 1994, *Gaz. Pal.* 1994. 2. Somm. 709.
4. Crim. 24 juin 1998, précité : « l'élément intentionnel de l'infraction prévue par l'article 322-6 du Code pénal est caractérisé par la seule utilisation par l'auteur de la destruction, de la dégradation ou de la détérioration d'un bien appartenant à autrui, d'une substance explosive, d'un incendie ou de tout autre moyen de nature à créer un danger pour les personnes ».

sonnes morales peuvent être déclarées en vertu de l'article 322-17 du Code pénal : elles encourent, outre l'amende au quintuple, l'interdiction d'exercer l'activité ayant donné lieu à la commission de l'infraction. L'article 322-11 du Code pénal précise que « la tentative du délit prévu par l'article 322-6 est punie des mêmes peines » [1]. Il convient toutefois de souligner que la qualification de tentative peut être en conflit avec le délit de risque causé à autrui [2].

Parmi les nombreuses circonstances aggravantes instaurées par le législateur, on peut distinguer celles qui ont trait au résultat dommageable, au particularisme de la victime, ou bien encore aux modalités de réalisation de l'infraction (art. 322-7 et 322-10 C. pén.). S'agissant de l'incendie volontaire, on retrouve ici l'apport de la loi du 9 mars 2004 qui est venue durcir la répression : l'auteur encourt quinze ans de réclusion criminelle et 150 000 € d'amende lorsque l'incendie est intervenu dans des conditions à exposer les personnes à un dommage corporel ou à créer un dommage irréversible pour l'environnement ; vingt ans et 200 000 € lorsque l'incendie a entraîné pour autrui une incapacité totale de travail pendant huit jours au plus ; trente ans et 200 000 € d'amende si l'on relève l'une des circonstances aggravantes prévues par l'article 322-8 du Code pénal (bande organisée, incapacité totale de travail pendant plus de huit jours, crime commis à raison de l'appartenance ou de la non-appartenance, vraie ou supposée, de la personne propriétaire ou utilisatrice du bien à une ethnie, une nation, une race ou une religion déterminée) ; la réclusion à perpétuité et 200 000 € d'amende lorsque l'incendie a

1. Crim. 15 juin 1994, *Gaz. Pal.* 1994. 2. Somm. 674, *Dr. pénal* 1994. Comm. 255, *RSC* 1995. 102, obs. R. Ottenhof : d'après cet arrêt, constitue une tentative de destruction volontaire d'un bien appartenant à autrui « le fait pour le prévenu d'avoir mis le feu à un immeuble appartenant à son épouse, ce qui a eu pour effet de détruire la discothèque qu'il exploitait dans cet immeuble, mais sans endommager les murs ni la charpente ».

2. Douai, 11 janv. 1995, *Gaz. Pal.* 1995. 2. 543 : dans cette affaire, le prévenu avait cherché à plusieurs reprises à percuter un véhicule des forces de l'ordre afin de le neutraliser. Jugé que ce fait est constitutif, non pas de délit de risque causé à autrui prévu par l'article 223-1 du Code pénal, mais de tentative de dégradation d'un bien appartenant à autrui par l'effet d'un moyen dangereux pour les personnes (en l'espèce, l'utilisation comme projectile d'un véhicule volé pour les percuter), infraction prévue et réprimée par les articles 322-6 et 322-11 ; à la différence du délit de risque causé à autrui, qui requiert seulement un dol éventuel, la destruction volontaire est un délit intentionnel, dans la mesure où il exige que le coupable agisse avec la volonté d'endommager ou de détruire le bien.

entraîné pour autrui une mutilation ou une infirmité permanente. C'est cette même loi qui a créé une incrimination nouvelle visant la diffusion de procédés de destruction.

§ 3. La diffusion de procédés de destruction

386 La loi du 9 mars 2004 portant adaptation de la justice aux évolutions de la criminalité a créé une nouvelle infraction obstacle insérée à l'article 322-6-1 du Code pénal. Il s'agit de réprimer le fait de diffuser par tout moyen ou, plus grave, par un réseau de télécommunications, des procédés permettant la fabrication d'engins de destruction de toute nature. Le profil criminologique visé correspond ici à l'individu qui aide à la fabrication d'engins de destruction, qu'il s'agisse de poudre ou d'une autre substance explosive, voire de matières nucléaires, biologiques ou chimiques. Les peines encourues - un an d'emprisonnement et 15 000 € d'amende – sont portées à trois ans et 45 000 € d'amende en cas de diffusion *via* un réseau de télécommunications.

§ 4. La détention ou le transport de substances ou produits incendiaires ou explosifs

387 L'article 322-11-1 du Code pénal, issu de la loi du 5 mars 2007 relative à la prévention de la délinquance, comporte une nouvelle infraction obstacle. Le texte vise la détention ou le transport de substances ou produits incendiaires ou explosifs ainsi que d'éléments ou substances destinés à entrer dans la composition de produits ou engins incendiaires ou explosifs en vue de la préparation, caractérisée par un ou plusieurs faits matériels, des infractions définies à l'article 322-6 ou d'atteintes aux personnes. Ce libellé de l'incrimination montre bien qu'il s'agit pour le législateur d'incriminer de façon autonome de simples actes préparatoires ou

des faits de complicité (« en vue de la préparation »). Ce délit est puni de cinq ans d'emprisonnement et de 75 000 € d'amende, peines portées à dix ans et 500 000 € lorsque l'infraction est commise en bande organisée.

388 De façon plus audacieuse encore, le même texte punit d'un an d'emprisonnement et de 15 000 € d'amende la détention ou le transport sans motif légitime :

1° De substances ou produits explosifs permettant de commettre les infractions définies à l'article 322-6, lorsque ces substances ou produits ne sont pas soumis, pour la détention ou le transport, à un régime particulier ;

2° De substances ou produits incendiaires permettant de commettre les infractions définies à l'article 322-6 ainsi que d'éléments ou substances destinés à entrer dans la composition de produits ou engins incendiaires ou explosifs, lorsque leur détention ou leur transport ont été interdits par arrêté préfectoral en raison de l'urgence ou du risque de trouble à l'ordre public.

Section 3
Les menaces de destruction et les fausses alertes

§ 1. Les menaces de destruction

389 De 1810 à 1981, l'incrimination des menaces de destruction témoignait d'une stratification remarquable de lois, adoptées le plus souvent pour des raisons conjoncturelles. C'est la loi sécurité et liberté du 2 février 1981 qui fit œuvre de clarification en incriminant de façon générale les menaces d'atteintes aux biens, sous forme d'infractions contraventionnelles et correctionnelles. La menace de commettre une destruction visée à l'article R. 634-1 du Code pénal n'est sanctionnée que si elle est soit réitérée, soit matérialisée par un écrit, une image ou tout autre objet. Elle est punie des peines d'amendes des contraventions de première

classe. Cependant, si elle est faite avec l'ordre de remplir une condition ou si elle est de nature à créer un danger pour les personnes, la qualification devient correctionnelle en vertu des articles 322-12 et 322-13 du Code pénal : ces dispositions présentent deux critères consistant soit dans l'ordre de remplir une condition [1], soit dans la mise en danger des personnes, sachant que ces critères peuvent jouer cumulativement. Dans cette hypothèse, la menace n'a pas à être réitérée ou matérialisée par un écrit, une image ou tout autre objet. Elle peut être faite par tout moyen. Les sanctions du délit de menace de destruction, dégradation et détérioration par un moyen quelconque consistent, d'après l'article 322-13 du Code pénal, en des peines d'un an d'emprisonnement et de 15 000 € d'amende. L'article 322-15 du Code pénal prévoit les différentes peines complémentaires qui peuvent être prononcées par le juge. Sont visées : ...1° l'interdiction des droits civiques, civils et de famille, suivant les modalités prévues par l'article 131-26 ; ...2° l'interdiction, suivant les modalités prévues par l'article 131-27, d'exercer une fonction publique ou d'exercer l'activité professionnelle ou sociale dans l'exercice ou à l'occasion de l'exercice de laquelle l'infraction a été commise, cette interdiction étant définitive ou provisoire et pour une durée de cinq ans au plus tard dans les cas prévus à l'article 322-13 ; ...3° l'interdiction de détenir ou de porter pour une durée de cinq ans au plus une arme soumise à autorisation. Il n'y a pas d'interdiction de séjour ou du territoire prévue pour ces incriminations. Il existe une circonstance aggravante en cas de menace de destruction dangereuse pour les personnes : les peines sont de six mois d'emprisonnement et de 7 500 € d'amende (art. 322-12 C. pén.), portées à trois ans et 45 000 € d'amende lorsqu'elles sont faites avec l'ordre de remplir une condition (art. 322-13, al. 2, C. pén.). L'article 322-17 du Code pénal prévoit la responsabilité des per-

1. Crim. 6 févr. 2002, n° 01-82646 : La chambre criminelle de la Cour de cassation rejette le pourvoi dirigé contre l'arrêt de cour d'appel qui prononce contre le prévenu une peine de trois mois d'emprisonnement pour dégradation de biens, à savoir les locaux d'une entreprise de restauration rapide (le Mac Donald's de Millau), mais aussi pour menace de destruction de commettre une telle dégradation, dans la mesure où le prévenu, auteur principal, avait déclaré à la fin de la manifestation que de nouvelles actions du même type seraient entreprises tant que l'embargo (taxation par les États-Unis du fromage de Roquefort) se maintiendrait et si le Mac Donald's se reconstruisait.

sonnes morales. Les peines encourues par les personnes morales sont : ...1° l'amende, suivant les modalités prévues par l'article 131-38 ; ...2° l'interdiction à titre définitif ou pour une durée de cinq ans au plus d'exercer directement ou indirectement une ou plusieurs activités professionnelles ou sociales. Cette interdiction est provisoire pour une durée de cinq ans au plus. Il est précisé que l'interdiction mentionnée au 2° de l'article 131-39 porte sur l'activité dans l'exercice ou à l'occasion de l'exercice de laquelle l'infraction a été commise.

§ 2. Les fausses alertes

390 L'article 322-14 alinéa 1 du Code pénal incrimine le fait de communiquer ou de divulguer une fausse information dans le but de faire croire qu'une destruction, une dégradation ou une détérioration dangereuse pour les personnes va être ou a été commise. L'article 322-14, alinéa 2, du Code pénal prévoit le fait de communiquer ou de divulguer une fausse information faisant croire à un sinistre et de nature à provoquer l'intervention inutile des secours. Le législateur cherche ici à dissuader les mauvais plaisantins dont les canulars peuvent susciter d'importants troubles sociaux : panique, fermeture de lieux publics, retards de moyens de transport [1], intervention inutile d'importants moyens de secours [2]... L'élément intentionnel consiste dans la simple connaissance de la fausseté de l'information tendant à faire croire à l'existence réelle ou potentielle de la destruction, de la détérioration des biens. S'agissant des fausses alertes relatives à des aéronefs en vol ou des navires, il est important de bien délimiter les champs d'incri-

1. Paris, 10 oct. 1995, *Dr. pénal* 1996. Comm. 7, obs. M. Véron : se rend coupable du délit de communication de fausses informations la personne qui prétend avoir placé dans une gare une bombe qu'elle allait faire exploser et qui en avertit les services de police à plusieurs reprises ; dans cette affaire, les juges se montrèrent d'autant plus sévères (prison ferme) que les infractions furent commises dans une période de vive émotion, à la suite de véritables attentats terroristes.

2. Rennes, 30 oct. 1997, *D.* 2000. 94, note B. Gestermann : se rendent coupables de ces faits les prévenus qui, par simple curiosité, ont tiré des fusées de détresse depuis la terre ferme alors qu'ils étaient tous titulaires du diplôme d'élèves officiers, qu'ils accomplissaient leurs obligations militaires en qualité d'officiers de marine et qu'ils ne pouvaient, dès lors, ignorer les cas dans lesquels le tir de fusées de détresse est autorisé.

mination respectifs de l'article 322-14 du Code pénal et de l'article 224-8 du Code pénal qui réprime le fait pour quiconque, en communiquant une fausse nouvelle, de compromettre sciemment la sécurité d'un aéronef en vol ou d'un navire. La jurisprudence précise que le fait de communiquer une fausse information selon laquelle une bombe avait été placée dans un avion dont les portes avaient été closes et qui était sur son axe de départ ne constitue le délit prévu à l'article 224-8 que s'il est justifié comme l'exige ce texte que la sécurité de l'aéronef a été compromise, à défaut ce fait constitue le délit prévu par l'article 322-14 [1]. Les peines encourues sont de deux ans d'emprisonnement et 30 000 € d'amende. L'article 322-15 du Code pénal prévoit les différentes peines complémentaires qui peuvent être prononcées par le juge. Sont visées :...1° l'interdiction des droits civiques, civils et de famille, suivant les modalités prévues par l'article 131-26 ;...2° l'interdiction suivant les modalités prévues par l'article 131-27, d'exercer une fonction publique ou d'exercer l'activité professionnelle ou sociale dans l'exercice ou à l'occasion de l'exercice de laquelle l'infraction a été commise, cette interdiction étant ou provisoire et pour une durée de cinq ans au plus tard dans les cas prévus à l'article 322-14 ;...3° l'interdiction de détenir ou de porter pour une durée de cinq ans au plus une arme soumise à autorisation. Il n'y a pas d'interdiction de séjour ou du territoire prévue pour ces incriminations. Enfin, l'article 322-17 du Code pénal prévoit la responsabilité des personnes morales.

1. Crim. 24 févr. 1987, *Bull. crim.* n° 94, *RSC*. 1987. 695, obs. M. Levasseur.

CHAPITRE 4

Les atteintes aux animaux

391 **L'animal, être vivant, un bien « pas comme les autres ».** En tant que bien, l'animal peut être l'objet d'un vol, dans les conditions de droit commun des articles 311-1 et suivants du Code pénal, dès lors qu'il ne s'agit pas d'une *res nullius* [1]. Il peut aussi être protégé sur le terrain de la dégradation, détérioration, voire destruction d'un bien appartenant à autrui [2]. Ces qualifications pénales sont rarement mobilisées, car elles sont limitées aux atteintes aux animaux d'autrui : comme nous l'avons vu précédemment, l'infraction de dégradation ou destruction de son propre bien n'existe pas. En tant qu'être vivant, l'animal domestique est protégé contre les mauvais traitements, sévices graves et actes de cruauté (SECTION 1), mais aussi contre les atteintes involontaires et les expériences (SECTION 2). Nous allons voir que ces infractions font la part belle à l'appréciation souveraine des juges du fond, et donc à leur sensibilité, au gré d'une casuistique parfois difficile à saisir.

1. Le gibier est considéré comme une *res nullius*, sauf s'il a été enfermé en vue de son élevage : T. corr. Avesnes-sur-Helpe, 4 mars 1959, *D.* 1960. Somm. 7. Symétriquement, l'animal domestique peut être considéré comme *res nullius* s'il est devenu errant, ce qui exclut alors la qualification de vol : T. corr. Avignon, 30 sept. 1965, *D.* 1966. Somm. 11, *RSC* 1966. 350, obs. P. Bouzat.

2. Crim. 18 juin 1958, *Bull. crim.* n° 471, *D.* 1958. Somm. 111 : destruction de cinq chats ; Crim. 15 févr. 1966, *D.* 1966. 288, *Gaz. Pal.* 1966. 1. 369 : chien abattu d'un coup de carabine.

Section 1

MAUVAIS TRAITEMENTS, SÉVICES GRAVES ET ACTES DE CRUAUTÉ

§ 1. Les conditions communes d'incrimination

392 Les diverses incriminations partagent des conditions communes. S'agissant des animaux protégés, toutes ces infractions distinctes visent les animaux domestiques, apprivoisés ou tenus en captivité, qu'ils soient ou non en état de divagation [1]. S'agissant des auteurs, les faits peuvent être commis par le propriétaire de l'animal, celui qui le tient en captivité ou un tiers [2].

§ 2. Les divers actes incriminés

A. Les sévices graves ou de nature sexuelle ou actes de cruauté

393 Le fait d'exercer sans nécessité, publiquement ou non, des sévices graves ou de nature sexuelle, ou de commettre un acte de cruauté envers un animal domestique ou un animal apprivoisé ou tenu en captivité constitue un délit en vertu de l'article 521-1 du Code pénal. Ce délit relatif aux actes de cruauté et aux sévices graves se distingue des mauvais traitements que nous envisagerons ensuite [3] par le critère de la gravité des faits poursuivis : le législateur marque ainsi sa volonté d'incriminer plus haut dans la classification tripartite ceux qui font montre d'une méchanceté réfléchie. Le délit de l'article 521-1 du Code pénal requiert ainsi

1. Crim. 28 févr. 1989, *Bull. crim.* n° 93 : le chat, même divaguant loin des habitations, reste un animal domestique.

2. Encore faut-il naturellement établir la responsabilité personnelle de l'auteur : de là l'irresponsabilité pénale des dirigeants d'un abattoir (Crim. 18 févr. 1987, *Bull. crim.* n° 81 ; *RSC* 1987. 90 obs. J.-H. Robert).

3. *Infra*, n° 395.

l'intention délibérée d'infliger des souffrances [1]. Les souffrances infligées à l'animal sont le révélateur d'un instinct de perversité. Cela dit, la jurisprudence est parfois hésitante, et la ligne de démarcation entre la contravention de mauvais traitements et le délit de sévices n'est pas toujours nette [2].

394 La loi du 9 mars 2004 dite *Perben II* a complété le dispositif en ajoutant à l'article 521-1 alinéa 1er la mention des sévices « de nature sexuelle ». Certains auteurs ont considéré cet ajout comme superflu, dans la mesure où toute violence sexuelle serait par nature grave au sens de l'incrimination [3]. Cependant, la Cour de cassation reconnaît bien une spécificité aux sévices de nature sexuelle infligés aux animaux [4] : toute pénétration sexuelle constitue en soi des sévices, sans qu'il y ait à analyser l'intensité de la violence ou de la contrainte. Cette interprétation, très large, indifférente au constat d'une lésion de l'animal, constitue certainement une prohibition générale des actes de zoophilie. En revanche, il n'est pas aisé d'identifier ici le bien juridique protégé : sauf à sacrifier à l'anthropomorphisme dans la protection de l'animal, il est difficile de cerner la valeur sociale qui est en cause. Peut-être faut-il y voir une protection de la dignité humaine, qui interdit de franchir la barrière des espèces ?

B. Le fait de tuer sans nécessité

395 L'article R. 655-1 du Code pénal érige en contravention de cinquième classe le fait, sans nécessité, publiquement ou non, de donner volontairement la mort à un animal domestique ou apprivoisé ou tenu en captivité. L'absence de nécessité n'est pas légalement définie, ce qui laisse place à l'appréciation souveraine des tribunaux. De là une jurisprudence parfois erratique. D'une façon générale, le critère à retenir est celui du « mal nécessaire » : face au

1. Crim. 13 janv. 1966, *Bull. crim.* n° 12, *JCP* 1966. II. 14538, rapp. Combaldieu et concl. Touren ; Crim. 13 janv. 2004, *Bull. crim.* n° 7.
2. Comp. TGI Évry, 5 nov. 1985, *Gaz. Pal.* 1986. Somm. 105 : constitue un acte de cruauté le fait de laisser des animaux d'élevage mourir sans soins ni nourriture ; Crim. 23 janv. 1989 *Bull. crim.* n° 23 : ne constitue pas un acte de cruauté le fait de laisser des animaux dans un pré sans eau ni nourriture.
3. M.-L. Rassat, *Droit pénal spécial*, 5e éd., Dalloz, 2006, p. 278.
4. Crim. 4 sept. 2007, *Bull. crim.* n° 191 ; *D.* 2008. 524, note J. Chacornac ; *JCP* 2008. II. 10054, note J. Ségura.

danger que représentait l'animal, l'agent avait-il ou non d'autres moyens que de tuer l'animal ? De façon discutable, le fait de tuer des lapins à coups de bâton a été considéré comme justifié par la nécessité de protéger les légumes d'un potager [1]...

C. Les mauvais traitements

396 L'article R. 654-1 du Code pénal érige en contravention de quatrième classe les mauvais traitements infligés, publiquement ou non, aux animaux, dès lors qu'aucune nécessité n'est établie. L'acte doit avoir été commis volontairement, avec brutalité, et occasionner à l'animal une souffrance inutile. Les applications sont nombreuses en jurisprudence et témoignent d'une imagination redoutable lorsqu'il s'agit d'infliger des traitements cruels aux animaux [2].

§ 3. La répression

397 Les incriminations précitées ne trouvent pas à s'appliquer aux courses de taureaux et aux combats de coqs lorsqu'ils sont justifiés par une tradition locale. S'agissant des courses de taureaux, la notion de « tradition locale ininterrompue » vise une coutume ancienne et répétée de génération en génération, sans aucune interruption, et non de faits isolés ou plus ou moins intermittents [3]. Cela appelle deux séries de précisions. D'une part, il est certain qu'une habitude de quelques années est insuffisante à caractériser la tradition [4]. D'autre part, le caractère ininterrompu de la tradition fait l'objet d'appréciations plus fluctuantes. Il a ainsi été jugé à propos de Toulouse que ce caractère ininterrompu peut s'évincer de la persistance de l'intérêt que porte aux courses

1. Grenoble, 22 oct. 1999, *Dr. pénal* 2000. Comm. n° 136, obs. M. Véron.
2. Crim. 13 mars 1991, *Dr. pénal* 1991. Comm. n° 230 : faire souffrir un animal attaché par une laisse à l'arrière d'un véhicule en marche ; Crim. 4 déc. 2001, *Dr. pénal* 2002. Comm. 38, obs. M. Véron : priver un animal de nourriture et de soins.
3. E. De Monredon, « Course de taureaux : définition », *JCP* 2002. II. 10016.
4. Nîmes, 2 déc. 1965, *JCP* 1966. II. 14654, note M. Cambedouzou.

de taureaux un nombre suffisant de personnes [1]. Pourtant, dans une affaire antérieure qui concernait elle aussi l'agglomération toulousaine, la Cour de cassation avait, au contraire, estimé qu'en l'absence de corrida depuis 1976, le fait que les juges aient pu retenir l'existence d'un intérêt local soutenu était insuffisant à caractériser que la localité en cause se situait bien dans un ensemble démographique où l'existence d'une tradition taurine ininterrompue se traduisait par l'organisation de corridas [2]. S'agissant des combats de coqs, ils sont expressément exclus du champ d'application des articles 521-1, R. 654-1 et R. 655-1 du Code pénal et L. 215-6 du Code rural, dans les localités où une tradition ininterrompue peut être établie. Il faut toutefois noter que l'article 521-1 alinéa 4 du Code pénal prohibe la création de nouveaux gallodromes.

398 Les peines encourues sont correctionnelles pour les sévices et actes de cruauté (deux ans d'emprisonnement et 30 000 € d'amende) et contraventionnelles de quatrième et cinquième classe pour les autres incriminations. En cas de récidive de la contravention, les dispositions de l'article 132-11 du Code pénal sont applicables. La peine complémentaire d'interdiction de détenir un animal à titre définitif ou non peut aussi être prononcée. Enfin, deux particularités de la répression méritent d'être soulignées. D'une part, en cas de condamnation du propriétaire de l'animal, ou si celui-ci est inconnu, la juridiction peut décider de la remise de l'animal à une œuvre de protection des animaux qui pourra en disposer librement. Cette mesure vise le propriétaire de l'animal ou celui qui est tenu pour tel par le tribunal [3]. D'autre part, en vertu de l'article 2-13 du Code de procédure pénale, l'action civile du chef des infractions aux dispositions relatives à la protection des animaux est ouverte aux associations régulièrement déclarées depuis au moins cinq ans à la date des faits et

1. Civ. 1re, 7 févr. 2006, *Bull. civ.* I, n° 50, *D.* 2006. IR. 528, *JCP* 2006. II. 10073, note E. de Monredon, *RTD civ.* 2007. 57, obs. P. Deumier.
2. Civ. 2e, 10 juin 2004, *Bull. civ.* II, n° 295, *JCP* 2004. II. 10162, note E. de Monredon.
3. Crim. 4 déc. 2001, *Dr. pénal* 2002. Comm. 38 : chevaux laissés dans un état d'abandon ce qui justifie leur remise à la Ligue française de protection du cheval, mesure conforme à l'intérêt des animaux concernés.

dont l'objet statutaire est la défense et la protection des animaux. Cette possibilité est expressément réservée aux incriminations envisagées dans cette section : elle ne saurait donc trouver à s'appliquer dans le cas d'une atteinte involontaire à l'animal [1] que nous allons considérer à présent.

Section 2
Les atteintes involontaires et les expériences

399 L'atteinte involontaire à la vie ou à l'intégrité physique d'un animal constitue une contravention de la troisième classe, en vertu de l'article R. 653-1 du Code pénal. Cette infraction protège les animaux domestiques, apprivoisés ou tenus en captivité. Le texte ne comporte aucune référence aux animaux d'autrui, ce qui autorise à poursuivre le propriétaire même de l'animal : c'est le cas de l'automobiliste écrasant un animal par mégarde, du propriétaire négligent qui tarde à appeler un vétérinaire en cas de maladie [2] ou bien encore des dommages accidentels causés en cours de dressage. S'agissant de la répression, deux précisions sont utiles. D'une part, en cas de condamnation du propriétaire lui-même ou lorsque celui-ci est inconnu, le tribunal peut décider de la remise de l'animal à une œuvre de protection animale qui pourra en disposer librement. D'autre part, les conditions de poursuite de la contravention de l'article R. 653-1 du Code pénal sont distinctes des infractions de mauvais traitements, sévices graves, actes de cruauté et mise à mort d'animaux : les associations de défense et de protection animales ne sont pas recevables à se constituer partie civile car il s'agit d'une infraction involontaire qui n'entre pas

1. Crim. 22 mai 2007, *Bull. crim.* n° 133.
2. Crim. 22 mai 2007, *Bull. crim.* n° 133 : condamnation du propriétaire d'un cheval qui a négligé de le faire soigner à temps par un vétérinaire, laissant ainsi son état s'aggraver jusqu'à ce qu'une euthanasie soit nécessaire.

dans les prévisions de l'article 2-13 du Code de procédure pénale [1].

Le législateur a par ailleurs souhaité réagir aux abus commis dans les laboratoires, particulièrement en matière de recherche cosmétique, où les animaux se voient infliger des souffrances inutiles. Renvoyant aux peines de l'article 521-1 (deux ans d'emprisonnement et 30 000 € d'amende), l'article 521-2 du Code pénal incrimine le fait de pratiquer des expériences ou des recherches scientifiques ou expérimentales sur les animaux sans se conformer aux prescriptions fixées par décrets en Conseil d'État. Ce dispositif rejoint les préoccupations du droit communautaire. En effet, la Convention européenne de Strasbourg du 18 mars 1986, sur la protection des animaux vertébrés utilisé à des fins expérimentales ou à d'autres fins scientifiques, signée par la France le 2 septembre 1987, et entrée en vigueur le 1er décembre 2000, prévoit la réglementation de l'expérimentation sur les animaux [2].

1. Crim. 22 mai 2007, précité.
2. J.-P. Marguénaud et O. Dubos, « Le droit communautaire et les produits cosmétiques expérimentés sur les animaux », *D.* 2006. Chron. 1774 ; Ziani, « Droit et expérimentation animale en France », *RJ envir.* 2006. 425.

TROISIÈME PARTIE

INFRACTIONS CONTRE LA NATION, L'ÉTAT ET LA PAIX PUBLIQUE

400 **Le livre IV du Code pénal, un livre à la fois composite et méconnu.** Le livre IV du Code pénal relatif aux infractions contre la Nation, l'État et la paix publique est à la fois mal aimé et méconnu [1]. Il faut dire qu'il présente *a priori* un visage ingrat.

D'une part, les valeurs qu'il protège ont été en quelque sorte déclassées en 1994. En effet, les infractions visées étaient placées au sommet du Code pénal napoléonien, et elles ont été rétrogradées dans la quatrième partie : là où l'empereur, cerné par les complots, plaçait au-dessus de tout la sûreté de l'État, une démocratie apaisée accorde moins d'importance à la protection de cette valeur qu'à celle des personnes et des biens. Cela expliquerait aussi pourquoi ce livre IV fut adopté dans un climat consensuel :

1. Il faut dire que le temps imparti à l'enseignement du droit pénal en France ne permet que très rarement d'aborder ce type d'infractions. V. M.-E. Cartier, « Libres propos sur l'enseignement du droit pénal à l'aube du XXIe siècle », *RSC* 2000. 277 ; au reste, d'éminents auteurs, dont les ouvrages font référence, ont choisi de ne pas traiter ce livre IV : v. par exemple, Ph. Conte, *Droit pénal spécial*, 3e éd., Litec, 2007, n° 7, p. 4 : « Les infractions contre la chose publique et, spécialement, celles dirigées contre la Nation, l'État et la paix publique, hormis exception, ne seront pas évoquées ».

il ne s'agirait en fait que d'un *aggiornamento* des atteintes à la chose publique, afin de les adapter au vocabulaire contemporain [1].

D'autre part, il s'agit d'une partie composite, voire hétéroclite. Elle comporte certes de nombreuses infractions qui ressortissent à la catégorie des infractions politiques [2], mais aussi des infractions qui intéressent le droit pénal des affaires. Tel est le cas notamment du délit d'atteinte à la liberté des marchés publics, dit « favoritisme ». Cette infraction, que nous étudierons [3], est révélatrice de la diversité des valeurs protégées par le livre IV : outre la contribution à l'élaboration d'une éthique politique, il s'agit ici de protéger les biens publics en luttant contre les ententes, afin de faire jouer pleinement la concurrence dans les marchés publics. Elle est aussi révélatrice de la dialectique d'appel au droit pénal et de retrait du droit pénal qui travaille intensément le livre IV. À peine créée en 1991, cette infraction a fait l'objet de demandes répétées de la part de certains décideurs publics en faveur d'une dépénalisation : il ne s'agirait selon eux que d'une vulgaire faute administrative, consistant dans la violation du Code des marchés publics, ne méritant pas une inflation du désormais célèbre « risque pénal des décideurs publics ».

1. G. Giudicelli-Delage, « Les crimes et délits contre la nation, l'État et la paix publique dans le nouveau Code pénal », *RSC* 1993. 493 : « le livre IV n'est pas une révolution mais bien une *réécriture*, formelle et substantielle, des crimes et délits contre la chose publique : une *adaptation* au vocabulaire, aux modes d'expression de notre temps, mais aussi aux réalités et aux sensibilités modernes ».

2. Dans sa partie législative, sont visés au livre IV la trahison, l'espionnage, l'attentat, le complot, la participation à un mouvement insurrectionnel, l'usurpation de commandement et autres atteintes à la défense nationale, les actes de terrorisme, les atteintes à la paix publique, la corruption active et le trafic d'influence commis par des particuliers, l'opposition à l'exécution de travaux publics, l'usurpation de fonction, l'usurpation de titre, l'usage irrégulier d'une qualité, la suppression d'affiches dont la pose a été ordonnée par le juge, le faux, la fausse monnaie, la fabrication de titres émis par l'autorité publique, la falsification des marques de l'autorité (art. 414-7, 422-5, 431-20, 433-25, 441-12, 442-14, 443-8 et 444-9). Dans sa partie réglementaire, qui intéresse les contraventions contre la Nation, l'État ou la paix publique, on trouve les atteintes à la monnaie, l'usurpation de signes réservés à l'autorité publique, l'utilisation de poids ou mesures différents de ceux établis par les textes en vigueur, la violation des dispositions réglementant les professions exercées dans des lieux publics, le port ou l'exhibition d'uniformes, insignes ou emblèmes rappelant ceux d'organisations ou de personnes responsables de crimes contre l'humanité, le fait de procéder à l'inhumation d'un individu décédé sans les autorisations prescrites par les textes, la soustraction d'une pièce produite en justice, l'utilisation d'un document délivré par une administration publique comportant des mentions devenues incomplètes ou inexactes, enfin le refus de restitution de signes monétaires contrefaits ou falsifiés (art. R. 642-2 à R. 642-4, R. 643-1, R. 643-2, R. 644-3, R. 645-1, R. 645-6, R. 645-7, R. 645-8 et R. 645-9).

3. *Infra*, n° 453 s.

401 **L'éthique politique et le droit pénal.** C'est assez dire combien cette quatrième partie du Code pénal est en réalité plus importante qu'il n'y paraît. Sous une apparente désuétude se cachent de sourdes tensions. Certes, il est aisé de dénoncer l'obsolescence de certaines incriminations : que signifient la trahison, l'espionnage, le complot en des temps de paix, tant sur le plan interne qu'international ? N'est-ce pas pour cette raison même que la haute trahison imputable au chef de l'État a été abrogée lors de la réforme de son statut pénal [1] ? N'est-ce pas une partie fossile du Code pénal, vouée à l'oubli, qui n'aurait désormais plus que la dureté du bois mort ? Cela mérite en réalité qu'on s'y arrête un instant, tant ce propos, souvent entendu, est révélateur d'une triple méprise. D'abord, vouer la quatrième partie à l'oubli, c'est négliger « le retour spectaculaire du droit pénal dans la sphère politique [2] ». Or, ce retour mobilise un certain nombre d'incriminations de la quatrième partie, comme la corruption ou le trafic d'influence par exemple. De nombreuses affaires témoignent de la difficulté qu'il y a à concilier l'égalité de tous devant la justice et la protection de la fonction politique qui, sauf à tomber dans la démagogie, est utile au bien commun eu égard à la lourdeur et à la spécificité de la fonction [3]. Ensuite, la quatrième partie n'est pas un lieu désaffecté du Code pénal, loin s'en faut. Le législateur contemporain n'hésite pas à la retoucher, et sa frénésie créatrice a récemment nourri cette partie de l'incrimination de nouveaux outrages et de la « dissimulation illicite du visage à l'occasion de manifestations sur la voie publique [4] ». Enfin et surtout, la quatrième comporte

1. La révision constitutionnelle du 23 février 2007 a supprimé dans la Constitution toute référence à la notion de haute trahison.
2. D. Salas, « L'éthique politique à l'épreuve du droit pénal », *RSC* 2000. 163
3. J. Delfont, *Responsabilité pénale et fonction politique*, préface d'André Decocq, Paris, LGDJ, Bibliothèque des sciences criminelles, 2006 : L'auteur, étudiant notamment l'évolution des immunités politiques, a fort opportunément qualifié d « idéologie de droit commun » la tendance contemporaine qui fait progressivement disparaître la justice politique au profit d'une responsabilité pénale autonome, mise en œuvre au sein d'une justice déléguée, détachée du pouvoir politique. Ce processus n'est pas sans danger pour la protection de l'intérêt général garantie par l'État, dès lors que les immunités sont conçues non comme des « privilèges » mais comme des « écrans protecteurs » devant la fonction : les fonctions politiques correspondent en principe exclusivement à des préoccupations d'intérêt général, et c'est la protection de cet intérêt général, de l'État, qui doit prévaloir.
4. L'article R. 645-14, issu du décret du 19 juin 2009, punit de l'amende prévue pour les contraventions de la cinquième classe « le fait pour une personne, au sein ou aux abords immédiats d'une manifestation sur la voie publique, de dissimuler volontairement son visage afin de ne pas être identifiée dans des circonstances faisant craindre des atteintes à l'ordre public ». Nouveau texte de circon-

des incriminations fondamentales pour comprendre l'économie du droit pénal spécial contemporain. L'une d'entre elles, l'association de malfaiteurs, est à la fois si cardinale, si floue, si usuelle, qu'il nous a semblé utile de la mettre en exergue en conclusion de ce manuel, même si une présentation à titre préliminaire était aussi concevable : il s'agit en effet d'une infraction « atypique, difficile à classer [1] », mais surtout transversale. Bien que le législateur l'ait placé dans la quatrième partie (art. 450-1 à 450-3 C. pén.), elle peut être constituée aussi bien pour des infractions contre les personnes, les biens, l'État, que les « autres crimes et délits » du livre V. Bref, une bonne à tout faire, comme nous le verrons ultérieurement [2]. Outre l'association de malfaiteurs, on trouve dans cette partie le dispositif essentiel de lutte contre le terrorisme qui appellera d'amples développements tant il permet de souligner les risques d'une évolution vers un droit pénal d'exception. On le voit, le livre IV n'est pas une arrière-boutique obscure, dénuée d'intérêt. De la même manière, le Code de procédure pénale comporte des dispositions qui, bien que très éloignées du noble chapitre préliminaire, n'en sont pas moins essentielles : ne faut-il pas attendre les articles 703-73 et 703-74 du Code de procédure pénale pour découvrir la liste – impressionnante- des infractions susceptibles de justifier la procédure dérogatoire de bande organisée ?

402 Cela étant, on ne saurait suivre à la lettre l'ordre de la quatrième partie pour aborder les infractions qui la composent. Non seulement des choix s'imposent, mais encore cet ordre peut, ici comme

stance, dont « le fait divers originel », si l'on peut dire, renvoie aux manifestations violentes sur la voie publique qui ont eu lieu le 4 avril 2009 à Strasbourg, en marge du sommet de l'OTAN. Des personnes masquées avaient incendié plusieurs bâtiments publics et une cinquantaine de personnes avaient été blessées. L'effectivité de la réaction gouvernementale laisse la doctrine dubitative. D'abord, la dissimulation n'est punissable que si elle intervient « au sein ou aux abords d'une manifestation sur la voie publique », et afin de ne pas être identifié, ce qui constitue un dol spécial aux contours fort mal tranchés. Ensuite, il ne s'agit que d'une contravention, ce qui exclut la garde à vue ou une autre mesure de contrainte. Enfin, les deux faits justificatifs prévus par le texte sont si larges qu'ils ont de bonne chance de neutraliser toute velléité de poursuite. Sont ainsi justifiées « les manifestations masquées qui sont conformes aux usages locaux ». C'est heureux, on peut encore être masqué lors d'un carnaval, mais quels peuvent bien être les autres usages locaux visés ? Mystère.

1. M. Véron, *Droit pénal spécial*, 12e éd., Sirey, 2008, n° 10, p. 9 : l'auteur a choisi de traiter l'association de malfaiteurs dans un préambule.

2. *Infra*, n° 501 s.

ailleurs, être discuté. En effet, les crimes de trahison et d'espionnage, qui étaient placés au premier rang des crimes et délits contre la sûreté de l'État dans l'ancien Code pénal, sont maintenus au premier rang du livre IV : le législateur de 1992 a considéré qu'il s'agissait bien toujours des formes les plus graves d'infraction contre la Nation. Le Code pénal vise ainsi la trahison et l'espionnage en temps de paix, tandis que les dispositions applicables en temps de guerre ont été transférées, à l'occasion de la réforme de 1992, dans le Code de justice militaire de 1982 [1]. Or, il nous a semblé que ces incriminations, essentielles en temps de guerre [2], perdaient de leur intérêt aujourd'hui, sauf à considérer l'espionnage économique ou l'espionnage dans la lutte contre le terrorisme. De la même manière, le complot et la participation à un mouvement insurrectionnel ne seront pas abordés, car les temps de la machine infernale et de Cadoudal paraissent bien révolus. C'est d'ailleurs ce qui ajoutait une touche d'anachronisme à la tourmente judiciaire médiatique causée par les « terroristes du rail [3] » : comment un ouvrage situationniste, « anonyme », intitulé « L'insurrection qui vient » pouvait-il déclencher un tel emballement dans une société profondément atone ? Quoi qu'il en soit, une fois écartées ces incriminations, le plan suivant peut être retenu :

Chapitre 1. Le terrorisme

Chapitre 2. Les atteintes à l'administration publique commises par des dirigeants publics

---

1. Le Code de justice militaire leur consacre quatre articles (art. 476-1 à 476-4) qui sont rassemblés au chapitre Ier du titre III du lire III, « Des peines applicables par les juridictions des forces armées et des juridictions d'ordre militaire ». Le premier (art. 476-1) sa borne à renvoyer aux faits incriminés aux articles 411-1 à 411-11 du Code pénal pour le temps de paix, en aggravant les peines encourues. Les trois autres définissent des actes de trahison qui sont propres au temps de guerre. Comme le Code pénal pour le temps de paix, le Code de justice militaire pour le temps de guerre place au premier rang de son titre III, « Des atteintes aux intérêts fondamentaux de la nation » les faits de trahison et d'espionnage, reléguant dans un chapitre II les autres atteintes à la défense nationale.

2. Que la guerre soit « chaude » (L'Allemagne disposait ainsi en France en 1870 d'un réseau de près de 30 000 agents clandestins qui se livrèrent sur notre territoire au recueil d'informations Voir. F. Routier, *L'espionnage et la trahison en temps de paix et de guerre*, 1913, Lavauzelle) ou « froide » (l'espionnage entre 1947 et 1991 s'est considérablement développé, au point de devenir un thème fétiche du cinéma en général et hollywoodien en particulier)

3. Dans cette affaire, huit personnes furent interpellées car elles étaient soupçonnées d'avoir saboté des caténaires SNCF. Elles furent mises en examen le 15 novembre 2008 pour « terrorisme ».

Chapitre 3. Les atteintes à l'administration publique commises par des particuliers
Chapitre 4. Les atteintes à l'action et à l'autorité de la justice
Chapitre 5. Les faux et falsifications

CHAPITRE 1

Le terrorisme

403 La notion de terrorisme pose d'emblée une difficulté sémantique. En effet, le mot a souvent valeur de slogan, et la multiplicité de ces occurrences est inversement proportionnelle à la consistance de la notion. Le phénomène est ancien [1], mais il a pris de nouvelles couleurs au lendemain du 11 septembre 2001 qui marque, selon certains, l'entrée dans une ère d' « hyperterrorisme [2] ». Tant à l'échelle internationale qu'en droit interne, le terrorisme est conçu comme une criminalité spécifique qui appelle une réaction particulière du corps social, dérogatoire du droit commun. Toute la difficulté consiste à prendre la mesure de cette dérogation. C'est pourquoi il est utile d'offrir quelques perspectives d'histoire et de droit comparé en matière de lutte contre le terrorisme (SECTION 1) avant de considérer les conditions contemporaines de répression du terrorisme (SECTION 2).

1. H. Laurens, M. Delmas-Marty (dir.), *Terrorismes, Histoire et droit*, CNRS Éditions, 2010.
2. F. Heisbourg, *Hyperterrorisme, la nouvelle guerre*, Éd. Odile Jacob, 2001.

SECTION 1

LA LUTTE CONTRE LE TERRORISME : QUELQUES PERSPECTIVES D'HISTOIRE ET DE DROIT COMPARÉ

404 Une rapide comparaison entre le droit français et les systèmes anglo-américains en matière de lutte contre le terrorisme permet de cerner deux questions essentielles : faut-il maintenir la lutte contre le terrorisme dans le giron du système judiciaire classique ? (**§ 1**) Faut-il définir le terrorisme et si oui, comment ? (**§ 2**)

§ 1. Faut-il maintenir la lutte contre le terrorisme dans le giron du système judiciaire classique ? : comparaison entre le « modèle français » et les systèmes anglo-américains

405 Tandis que la logique anglo-américaine de lutte contre le terrorisme a consisté, notamment après le 11 septembre 2001, à traiter le terrorisme en dehors du système judiciaire classique, instaurant ainsi un véritable état d'exception (**A**), le droit français a maintenu cette lutte dans le cadre de l'appareil judiciaire traditionnel ; cela paraît *a priori* plus vertueux en termes de droits fondamentaux, mais ce « modèle » présente aussi des limites (**B**).

A. La logique anglo-américaine : l'état d'exception

406 **Juridictions et droit d'exception.** En réaction aux attentats du 11 septembre 2001, les États-Unis et le Royaume-Uni [1] ont institué

1. Au Royaume-Uni, la « guerre contre le terrorisme » a suscité une cascade de lois nouvelles. V. notamment, l'*Anti-Terrorism, Crime and Security Act* de 2001 et le *Terrorism Act* de 2005.

un vaste principe de dérogation dans la lutte contre le terrorisme. Nous nous concentrerons sur le dispositif américain car il constitue l'exemple le plus achevé de tentative de déconstruction d'un État de droit pour lutter contre le terrorisme. En effet, l'acte parlementaire du 31 octobre 2001 dit « *Patriot Act I* [1] » a étendu les pouvoirs de l'Attorney général en matière d'écoutes clandestines : les conversations entre les prisonniers et leurs avocats, jusque-là confidentielles, pouvaient désormais faire l'objet d'écoutes. Le 13 novembre 2001, une ordonnance présidentielle a déclaré « une urgence nationale extraordinaire » en raison de la possibilité « d'autres attentats terroristes contre les États-Unis... ayant pour résultat des morts, des blessures, et des destructions de propriété en masse, et mettant en risque la continuité du fonctionnement du Gouvernement des États-Unis [2] ». En d'autres termes, l'état d'exception a été justifié au nom des menaces qui pèsent sur la démocratie : c'est parce que le terrorisme menace la démocratie américaine que cette dernière suspend ses principes de droit commun pour se défendre [3]. L'ordonnance présidentielle vise tout non-Américain dont le président détermine « qu'il est ou a été membre de l'organisation *Al-Qaida* », ou qu'il est mêlé, de manière large, à des actes de « terrorisme international » nuisibles « aux citoyens, à la sécurité nationale, à la politique étrangère, ou à l'économie des États-Unis ». Sans entrer dans le détail de cette ordonnance [4], il importe de souligner que la stratégie américaine de lutte contre le terrorisme a consisté à traiter les personnes poursuivies en dehors du système judiciaire classique : l'efficacité de la lutte exigeait, d'après le texte, que les individus « soient détenus et, s'ils sont jugés, uniquement par des tribunaux militaires » sous l'autorité du secrétaire à la défense. En effet, « l'adhésion aux principes du droit et des règles de preuve reconnues

1. Le dispositif sera renouvelé par le *Patriot Act II*, voté en mars 2006.
2. *Presidential Military Order - Detention, Treatment, and Trial of Certain Non-Citizens in the War Against Terrorism*, 66 Federal Register 57833 (13 nov. 2001).
3. D'un point de vue historique, cette justification n'est pas neuve. L'état d'exception est le propre d'une société libérale qui cherche à se défendre de ses « ennemis » en renonçant à ses propres valeurs. De là la menace d'un suicide des démocraties libérales ...V. notamment, G. Agamben, *État d'exception, Homo sacer*, Seuil, 2003.
4. Pour une analyse plus circonstanciée, v. notamment, D. M. Amann, « Le dispositif américain de lutte contre le terrorisme », *RSC* 2002. 745.

en général dans les cours fédérales pénales » n'a pas été estimée « praticable ». Concrètement, l'ordonnance présidentielle, renforcée plus tard par une ordonnance procédurale publiée par le secrétaire à la défense, s'est traduite par la tenue des procès devant des « commissions militaires » de trois à sept membres, qu'une personne désignée par le secrétaire sélectionne parmi les officiers des forces armées des États-Unis. Ces commissions administratives militaires se distinguent nettement des véritables juridictions pénales, qu'elles soient ordinaires ou militaires. Comme le souligne le Professeur Delmas-Marty, « la procédure instaurée par l'ordonnance du 13 novembre 2001 avait été annoncée comme « *full and fair* » mais les règlements d'application ont omis de poser les règles protectrices annoncées, au prix d'un tel désordre qu'en 2004 deux procureurs chargés de représenter les États-Unis devant les commissions ont préféré démissionner et qu'en 2006 un lieutenant-colonel des Marines, détaché pour représenter les détenus, écrira dans la grande presse : « ce que je veux désespérément savoir, c'est : quelles sont les règles ? ». Qu'il s'agisse de l'organisation des débats, du choix de l'avocat, des règles de preuve ou de la durée de la détention avant jugement, il aura fallu plusieurs interventions de la Cour suprême pour que les règles soient, sinon parfaitement clarifiées, du moins explicitement formulées, et l'État de droit partiellement sauvé [1] ».

407 **Tentative de restauration partielle de l'État de droit.** En effet, le principe de dérogation, qui valait tant au regard du droit international qu'au regard du droit interne américain [2], a suscité de vives cri-

1. M. Delmas-Marty, « Le paradigme de la guerre contre le crime : légitimer l'inhumain ? », *RSC* 2007. 461.

2. Au titre du droit international, il convient de mentionner les quatre Conventions de Genève de 1949, que presque tous les États, y compris les États-Unis et l'Afghanistan, ont ratifiées. La Troisième Convention, relative aux prisonniers de guerre, assure le respect des droits fondamentaux. Cependant cette Convention n'était pas bien adaptée aux données contemporaines de la lutte contre le terrorisme. D'abord, il est incontestable que la Convention ne s'applique pas aux individus situés aux États-Unis et qui y sont soumis à un interrogatoire ou à une détention. Ensuite, à l'égard des détenus présumés avoir contribué aux actes terroristes avant le commencement d'un conflit armé, il est un peu curieux de se référer à une convention s'appliquant à de tels conflits comme la source primordiale des droits applicables. Enfin, cette Convention de 1949 envisage qu'au lieu d'un avocat, un de ses camarades prisonniers suffirait à représenter un accusé et que de toute façon la défense pourrait être préparée en moins de deux semaines. Un tel simplisme procédural ne serait pas adapté à la complexité du terrorisme multilingue, multiculturel, multinational, et multiterritorial. Le dispositif antiterroriste des États-Unis ne satisfait même pas leur droit pénal interne. À la lumière de la valeur constitutionnelle de *reasonableness*, qui comprend le principe d'efficacité, le fait d'assujettir des individus à des fouilles,

tiques, au-delà de la communauté des juristes. Face à ces critiques, la Cour suprême des États-Unis, dans les arrêts *Rasul, Padilla* et *Hamdi* du 30 juin 2004 a imposé un contrôle judiciaire de toutes les détentions, qu'elles concernent des citoyens américains ou des étrangers. Le 30 décembre 2005 fut voté le *Detainee Treatment Act* qui prolonge ces décisions en interdisant les traitements cruels, inhumains ou dégradants contre toute personne détenue aux États-Unis ou sous le contrôle du gouvernement des États-Unis, quels que soient la nationalité du détenu et le lieu de la détention. Cependant, ce texte, sans effet rétroactif, n'indique pas la sanction de l'interdiction qu'il édicte. Enfin, la décision *Hamdan* de juin 2006, qui évoque, les conventions de Genève, entraînera la riposte législative d'octobre 2006 (*Military Commissions Act*) qui confie également au président le pouvoir d'interpréter le droit, mais il s'agit cette fois du droit international humanitaire. On voit donc que ces tentatives de restauration – au moins partielle – de l'État de droit ont suscité des tensions entre la Cour suprême, le pouvoir législatif et le pouvoir exécutif [1]. Tandis que le président des États-Unis cherchait à maintenir coûte que coûte la lutte contre le terrorisme hors du système judiciaire classique, la Cour suprême tentait de rappeler les garanties procédurales minimales d'un État de droit. Ces garanties renvoient du reste à ce que l'on pourrait appeler un « principe de contestabilité [2] » : si des mesures dérogatoires sont mises en œuvre, elles doivent pouvoir être contestées devant un juge, avec l'assistance d'un avocat. Même si les termes du débat sont différents, nous allons voir que cette

sans aucun soupçon de méfait, requiert une enquête. La décision américaine d'imposer des détentions indéfinies aux États-Unis, à Guantanamo, et en Afghanistan, sans déposer de plainte officielle contre quelqu'un, mettait ainsi en cause la Constitution américaine.

1. Ces tensions liées à la réintroduction de garanties au moins procédurales se retrouvent au Royaume-Uni. En 2004, la Chambre des Lords avait annulé la loi de novembre 2001 contre le terrorisme au motif qu'elle introduisait une discrimination entre les britanniques et les étrangers. En réaction, la loi du 11 mars 2005 (*The Prevention security Act*), a étendu le régime de répression à l'ensemble des justiciables, indépendamment de leur nationalité. À nouveau la Chambre des Lords rappellera en 2005 les garanties de l'État de droit en censurant l'utilisation comme preuve d'informations recueillies sous la torture. Toutefois la marge de manœuvre du législateur est nettement plus limitée, en raison des engagements internationaux du Royaume-Uni et les arguments des juges sont d'ailleurs plus directement inspirés du droit international et en particulier de la CESDH devenue d'applicabilité directe depuis le *Human Rights Act* de 1998, qui était fort opportunément entré en vigueur en 2000

2. Ph. Pettit, *Républicanisme, Une théorie de la liberté et du gouvernement*, NRF, essais, 2004.

question de la contestabilité se retrouve au cœur du « modèle français ».

B. Le modèle français et ses limites

408 L'expression « modèle français », appliquée à la lutte contre le terrorisme, se justifie sur un point essentiel : les dispositifs de lutte contre le terrorisme sont maintenus à l'intérieur du système judiciaire classique, même s'il connaît des aménagements. Concrètement, ce sont des magistrats professionnels et non des militaires qui ont à connaître des affaires de terrorisme. La législation française en la matière a été initiée par la loi du 9 septembre 1986 relative à la lutte contre le terrorisme, soumise à un contrôle de constitutionnalité [1]. Nous verrons que ce dispositif a été ultérieurement complété et modifié [2]. Outre son volet indemnitaire – qui vise à assurer l'indemnisation des victimes sur le fondement de la solidarité nationale – la loi a cherché à accroître les pouvoirs de contrainte des autorités de poursuite. Cependant, il importe de souligner qu'il n'a jamais été dans l'esprit de la loi de 1986 de consacrer une incrimination spécifique de terrorisme [3]. Il s'agissait d'instaurer des procédures pénales dérogatoires, qui avaient vocation à s'appliquer lorsqu'un certain nombre d'infractions, limitativement énumérées et empruntées au droit commun, étaient en relation avec une entreprise ayant pour but de troubler gravement l'ordre public par l'intimidation ou la terreur. Ce n'est qu'ultérieurement, lors de la réforme du Code pénal [4], puis de l'adoption de la loi du 22 juillet 1996 que le terrorisme est devenu une infraction autonome, par référence à des actes bien définis. Nous verrons cependant que cette autonomie tient davantage aux pénalités aggravées qu'à des éléments originaux de définition.

409 On voit ainsi, à titre liminaire et synthétique, combien la lutte contre le terrorisme reste en France dans les limites de l'État de droit, ce qui a valeur de modèle. Cela dit, le dispositif français

1. DC du 3 sept. 1986, *JO* 5 sept., *Rec. Cons. const.*, p. 122 ; L. Favoreu, « Le droit constitutionnel jurisprudentiel », *RD publ.* 1989. 399.
2. *Infra*, n° 417.
3. Crim. 7 mai 1987, *Bull. crim.* n° 186.
4. M.-E. Cartier, « Le terrorisme dans le nouveau Code pénal français », *RSC* 1995. 225

n'est pas à l'abri de critiques, loin s'en faut. D'abord, eu égard au principe de contestabilité évoqué plus haut, le recours à l'avocat est limité, ce qui constitue somme toute un paradoxe : si l'on marque la spécificité du terrorisme, c'est au regard de la gravité des faits ; or, plus les faits sont graves, plus le recours à l'avocat est limité, ce qui est pour le moins étonnant. Ensuite, au regard de la dimension internationale du terrorisme, il n'est pas certain que le magistrat français puisse toujours exercer son contrôle sur les informations transmises : certains procès-verbaux d'aveux ont peut-être été obtenus sous la torture. Enfin, le risque de contamination de l'ensemble du droit pénal par les mesures spécifiques initiées pour le terrorisme n'est pas à négliger. En effet, 1986 apparaît à bien des égards comme le point de départ d'une extension progressive des procédures pénales dérogatoires, qui peut être expliquée par une conception criminologique sommaire, adaptée au « temps des victimes [1] » : puisque des mesures plus répressives ont fait leurs preuves contre ce « monstre » que constitue le terroriste, pourquoi ne pas les étendre à d'autres « monstres », le pédophile par exemple [2] ? Le risque est d'autant plus grand que la définition du terrorisme ne va pas de soi.

§ 2. Faut-il définir le terrorisme et si oui, comment ?

410 La question de la définition du terrorisme est épineuse, car le phénomène est polymorphe et la typologie est évolutive, liée au

1. C. Eliacheff, D. Soulez-Larivière, *Le temps des victimes*, Albin Michel, 2007.
2. E. R. Zaffaroni, « Dans un État de droit il n'y a que des délinquants », *RSC* 2009. 43 . « L'histoire démontre, tout au long de ces huit cents ans, que tout droit pénal de l'ennemi s'introduit par une voie exceptionnelle et jamais générale, mais que, tout de suite, l'exceptionnel est devenu normal et général, parce qu'est inévitable le déplacement de l'exercice du pouvoir punitif. La dynamique propre du pouvoir impose ce déplacement : si des mesures extraordinaires d'enquête sont admises, par exemple, il sera inévitable que, en pratique, par celles-ci, grâce à une coïncidence heureuse, les enquêteurs recueillent les preuves de tout autre délit. De plus, si le droit pénal de l'ennemi est admis pour les terroristes, il n'y aura pas de raison pour ne pas l'appliquer à d'autres criminels abominables, comme peuvent l'être les violeurs et assassins d'enfants, les pirates de l'air, les criminels qui assassinent des vieilles dames sans défense pour les voler, les violeurs en série, etc. Le cercle des ennemis sera toujours destiné à s'agrandir, spécialement par l'effet de la puissance des moyens massifs de communication sociale sur les politiques, qui sont otages du discours vindicatif (*völkisch*) des médias dans le monde virtuel dans lequel nous vivons ».

contexte historique : il faut distinguer le terrorisme interne et le terrorisme international, le terrorisme contre l'État et le terrorisme d'État [1]. Dans une première approche, on peut tout bonnement récuser toute tentative de définition. Selon une logique d'État d'exception, l'absence de définition sera gage d'efficacité et la formule, par un effet d'aubaine, vaudra incrimination attrape-tout [2]. Selon une logique d'État de droit, on peut aussi récuser la notion même de terrorisme, au profit d'autres expressions dont le signifiant sera moins surchargé, et dont les contours seraient plus faciles à préciser [3]. Cependant, dès lors que la loi se réfère expressément au vocable « terrorisme » et que le principe de légalité, propre à un État de droit, commande une circonscription de la notion, une tentative de définition s'impose. Trois pistes peuvent être explorées : la première vise à situer la notion au regard de la distinction de droit pénal interne entre infractions politiques et infractions de droit commun (**A**) ; la seconde interroge le terrorisme au regard du droit international de la guerre et de la paix (**B**) ; enfin, la troisième cherche à élaborer un nouveau modèle, plus casuistique, qui appréhenderait le terrorisme par-delà les distinctions classiques de la justice civile ou militaire (**C**).

A. Le terrorisme et la distinction interne entre infractions politiques et infractions de droit commun

411 **Le terrorisme, une infraction de droit commun au régime très spécial.** Au regard de la distinction traditionnelle entre infractions de droit commun et infractions politiques, dont nous avons déjà souligné la désuétude [4], le terrorisme est considéré comme une infraction de droit commun. En effet, conformément à la solution de l'arrêt *Gorguloff* [5], on considère qu'une infraction, aussi évi-

1. Sur cette typologie, v. notamment : H. Laurens, M. Delmas-Marty (dir.), *Terrorismes, Histoire et droit*, CNRS Éditions, 2010, p. 165 s.
2. J.-F. Gayraud, « Définir le terrorisme : est-ce possible, est-ce souhaitable ? », *Revue internationale de criminologie et de police technique*, n° 2, 1988.
3. E. R. Zaffaroni, « Dans un État de droit il n'y a que des délinquants », *RSC* 2009. 43 « Nous nous référons aux *crimes de destruction massive et indiscriminée* et non pas au *terrorisme*, qui est une expression juridiquement nébuleuse ».
4. *Infra*, chapitre préliminaire, n° 12
5. Crim. 20 août 1932, *Bull. crim.* n° 207 : « L'article 5 de la constitution de 1848, qui a aboli la peine de mort en matière politique, ne peut profiter qu'aux crimes exclusivement politiques et non à l'assas-

dent soit son mobile politique, doit être considérée comme de droit commun dès lors qu'elle est trop « grave ». En d'autres termes, la dimension politique est escamotée, car on considère que dans une démocratie apaisée il y a d'autres moyens que la violence pour faire entendre ses idées. Cela explique deux points essentiels. D'une part, nous verrons qu'outre les cas d'incrimination autonome de terrorisme, le droit pénal français procède par référence : il vise à l'article 421-1 du Code pénal un certain nombre d'infractions de droit commun – au premier rang desquelles les atteintes à la vie – qui, lorsqu'elles sont « intentionnellement en relation avec une entreprise individuelle ou collective ayant pour but de troubler gravement l'ordre public par l'intimidation ou la terreur ». C'est dire que le terrorisme, contrairement à la plupart des incriminations, renvoie moins à l'acte en lui-même qu'à son but, et qu'il ne protège pas une valeur unique (la vie, les biens, les intérêts de l'État). D'autre part, puisque précisément le terrorisme vise les actes les plus graves, il sera assorti d'un régime très spécial, largement dérogatoire de droit commun… Pourquoi ne pas avoir alors consacré une incrimination spécifique ?

412 **Les raisons du refus d'instaurer une incrimination spécifique.** Alors que l'Italie et l'Allemagne avaient choisi, pour réagir aux terrorismes des « années de plomb » [1] d'instaurer une infraction spécifique de terrorisme [2], la France y a renoncé. Cela s'explique d'abord, par la difficulté qu'il y a à cerner les contours précis du terrorisme, et ensuite par les difficultés qui pouvaient surgir en

sinat, qui est un crime de droit commun et conserve ce caractère alors même qu'il a été commis sur la personne du Président de la République, l'article 86 du Code pénal ayant été implicitement abrogé par l'avènement du régime républicain. ». Il est ainsi de tradition en France de qualifier les assassins de chefs d'État de criminels de droit commun : la solution a été appliquée dans cette affaire à Gorguloff, assassin du président Paul Doumer en 1932, mais elle avait déjà été adoptée pour Casério, assassin du président Sadi-Carnot en 1894. Cette qualification de droit commun fut maintenue à l'encontre de participants au complot ayant coûté la vie à Marseille en 1934 au roi de Yougoslavie et au ministre français des Affaires étrangères Barthou, ancien président du Conseil.

1. L'expression sert à qualifier une période, dans les années soixante-dix du vingtième siècle, où un intense activisme politique s'est traduit dans certains pays, dont l'Italie et l'Allemagne, par des actions terroristes visant à remettre en cause les fondements de la démocratie de marché.

2. J. Pradel, « Les infractions de terrorisme, un nouvel exemple de l'éclatement du droit pénal », *D.* 1987. Chron. 39 : l'auteur note toutefois que cette expérience d'incrimination spécifique n'a pas été « poussée bien loin ».

cas d'extradition, puisqu'un principe fondamental de l'extradition interdit d'extrader les délinquants politiques. Le législateur français de 1986 a donc inauguré, dans l'urgence, et avec une certaine improvisation, une méthode de qualification du terrorisme – qualification des faits, mais aussi qualification de l'infraction – qui reposait sur la combinaison de critères objectifs et subjectifs pour délimiter le terrorisme et son régime spécial sans vraiment le définir : objectivement, il fallait que l'infraction soit comprise dans la liste limitative qui figurait initialement dans le Code de procédure pénale (art. 706-16 anc.) et subjectivement il convenait de vérifier qu'elles étaient « en relation avec une entreprise individuelle ou collective ayant pour but de troubler gravement l'ordre public par l'intimidation ou la terreur ». Cette formule, même si elle a été jugée par le Conseil constitutionnel « énoncée en de termes d'une précision suffisante [1] », est pour le moins vague : si « l'entreprise » et « l'ordre public », bien que très larges, peuvent encore se nourrir de références à des notions connues des pénalistes, la « terreur » est précisément de ces mots qui font de la notion de terrorisme une notion introuvable [2]. Ce qui est certain, c'est que la position du législateur français de 1986 illustre la difficulté d'une définition purement objective du terrorisme, tant le phénomène paraît protéiforme. Peut-être fallait-il alors frayer une autre voie et chercher à inscrire le terrorisme dans la distinction internationale entre droit de la guerre et droit de la paix.

B. Le terrorisme et la distinction internationale entre droit de la guerre et droit de la paix

413 **Le terrorisme, une violence politique en temps de paix.** Même s'il n'est pas classé dans la catégorie des infractions politiques, le terrorisme peut désigner la violence politique illicite, intra- ou interétatique, du temps de paix, à condition d'apporter quelques nuances à la fois historiques et criminologiques. Il est certain que la dimension politique du terrorisme affleure ça et là, lorsqu'on

1. DC 3 sept. 1986, *JO* 5 sept., p. 10788.
2. J.-P. Marguénaud, « La qualification pénale des actes de terrorisme », *RSC* 1990. 1

considère notamment les conventions internationales. Ainsi, si l'on prend l'exemple de la Convention européenne pour la répression du terrorisme signée à Strasbourg, en 1977, elle oblige les pays signataires à extrader les terroristes sans pouvoir opposer à l'État requérant le caractère politique de l'infraction, la connexité avec une infraction politique ou le mobile politique de l'auteur (art. 1er) et, au cas de refus d'extradition, à traduire le terroriste devant les juridictions répressives françaises (art. 7). C'était bien reconnaître la dimension souvent politique des actes terroristes [1]. Cependant, il faut souligner combien les profils criminologiques des terroristes ont connu des mutations : en comparaison de la dimension idéologique de certains groupes terroristes des années soixante-dix, de nombreux groupes apparaissent aujourd'hui proprement mafieux. Derrière un paravent idéologique se cachent de véritables délinquants de droit commun, animés davantage par l'esprit de lucre que par la lutte idéologique armée [2].

414 **La protection des populations civiles par extension du droit de la guerre au temps de paix.** Le terrorisme contemporain repose sur deux principes d'action : d'une part, l'acte terroriste n'importe pas en lui-même mais par l'empire de la peur qu'il exerce sur la population ; d'autre part, l'efficacité de l'action terroriste est tributaire de son retentissement dans les médias, ce qui montre combien ce fléau ne peut prospérer que dans un État démocratique. On saisit alors le terrorisme de façon cette fois plus objective : il s'agit d'un « acte ponctuel de violence armée [3] » qui fait irruption en temps de paix. C'est pourquoi un auteur a proposé de cerner la notion de terrorisme à partir du droit de la guerre : « La violence n'est juridiquement admissible qu'en temps de guerre conformément au *jus in bello* ; hors légitime défense, elle ne l'est en temps de paix que lorsqu'elle émane des agents habilités agissant sur ordre des autorités compétentes selon les règles et procédures prévues [4] ». L'idée est d'alors d'étendre au temps de

1. R. Koering-Joulin, « Infraction politique et violence » *JCP* 1982. I. 3066, n° 1.
2. Il suffit de songer à des groupes armés comme les *FARC* en Colombie ou le défunt *Sentier lumineux* au Pérou, très impliqués dans le narcotrafic, tout en mobilisant une rhétorique de guérilla marxiste... *Adde*, Th Crétin, « Qu'est-ce qu'une mafi ? Essai de définition des mafias », *RSC* 1995. 281.
3. G. Bouthoul, « Le terrorisme », *Études polémologiques*, 1973, p. 37-46.
4. D. Cumin, « Tentative de définition du terrorisme à partir du *jus in bello* », *RSC* 2004. 11.

paix les catégories du droit de la guerre : « Par nature, le *jus in bello* est applicable *durante bello*. Mais il sert aussi *durante pacis* et (...) le *jus in bello* en général peut servir à la définition du terrorisme en temps de paix, car il est logique qu'un phénomène de violence armée intéresse le droit des conflits armés. *Ratione contexti*, les attaques sont-elles commises en temps de paix ou en temps de guerre ? *Ratione personae*, les auteurs sont-ils des particuliers ou des agents de l'État ? *Ratione materiae*, les attaques portent-elles atteinte aux personnes ou biens protégés par le droit pénal, en temps de paix, par le *jus in bello*, en temps de guerre ? Si les particuliers qui prennent les armes au nom d'une cause politique en usent hors conflit armé, ils pourront être qualifiés de « terroristes ». S'ils opèrent en conflit armé, ils pourront être considérés comme des combattants irréguliers : légaux s'ils respectent les prescriptions du *jus in bello* et, en cas de conflit armé non international, s'il y a reconnaissance de belligérance par le gouvernement légal ou par décision du Conseil de Sécurité des Nations unies ; illégaux dans le cas contraire. Légaux, ils ont droit au statut de prisonniers de guerre (PG) ; illégaux, ils sont passibles de poursuites pénales. Quant aux agents d'un État qui commettent, en temps de paix, des actes de violence à l'étranger ou contre des étrangers, non seulement ils engagent la responsabilité de l'État dont ils relèvent, mais ils sont également passibles de poursuites pénales ; ce n'est qu'en cas de guerre avec l'État visé qu'ils bénéficient du statut de PG, car alors seulement, le titre de la guerre les soustrait au droit pénal dudit État [1] » Cette proposition est *a priori* séduisante dans la mesure où est elle offre une grille de lecture adaptée à la variété des types de terrorisme, et suggère de qualifier le cas échéant le terroriste de « combattant illégal en temps de paix ». Reste à savoir quel régime lui appliquer : on peut alors considérer la méthode de la Cour suprême d'Israël qui a eu à connaître des « assassinats ciblés » de terroristes, et a suggéré une méthode casuistique permettant de garantir certains droits aux combattants illégaux.

1. *Ibid.*

C. Le terrorisme appréhendé selon une méthode casuistique, transcendant les catégories traditionnelles : « la pondération judiciaire en temps de stress [1] »

415 **Entre guerriers et civils, une troisième catégorie : les droits des « combattants illégaux ».** La Cour suprême d'Israël, dans sa décision du 14 décembre 2006 relative aux « assassinats ciblés [2] », a clairement refusé de traiter les terroristes comme des hors-la-loi [3]. Par-delà la distinction entre les civils et les combattants, les juges israéliens ont cherché à forger un statut pour les civils qui se comportent en combattants illégaux (*civilians who are unlawful combatants*). Ce statut a été composé en s'inspirant du droit national et du droit international. En effet, la Cour, se basant notamment sur la Convention de Genève et le statut du Tribunal pénal international pour l'ex-Yougoslavie, relève trois critères qui transforment un civil en combattant illégal : prendre part aux hostilités, de façon directe et au moment même des faits. Ces critères donnent lieu à une application casuistique qui tranche avec les logiques précédemment envisagées, qui étaient plus manichéennes, faisant basculer le terroriste de l'une à l'autre catégorie (délinquant de droit commun/délinquant politique ; guerrier/civil). En effet, comme le souligne Mme Delmas-Marty, cela conduit « à abandonner une logique du tout ou rien au profit d'une gradation, plus subtile et plus incertaine, qui implique le recours au principe de proportionnalité et à son application dans le droit coutumier international. (...) L'apport de l'arrêt est de définir cette « troisième catégorie », entre les civils et les combattants,

---

1. L'expression est de M. Rosenfeld. V. son étude constitutionnelle comparative *in* H. Laurens, M. Delmas-Marty (dir.), *Terrorismes, Histoire et droit*, CNRS Éditions, 2010, p. 219 s : pour ce comparatiste américain, le terrorisme est irréductible aux catégories du droit de la guerre comme à celles du droit pénal interne. En conséquence, il propose de qualifier cette situation inédite de stress » et suggère une casuistique favorisant la pondération judiciaire des intérêts, fondée sur le recours aux principes de proportionnalité entre la menace et la riposte et d'équilibrage entre sécurité et liberté.

2. La Cour était saisie d'un recours formé par deux organisations des droits de l'homme qui dénonçaient la pratique des assassinats ciblés de Palestiniens par l'armée israélienne en Cisjordanie comme à Gaza.

3. Cour suprême d'Israël, 14 déc. 2006 : « [...] unlawful combatants are not beyond the la ; they are not outlaws. God created them as well *in* his image ; their human dignity as well is to be honoured ; they as well enjoy and are entitled to protection, even if most minimal, by customary international la ».

à partir du droit national et international, la Cour d'Israël amorçant ainsi la construction d'un paradigme qui se distinguerait à la fois du droit pénal interne et du droit de la guerre. Mais cet apport est limité car finalement les juges reviennent à la notion d'équilibrage entre sécurité et liberté, qui, à défaut de contrôle supranational, relève d'un choix purement national [1] ». Cette casuistique a du reste permis à la Cour suprême d'Israël de justifier ponctuellement la liquidation de terroristes palestiniens, tout en considérant en revanche comme disproportionnée la destruction par bombe d'une maison supposée abriter un chef du *Hamas* [2]. On le voit, il s'agit d'un bricolage juridique, mais d'un bricolage nécessaire si l'on veut éviter que les démocraties ne suspendent totalement les règles fondamentales d'un État de droit au nom de la guerre contre le terrorisme [3]. C'est avec le bénéfice de cet aperçu de droit comparé que l'on peut à présent envisager les conditions contemporaines de répression du terrorisme en France.

SECTION 2
LES CONDITIONS CONTEMPORAINES DE RÉPRESSION DU TERRORISME

416 Les infractions terroristes sont définies aux articles 421-1 et suivants du Code pénal. Elles prohibent des comportements divers que regroupe la caractéristique commune d'être commis en relation avec « une entreprise individuelle ou collective ayant pour but de troubler gravement l'ordre public par l'intimidation ou la

1. M. Delmas-Marty, « Le paradigme de la guerre contre le crime : légitimer l'inhumain ? », *RSC* 2007. 461.
2. Le 22 juillet 2002, un avion israélien avait lâché une bombe d'une tonne sur une maison d'un chef militaire du Hamas, tuant 14 personnes, dont huit enfants.
3. M. Delmas- Marty, *Terrorismes, Histoire et droit*, CNRS Éditions, 2010, p. 326 : « Dans un tel contexte, le rôle du droit se limite à du bricolage, comme en témoigne l'accumulation toujours recommencée des textes et de la jurisprudence, mais c'est un bricolage nécessaire, car il peut fournir un cadre, tout imparfait et provisoire qu'il soit, pour éviter ces risques de dérive d'une politique pénale de plus en plus sécuritaire, vers une politique totalitaire ».

terreur ». Au premier regard, les infractions terroristes sont des infractions de droit commun. En effet, la loi oppose les infractions de droit commun aux infractions politiques, infractions militaires et infractions de presse (art. 132-30, 132-35 et 132-41 C. pén.). Or, on sait que, du fait du rejet par le législateur d'une conception subjective de l'infraction politique reposant sur les mobiles poursuivis, le terrorisme ne doit pas être considéré comme relevant de cette catégorie. Cependant, les infractions terroristes sont soumises à de nombreuses particularités, notamment développées par les interventions législatives les plus récentes (loi du 22 juillet 1996, loi du 15 novembre 2001, loi du 9 septembre 2002, loi du 18 mars 2003, et loi du 23 janvier 2006). Ainsi, elles font l'objet d'incriminations élargies grâce au mécanisme du terrorisme par référence, et leur répression est renforcée, tant du point de vue des peines encourues, que de la procédure pénale applicable. Ces particularités contribuent à semer le doute quant à la classification des infractions terroristes parmi les infractions de droit commun. Il s'agira donc de mesurer la pertinence d'une telle classification au regard de l'incrimination du terrorisme (**§ 1**), puis de sa répression (**§ 2**).

§ 1. L'incrimination du terrorisme

417 La lecture des articles 421-1 et suivants du Code pénal laisse apparaître deux grandes catégories d'infractions terroristes : le terrorisme par référence (**A**), et les infractions terroristes autonomes (**B**).

A. Le terrorisme par référence

418 L'article 421-1 du Code pénal dresse une longue liste d'infractions déjà incriminées par le Code pénal, et qui peuvent être qualifiées d'actes de terrorisme en raison du but poursuivi par leur auteur. Au fil des réformes législatives, cette liste s'est faite de plus en plus riche. Elle regroupe aujourd'hui des comportements hétéroclites :

– atteintes aux personnes (homicide volontaire, empoisonnement, violences, séquestration...) ;

– atteintes aux biens (vol, extorsion, dégradations...) ;

– infractions en matière de groupes de combat ;

– infractions à la justice (recel de malfaiteurs, faux en écriture publique...) ;

– infraction de blanchiment (loi du 15 novembre 2001) ;

– délit d'initié (loi du 15 novembre 2001) ;

– infractions relatives aux armes...

419 L'élément matériel de ces infractions terroristes est, en tous points, identique à celui de l'infraction de référence considérée. Leur élément moral se scinde quant à lui entre deux composantes. D'abord, doit être démontré l'élément moral requis au titre de l'infraction de référence, lequel, compte tenu des infractions considérées, consiste toujours dans l'intention. Ensuite, vient s'ajouter à cette première composante, un élément moral spécifique au terrorisme, et consistant en un dol aggravé : le fait commis intentionnellement doit être « en relation avec une entreprise individuelle ou collective ayant pour but de troubler gravement l'ordre public par l'intimidation ou la terreur ». Ainsi, ce n'est que lorsque l'auteur aura agi dans le but de troubler gravement l'ordre public par l'intimidation ou la terreur que l'infraction terroriste sera caractérisée. C'est ce seul dol aggravé, traduisant les mobiles poursuivis par le délinquant, qui permet de distinguer l'infraction terroriste de l'infraction de droit commun. Sa preuve sera le plus souvent déduite des moyens matériels mis en œuvre et des lieux et personnes visés.

B. Les infractions terroristes autonomes

420 Les infractions terroristes autonomes présentent cette particularité d'être consommées indépendamment de la survenance d'un résultat. Cela démontre la volonté du législateur d'intervenir en amont de l'action terroriste dans le but, soit de la réprimer plus largement avec les infractions formelles (**1**), soit de prévenir la commission d'actes plus graves grâce aux infractions obstacles (**2**).

1. Infraction formelle : le terrorisme écologique

421 L'article 421-2 du Code pénal incrimine spécialement et de manière autonome le terrorisme écologique en ces termes : « constitue également un acte de terrorisme, lorsqu'il est intentionnellement en relation avec une entreprise individuelle ou collective ayant pour but de troubler gravement l'ordre public par l'intimidation ou la terreur, le fait d'introduire dans l'atmosphère, sur le sol, dans le sous-sol, dans les aliments ou les composants alimentaires ou dans les eaux, y compris celles de la mer territoriale, une substance de nature à mettre en péril la santé de l'homme ou des animaux ou le milieu naturel ». L'élément matériel de l'infraction repose sur la démonstration d'un comportement consistant à introduire dans l'atmosphère, sur le sol, dans le sous-sol, dans les aliments ou les composants alimentaires ou dans les eaux une substance de nature à mettre en péril la santé de l'homme ou des animaux ou le milieu naturel. Peu importe que le résultat survienne ou non, puisqu'il suffit que la substance soit « de nature à » constituer un péril. L'élément moral de cette infraction intentionnelle nécessite quant à lui non seulement un dol général, mais aussi le même dol aggravé que celui que nous retrouvions au titre du terrorisme par référence. Il convient de souligner que l'extension de l'incrimination au « terrorisme alimentaire » est issue de la loi du 9 mars 2004. L'objectif du législateur est de répondre aux angoisses du consommateur contemporain en matière de sécurité alimentaire, quitte à promouvoir une incrimination très hybride, qui emprunte non seulement à l'empoisonnement (par son caractère formel) mais aussi à la mise en danger et à l'administration de substances nuisibles (au regard des substances utilisées, de nature à nuire à la santé) [1]. En d'autres termes, les intentions sont louables, car les craintes en la matière sont réelles, mais la technique législative est révélatrice des imperfections du droit pénal de l'environnement [2].

2. Infractions obstacles

422 Le législateur a édicté trois infractions obstacles à caractère terroristes :

1. Dans le même sens, J.-F. Seuvic, « Terrorisme, extension d'incriminations », *RSC* 2004. 393.
2. J.-H. Robert, « Droit pénal et environnement », *AJDA* 1994. 583.

– **Le terrorisme par groupement ou entente.** Le terrorisme par groupement ou entente a été édicté par la loi du 22 juillet 1996. Cette infraction est une copie spécifiquement adaptée au terrorisme de l'infraction d'association de malfaiteurs [1]. Elle est définie par l'art. 421-2-1 du Code pénal comme « le fait de participer à un groupement formé ou à une entente établie en vue de la préparation, caractérisée par un ou plusieurs faits matériels, d'un des actes de terrorisme mentionnés aux articles précédents ».

– **Le terrorisme par financement.** Le terrorisme par financement a été institué par la loi du 15 novembre 2001 relative à la sécurité quotidienne. L'infraction est incriminée à l'art. 421-2-2 qui la définit comme « le fait de financer une entreprise terroriste en fournissant, en réunissant ou en gérant des fonds, des valeurs ou des biens quelconques ou en donnant des conseils à cette fin, dans l'intention de voir ces fonds, valeurs ou biens utilisés ou en sachant qu'ils sont destinés à être utilisés, en tout ou partie, en vue de commettre l'un quelconque des actes de terrorisme prévus au présent chapitre, indépendamment de la survenance éventuelle d'un tel acte ». Le législateur a ici pour objectif de permettre la répression de comportements qui ne pourraient être poursuivis du chef de complicité à défaut de la commission d'une infraction principale punissable.

– **La non-justification de ressources.** Depuis la loi du 18 mars 2003 relative à la sécurité intérieure, l'art. 421-2-3 incrimine « le fait de ne pouvoir justifier de ressources correspondant à son train de vie, tout en étant en relations habituelles avec une ou plusieurs personnes se livrant à l'un ou plusieurs des actes visés aux articles 421-1 à 421-2-2 ».

§ 2. La répression du terrorisme

A. Les peines

423 Les peines encourues du chef d'infractions terroristes se caractérisent par leur particulière sévérité :

1. *Infra,* n° 500 s.

– **Le terrorisme par référence** est puni d'une peine à déterminer par référence à celle de l'infraction de droit commun correspondante : 1) réclusion criminelle à perpétuité lorsque l'infraction est punie de trente ans de réclusion criminelle ; 2) trente ans de réclusion criminelle lorsque l'infraction est punie de vingt ans de réclusion criminelle ; 3) vingt ans de réclusion criminelle lorsque l'infraction est punie de quinze ans de réclusion criminelle ; 4) quinze ans de réclusion criminelle lorsque l'infraction est punie de dix ans d'emprisonnement ; 5) dix ans d'emprisonnement lorsque l'infraction est punie de sept ans d'emprisonnement ; 6) sept ans d'emprisonnement lorsque l'infraction est punie de cinq ans d'emprisonnement ; 7) double de la peine lorsque l'infraction est punie d'un emprisonnement de trois ans au plus.

– **Le terrorisme écologique** est réprimé par vingt ans de réclusion criminelle et 350 000 € d'amende. Lorsque cet acte a entraîné la mort d'une ou plusieurs personnes, il est puni de la réclusion criminelle à perpétuité et de 750 000 € d'amende.

– **Le terrorisme par groupement ou entente** est puni de dix ans d'emprisonnement et de 225 000 € d'amende. Les peines sont portées à vingt ans de réclusion criminelle et 500 000 € d'amende lorsque l'infraction concerne celui qui organise ou dirige le groupement. En outre, les peines sont portées à vingt ans de réclusion criminelle et 350 000 € d'amende lorsque le groupement ou l'entente a pour objet la préparation : 1) d'un ou plusieurs crimes d'atteintes à la vie des personnes ; 2) d'une ou plusieurs destructions par substances explosives ou incendiaires réalisées dans des circonstances de temps ou de lieu susceptibles d'entraîner la mort d'une ou plusieurs personnes ; 3) d'un acte de terrorisme écologique lorsqu'il est susceptible d'entraîner la mort d'une ou plusieurs personnes. Le fait de diriger ou d'organiser un tel groupement ou une telle entente est puni de trente ans de réclusion criminelle et 500 000 € d'amende.

– **Le terrorisme par financement** est réprimé par dix ans d'emprisonnement et de 225 000 € d'amende.

– **Le terrorisme par non justification de ressources** est puni de sept ans d'emprisonnement et de 100 000 € d'amende.

424 De plus, depuis la loi du 5 mars 2007, les auteurs de telles infractions encourent la peine complémentaire de confiscation de tous leurs biens.

425 On précisera en dernier lieu que le système des repentis mis en place par la loi du 9 mars 2004 s'applique en matière de terrorisme. Ainsi, est exempte de peine la personne qui a tenté de commettre un acte de terrorisme si, ayant averti l'autorité administrative ou judiciaire, elle a permis d'éviter la réalisation de l'infraction et d'identifier, le cas échéant, les autres coupables. Par ailleurs, la peine privative de liberté encourue par l'auteur ou le complice d'un acte de terrorisme est réduite de moitié si, ayant averti les autorités administratives ou judiciaires, il a permis de faire cesser les agissements incriminés ou d'éviter que l'infraction n'entraîne mort d'homme ou infirmité permanente et d'identifier, le cas échéant, les autres coupables.

B. Particularités des poursuites et du jugement

426 **Prescription.** S'agissant de la prescription de l'action publique, des dispositions très répressives ont été introduites par une loi du 8 février 1995 en matière d'actes de terrorisme et de trafic de stupéfiants. La prescription de l'action est de trente ans en cas de crime (art. 706-25-1, al. 1er, C. pr. pén.,) et de vingt ans en cas de délit (art. 706-25-1, al. 2, C. pr. pén.,). S'agissant de la prescription de la peine, l'article 706-25-1 du Code de procédure pénale, dans sa rédaction issue de la loi du 8 février 1995, prévoit que les peines prononcées en matière de terrorisme se prescrivent par trente ans pour les crimes et par vingt ans pour les délits.

427 **Application de la loi pénale dans l'espace.** Les actes de terrorisme constituent une hypothèse de compétence universelle (Convention de Strasbourg de 1977). La loi pénale française est ainsi compétente pour connaître d'infractions terroristes commises à l'étranger, par des auteurs de nationalité étrangère, sur des victimes de nationalité étrangère, dès lors que le coupable est retrouvé sur le territoire français.

428 **Application de procédures pénales dérogatoires.** Longtemps soumis à une procédure pénale dérogatoire lui étant spécifique, le terro-

risme fait désormais partie des infractions soumises à la procédure pénale dérogatoire applicable en matière de délinquance et de criminalité organisée mise en place par la loi du 9 mars 2004. À ce titre, dans le cadre de l'enquête de police, la qualification d'infraction terroriste permet notamment aux policiers d'avoir recours, sous certaines conditions, à des perquisitions non soumises à l'assentiment de l'intéressé en enquête préliminaire, ainsi qu'à des perquisitions de nuit en enquête de flagrance ou préliminaire, à des écoutes téléphoniques, ou encore à des opérations d'infiltration. En outre, cette qualification donne en principe lieu à des gardes à vue d'une durée de 96 heures. Par exception, la loi du 23 janvier 2006 offre la possibilité de la prolonger encore, à la condition qu'il ressorte des premiers éléments de l'enquête qu'existe un risque sérieux de l'imminence d'une action terroriste en France ou à l'étranger. La prolongation au-delà des 96 heures est décidée, à titre exceptionnel, par le juge des libertés et de la détention, par décision écrite et motivée, à la requête du procureur de la République. La durée de la nouvelle prolongation est de vingt-quatre heures, renouvelable une fois. La garde à vue peut donc être portée à 144 heures, soit 6 jours dans l'hypothèse de l'imminence d'une action terroriste.

429 **Procédure de jugement.** Le jugement des infractions terroristes est confié à des juridictions spécialisées. On notera notamment à cet égard l'existence d'une Cour d'assises spéciale ne comprenant que des magistrats professionnels. Cette juridiction répond au souci de protéger les jurés citoyens des pressions et des représailles qui pourraient être exercées sur eux.

CHAPITRE 2

Les atteintes à l'administration publique commises par des dirigeants publics

430 Le Code pénal incrimine aux articles 432-1 et suivants les atteintes à l'administration publique commises par des personnes exerçant une fonction publique. Il s'agit ici de garantir la légitimité de l'autorité, en veillant à ce que les abus soient sanctionnés, non seulement par des sanctions administratives, civiles ou disciplinaires, mais aussi, pour les cas les plus graves, par des sanctions pénales. Cette répression pénale appelle deux remarques liminaires : d'une part, ces actes sont susceptibles d'engager la responsabilité de l'État du fait de ses agents dans les conditions de la responsabilité administrative ; d'autre part, le toilettage de la quatrième partie a conduit le législateur à remplacer les anciennes catégories d'agents visés (fonctionnaires publics, agents ou préposés du gouvernement, juges, administrateurs, agents ou préposés d'une administration publique) par les « personnes dépositaires de l'autorité publique » ou « personnes chargées d'une mission de ser-

vice public », notions plus larges. Ces personnes sont susceptibles de commettre des abus d'autorité (SECTION 1) mais aussi des manquements au devoir de probité (SECTION 2).

Section 1

Les abus d'autorité

Les abus d'autorité sont tantôt dirigés contre l'administration (**§ 1**), tantôt dirigés contre les particuliers (**§ 2**).

§ 1. Abus d'autorité contre l'administration

Au titre des abus d'autorité dirigés contre l'administration, le Code pénal vise l'échec à l'exécution de la loi (**A**) et la prolongation illicite des fonctions (**B**).

A. Échec à l'exécution de la loi

431 **Actes individuels.** Les articles 432-1 et 432-2 incriminent le fait, pour une personne dépositaire de l'autorité publique, de prendre des mesures destinées à faire échec à la loi. Les dispositions du Code pénal de 1810 ont ici été doublement modifiées. D'une part, alors qu'il s'agissait autrefois d'un crime, cette infraction constitue désormais un délit puni de peines plus ou moins sévères selon qu'elle a été ou non suivie d'effet (cinq ans d'emprisonnement et 75 000 € d'amende, peines portées à dix ans et 150 000 € d'amende si la mesure prise a été suivie d'effet). Sont également encourues les peines complémentaires de l'article 432-17 du Code pénal, et notamment l'interdiction des droits civiques, civils et de famille et l'interdiction d'exercer une fonction publique. D'autre part, le Code pénal napoléonien visait des actes de nature collective qui constituaient une forme de coalition. L'incrimination fut

toutefois très peu mise en œuvre [1]. Le Code pénal ne vise plus aujourd'hui les actes concertés et s'est contenté de reprendre les dispositions applicables aux actes individuels qui ont pour objectif de faire échec à l'exécution de la loi. L'infraction peut donc être commise par une personne dépositaire de l'autorité publique agissant de façon isolée et à titre personnel.

432 **Actes positifs.** Les agissements incriminés consistent à « prendre des mesures destinées à faire échec à l'exécution de la loi ». Sont visées ici les hypothèses où, pour des raisons politiques ou idéologiques, certains dépositaires de l'autorité publique pourraient prendre de telles mesures, sapant ainsi l'autorité du pouvoir normatif et centralisateur. Il s'agit d'une infraction par commission : l'omission n'est pas punissable. C'est pourquoi on ne saurait sanctionner sur ce terrain « l'inertie » des successeurs de ceux qui ont pris la mesure contestée et qui ne la retirent pas [2]. De même, lorsque la loi laisse le fonctionnaire libre d'utiliser ce pouvoir – c'est le cas notamment avec la libre appréciation de l'opportunité des poursuites par le ministère public – l'incrimination ne saurait trouver à s'appliquer [3].

433 **Notion de loi.** La loi visée par le texte ne s'entend pas seulement au sens formel comme le texte voté par le Parlement. Si les actes réglementaires sont exclus, les circulaires sont quant à elles incluses dans le champ d'application du texte [4].

B. Prolongation illicite des fonctions

434 L'article 432-3 punit de deux ans d'emprisonnement et 30 000 € d'amende, ainsi que des peines complémentaires de l'article 432-17, le fait de continuer à exercer des actes attachés à ses fonctions lorsque la personne a été officiellement informée de la décision ou de la circonstance y mettant fin. L'objectif du législateur est d'assurer le bon fonctionnement des structures administratives. Les actes visés sont ceux qui peuvent être accomplis non seule-

1. Crim. 6 déc. 1907, *Bull. crim.* n° 494, *S.* 1908. 1. 433, note J.-A. Roux, *D.* 1910. 1. 5 : maires ayant démissionné collectivement.
2. Crim. 19 févr. 2003, *Dr. pénal* 2003. Comm. 93 M. Véron.
3. Nouméa, 10 sept. 1997, *Juris-Data* n° 1997-045103.
4. Paris, 19 juin 1996, *Dr. pénal* Comm. 244, note M. Véron.

ment par une personne dépositaire de l'autorité publique mais également par une personne chargée d'une mission de service public [1] ou une personne investie d'un mandat électif public, qui continuerait à exercer ses fonctions alors qu'elle n'en est plus titulaire. Peu importent les motifs de la cessation de fonctions : retraite, révocation, destitution, non-reconduction, mise en disponibilité [2], perte d'un mandat électif [3]. Seule compte l'information officielle relative à la cessation des fonctions, si bien que l'infraction n'est commise qu'à compter du jour où la décision de révocation a été notifiée à l'intéressé [4]. Deux précisions méritent ici d'être apportées. D'une part, il convient de souligner que dans le cas des fonctionnaires, il s'agit du seul moyen de les obliger à cesser leurs activités, puisque les mesures disciplinaires ne leur sont plus, logiquement, applicables. D'autre part, s'agissant des personnes investies d'un mandat électif, la « circonstance » mentionnée de façon vague par le législateur concerne une défaite aux élections.

§ 2. Abus d'autorité contre les particuliers

Les abus d'autorité peuvent également être dirigés contre les particuliers. Leur répression est essentielle car de tels abus mettent en péril la confiance du public envers l'administration. Le Code pénal envisage ainsi aux articles 432-4 et suivants du Code pénal les atteintes à la liberté individuelle (**A**), les discriminations (**B**), la violation de domicile (**C**) et la violation de correspondance (**D**).

A. Atteintes à la liberté individuelle

435 La liberté individuelle constitue une liberté fondamentale éminente, comme en témoigne son inscription à l'article 66 de la

1. De là l'application possible du texte à des officiers publics ou ministériels.
2. Crim. 26 févr. 1948, *Bull. crim.* n° 6 : commissaire de police en disponibilité qui procède à une perquisition.
3. Crim. 2 déc. 1954, *Bull. crim. n°* 36 : maire démissionnaire qui préside encore une réunion du conseil municipal.
4. Crim. 5 avr. 2005, *Bull. crim.* n° 117.

Constitution de 1958. Cet article dispose que « nul ne peut être arbitrairement détenu. L'autorité judiciaire, gardienne de la liberté individuelle, assure le respect de ce principe dans les conditions prévues par la loi ». Afin de lutter contre les abus les plus graves qui peuvent être commis par des fonctionnaires publics, les articles 432-4 à 432-6 du Code pénal incriminent diverses formes d'atteintes illégitimes à la liberté individuelle qui correspondent au droit à la sûreté, que l'on dénomme également *habeas corpus* [1]. Dans cette acception précise, le droit à la liberté individuelle est celui de tout homme de n'être ni arrêté, ni détenu en dehors des cas limitativement prévus par la loi : tel est le sens de l'article 2 de la Déclaration des droits de l'homme et du citoyen qui rompait ainsi avec l'arbitraire de la justice d'ancien régime, illustré notamment par les lettres de cachet. Même si les actes réprimés sont par définition accomplis par des agents publics, aucune difficulté de compétence ne se pose. En effet, l'article 136 du Code de procédure pénale réserve compétence exclusive aux tribunaux de l'ordre judiciaire pour connaître des atteintes à la liberté individuelle, y compris pour les instances civiles dirigées contre la collectivité publique. En outre, l'article 111-5 du Code pénal donne compétence aux juridictions répressives pour apprécier la légalité des décisions administratives réglementaires comme individuelles et les interpréter, quand de cet examen dépend la solution du procès pénal qui leur est soumis.

436 **Élément matériel.** Le Code pénal prévoit quatre incriminations permettant non seulement de sanctionner les atteintes à la liberté individuelle (C. pén., art. 432-4), mais également d'intervenir pour les faire cesser ou constater (C. pén., art. 432-5), ou encore de les prévenir (C. pén., art. 432-6). L'atteinte à la liberté visée par l'article 432-4 peut résulter d'une arrestation, d'une détention ou même d'une rétention quel que soit la durée ou le lieu où ces atteintes s'exercent. Il suffit que la liberté de la victime ait été restreinte. En revanche, il faut bien établir une atteinte à la sûreté, c'est-à-dire la liberté d'aller et venir au sens strict [2]. Peu importe

1. R. Gassin, *La liberté individuelle devant le droit pénal*, 1980, Sirey, p. 2.
2. Crim. 14 sept. 2004, *Bull. crim.* n° 204 : un maire qui ferme la vanne d'alimentation en eau potable d'une propriété privée ne peut être poursuivi sur le fondement de ce texte.

que l'agent soit un donneur d'ordre ou un exécutant, si bien que la liste des personnes susceptibles de tomber sous le coup de cet article est longue : des magistrats, des ministres et des directeurs de cabinet ministériels, des préfets, des maires et leurs adjoints, des fonctionnaires de police, des militaires de la gendarmerie, des agents des douanes ou bien encore d'autres fonctionnaires et agents auxquels des lois spéciales ont conféré des pouvoirs de police judiciaire.

L'article 432-5 du Code pénal incrimine deux abstentions : l'alinéa 1er vise l'abstention volontaire d'intervenir, soit directement, soit en provoquant l'intervention de l'autorité compétente pour faire cesser la détention irrégulière ; l'alinéa 2 vise l'abstention volontaire de procéder ou faire procéder aux vérifications nécessaires alors qu'on en a le pouvoir.

Enfin, l'article 432-6 incrimine le fait de prolonger indûment la durée de la détention. Cela renvoie à l'hypothèse où la détention régulière est parvenue à son terme et l'agent n'y met pas fin et à celle où l'agent omet ou refuse de mettre fin à une détention irrégulière dès l'origine.

437 **Élément moral.** Puisque l'État dispose du monopole de la violence légitime, l'acte punissable est celui qui est commis « arbitrairement ». Les atteintes réprimées par l'article 432-4 du Code pénal doivent avoir été commises intentionnellement ; l'intention consiste pour l'auteur à commettre un abus en connaissance de cause, en outrepassant les pouvoirs légaux conférés par ses fonctions. Cela appelle deux séries précisions. D'une part, il paraît difficile d'admettre qu'un agent chargé d'une arrestation, d'un contrôle d'identité ou d'une reconduite à la frontière prétende ignorer les règles précises qui encadrent ces actes. Certes, en cas de texte obscur, on peut comprendre qu'un agent puisse commettre de bonne foi une erreur exclusive de toute intention de transgresser la norme [1]. Il ne saurait en revanche invoquer une pratique développée en marge de la loi pour tenter de justifier son comportement [2]. D'autre part, il convient de rappeler que les

1. Crim. 20 juill. 1962, *RSC* 1964. 845, obs. Legal.
2. Crim. 5 janv. 1973, *D.* 1973. 541, note G. Roujou de Boubée.

textes en la matière, et notamment ceux qui intéressent le contrôle d'identité, font l'objet d'une application scrupuleuse par la Cour de cassation : un contrôle d'identité doit reposer sur des éléments objectifs déduits des circonstances de fait, et non sur des motifs d'ordre général [1].

438 **Répression.** À l'état simple, l'infraction visée à l'article 432-4 du Code pénal est un délit correctionnel passible d'un emprisonnement de sept ans et d'une amende de 100 000 €, lorsque la durée de la détention ou de la rétention n'a pas dépassé sept jours. Lorsque la détention ou la rétention a dépassé les sept jours, l'infraction devient un crime passible de trente ans de réclusion criminelle et de d'une amende de 450 000 €. L'article 432-17, 1°, 2° et 3° ajoute aux peines principales de l'article 432-4 les peines complémentaires suivantes : ...interdiction des droits civils, civiques et de famille selon les modalités prévues par l'article 131-26 ; ...interdiction, selon les modalités fixées par l'article 131-27, d'exercer une fonction publique ou d'exercer l'activité professionnelle et sociale dans l'exercice ou à l'occasion de l'exercice de laquelle l'infraction a été commise ; ...la confiscation, dans les conditions écrites à l'article 131-21, des sommes ou objets irrégulièrement reçus par l'auteur du délit, à l'exception des objets susceptibles de restitution.

L'article 432-5, alinéa 1er, du Code pénal prévoit un emprisonnement de trois ans et une amende de 45 000 € et l'article 432-5, alinéa 2, un emprisonnement d'un an et une amende de 15 000 €. Les peines complémentaires sont celles de l'article 432-17 du Code pénal.

L'article 432-6 prévoit un emprisonnement de deux ans et une amende de 30 000 €. Ici encore les peines complémentaires sont celles de l'article 432-17 du Code pénal.

B. Les discriminations

439 La lutte contre les discriminations apparaît comme un objectif prioritaire du droit contemporain. Le dispositif pénal n'a cessé de

1. Crim. 25 avr. 1985, *JCP* 1985. II. 20465, note W. Jeandidier.

s'intensifier, comme nous l'avons vu sur le terrain des infractions contre les personnes [1]. D'après le dictionnaire *Robert*, la discrimination peut être définie comme le fait de séparer un groupe social (ou un individu) des autres en le traitant plus mal. Eu égard aux principes de légalité criminelle, cette définition mérite d'être affinée, sans qu'il soit possible de se référer à la loi du 27 mai 2008 qui distingue discrimination directe et indirecte. En effet, s'agissant d'une loi de transposition d'une directive communautaire, elle ne concerne pas, en principe, le droit pénal [2]. L'article 432-7 du Code pénal incrimine la personne dépositaire de l'autorité publique ou chargée d'une mission de service public qui se rend coupable à l'égard d'une personne physique ou morale de l'infraction définie à l'article 225-1 du Code pénal, lequel définit la discrimination comme « toute distinction opérée entre les personnes physiques à raison de leur origine, de leur sexe, de leur situation de famille, de leur apparence physique, de leur patronyme, de leur état de santé, de leur handicap, de leurs caractéristiques génétiques, de leurs mœurs, de leur orientation sexuelle, de l'âge, de leurs opinions politiques, de leurs activités syndicales, de leur appartenance ou de leur non-appartenance vraie ou supposée à une ethnie, une nation, une race ou une religion déterminée ».

L'infraction, punie d'une peine de cinq ans d'emprisonnement et de 75 000 € d'amende (peines aggravées par la loi du 9 mars 2004), consiste « à refuser le bénéfice d'un droit accordé par la loi, ou à entraver l'exercice normal d'une activité économique quelconque ». L'objectif est ici d'assurer l'impartialité administra-

---

1. *Supra*, n° 255.
2. L'article 1er de la loi précitée du 27 mai 2008 donne les définitions suivantes : « Constitue une discrimination directe, la situation dans laquelle sur le fondement de son appartenance ou de sa non-appartenance, vraie ou supposée, à une ethnie ou une race, sa religion, ses convictions, son âge, son handicap, son orientation sexuelle ou son sexe, une personne est traitée de manière moins favorable qu'une autre ne l'est, ne l'a été ou ne l'aura été dans une situation comparable ». « Constitue une discrimination indirecte une disposition, un critère ou une pratique neutre en apparence, mais susceptible d'entraîner, pour l'un des motifs mentionnés au premier alinéa, un désavantage particulier pour des personnes par rapport à d'autres personnes, à moins que cette disposition, ce critère ou cette pratique ne soit objectivement justifié par un but légitime et que les moyens pour réaliser ce but ne soient nécessaires et appropriés ». Ces définitions sont cantonnées à la matière civile, au regard notamment des discriminations en matière d'assurance et de protection sociale. Pour une comparaison entre ces définitions d'origine communautaire et la définition pénaliste des motifs discriminatoires, v. E. Fortis, « Réprimer les discriminations depuis la loi du 27 mai 2008 : entre incertitudes et impossibilités », *AJ pénal* 2008. 303.

tive [1] : cela peut conduire à sanctionner des fonctionnaires, mais c'est aussi pour eux une source de protection, comme en témoigne l'exigence de non-discrimination dans les concours administratifs [2]. Si la victime peut être une personne physique ou morale, l'auteur ne peut être qu'une personne physique à laquelle on impute l'accomplissement personnel de l'acte délictueux [3]. L'élément matériel consiste à refuser le bénéfice d'un droit accordé par la loi ou à entraver l'exercice normal d'une activité économique. L'élément moral renvoie à la conscience et à la volonté de l'agent de refuser un droit en se fondant sur un motif discriminatoire défini par référence à l'article 225-1 du Code pénal. Comme souvent en matière de discriminations, la réunion de ces éléments soulève des difficultés probatoires, et la jurisprudence se livre à une certaine casuistique. D'une part, il y a lieu de bien circonscrire la notion de droit subjectif, afin de ne pas étendre démesurément les contours de l'incrimination. Ainsi, s'agissant des concours administratifs, le droit de se présenter à un concours ne saurait être confondu avec le droit d'être reçu [4]... D'autre part, il ne saurait y avoir discrimination si l'auteur de l'acte ne fait que se conformer à un texte admettant la discrimination. Ainsi, n'est pas constitutif d'une discrimination le fait, pour un médecin de la Caisse nationale d'assurance vieillesse des professions libérales, de devoir s'affilier aux régimes obligatoires de sécurité sociale, le monopole consacré par le droit interne en matière d'assurances sociales n'étant pas incompatible avec le droit communautaire [5] ; de même, il y a lieu d'écarter le délit d'entrave à l'activité économique si l'auteur de l'acte ne fait que se conformer aux directives prises par le gouvernement dans sa politique économique ou à

1. E. Mitard, « L'impartialité administrative », *AJDA* 1999. 478.
2. A. Fitte-Duval, « Le fonctionnaire et la discrimination : approche administrative et pénale », *AJFP* 2003. 6.
3. Crim. 11 mai 1999, *Bull. crim.* n° 93 ; *RSC* 2000. 197, obs. Y. Mayaud : l'infraction se saurait être commise par les membres d'un conseil municipal dès lors que la mesure discriminatoire a été votée collégialement ; il est en revanche possible de poursuivre un maire ou un conseiller municipal si le contexte de l'affaire permet d'établir leur participation personnelle à la décision collégiale : Crim. 17 déc. 2002, *Dr. pénal* 2003. 44. Comm. M. Véron
4. Crim. 24 mars 1998, *Dr. pénal* 1998. 95. Comm. Véron : le droit de se présenter au concours de l'ENA ne se confond pas avec le droit d'être reçu ; jugé en l'espèce qu'un candidat ayant échoué n'était pas victime d'une discrimination.
5. Crim. 24 nov.1998, *Bull. crim.* n° 31, *Dr. pénal* 1999. Comm. 52, obs. Véron.

ses engagements internationaux, telles les décisions de boycott économique imposées à certains pays [1].

C. La violation de domicile

440 L'article 432-8 du Code pénal incrimine le fait, « pour une personne dépositaire de l'autorité publique, ou chargée d'une mission de service public, agissant dans l'exercice ou à l'occasion de l'exercice de ses fonctions ou de sa mission, de s'introduire ou de tenter de s'introduire dans le domicile d'autrui contre le gré de celui-ci hors les cas prévus par la loi ». Cet article complète la protection assurée sur le terrain de l'article 226-4 du Code pénal [2] : il ne s'agit plus ici de protéger le domicile contre les atteintes par un particulier, mais contre celles commises par une personne répondant à la définition fonctionnelle fréquente dans la quatrième partie du Code : « une personne dépositaire de l'autorité publique, ou chargée d'une mission de service public ». En pratique, les auteurs les plus fréquents de cette infraction sont les officiers de police judiciaire et les gendarmes commettant des abus en cas de perquisitions ou de visites domiciliaires, mais aussi les huissiers. En effet, lorsqu'un huissier de justice chargé de l'exécution d'une décision judiciaire se trouve face à une résistance, il doit requérir l'assistance de la force publique, faute de quoi, il se rendrait coupable du délit de violation de domicile [3]. La définition du domicile ne présente ici aucune particularité, ce qui permet de renvoyer aux développements antérieurs [4]. Ce qui distingue cette incrimination de celle commise par un particulier, c'est que le procédé utilisé pour la violation de domicile importe peu : le texte ne mentionne pas les menaces, manœuvres, voies de fait ou contrainte. L'absence de résistance apparente de la victime n'empêche pas le délit d'être consommé, dès lors que la passivité

1. Crim. 21 nov. 1994, *Dr. pénal* 1995. Comm. n° 62, obs. Véron.
2. *Supra*, n° 230.
3. Crim. 3 févr. 1972, *D.* 1972. 185. Rapp. Chapar, *RSC* 1972. 612, obs. Levasseur ; en revanche, le fait pour un huissier de s'introduire par une fenêtre ouverte, alors qu'il avait trouvé porte close, n'est pas constitutif d'une violation de domicile, s'il n'y avait aucune forme de résistance active ou passive (Cass., ass. plén., 16 déc. 1974, *JCP* 1975. II. 17962, note Lindon).
4. *Supra*, n°s 231 et 232.

peut être liée à la crainte de représailles [1]. Il s'agit d'une infraction intentionnelle, ce qui implique de vérifier chez l'agent la conscience de s'introduire dans un domicile contre le gré d'un occupant « hors les cas prévus par la loi ». L'intention a ainsi été jugée absente lors de l'intrusion de policiers dans le bureau privé d'une association afin d'y interpeller un étranger, objet d'un arrêté d'expulsion, alors que l'attitude des policiers a démontré qu'ils n'étaient pas conscients qu'ils pénétraient dans un local privé, et que le commanditaire de l'opération, qui n'y participait pas, n'était pas en mesure de s'opposer à temps à cette violation [2]. Cette vérification de l'élément moral permet ainsi de circonscrire les contours de l'incrimination aux violations de domicile manifestement illicites : si certaines formalités ont été méconnues - pour une perquisition ou une saisie par exemple - cela entraînera simplement la nullité des actes irréguliers, sans que l'infraction soit consommée. Dans le cas contraire, la personne poursuivie encourt deux ans d'emprisonnement et 30 000 € d'amende, ainsi que les peines complémentaires de l'article 432-17 du Code pénal.

D. La violation de correspondance

441 Alors que l'article 226-15 du Code pénal incrimine la violation de correspondance par des particuliers [3], l'article 432-9 du Code pénal vise l'hypothèse où cette violation est commise par un agent public. En effet, tout citoyen a droit à l'inviolabilité des correspondances, conformément à l'article 11 de la Déclaration des droits de l'homme et du citoyen. Deux modalités distinctes de violation de correspondance sont visées ici par le Code pénal.

D'une part, l'article 432-9 alinéa 1 incrimine le fait, pour les agents concernés, « d'ordonner, de commettre ou de faciliter, hors les cas prévus par la loi, le détournement, la suppression ou l'ouverture de correspondances ou la révélation du contenu de ces correspondances ». S'agissant de l'élément matériel, la notion de « correspondance » doit être comprise dans une acception exten-

1. Crim. 27 juin 1909, *S.* 1912. 1. 541.
2. Crim. 19 oct. 1982, *Gaz. Pal.* 1983. 1. Pan. 96.
3. *Supra*, n° 243.

sive qui comprend les messages divers adressés par un individu à un autre, par voie postale ou par autre porteur. Il faut en outre souligner que le simple fait de « faciliter » une violation de correspondance est incriminé : cela signifie qu'un fonctionnaire complice d'un délit commis par un particulier sera sanctionné comme auteur principal sur le terrain de l'article 432-9. S'agissant de l'élément moral, il implique que l'agent ait eu conscience d'agir « hors les cas prévus par la loi ». Peu importe le mobile, et l'intention de nuire n'est pas requise : c'est pourquoi le préfet qui donne l'ordre à un receveur des postes de ne pas distribuer des plis afin d'empêcher une infraction à la propagande et à l'affichage électoral tombe sous le coup de cette incrimination [1]. La personne peut en revanche tenter de se justifier, en invoquant l'ordre ou la permission de la loi : tel est le cas de l'article D. 416 du Code de procédure pénale qui autorise l'administration pénitentiaire à contrôler la correspondance des détenus. Dans l'hypothèse où l'infraction est consommée, l'agent encourt

trois ans d'emprisonnement, 45 000 € d'amende et les peines complémentaires de l'article 432-17 du Code pénal.

D'autre part, l'article 432-9 alinéa 2 prévoit les mêmes peines dans le cas spécifique des correspondances transmises par voie de télécommunications. En effet, les correspondances intègrent les conversations téléphoniques entre deux interlocuteurs, ainsi que les conversations échangées à l'aide d'une caméra vidéo par le biais de l'internet, comme c'est le cas avec le système MSN [2]. C'est pourquoi l'alinéa 2 vise l'agent « d'un exploitant de réseaux ouverts au public de communications électroniques, ou d'un fournisseur de services de télécommunications, agissant dans l'exercice de ses fonctions » qui ordonne, commet ou facilite, « hors les cas prévus par la loi, l'interception ou le détournement des correspondances émises, transmises ou reçues par la voie des télécommunications, l'utilisation ou la divulgation de leur contenu ». Ici encore, le champ de l'incrimination englobe non seulement

1. Crim. 22 janv. 1953, *D.* 1953. 109. Rapp. Patin.
2. J.-F. Chassaing, « L'internet et le droit pénal », *D.* 1996. Chron. 329 ; A. Lepage, « Droit pénal et interne : la part de la tradition, l'œuvre de l'innovation », *AJ pénal* 2005. 217 ; *adde*, M.-A. Frison-Roche, *Internet et nos fondamentaux*, PUF, 2000.

l'auteur matériel, celui qui « commet » l'atteinte au secret des correspondances, mais aussi celui qui aurait en principe été qualifié de complice par instigation ou provocation (« ordonne ») ou par aide ou assistance (« facilite »). C'est sur le fondement de cet article qu'a été condamnée la direction du CNRS qui avait intercepté des messages relevant de la correspondance privée d'un chercheur [1]. L'élément intentionnel exige de prouver la volonté de la personne de violer une correspondance qui ne lui était pas destinée. La personne poursuivie pourra chercher à justifier son comportement en invoquant les cas prévus par la loi, et notamment la loi du 10 juillet 1991. Rappelons en effet que sous la pression européenne [2], la France a dû préciser le statut des écoutes téléphoniques, qu'elles soient ordonnées ou pratiquées par l'autorité judiciaire ou l'autorité administrative. Si les conditions et modalités spécifiées dans cette loi ont été respectées, l'infraction de violation de secret de correspondance ne sera pas consommée.

Section 2
Les manquements au devoir de probité

442 La section du Code pénal consacrée aux manquements aux devoirs de probité permet d'appréhender l'éventuelle responsabilité pénale de l'administration et de ses agents [3]. Il s'agit, d'un point de vue criminologique, de garantir une certaine éthique administrative, soucieuse de l'intérêt général. Si la concussion (**§ 1**) peut paraître un peu désuète, la corruption passive, le trafic d'influence (**§ 2**) et la prise illégale d'intérêts (**§ 3**) sont des qualifications usuelles, comme le montrent certains scandales politico-financiers. Quant au délit d'atteinte à la liberté des marchés publics, dit « favoritisme » (**§ 4**), il révèle combien l'appel au droit

1. Paris, 17 déc. 2001, *JCP* 2002. II. 10087, note J. Devèze et M. Vivant.
2. CEDH 24 avr. 1990, *Huvig et Kruslin c/ France*, *D.* 1990. 353, note J. Pradel.
3. J. Viret, « La responsabilité de l'administration et de ses agents à l'épreuve du droit pénal contemporain », *AJDA* 1995. 763.

pénal en la matière est parfois mal vécu : d'aucuns le considèrent comme une simple faute administrative et appellent de leurs vœux un retrait du droit pénal, c'est-à-dire une dépénalisation. Il importe d'emblée de souligner que les manquements au devoir de probité, incriminés avec constance et souvent réécrits depuis 1810, intègrent désormais deux nouvelles dimensions : l'Europe et la décentralisation. Au reste, les faits délictueux dont connaissent les juridictions répressives peuvent être révélés non seulement par les particuliers, mais encore par les chambres régionales des comptes, créées en 1982, en tant que juge financier du premier degré des comptes des collectivités territoriales [1].

§ 1. La concussion

443 **Éléments constitutifs.** Définie à l'article 432-10 du Code pénal, la concussion ne peut être commise que par une personne dépositaire de l'autorité publique ou chargée d'une mission de service public. Ainsi, et sans prétendre à un recensement exhaustif, peuvent être considérés comme susceptibles d'être concussionnaires, les magistrats, les fonctionnaires de toutes administrations et notamment financières, les agents des collectivités territoriales, les officiers ministériels, mais aussi et surtout les maires, qui suscitent une bonne part de la jurisprudence récente [2]. Les faits de concussion correspondent à l'hypothèse où la personne reçoit, exige ou ordonne de percevoir à titre de « droits ou contributions, impôts ou taxes publics » une somme qu'elle sait ne pas être due ou excéder ce qui est dû.

1. D. Lamarque, G. Miller, « Les chambres régionales des comptes et le juge judiciaire », *AJDA* 2000. 513 « Deux principes fondamentaux doivent pouvoir se conjuguer sans entrer en concurrenc : l'autorité absolue de la chose jugée qui s'attache aux décisions du juge pénal (effet *erga omnes* qui dépasse les seules parties à l'instance), d'une part, et le monopole, confié par le législateur au juge financier, de l'apurement juridictionnel des comptes des comptables publics, d'autre part (...) La jurisprudence financière, singulièrement celle des chambres régionales des comptes (ou de la Cour des comptes statuant en appel des jugements des chambres) au cours des années récentes, porte la trace de cette nécessaire conciliation entre deux types d'instances, certes parallèles sinon exclusives, mais appelées à connaître de faits identiques sur lesquels les deux juges, quoique indépendants, ne devraient pas se prononcer contradictoirement ».

2. Crim. 31 janv. 2007, 2 arrêts, *Bull. crim.* n° 24 ; Crim. 27 juin 2001, *Bull. crim.* n° 162 ; Crim. 16 mai 2001, *Bull. crim.* n° 124 ; Crim. 19 mai 1999, *Bull. crim.* n° 100.

C'est donc la notion de « perception indue » qu'il importe de préciser pour cerner l'élément matériel de la concussion et la distinguer de la corruption : le fonctionnaire corrompu sollicite ou accepte d'une personne des dons ou présents qu'elle reste libre de ne pas donner, tandis que le concussionnaire exige ou ordonne, comme un droit prétendument fondé sur la loi, de l'argent [1]. La concussion est constituée dès lors que l'agent public reçoit ce qu'il sait indu : peu importe qu'il ait lui-même provoqué la perception en cause. Il y a ainsi concussion lorsque l'agent public ordonne ou recouvre des prélèvements de nature fiscale dans des conditions étrangères à celles qu'a fixées l'autorité compétente pour définir la nature, l'assiette et le taux des contributions directes et indirectes. La jurisprudence a eu à connaître aussi de cas d'agents publics qui sollicitent de l'Administration le paiement de prestations dépassant la réalité de celles, tarifées, qu'ils avaient effectivement accomplies [2]. Par un arrêt du 21 mars 1995, la chambre criminelle a considéré que la concussion pouvait être constituée par le fait, pour un directeur d'hôpital, de ne pas faire déduire de son salaire le prix de certains repas servis par la cuisine de l'établissement ou le montant de diverses marchandises commandées par l'intermédiaire de celui-ci [3].

La concussion suppose que soit prouvée l'intention, ce qui exclut par exemple l'erreur purement matérielle commise dans une procédure de recouvrement. C'est pourquoi les juges ont toujours exclu du domaine de la concussion les agents des contributions qui commettent une erreur matérielle dans une procédure d'imposition ou de redressement fiscal [4]. Eu égard au maquis des dispositions fiscales, et notamment des célèbres « niches », on pourrait aussi imaginer que l'agent échappe à la répression en faisant valoir une erreur de droit au sens de l'article 122-3 du Code pénal.

1. Crim. 26 juill. 1917, *D.* 1921. 1. 142.
2. Crim. 2 avr. 1896, *D.* 1896. 1. 140 : magistrat se faisant verser des indemnités de transport excédant ce qui lui était dû.
3. Crim. 21 mars 1995, *Dr. pénal* 1995, n° 198, obs. M. Véron.
4. Crim. 3 mai 1995, *Dr. pénal* 1995, n° 198, note M. Véron ; 29 janv. 1957 (deux arrêts) *Bull. crim.* n°s 98 et 99 ; Crim. 23 juill. 1932, *Bull. crim.* n° 189.

444 **Répression.** La concussion est punie de cinq ans d'emprisonnement et de 75 000 € d'amende, ainsi que des peines complémentaires de l'article 432-17 du Code pénal. La tentative est punissable. Le point de départ du délai de prescription de l'action publique est fixé lors de la dernière perception des sommes indues ou de la dernière des exonérations indues [1]. La collectivité bénéficiaire sera tenue de rembourser les sommes ainsi perçues, le Conseil d'État reconnaissant une portée générale à l'obligation de répétition de l'indu, objet des articles 1376 et suivants du Code civil [2].

§ 2. La corruption passive et le trafic d'influence

445 Le droit pénal français distingue la corruption passive (envisagée du côté du corrompu) et la corruption active [3] (envisagée du côté du corrupteur). Correspondant à un objectif classique de moralisation de la fonction publique, l'infraction de corruption n'a cessé de prendre de l'ampleur, ce qui appelle deux remarques liminaires. D'une part, l'extension du champ de la répression s'explique par les scandales politico-financiers qui ébranlent la confiance du public, mais aussi par les engagements internationaux de la France qui invitent à accroître la transparence et à lutter contre les formes diverses de corruption. D'autre part, la défaillance de la technique législative fait sentir ici encore ses effets, d'écriture en réécriture du Code pénal [4] : non seulement les textes sont dispersés, mais encore il existe une grande variété de cas de corruption passive [5]. Nous nous limiterons ici à la corruption et au trafic d'influence passifs d'une personne dépositaire de l'autorité publique, chargée d'une mission de service public ou investie d'un

1. Crim. 31 janv. 2007, *Bull. crim.* n° 24 ; *Dr. pénal* 2007. Comm. 74, obs. M. Véron.
2. CE, ass., 1er déc. 1961, *Sté Jean Roques, Lebon* 67 ; V. notamment, P. Amselek, « La répétition de l'indu payé aux personnes publiques », *Mélanges Chapus*, 1992, p. 5.
3. *Infra*, n° 459.
4. M. Segonds, « (Ré)écrire le(s) délit(s) de corruption », *AJ pénal* 2006. 193.
5. Ainsi, outre la corruption dans le secteur privé, l'article 434-9 envisage la corruption d'un magistrat ou d'un juré, tandis que l'article 441-8 vise la corruption d'un membre d'une profession médicale.

mandat électif en France (art. 432-11 C. pén.) ou à l'étranger (art. 435-1 et 435-2 C. pén.). En effet, après la loi du 30 juin 2000 qui visait les seuls États de l'Union européenne [1], la loi du 13 novembre 2007 a étendu l'incrimination à tout État étranger.

446 **Moyens communs de la corruption et du trafic d'influence.** Matériellement, les textes précités incriminent le fait de solliciter, agréer, sans droit, directement ou indirectement : des offres ; des promesses ; des dons, des présents ; des avantages quelconques. Il s'agit donc de solliciter ou d'accepter une contrepartie à caractère pécuniaire, qui peut se traduire par le versement d'une somme d'argent, mais aussi par des cadeaux au corrompu ou à ses proches, par l'apurement de dettes, voire l'obtention de prix avantageux [2]. Peu importe que le corrompu accepte ce qu'on lui offre ou qu'il sollicite dons ou promesses. Peu importe également le moment où est intervenu le pacte corrupteur : alors que l'antériorité du pacte corrupteur a longtemps été exigée pour que l'infraction soit consommée, cette condition a été supprimée des textes incriminateurs qui visent désormais le fait d'agréer ou de solliciter offres ou dons « à tout moment ». Enfin, peu importe que le résultat ait été obtenu ou non, que l'acte ait été accompli, que les choses promises aient été livrées. Seul compte l'usage des moyens frauduleux. Au regard de ce caractère formel des incriminations visées, l'absence d'incrimination de la tentative ne présente pas d'inconvénients majeurs pour les intérêts de répression.

447 **Buts distincts de la corruption et du trafic d'influence.** Le but, en matière de corruption, est l'accomplissement ou l'abstention d'actes de la fonction, de la mission ou du mandat ou d'actes facilités par ces fonctions, mission ou mandat. Il peut s'agir d'un acte positif ou d'une abstention, à condition que soit établi un lien de causalité direct entre les gratifications et l'acte de la fonction qui en est découlé ou qui l'a précédé. Le but, en matière de trafic d'influence, est d'abuser de son influence, réelle ou supposée, en vue de faire obtenir d'une autorité ou d'une administration

1. M.-E. Cartier, C. Mauro, « La loi relative à la lutte contre la corruption des fonctionnaires étrangers », *RSC* 2000. 737.
2. Crim. 6 févr. 1968, *Bull. crim.* n° 39.

publique des distinctions, des emplois, des marchés ou toute autre décision favorable. L'influence peut être est réelle ou supposée, elle se déduira en principe des éléments de la cause. La personne poursuivie abuse de son influence réelle ou supposée, en vue d'obtenir au bénéfice d'un tiers, certaines faveurs ou avantages, auprès d'autorités, sur lesquelles devrait s'exercer son influence. La jurisprudence fournit une illustration exemplaire du trafic d'influence avec l'affaire *Urba-Greco* : « la prestation fournie (par les bureaux d'études) consistait à apporter aux entreprises qui sollicitaient leurs services, une assistance commerciale ou administrative, qui les aidait à pénétrer dans les collectivités locales et à obtenir des marchés... En l'absence de toute prestation effective et de toute étude, l'unique finalité des honoraires, versés à la société V., par les entreprises, était l'influence exercée par elle auprès des décideurs de même obédience politique. Les sommes versées étaient liées à l'obtention ou à la promesse d'obtention par cette société du marché public pour lequel elle s'était portée candidate [1]... ». Cela dit, la frontière entre corruption passive et trafic d'influence n'est pas toujours aisée à tracer [2]. En effet, les articles 432-11 et 435-1 du Code pénal ont étendu la corruption passive à l'accomplissement ou à l'abstention d'un acte seulement facilité par la fonction, ce qui permet de viser des actes qui n'entrent pas directement dans les attributions du corrompu (exemples : communication d'informations obtenues grâce aux fonctions, avis émis en vue d'influencer l'autorité compétente).

448 **Répression.** Au plan interne (432-11) comme international (435-1), la corruption passive est punie de dix ans d'emprisonnement et 150 000 € d'amende. Quant au trafic d'influence, il encourt les mêmes peines au plan interne, mais cinq ans d'emprisonnement et 75 000 € d'amende au plan international (435-2). Les peines complémentaires sont prévues aux articles 432-17 et 435-5 du Code pénal. Selon une jurisprudence constante, bien que dérogatoire du droit commun, la prescription commence à courir non pas au jour de la conclusion du pacte entre corrupteur(s) et cor-

---

1. Crim., 9 févr. 1993, *Bull. crim.* n° 66.
2. Crim. 6 juin 1989, *Dr. pénal* 1990. Comm. 44, obs. M. Véron.

rompu(s), mais à la date du dernier acte d'exécution de ce pacte [1]. Cette solution a été étendue au trafic d'influence [2]. L'action civile peut être exercée par les personnes physiques, mais aussi par les personnes morales de droit privé ou public [3], ainsi que par les associations de consommateurs (art. L. 421-1 C. consom.) [4].

§ 3. La prise illégale d'intérêts ou ingérence

449 **Position du problème et éléments préalables.** La prise illégale d'intérêts, encore appelée ingérence, bien que classée parmi les manquements au devoir de probité, vise surtout à éviter les mélanges de genre, à prévenir les conflits d'intérêt [5]. En assurant la partialité de l'agent public, on souhaite prévenir la tentation de la vénalité. Il s'agit d'une incrimination très ancienne, prévue dans le Code napoléonien, et qui plonge ses racines dans l'ancien droit et le droit romain. L'article 432-12 du Code pénal vise aujourd'hui « le fait, par une personne dépositaire de l'autorité publique ou chargée d'une mission de service public ou par une personne investie d'un mandat électif public, de prendre, recevoir ou conserver, directement ou indirectement, un intérêt quelconque dans une entreprise ou dans une opération dont elle a, au moment de l'acte, en tout ou partie, la charge d'assurer la surveillance, l'administration, la liquidation ou le paiement ». Cela signifie que les conditions préalables de l'incrimination sont plus exigeantes

1. Crim. 13 déc. 1972, *Bull. crim.* n° 39 ; 27 oct. 1997, *Bull. crim.* n° 35 ; 8 oct. 2003, *Bull. crim.* n° 18 ; 29 juin 2005, *Bull. crim.* n° 20 ; *adde*, J. Lelieur, « La prescription des infractions de corruption », *D.* 2008. 1076.
2. Crim. 19 mars 2008, *AJ pénal* 2008. 319, note J. Lelieur.
3. Crim. 14 mars 2007, *Bull. crim.* n° 8 : après la condamnation de son maire pour corruption, la Ville de Cannes a obtenu réparation pour « l'atteinte grave à la notoriété de cette ville mondialement connue, notamment au travers de son festival de cinéma et d'autres manifestations internationales ».
4. Ch. Cutajar, « Le droit à réparation des victimes de la corruptio ; plaidoyer pour la reconnaissance d'un statut des victimes de la corruption », *D.* 2008. 1081.
5. Sur cette notion de « conflit d'intérêts », sous-jacente dans notre droit, mais rarement exprimée de façon autonome, v. notamment P.-F. Cuif, « Le conflit d'intérêts. Essai sur la détermination d'un principe juridique en droit privé », *RTD com.* 2005. 1 : l'auteur propose la consécration d'un principe général en vertu duquel « Nul ne peut faire prévaloir son intérêt personnel sur les intérêts dont il a la charge ».

que pour les autres incriminations du livre IV du Code pénal : non seulement l'agent doit avoir la qualité de personne dépositaire de l'autorité publique, chargée d'une mission de service public ou investie d'un mandat électif public, mais encore il doit avoir la charge d'assurer la surveillance, l'administration, la liquidation ou le paiement de l'affaire concernée. Nous nous concentrerons sur cette incrimination qui concerne les agents publics en activité, étant précisé que le dispositif est complété par l'article 432-13 qui vise l'ingérence de l'ancien agent public, afin de moraliser ce que l'on nomme communément le « pantouflage », c'est-à-dire le passage des agents publics dans les entreprises privées [1].

450 **Éléments constitutifs.** L'infraction est consommée du seul fait de l'immixtion de l'agent dans une entreprise ou une opération qu'il avait la charge de surveiller, d'administrer, de liquider ou de payer, indépendamment du résultat. Peu importe que l'agent n'ait pas recherché un bénéfice illégitime mais qu'il ait seulement poursuivi un intérêt moral, le plus souvent familial [2]. Peu importe également que l'opération en cause n'ait pu aboutir pour des raisons indépendantes de la volonté de l'agent public [3]. La définition de l'incrimination est si large qu'elle a suscité non seulement l'émoi des personnes concernées mais encore les interrogations de la doctrine. D'abord, la prise d'intérêt ne suppose pas nécessairement une activité prolongée, elle peut se réduire à un acte isolé [4].

1. En vertu de l'article 432-13 du Code pénal, « est puni de deux ans d'emprisonnement et de 30 000 € d'amende le fait, par une personne ayant été chargée, en tant que fonctionnaire ou agent d'une administration publique, dans le cadre des fonctions qu'elle a effectivement exercées, soit d'assurer la surveillance ou le contrôle d'une entreprise privée, soit de conclure des contrats de toute nature avec une entreprise privée ou de formuler un avis sur de tels contrats, soit de proposer directement à l'autorité compétente des décisions relatives à des opérations réalisées par une entreprise privée ou de formuler un avis sur de telles décisions, de prendre ou de recevoir une participation par travail, conseil ou capitaux dans l'une de ces entreprises avant l'expiration d'un délai de trois ans suivant la cessation de ces fonction ». Par cette disposition, le Code pénal interdit à un ancien agent public de se lier avant un délai de trois ans avec l'entreprise avec laquelle il a été amené à travailler dans ses fonctions publiques afin d'éviter des arrangements ou autre corruption. L'action juridictionnelle peut être précédée d'un avis de la Commission de déontologie chargée de donner son avis sur les demandes de pantouflage ». *Adde*, notamment, J. Dufau, « Le « pantouflage » et le droit », *Gaz. Pal.* 1997. Doctr. 1563 et, pour une illustration récente, M. Le Roy, « Libres propos sur l'affaire *Pérol* et le transfert des agents publics vers le secteur privé », *D.* 2009. 2121.

2. Crim. 21 sept. 2005, *Bull. crim.* n° 233 : Président du conseil régional des notaires, chargé de la formation des stagiaires, faisant embaucher et rémunérer son fils sans contrepartie de travail ; dans cette affaire, le fils du notaire fut également condamné pour recel de prise illégale d'intérêt.

3. Crim. 21 févr. 2001, *Bull. crim.* n° 46 ; *D.* 2001. 2353, obs. M. Segonds.

4. Crim. 23 févr. 1966, *Bull. crim.* n° 64 : vente d'un terrain municipal.

Ensuite, l'article 432-12 vise le fait non seulement de prendre ou recevoir un intérêt, mais encore de le conserver, ce qui signifie que le délit est tantôt instantané, tantôt continu [1]. Enfin, le texte permet d'incriminer les prises illégales d'intérêt par l'agent public, mais aussi par des personnes interposées, selon des montages plus ou moins élaborés, faisant le plus souvent intervenir des membres de la famille de l'agent public [2]. Finalement, le seul élément matériel apprécié de façon stricte est le suivant : la Cour de cassation veille à ce que l'agent ait bien été, au moment de l'acte, en charge d'assurer la surveillance ou l'administration de l'affaire [3]. Quant à l'élément moral, il requiert la preuve d'une intention, ce qui exclut les simples imprudences. Cela dit, cette condition entrave peu les possibilités de répression, car non seulement la recherche d'un bénéfice personnel et matériel est indifférente, mais encore la preuve de cet élément moral est facilitée en jurisprudence : il a ainsi été jugé que la conscience et la volonté de commettre un acte interdit pouvait être induite du constat chez la personne poursuivie « d'une longue expérience dans la fonction publique [4] ».

451 **Répression.** La prise illégale d'intérêts est punie de cinq ans d'emprisonnement et de 75 000 € d'amende. Les peines complémentaires sont celles de l'article 432-17 du Code pénal, étant précisé que l'exclusion de la fonction publique, qui était initialement obligatoire et perpétuelle, est aujourd'hui facultative et temporaire. L'action civile peut être exercée par le maire contre son prédécesseur, sur autorisation du conseil municipal [5]. Les contribuables ne peuvent exercer l'action civile que dans l'hypothèse où ils ont reçu l'autorisation à plaider du tribunal administratif, conformément aux exigences de l'article L. 316-8 du Code des communes : cette autorisation n'intervient que dans le cas où

1. J.-H. Robert, « Du caractère continu ou instantané du délit d'ingérence selon l'article 432-12 du Code pénal », *Dr. pénal* 1994. Chron. 10.
2. Crim. 14 juin 1988, *Bull. crim.* n° 272 ; *JCP* 1989. II. 21218, note W. Jeandidier : beau-frère du maire ; Crim. 27 nov. 2002, *Bull. crim.* n° 213 ; *D.* 2003. 2406, note M. Segonds : acte accompli par un délégataire de la signature.
3. Crim. 18 juin et 6 août 1996, *Dr. pénal* 1996. Comm. 263, obs. M. Véron.
4. Crim. 14 déc. 2005, *Bull crim.* n° 333 : à propos d'un directeur d'hôpital.
5. Crim. 16 déc. 1975, *Bull. crim.* n° 279.

la commune refuse d'exercer elle-même l'action qui lui appartient [1]. La prise illégale d'intérêts étant une infraction instantanée, le délai de prescription court en principe à partir du jour de commission de l'acte répréhensible [2]. Cependant, lorsque le délit est matérialisé par plusieurs actes, le délai ne court qu'à compter du dernier de ces actes [3]. Enfin, il importe de souligner que la répression a été modulée afin de tenir compte de l'importance de la commune concernée ; en effet, l'incrimination est si large qu'elle pourrait conduire, en cas d'application systématique, à une véritable entrave au fonctionnement normal des petites communes. C'est pourquoi, en vertu des alinéas 2 et suivants de l'article 432-12 du Code pénal, des assouplissements ont été prévus, qui permettent d'échapper à la répression : « Toutefois, dans les communes comptant 3 500 habitants au plus, les maires, adjoints ou conseillers municipaux délégués ou agissant en remplacement du maire peuvent chacun traiter avec la commune dont ils sont élus pour le transfert de biens mobiliers ou immobiliers ou bien la fourniture de services dans la limite d'un montant annuel fixé à 16 000 €. En outre, dans ces communes, les maires, adjoints ou conseillers municipaux délégués ou agissant en remplacement du maire peuvent acquérir une parcelle d'un lotissement communal pour y édifier leur habitation personnelle ou conclure des baux d'habitation avec la commune pour leur propre logement. Ces actes doivent être autorisés, après estimation des biens concernés par le service des domaines, par une délibération motivée du conseil municipal ». Dans les mêmes communes, les mêmes élus peuvent acquérir un bien appartenant à la commune pour la création ou le développement de leur activité professionnelle. Le prix ne peut être inférieur à l'évaluation du service des domaines. L'acte doit être autorisé, quelle que soit la valeur des biens concernés, par une délibération motivée du conseil municipal. Pour l'application des trois alinéas qui précèdent, la commune est représentée dans les conditions prévues par l'article L. 2122-26 du

1. Crim. 3 janv. 1985, *Bull. crim.* n° 1
2. Crim. 10 avr. 2002, *Bull. crim.* n° 84.
3. Crim. 7 mai 1998, *Bull. crim.* n° 157.

Code général des collectivités territoriales et le maire, l'adjoint ou le conseiller municipal intéressé doit s'abstenir de participer à la délibération du conseil municipal relative à la conclusion ou à l'approbation du contrat. En outre, par dérogation au deuxième alinéa de l'article L. 2121-18 du Code général des collectivités territoriales, le conseil municipal ne peut décider de se réunir à huis clos. Ces exceptions à la répression de la prise illégale d'intérêts sont de droit étroit : la Cour de cassation les interprète de façon stricte, considérant par exemple que le plafond de 16 000 € autorisé concerne la somme globale du contrat voté par la commune, sans que la sous-traitance ultérieure à un élu soit possible, même pour une somme inférieure à 16 000 € [1].

§ 4. L'atteinte à la liberté des marchés publics (« favoritisme »)

452 **Une infraction récente.** À la différence des infractions précédemment étudiées, qui s'inscrivent en général dans une longue tradition, l'atteinte à la liberté d'accès dans les marchés publics, encore appelée « favoritisme », est une infraction récente. Instituée par la loi du 3 janvier 1991 relative à la transparence et à la régularité des procédures de marchés et insérée à l'article 432-14 du Code pénal, cette infraction vise « le fait par une personne dépositaire de l'autorité publique ou chargée d'une mission de service public ou investie d'un mandat électif ou exerçant les fonctions de représentant, administrateur ou agent de l'État, des collectivités territoriales, des établissements publics, des sociétés d'économie mixte d'intérêt national chargées d'une mission de service public et des sociétés d'économie mixte locales ou par toute personne agissant pour le compte de l'une de celles susmentionnées, de procurer ou de tenter de procurer à autrui un avantage injustifié par un acte contraire aux dispositions législatives ou réglementaires ayant pour objet de garantir la liberté d'accès et l'égalité des candidats

1. Crim. 4 juin 1996, *Bull. crim.* n° 231.

dans les marchés publics et les délégations de service public ». Le champ de l'incrimination est très large puisque le texte vise toute personne, quelle que soit sa fonction publique, privée ou élective, ayant pouvoir d'intervenir dans la procédure d'attribution de l'opération en cause, à tous les niveaux concernés, qu'ils participent des actes préparatoires, de la publicité, de la mise en concurrence, de l'analyse de la décision, du choix final et de sa mise à exécution. L'objectif du législateur est de moraliser la passation des marchés publics en veillant au strict respect du Code des marchés publics, ce que révèlent les éléments constitutifs de l'infraction.

453 **Élément matériel.** L'élément matériel du délit est constitué, aux termes de 432-14 du Code pénal, par le fait « de procurer ou tenter de procurer à autrui un avantage injustifié par un acte contraire aux dispositions législatives ou réglementaires ayant pour objet de garantir la liberté d'accès et l'égalité de candidats dans les marchés publics et les délégations de service public ». La preuve de l'élément matériel suppose donc *a priori* la vérification de deux conditions : l'avantage injustifié à autrui et l'acte contraire aux règles des marchés publics. Cela dit, la formule légale a les allures d'une tautologie : comment un acte contraire aux règles des marchés publics pourrait ne pas procurer un avantage injustifié ? En réalité, il faut comprendre que l'élément matériel renvoie, concrètement, au fait de favoriser illégalement un candidat. L'expression « procurer à autrui un avantage... » montre seulement que le délit est consommé indépendamment de tout avantage personnel, même s'il sera le plus souvent, en pratique, sous-jacent. Au reste, c'est sur le terrain de la prise illégale d'intérêts que l'avantage personnel peut être saisi. Les cas les plus topiques de favoritisme correspondent aux hypothèses où l'agent fournit à un ou des candidats des informations relatives au prix auquel il convient de se porter soumissionnaire pour emporter le marché [1], ou bien, de façon plus caricaturale encore, attribue directement un marché

1. Crim. 14 févr. 2007, *Bull. crim.* n° 47.

sans respecter la mise en concurrence voulue par la procédure d'appel d'offres [1].

454 **Élément moral.** Le délit de favoritisme est intentionnel, conformément aux exigences de droit commun de l'article 121-3 du Code pénal, même si le texte de l'article 432-14 ne comporte aucune des expressions habituelles qui soulignent l'intention requise (« sciemment », « de mauvaise foi », « en connaissance de cause », « frauduleusement »). Il ne sera sanctionné que s'il est commis en pleine connaissance des faits reprochés à son ou ses auteurs. En d'autres termes, il suffit d'établir la violation des dispositions légales et réglementaires, sans avoir à établir l'intention de favoriser autrui. Il faut donc prouver que l'agent a sciemment violé une disposition législative ou réglementaire, ce que la jurisprudence apprécie de façon sévère, en tenant compte notamment de l'expérience professionnelle, qui rend peu vraisemblable l'erreur de droit [2]. Au reste, la Cour de cassation est allée plus loin en affirmant que « l'incompétence n'est nullement exclusive de la mauvaise foi [3] ».

455 **Répression [4].** La personne poursuivie pour favoritisme encourt deux ans d'emprisonnement et 30 000 € d'amende, ainsi que les peines complémentaires de l'article 432-17 du Code pénal. La tentative est punissable. Les bénéficiaires de l'attribution irrégulière du marché peuvent quant à eux être poursuivis pour recel de favoritisme [5]. S'agissant de la prescription de l'action publique, la Cour de cassation a affirmé qu'il s'agit d'une « infraction instantanée qui se prescrit à compter du jour où les faits la consommant ont été commis ; que toutefois, lorsque les actes irréguliers ont été dissimulés ou accomplis de manière occulte, le délai de prescription de l'action publique ne commence à courir qu'à compter du jour où ils sont apparus et ont pu être constatés dans des conditions permettant l'exercice des poursuites », sachant que le juge du fond doit « établir que les actes irréguliers avaient été dissimulés ou accomplis de

1. Crim. 30 juin 2004, *Bull. crim.* n° 177.
2. Crim. 15 sept. 1999, *Dr. pénal* 2000. Comm. 28, obs. M. Véron ; Crim. 10 avr. 2002, *Bull. crim.* n° 84.
3. Crim. 24 oct. 2001, *Dr. pénal* 2002. Comm. 26, obs. Véron.
4. J. Savoye, « De la répression du délit de favoritisme et autres infractions en matière de marchés publics », *D.* 1999. 169.
5. Crim. 15 mai 2008, recel par profit d'un délit de favoritisme.

manière occulte [1] ». Autant dire qu'ici, comme souvent en matière de délinquance économique et financière, la clandestinité retarde le point de départ de la prescription [2]. S'agissant de l'action civile, elle peut être exercée par les entreprises injustement écartées d'un marché public, en réparation de la « perte de chance d'en être déclarées adjudicataires [3] ». L'État est aussi en droit de faire valoir un préjudice moral car le favoritisme « jette le discrédit sur l'ensemble du personnel (...) et un facteur d'affaiblissement de l'autorité de l'État dans l'opinion publique [4] ». Cela dit, les faits de favoritisme, qui constituent pourtant le plus souvent une entente, sont considérés par certains agents publics comme des fautes administratives qui ne devraient pas relever du droit pénal. C'est pourquoi plusieurs propositions de lois ont été faites, afin de ménager un fait justificatif en cas d'absence d'enrichissement personnel [5]. Cette notion est pour le moins piquante, pour ne pas dire incongrue : d'une part, le délit est précisément consommé indépendamment de tout enrichissement personnel, et autant affirmer nettement que l'on souhaite dépénaliser le favoritisme ; d'autre part, les civilistes savent combien l'enrichissement – dans le cadre de l'enrichissement sans cause notamment – ne s'entend pas seulement d'un enrichissement pécuniaire : truquer les marchés publics, c'est mieux asseoir son pouvoir, et l'enrichissement peut ainsi être, si l'on ose dire, « moral ». Aussi bien, ces propositions n'ont pas abouti. Pourtant, ce qui a échoué sur ce terrain a en partie réussi par le biais d'une réforme du Code des marchés publics : le risque pénal des agents publics a été réduit.

456 **La volonté de juguler le risque pénal dans la passation des marchés public : la réforme du Code des marchés publics.** L'infraction de favoritisme est souvent dénoncée comme une infraction symptomatique du risque pénal dans l'action administrative en général

1. Crim. 27 oct. 1999, *Bull. crim.* n° 238 ; *Dr. pénal* 2000. Comm. 27, obs. M. Véron ; *JCP* 2000. I. 235, Chron. M. Véron ; *RSC* 2000. 634, note J.-P. Delmas Saint-Hilaire ; Crim. 17 déc. 2008, *AJ pénal* 2009. 131.
2. M. Véron, « Clandestinité et prescription », *Dr. pénal* 1998. Chron. 16.
3. Crim. 28 janv. 2004, *Bull. crim.* n° 23 ; Crim. 21 sept. 2005, *Dr. pénal* 2006. Comm. 26, obs. M. Véron.
4. Crim. 4 mai 2006, *Dr. pénal* 2006. Comm. 113, obs. M. Véron.
5. Sur ces propositions, v. notamment, les vives critiques de M. Segonds, *in* « À propos d'une diversion juridique : l'absence d'enrichissement personnel », *D.* 2003. 505.

et dans les contrats publics de travaux en particulier [1]. Si le « saucissonnage » des marchés publics se révèle être la technique la plus courante pour se soustraire aux règles de la concurrence en demeurant en dessous du seuil de travaux à partir duquel il doit y être fait appel, il n'évince en rien le risque pénal. De là l'importance des réformes successives du Code des marchés publics qui ont progressivement élevé les seuils minimaux des marchés publics, ce qui tend à réduire le champ de l'incrimination [2].

1. Th. Dal Farra, « Le risque pénal dans les marchés publics de travaux », *RDI* 1998. 467.
2. Après les réformes issues du décret du 1er août 2006, de nouveaux textes ont été adoptés fin 2008. En effet, en application du rapport *Warsmann* relatif à la qualité de la norme juridique et à la simplification du droit, deux décrets et une circulaire du 19 décembre 2008 ont contribué à l'élévation des seuils. Le seuil minimal en deçà duquel les pouvoirs adjudicateurs peuvent désormais déroger à l'ensemble des obligations de publicité et de mise en concurrence passe de 4 000 à 20 000 € HT. V. notamment, J.-D. Dreyfus, « Les nouvelles mesures de simplification du droit des marchés publics », *AJDA* 2009. 306.

CHAPITRE 3

Les atteintes à l'administration publique commises par des particuliers

457 Au chapitre des atteintes à l'administration publique commises par des particuliers figurent des infractions très diverses [1], enrichies récemment par le législateur : c'est en effet à cet endroit que sont venues se loger les incriminations nouvelles d'outrage à l'hymne national et d'outrage au drapeau tricolore, issues de loi sur la sécurité quotidienne du 18 mars 2003. C'est dire que l'anecdotique côtoie les infractions les plus graves, puisque le chapitre vise aussi la corruption et le trafic d'influence actifs (SECTION 1). Cela dit, il n'est pas certain que les infractions nouvelles précitées ne soient pas symptomatiques d'un phénomène plus profond : en effet, outrages et rébellion (SECTION 2), qui paraissaient désuets, reprennent aujourd'hui du galon, et les poursuites se multiplient.

1. Si diverses qu'un choix s'impose. Nous avons notamment exclu les menaces et actes d'intimidation contre les personnes ou contre les biens, prévus à l'article 433-3 du Code pénal.

Section 1
La corruption et le trafic d'influence actifs

458 **Aperçu historique d'infractions anciennes, polymorphes et peu lisibles.** La corruption et le trafic d'influence actifs constituent des infractions anciennes [1] qui ont été maintes fois remaniées : il s'agit cette fois de saisir la corruption et le trafic d'influence en se plaçant du côté du corrupteur. Les éléments constitutifs, que nous rappellerons brièvement, sont très proches de ceux que nous avons étudiés en envisageant la corruption passive. Il importe au préalable de souligner trois points, au regard de la technique législative. D'abord, il convient de distinguer, ici encore, la corruption et le trafic d'influence selon que l'agent public exerce ses fonctions en France (art. 433-1 C. pén.) ou dans un État étranger ou au sein d'une organisation internationale (art. 435-1 C. pén.). Ensuite, ces incriminations polymorphes subissent l'emprise du droit international, ce qui est logique au regard de la mondialisation du droit en général et de la corruption internationale en particulier [2]. Enfin, la loi a une fâcheuse tendance à bégayer, comme si le législateur peinait à traduire en mots les objectifs qu'il poursuit : la loi du 13 novembre 2007, qui oblige désormais à distinguer la corruption active de fonctionnaire (**§ 1**) et la corruption active dans le secteur privé (**§ 2**) correspond à la onzième réécriture des délits de corruption depuis 1810 [3]. Ces facteurs affectent la lisibilité du dispositif de lutte contre la corruption et le trafic d'influence, comme le montre le maquis des textes consacrés à la répression (**§ 3**).

---

1. L'incrimination de corruption, prévue dans le Code napoléonien, plonge ses racines dans l'ancien droit. Du reste, d'un point de vue criminologique et historique, les phénomènes de corruption sont aussi anciens que les structures étatiques. V. notamment, P. Lombart, *Le vice et la vertu. Les corruptibles de Mazarin à nos jours*, éd. Grasset, 1999.

2. J. Tricot, « La corruption internationale », *RSC* 2005. 753.

3. Ph. Bonfils, « Loi n° 2007-1598 du 13 novembre 2007 relative à la lutte contre la corruption », *RSC* 2008. 377 ; M. Segonds, « À propos de la onzième réécriture des délits de corruption », *D.* 2008. 1068.

§ 1. Éléments constitutifs de la corruption active de fonctionnaire et du trafic d'influence actif

459 Qu'il s'agisse d'un agent public exerçant en France (433-1), dans un État étranger ou au sein d'une organisation internationale (435-1), les personnes corruptrices sont entendues de façon très compréhensive : les textes visent le fait « par quiconque » d'avoir recours à certains moyens dans un certain but. Ces moyens sont communs à la corruption et au trafic d'influence, et renvoient à ceux envisagés au titre de la corruption passive [1] : solliciter ou agréer, à tout moment, directement ou indirectement, des dons, présents, promesses ou avantages quelconques. Seuls les buts permettent de distinguer corruption et trafic d'influence actifs. Dans le cadre de la corruption, les moyens mis en œuvre tendent à obtenir que la personne accomplisse ou s'abstienne d'accomplir un acte de sa fonction ou de son mandat, ou facilité par sa fonction, sa mission ou son mandat. Peu importe que cet objectif ait été atteint ou non [2]. En cas de trafic d'influence, les buts visés consistent à obtenir d'une personne qu'elle abuse de son influence réelle ou supposée en vue d'obtenir d'une administration publique un emploi, un marché, une distinction, ou toute autre décision favorable.

§ 2. Éléments constitutifs de la corruption active dans le secteur privé

460 **La corruption privée incriminée parmi les atteintes à la confiance publique.** Oubliant que la quatrième partie est consacrée aux atteintes aux intérêts publics, le législateur a décidé d'y intégrer

1. *Supra*, n° 447.
2. Crim. 16 oct. 1985, *RSC* 1986. 608, obs. Delmas Saint-Hilaire : étudiant en droit cherchant à corrompre son professeur avec un chèque – sans provision – de 10 000 francs, afin d'obtenir 12/20 à l'examen.

les cas de corruption privée, jusqu'alors limités aux actes accomplis dans les rapports de travail [1]. C'est ainsi que la loi du 4 juillet 2005 a introduit un chapitre consacré à la « corruption des personnes n'exerçant pas une fonction publique ». Les articles visés (art. 445-1 et 445-2 C. pén.), remaniés par la loi du 13 novembre 2007, s'inspirent largement de la structure des incriminations prévues dans le secteur public. Ces textes concernent respectivement la corruption passive et active, et s'appliquent à toute « personne qui, sans être dépositaire de l'autorité publique ou chargée d'une mission de service public, exerce, dans le cadre d'une activité professionnelle ou sociale, une fonction de direction ou un travail pour une personne physique ou morale, ou un organisme quelconque ». Cela signifie que le président-directeur général d'une société anonyme ou le gérant non-salarié d'une SARL peut désormais être poursuivi. Les moyens de la corruption sont classiques : il s'agit « des dons, des présents ou des avantages quelconques », ce que la jurisprudence illustre assez bien [2]. Quant aux buts des moyens employés, ils diffèrent naturellement de ceux visés dans le secteur public : il s'agit de faire en sorte que la personne « accomplisse ou s'abstienne d'accomplir un acte de son activité ou de sa fonction ou facilité par son activité ou sa fonction, en violation de ses obligations légales, contractuelles ou professionnelles ».

§ 3. Répression

461 Les peines de la corruption et du trafic d'influence actifs relèvent d'un écheveau compliqué, dû à la multiplication et à l'enchevêtrement des textes. Sur le terrain des articles 433-1 et 435-2 et

1. L'ancien article 177 du Code pénal punissait de peines relativement légères « tout commis, employé ou préposé, salarié ou rémunéré sous une forme quelconque » qui se serait laissé corrompre « à l'insu et sans le consentement de son patron ». Par ailleurs, l'article L. 152-6 du Code du travail visait les « directeurs et salariés », ce qui, en l'absence d'un rapport de subordination, excluait les dirigeants de sociétés commerciales.
2. L'enveloppe d'argent liquide demeure, si l'on ose dire, une « valeur sûre » : Crim. 6 févr. 1969, *Bull. crim.* n° 67, *RSC* 1969. 871, obs. A. Vitu ; on peut aussi préférer la croisière en Méditerranée à bord d'une goélette et la propriété d'un appartement : Crim. 27 oct. 1997, *aff. Carignon*, *Bull. crim.* n° 352, *JCP E* 1998. 310, note A. Dekeuwer, *JCP* 1998. II. 10017, note M. Pralus.

435-3, les peines principales sont de dix ans d'emprisonnement et 150 000 € d'amende. Sur le terrain de l'article 445-1, les peines sont de cinq ans d'emprisonnement et 75 000 € d'amende. À cela s'ajoutent les peines complémentaires prévues pour les personnes physiques, éparpillées dans plusieurs textes (433-22, 433-23, 435-5, 445-3 du Code pénal...) et les peines encourues par les personnes morales, qui s'égaillent également dans de nombreux textes (433-25, 435-6, 445-4...). Outre ce maquis textuel, signalons qu'en application de l'article 689-8 du Code de procédure pénale, le principe de la compétence universelle est applicable à la corruption internationale. Ainsi, les auteurs et complices d'infractions commises hors du territoire français peuvent être poursuivis et jugés par les juridictions françaises en cas d'arrestation en France, en application du protocole à la convention relative à la protection des intérêts financiers des communautés européennes du 27 septembre 1996 et de la convention relative à la lutte contre la corruption impliquant des fonctionnaires des communautés européennes ou des fonctionnaires des États membres de l'Union européenne du 26 mai 1997. Initiée par la loi du 20 juin 2000, cette dérogation aux règles classiques d'application de la loi dans l'espace a été étendue par la loi du 13 novembre 2007 : désormais, relèvent de l'article 689-8 les fonctionnaires européens coupables des délits prévus par les articles 435-1 à 435-7 du Code pénal, les Français ou personnes appartenant à la fonction publique française coupables des délits prévus aux articles 435-1, 435-3, 435-7 et 435-9 du Code pénal, et les personnes coupables des délits prévus par les articles 435-3 et 435-9 du Code pénal.

Section 2
Outrages et rébellion

462 Les outrages et la rébellion constituent des formes traditionnelles d'atteintes à l'autorité publique. En effet, les outrages ont toujours été incriminés au titre d'un « ordre du discours » et la rébellion constitue le trouble à l'autorité de l'État par excellence. Cependant, ces incriminations ont aujourd'hui des destins divergents : tandis que la rébellion a simplement fait l'objet en 1994 d'un toilettage valant simplification du droit (**§ 2**), les outrages (**§ 1**) sont en continuelle expansion, tant au regard de l'élargissement des incriminations qu'au regard de leur mise en œuvre effective[1].

§ 1. Les outrages

463 **Outrages aux personnes et outrages aux symboles.** Depuis la loi du 18 mars 2003, il y a lieu de distinguer les outrages aux personnes, que nous détaillerons, et les outrages aux symboles. En effet, à la suite de manifestations publiques, et notamment sportives, au cours desquels le drapeau et l'hymne national avaient suscité sifflets et huées, il a été décidé de créer deux nouvelles incriminations : l'outrage public à l'hymne national ou au drapeau tricolore visé à l'article 433-5-1 du Code pénal et puni de 7 500 € d'amende. Lorsqu'il est commis en réunion, les auteurs encourent en outre six mois d'emprisonnement, sans oublier les peines complémentaires de l'article 433-22 du Code pénal. Ces incriminations, qui ont des équivalents dans d'autres pays, limitent de façon évidente la liberté d'expression ; du reste, c'est sur le fondement du premier amendement à la Constitution américaine, garant de la liberté d'expression, que le *Flag Protection Act* de 2004 a été jugé anticonstitutionnel par la Cour suprême des États-Unis. Il sera intéressant d'observer l'effectivité de ces incriminations censées apporter le concours du droit pénal à la protection des symboles nationaux. En attendant, il importe surtout de se focaliser sur les outrages aux personnes en distinguant les éléments constitutifs (**A**) et la répression (**B**).

A. Les éléments constitutifs

464 **Personnes protégées et formes de l'outrage.** S'agissant des personnes protégées, l'article 433-5 alinéa 1er concerne les personnes

1. Pour un état des lieux sur cette question, v. notamment *Outrages, insultes, blasphèmes et injures : violences du langage et polices du discours*, dir. E. Desmons et M.-A. Paveau, L'Harmattan, 2008.

chargées d'une mission de service public, alors que l'alinéa 2 protège un dépositaire de l'autorité publique. La distinction, qui intéresse essentiellement la sévérité de la répression [1], renvoie à une certaine hiérarchie. La fonction de « dépositaire de l'autorité publique » concerne les représentants de l'État, tels que le président de la République, les représentants des collectivités territoriales élus dépositaires de l'autorité publique, ainsi que les fonctionnaires exerçant des missions régaliennes (commissaires de police [2], lieutenants et gardiens de la paix [3], douaniers [4], officiers publics comme les notaires [5], présidents d'Université [6]). Cette typologie a été encore raffinée par la loi du 9 septembre 2002, instaurant une troisième forme d'outrage à l'alinéa 3 de l'article 433-5 : il s'agit cette fois de protéger une personne chargée d'une mission de service public outragée à l'intérieur d'un établissement scolaire ou éducatif, ou à l'occasion des entrées ou sorties des élèves aux abords d'un tel établissement. Autant dire que l'écriture de la loi s'inspire, de façon à peine voilée, de divers faits divers. On peut toutefois noter que les chefs d'établissement pouvaient déjà être protégés en tant que personnes dépositaires de l'autorité publique ; il s'agit désormais d'englober plus largement les personnes du service public de l'Éducation nationale. Par-delà cette diversité des personnes protégées, une condition commune s'impose : il importe de circonscrire le champ de l'incrimination en précisant le lien entre l'outrage et la fonction de la victime [7]. C'est pourquoi la Cour de cassation a considéré que la qualité de personne chargée d'une mission de service public ne peut se déduire de la seule appartenance à l'entreprise, en l'occurrence EDF [8].

1. *Infra*, n° 467.
2. Crim.19 févr. 1974, *Bull. crim.* n° 71.
3. Crim. 18 juin 1969, *Bull. crim.* n° 203.
4. Crim. 16 janv. 1908, *S.* 1912. I. 487.
5. Crim. 30 juill. 1927, *Bull. crim.* n° 199.
6. Crim. 18 avr. 2000, *Bull. crim.* n° 152.
7. Crim. 9 janv. 1958, *Bull. crim.* n° 48 : huissier outragé alors qu'il établissait un constat.
8. Crim. 15 nov. 2006, *Bull. crim.* n° 285 ; *D.* 2007. 2632, obs. Th. Garé : dans cette affaire, un individu était poursuivi pour outrage après avoir agressé et violenté deux employés d'une agence d'Électricité de France. Les juges du fond avaient considéré le délit constitué car les victimes « participaient à des titres différents à la gestion et au bon fonctionnement de cette agence de cet établissement public chargé d'une mission de service public ». Ce raisonnement, qui confine à la présomption, est

S'agissant des formes de l'outrage, sont visés « les paroles, gestes ou menaces, les écrits ou images de toute nature non rendus publics ou l'envoi d'objets quelconques ». Cet élément matériel appelle trois séries de remarques. D'abord, si l'outrage est rendu public, il doit être poursuivi sur le terrain de la dif*famat*ion, en application de la loi du 29 juillet 1881 sur la presse [1]. Ensuite, l'outrage suppose un acte positif : qu'il s'agisse d'une parole, d'un écrit ou d'un geste, c'est une infraction de commission, ce qui explique les critiques doctrinales adressées à un arrêt hétérodoxe de la chambre criminelle du 14 novembre 1989. Dans cette affaire, les hauts magistrats ont retenu l'infraction d'outrage contre un automobiliste qui, dispensé pour raisons médicales du port de la ceinture, s'était volontairement abstenu de le faire savoir aux gendarmes qui le verbalisaient [2]. Enfin, le support de l'outrage importe peu [3], c'est le contenu qui est pris en considération : soit le propos est intrinsèquement grossier ou insultant, soit le ton est ironique ou méprisant.

465 **Élément intentionnel.** Le délit d'outrage suppose l'intention de porter atteinte à la dignité et au respect dû à la fonction. Cela suppose que le prévenu ait eu conscience de la qualité officielle de la personne outragée, ce qui est présumé lorsque la victime arbore un uniforme. En cas d'ignorance, l'infraction n'est pas consommée.

B. La répression

466 **Une répression atténuée et modulée.** Si l'on compare l'état actuel du droit positif aux peines encourues sous l'empire du Code napoléonien, il est certain que la répression a été adoucie : en effet

censuré par la Cour de cassation qui reproche aux juges du fond de ne pas avoir suffisamment caractérisé « les actes accomplis personnellement par [chaque victime] se rattachant directement à l'exécution de l'une des missions de service public spécifiquement imparties à cette société ». La solution est conforme aux exigences de l'interprétation stricte, mais elle se traduit par une exclusion du champ de la protection de l'outrage, pour tous les salariés dont les attributions sont sans rapport avec l'exécution de la mission de service public de leur employeur (ce qui était le cas en l'espèce, s'agissant d'hôtesses d'accueil).

1. Crim. 4 déc. 2001, *Dr. pénal* 2002. Comm. 53, obs. M. Véron.

2. Crim. 14 nov. 1989, *Bull. crim.* n° 417, *JCP* 1990. II. 21441, note A. Vitu, *D.* 1991. 447, note A. Fournier ; *Dr. pénal* 1990. Comm. 120, Véron ; *RSC* 1990. 561, obs. Delmas Saint-Hilaire.

3. De là la poursuite sur ce terrain des « entarteurs », spécialistes du lancer de tartes à la crème, de préférence sur un ministre : Aix en Provence, 8 janv. 1996, *Dr. pénal* 1996. Comm. 157, obs. M. Véron.

l'ancien Code pénal fulminait des peines qui pouvaient aller jusqu'à 5 ans d'emprisonnement. Désormais, le *quantum* des peines encourues a été abaissé et modulé selon le type d'outrage. L'outrage visé à l'alinéa 1 est puni de 7 500 € d'amende, ceux des alinéas 2 et 3 sont punis de six mois et 7 500 €. Enfin, la répression de l'outrage en réunion, prévue par la loi du 22 juillet 1996 est organisée au 4e alinéa qui dispose que « lorsqu'il est commis en réunion, l'outrage prévu au premier alinéa est puni de 6 mois d'emprisonnement et de 7 500 € d'amende, et l'outrage prévu au deuxième alinéa est puni d'un an d'emprisonnement et de 15 000 € d'amende ».

§ 2. La rébellion

467 **Une résistance violente opposée à un agent public exécutant une mission.** Le délit de rébellion, incriminé par l'article 433-6 du Code pénal, punit le fait « d'opposer une résistance violente à une personne dépositaire de l'autorité publique ou chargée d'une mission de service public agissant, dans l'exercice de ses fonctions, pour l'exécution des lois, des ordres de l'autorité publique, des décisions ou mandats de justice ». S'agissant de son élément matériel, le délit suppose de la part du prévenu des faits de résistance : cela renvoie à des voies de faits contre des agents publics, étant précisé que les violences verbales sont poursuivies sur le terrain de l'outrage. Deux situations sont aisées à qualifier : d'une part, en cas de résistance violente aux agents de la force publique, le délit est certainement consommé, quitte à retenir également la qualification de violences, si des actes de violence distincts de ceux retenus au titre de la rébellion peuvent être relevés [1] ; d'autre part, il est aussi acquis en jurisprudence qu'une simple résistance passive opposée à un agent public ne saurait entrer dans le champ de l'incrimination de rébellion [2]. Reste l'hypothèse intermédiaire,

1. Crim. 21 févr. 2006, *Bull. crim.* n° 4 ; *RSC* 2006. 604, obs. Y. Mayaud.
2. Cela correspondrait notamment à l'hypothèse d'un « sitting », c'est-à-dire de manifestants non violents assis sur la chaussée ; v. aussi Crim. 1er mars 2006, *Bull. crim.* n° 58, *AJ pénal* 2006. 218, obs. G. Roye ; *RSC* 2007. 85, obs. C. Mascal ; *Dr. pénal* 2006. Comm. n° 68, obs. Véron : automobile s'agrippant au volant de son véhicule et « faisant l'œuf ».

plus difficile à qualifier, d'une résistance active dans laquelle le prévenu fait obstacle à l'intervention des agents de la force publique sans avoir recours à la violence. La Cour de cassation a eu plusieurs fois l'occasion de censurer les juges du fond qui refusaient d'appliquer la qualification de rébellion dans cette hypothèse : en effet, selon les hauts magistrats « le délit de rébellion est notamment caractérisé par tout acte de résistance active à l'intervention d'une personne dépositaire de l'autorité publique, même sans atteinte physique à l'encontre de cette personne [1] ». Cette analyse est surprenante au regard de la lettre de l'article 433-6 du Code pénal qui exige une « résistance violente ». Cela dit, cette extension du champ de l'incrimination est désormais bien assise en jurisprudence [2], et elle est conforme à la lecture extensive que l'on observait, sur le terrain de l'ancien Code pénal, en matière de voies de fait [3].

S'agissant des autres éléments requis pour constituer l'infraction, ils concernent en premier lieu le lien entre la résistance opposée et l'exercice de sa mission par l'agent : les juges se doivent d'établir la qualité de l'agent, de préciser sa mission, et surtout qu'il se trouvait dans l'exercice de sa mission au moment où la résistance lui a été opposée [4]. En second lieu, le prévenu doit avoir eu conscience de s'opposer à un agent public dans l'exercice de ses fonctions, ce qui appelle deux précisions. D'une part, cet élément intentionnel s'évincera le plus souvent des faits : port de l'uniforme, présentation de la carte professionnelle, cri « Police » au moment de l'intervention [5]. D'autre part, le mobile est, conformément au principe classique, indifférent, ce qui

1. Crim. 7 nov. 2006, *Bull. crim.* n° 273 ; *AJ pénal* 2007. 33 ; *RSC* 2007. 85, obs. C. Mascala : dans cette affaire, un journaliste de l'AFP, par ailleurs syndicaliste SUD, qui, avait injurié dans le métropolitain les policiers de la BAC venus interpeller l'auteur d'une tentative de vol à la tire. Le prévenu avait proféré diverses injures à l'encontre des policiers, ce qui lui valut une condamnation pour outrage (art. 433-5 C. pén.), et il s'était débattu au moment où ceux-ci avaient voulu le menotter. Menotté à la main courante d'un escalier, il avait réussi à prendre la fuite avant d'être rattrapé et placé en garde-à-vue. La Cour de Paris avait prononcé la relaxe du chef de rébellion au motif que ce délit suppose que la résistance opposée aux forces de l'ordre soit assortie d'une certaine violence » et qu'à aucun moment, en se débattant, le prévenu n'avait porté de coups aux policiers.
2. Crim. 11 mai 2005, n° 04-86.63 ; 10 nov. 1998, n° 97-86.054, *Bull. crim.* n° 29 ; *D.* 1999. IR. 34.
3. Crim. 26 nov. 1970, *Bull. crim.* n° 315.
4. Crim. 14 mai 1958, *Bull. crim.* n° 389
5. Crim. 29 janv. 1974, *Bull. crim.* n° 42.

explique le rejet en jurisprudence de la notion de rébellion légitime : l'illégalité de l'acte accompli ne permet pas de justifier la résistance [1], sauf à ce que la violence de l'intervention de l'agent public soit telle que les conditions de la légitime défense soient réunies [2].

468 **Une répression modulée selon que la rébellion est simple ou armée.** La répression de la rébellion a été aggravée par la loi du 5 mars 2007. L'article 433-7 punit la rébellion simple d'un an d'emprisonnement et de 15 000 € d'amende, peines portées à deux ans d'emprisonnement et 30 000 € d'amende si la rébellion est « commise en réunion », c'est-à-dire par deux personnes au moins... S'agissant de la rébellion armée, elle est punie de cinq ans d'emprisonnement et 75 000 € d'amende ; commise en réunion, elle est punie de dix ans d'emprisonnement et de 150 000 € d'amende (art. 433-8). La définition de l'arme est celle contenue dans l'article 132-75 du Code pénal : « Est une arme tout objet conçu pour tuer ou blesser. Tout autre objet susceptible de présenter un danger pour les personnes est assimilé à une arme dès lors qu'il est utilisé pour tuer, blesser ou menacer ou qu'il est destiné, par celui qui en est porteur, à tuer, blesser ou menacer. Est assimilé à une arme tout objet qui, présentant avec l'arme définie au premier alinéa une ressemblance de nature à créer une confusion, est utilisé pour menacer de tuer ou de blesser ou est destiné, par celui qui en est porteur, à menacer de tuer ou de blesser [3] ». Enfin, l'article 433-9 envisage le cas où l'auteur de la rébellion est détenu : les peines prononcées pour le délit de rébellion se cumulent alors, par dérogation aux règles de droit commun des articles 132-2 à 132-5, sans possibilité de confusion, avec celles que l'intéressé subissait ou celles prononcées pour l'infraction à raison de laquelle il était détenu.

469 **L'incrimination autonome de la provocation à la rébellion.** L'article 433-10 punit la provocation directe à la rébellion manifestée soit

1. Crim. 7 févr. 1995, *Bull. crim.* n° 51.
2. Crim. 20 oct. 1993, *Dr. pénal* 1994. Comm. 34, obs. M. Véron : usage d'une bombe lacrymogène contre un huissier commettant une agression dans l'exercice de ses fonctions.
3. Crim. 12 mars 1991, *Dr. pénal* 1991. Comm. 225, obs ; M. Véron : prévenu qui, pour échapper aux gendarmes venus l'appréhender, a utilisé une arme, en l'occurrence son tracteur attelé d'un motoculteur, pour exercer des voies de fait contre eux.

par des cris ou des discours publics, soit par des écrits affichés ou distribués, soit par tout autre moyen de transmission de l'écrit, de la parole ou de l'image. Ces infractions sont souvent commises lors d'expulsions. Même non suivie d'effet, la provocation est punissable. Depuis la loi du 5 mars 2007, la répression a été aggravée : à l'amende de 7 500 € qui existait déjà, s'ajoute une peine d'emprisonnement de deux mois.

470 **L'opposition à l'exécution de travaux publics.** L'article 433-11 du Code pénal punit le fait de s'opposer, par voies de fait ou violences, à l'exécution de travaux publics ou d'utilité publique. D'un point de vue criminologique, l'infraction vise notamment les propriétaires qui résistent violemment à des procédures d'expropriation, ou bien encore les associations de défense de la nature qui mènent campagne contre des travaux publics (centrales nucléaires, lignes à haute tension, éoliennes, lignes TGV...). La consommation de ce délit suppose, matériellement, la réunion de deux conditions : d'une part, que les travaux en cause soient des travaux publics ; d'autre part, que l'opposition à ces travaux ait lieu par la force. Peu importe qu'il s'agisse de travaux de construction ou de démolition. Les « travaux publics » protégés peuvent avoir été accomplis directement par les agents de l'Administration ou par l'intermédiaire d'entrepreneurs à la suite de marchés. Les voies de fait renvoient aux actes matériels capables d'interrompre les travaux, étant précisé que l'opposition doit comporter un caractère illicite : la simple opposition qui se manifeste par les voies de recours légales ne constitue pas un délit. S'agissant de l'élément intentionnel, il suppose la connaissance de la part de leur auteur de la nature des travaux auxquels il s'est opposé [1]. Le délit est puni d'un an d'emprisonnement et de 15 000 € d'amende.

1. Crim. 17 oct. 1967, *Bull. crim.* n° 253.

CHAPITRE 4

Les atteintes à l'action et à l'autorité de la justice

471 Au titre des atteintes à l'action et à l'autorité de la justice, le Code pénal réunit de très nombreuses infractions qui correspondent soit à des infractions anciennes réécrites ou toilettées, soit à des incriminations nouvelles. Nous exclurons d'emblée l'outrage à magistrat (art. 434-24 C. pén.) qui n'est qu'un avatar de l'outrage aux personnes et ne présente pas de particularités notables, de même que la corruption active ou passive d'un magistrat ou d'un juré (art. 434-9 C. pén.), variante de la corruption déjà envisagée. Il convient en revanche de bien distinguer les atteintes à la saisine de la justice (SECTION 1) et les atteintes à l'exercice de la justice (SECTION 2).

SECTION 1

LES ATTEINTES À LA SAISINE DE LA JUSTICE

472 **Diversité et nouveautés.** Les atteintes à la saisine de la justice sont diverses, et elles ont connu une extension contemporaine. En effet, réagissant là encore à des faits divers, la loi du 5 mars 2007

a institué l'infraction de non-révélation de la disparition d'un mineur (art. 434-4-1 C. pén.). Cela complète un dispositif pénal déjà bien étoffé, censé assurer la saisine effective des juridictions, en incriminant la non-dénonciation de crime (**§ 1**), la non-dénonciation de mauvais traitements (**§ 2**), l'altération ou la destruction de preuves (**§ 3**), les menaces ou actes d'intimidation (**§ 4**), et enfin le recel de malfaiteurs et de cadavres (**§ 5**). Un objectif criminologique apparaît en filigrane comme le point commun de ces incriminations : il s'agit de réprimer les entraves apportées à la saisine de la justice dans les cas les plus graves.

§ 1. La non-dénonciation de crime

A. Éléments constitutifs

473 **Élément matériel.** L'article 434-1 du Code pénal incrimine le fait, pour quiconque ayant connaissance d'un crime dont il est encore possible de prévenir ou de limiter les effets, ou dont les auteurs sont susceptibles de commettre de nouveaux crimes qui pourraient être empêchés, de ne pas en informer les autorités judiciaires ou administratives. Ce délit est typique des infractions d'omission : c'est l'omission qui est punissable, quelles qu'en aient été les conséquences. En effet, le champ d'incrimination est très large puisque le texte oblige toute personne à dénoncer tout crime, dès lors que la dénonciation est utile à la prévention de ses conséquences dommageables ou à une éventuelle récidive. S'agissant des modalités de cette dénonciation, elles sont laissées à l'appréciation de la personne concernée.

474 **Élément moral.** Il s'agit d'un délit intentionnel qui requiert la preuve chez la personne poursuivie de la conscience et de la volonté de ne pas dénoncer un crime alors qu'elle sait que son intervention pourrait être utile [1].

1. Crim. 7 nov. 1990, *Bull. crim.* n° 372.

B. Répression

475 **Peines et immunités.** Le délit est puni de trois ans d'emprisonnement et de 45 000 € d'amende. Par application de l'article 434-2 du Code pénal, les peines sont portées à cinq ans et 75 000 € d'amende lorsque le crime constitue une atteinte aux intérêts fondamentaux de la Nation (terrorisme, trahison, complot...). L'infraction protège non seulement l'intérêt général, mais encore l'intérêt privé, ce qui autorise la constitution de partie civile [1]. Enfin, en application de l'article 434-1 alinéa 2 du Code pénal « Sont exceptés des dispositions qui précèdent, sauf en ce qui concerne les crimes commis sur les mineurs de quinze ans : 1° Les parents en ligne directe et leurs conjoints, ainsi que les frères et sœurs et leurs conjoints, de l'auteur ou du complice du crime ; 2° Le conjoint de l'auteur ou du complice du crime, ou la personne qui vit notoirement en situation maritale avec lui. Sont également exceptées des dispositions du premier alinéa les personnes astreintes au secret dans les conditions prévues par l'article 226-13 ». Outre les immunités familiales, définies plus largement qu'en matière d'atteintes aux biens [2], une immunité est donc prévue pour les personnes astreintes au secret professionnel et pour qui la révélation d'une information à caractère secret constitue un délit pour son dépositaire, en application de l'article 226-13 du Code pénal (avocats, médecins, notaires...). Dans ce cas, la protection du secret professionnel vaut justification de la non-dénonciation. Cela dit, deux précisions méritent ici d'être apportées. D'une part, il a été jugé, à propos de l'évêque de Bayeux, qu'il ne bénéficiait pas de cette immunité lorsqu'il a eu connaissance des infractions commises par un prêtre de son diocèse [3]. D'autre part, les fonctionnaires, tenus à une obligation de discrétion, n'en sont pas moins, comme tout citoyen, soumis à la loi et obligés de révéler à la justice les faits dont ils ont connaissance dans l'exercice de leurs fonctions [4].

1. Crim. 27 févr. 2001, *Bull. crim.* n° 48.
2. P. Mousseron, « Les immunités familiales », *RSC* 1998. 291.
3. TGI Caen, 4 sept. 2001, *D.* 2001. Chron. 3454, obs. Y. Mayaud.
4. Crim. 8 oct. 1997, *Bull. crim.* n° 329.

§ 2. La non-dénonciation de mauvais traitements

476 **Éléments constitutifs.** L'article 434-3 du Code pénal constitue une pièce importante du dispositif pénal de protection de la vulnérabilité et de lutte contre la maltraitance [1]. En effet, il impose à tout citoyen (« quiconque ») de dénoncer aux autorités administratives ou judiciaires « les privations, mauvais traitements ou atteintes sexuelles infligées à un mineur de quinze ans ou à une personne qui n'est pas en mesure de se protéger en raison de son âge, d'une maladie, d'une infirmité, d'une déficience physique ou psychique ou d'un état de grossesse ». Cette rédaction, issue de la loi du 17 juin 1998, est doublement critiquable : d'une part, le texte ne vise que les atteintes sexuelles, ce qui paraît exclure les agressions sexuelles. Pourtant, telle n'était pas la volonté du législateur. D'autre part, s'agissant des mineurs, l'obligation de dénonciation ne vise que les mineurs de quinze ans, ce qui constitue une restriction surprenante. Ce qui est certain, c'est que cette infraction se distingue de celle de l'article 434-1 du Code pénal sur deux points : non seulement cette incrimination ne suppose pas que les faits dénoncés puissent recevoir la qualification de crime [2], mais encore il importe peu que la dénonciation soit utile pour éviter la continuation ou le renouvellement des mauvais traitements. En d'autres termes, la dénonciation s'impose même si les faits ont cessé [3]. En revanche, le texte reste muet sur les modalités de la dénonciation, qui sont à l'appréciation de la personne concernée.

477 **Répression : le risque pénal des médecins et travailleurs sociaux.** Les peines encourues sont de trois ans d'emprisonnement et 45 000 € d'amende. La constitution de partie civile est autorisée [4]. Le prévenu peut faire valoir une justification fondée sur son secret pro-

1. L. Leturmy, « La maltraitance en droit pénal », *RDSS* 2006. 981.
2. Crim. 17 nov. 1993, *Bull crim.* n° 347.
3. Crim. 6 sept. 2006, n° 05-87.274 : « le délit prévu par l'article 434-3 du Code pénal n'exige pas pour sa constitution que la dénonciation ait pu prévenir ou limiter les effets produits par les atteintes sexuelles infligées ou encore empêcher leur renouvellement ».
4. Crim. 17 nov. 1993, *Dr. pénal* 1994. Comm. 26 et 58, obs. M. Véron.

fessionnel. Cela renvoie à la dialectique des autorisations et des obligations de ces professionnels, si subtile qu'elle crée un certain risque pénal. Disons, pour schématiser, que le principe est celui de la liberté de conscience : les travailleurs sociaux et les médecins peuvent choisir de se taire ou au contraire de dénoncer les faits. Cependant, et par exception, ils ont parfois l'obligation de dénoncer les sévices, nonobstant le secret professionnel [1], lorsque la vie de la personne vulnérable est en danger. Le secret professionnel est mis à l'écart (art. 226-14 1° C. pén.), pendant que l'obligation corrélative de dénoncer les atteintes sexuelles dont un mineur est victime est étendue (art. 434-3, al. 1, C. pén.). C'est pourquoi une assistante sociale ne sera pas tenue au secret professionnel en cas d'atteintes sexuelles commises sur un mineur de quinze ans, et devra même dénoncer de tels faits. Tel est le sens de l'alinéa 2 de l'article 434-3 qui dispose : « Sauf lorsque la loi en dispose autrement, sont exceptées des dispositions qui précèdent les personnes astreintes au secret dans les conditions prévues par l'article 226-13 du Code pénal ».

§ 3. L'altération ou la destruction de preuves

478 **Délit de protection des biens utiles dans les recherches correctionnelles et criminelles (434-4 du Code pénal).** Nous avons déjà vu, au titre de la destruction de biens, que les articles 322-1 et suivants du Code pénal présentaient un caractère supplétif, et étaient donc écartés lorsqu'un texte spécial trouvait à s'appliquer. Tel est le cas de l'article 434-4 du Code pénal qui incrimine le fait de modifier l'état des lieux d'un crime ou d'un délit et le fait de détruire, soustraire, receler ou altérer un objet de nature à faciliter la découverte d'un crime ou d'un délit. L'infraction vise par exemple la personne qui efface les indices sur une scène de crime. Le délit est intentionnel, mais la preuve de la volonté de l'agent s'évincera

1. Crim., 13 oct. 1992, *Bull. crim.* n° 320.

le plus souvent de la matérialité des faits [1]. La personne poursuivie encourt trois ans d'emprisonnement et 45 000 € d'amende, ainsi que l'interdiction des droits civiques, civils et de famille (art. 434-44 C. pén.). Une circonstance aggravante est prévue lorsque l'auteur de telles modifications est une personne qui, par ses fonctions, est appelée à concourir à la manifestation de la vérité : officier ou agent de la police judiciaire, expert ou magistrat. Dans ces cas, les peines sont portées à cinq ans d'emprisonnement et 75 000 € d'amende.

479 Contravention de protection des preuves dans toute procédure civile, commerciale ou administrative (art. R. 645-7 C. pén.). La contravention prévue à l'article R 645-7 du Code pénal punit de l'amende prévue pour les contraventions de 5e classe la soustraction d'un moyen de preuve dans toute contestation judiciaire ou administrative.

§ 4. Les menaces ou actes d'intimidation

480 **La protection des victimes contre les menaces et actes d'intimidation.** L'article 434-5 du Code pénal incrimine le fait de commettre une menace ou tout autre acte d'intimidation, à l'égard de quiconque, en vue de déterminer la victime à ne pas porter plainte ou à se rétracter. Le texte s'inscrit dans un réseau d'incriminations qui a été densifié par le Code pénal de 1994 afin de renforcer la répression des atteintes à la personne du témoin [2]. La menace peut viser la victime elle-même ou un membre de sa famille ou de son entourage. Peu importe que la victime de la menace ait ou non cédé à celle-ci, dès l'instant où la menace était de nature à modifier son comportement. L'intention renvoie ici à la conscience et à la volonté de l'agent d'obtenir de la victime qu'elle ne porte pas plainte ou qu'elle se rétracte. Ce délit est puni de trois ans

1. Crim. 25 oct. 1995, *Bull. crim.* n° 319.
2. V. *infra*, n° 493, la subornation de témoin incriminée à l'article 434-15 du Code pénal ; rappelons en outre que les violences seront systématiquement punies plus sévèrement si elles sont commises sur la personne d'un témoin ou d'une victime, que ce soit pour influencer sa déposition ou en raison de cette déposition, et cela quelle que soit la gravité des blessures occasionnées (art. 221-4, 222-3, 222-8, 222-10, 222-12, 222-13, C. pén.).

d'emprisonnement et de 45 000 € d'amende, ainsi que de l'interdiction des droits civiques, civils et de famille.

§ 5. Le recel de malfaiteur ou de cadavre

481 **Le recel de malfaiteur (art. 434-6 C. pén.).** Le recel de malfaiteurs est une infraction ancienne, dont la rédaction a seulement été améliorée par le Code de 1994. L'article 434-6 du Code pénal incrimine ainsi l'assistance apportée à l'auteur ou au complice, réel ou supposé, d'un crime (au sens juridique du terme) ou d'un acte de terrorisme puni d'au moins dix ans d'emprisonnement. L'objectif criminologique est parfaitement clair : il s'agit de lutter contre les actes qui cherchent à assurer une impunité à l'auteur d'un crime ou d'une infraction terroriste. À cette fin, on a érigé en infraction autonome ce qui aurait pu relever de la complicité. Peu importe que la personne recelée ou aidée ne soit pas condamnée pour l'infraction dont elle était soupçonnée. Eu égard à la définition large de l'élément matériel (« logement, lieu de retraite, subsides, moyens d'existence ou tout autre moyen »), cette aide peut prendre les formes les plus diverses : héberger un criminel blessé [1], prévenir le délinquant des poursuites dont il fait l'objet [2]... Cela dit, ce délit est peu poursuivi en pratique, et il ne doit pas être confondu avec le délit d'aide au séjour irrégulier d'un étranger en France [3], dont les objectifs sont très différents : tandis que le recel de malfaiteur constitue une entrave à la justice, le délit d'aide au séjour irrégulier vise à lutter contre l'immigration clandestine [4]. Le recel de malfaiteur est puni, à l'état simple, de trois ans d'emprisonnement et de 45 000 € d'amende, peines portées à cinq ans d'emprisonnement et 75 000 € d'amende lorsque l'infraction est commise de manière habituelle. La personne poursuivie

1. Crim. 17 sept. 2003, *Bull. crim.* n° 148 ; *RSC* 2004. 86, obs. Y. Mayaud ; 645, obs. J.-P. Delmas saint-Hilaire.
2. Crim. 14 juin 1951, *Bull. crim.* n° 176.
3. Article 21 de l'ordonnance du 2 novembre 1945. Sur ce délit, v. notamment, M. Reydellet, « Tu aideras ton prochain... mais cela peut te conduire en prison ! (réflexions sur le délit d'aide à l'étranger en situation irrégulière) », *D.* 2009. 1029 ; *adde*, pour une application jurisprudentielle, Ch. André, « Le délit d'aide au séjour irrégulier d'un étranger en France », *LPA* 27 juill. 2001, p. 15.
4. Sur cette distinction, v. notamment, J.-P. Delmas saint-Hilaire, obs. précitées.

encourt également l'interdiction des droits civiques, civils et de famille (art. 434-44 C. pén.). Il faut souligner que le législateur a prévu ici encore de faire jouer les immunités familiales, ce qui se comprend fort bien, en raison de la solidarité familiale.

482 **Recel de cadavre (art. 434-7 C. pén.).** L'article 434-7 du Code pénal incrimine « le fait de receler ou de cacher le cadavre d'une personne victime d'un homicide ou décédée des suites de violences ». Il s'agit ici encore d'une infraction autonome, et non d'un cas de complicité de l'infraction ayant entraîné la mort de la personne dont le cadavre est caché ou recelé. D'un point de vue criminologique, il s'agit de lutter contre cette forme spécifique d'assistance au criminel qui consiste, après la commission de l'infraction, à en effacer les traces, afin de permettre l'impunité. En termes de technique juridique, la création d'une infraction autonome se comprend aussi fort bien, dès que notre droit n'incrimine pas, en principe, la complicité postérieure au délit [1]. Du reste, puisqu'il s'agit d'une infraction distincte, il est possible de poursuivre une personne pour recel de cadavre dans une affaire où une juridiction saisie d'un homicide volontaire a rendu une décision de non-lieu [2]. L'élément matériel est entendu de façon très large [3], et l'élément moral ne déroge pas aux règles classiques : le mobile est indifférent, et il suffit d'établir que l'auteur savait qu'il dissimulait le corps d'une personne décédée à la suite d'un acte constitutif d'une infraction pénale. Cela dit, trois précisions s'imposent, afin de bien circonscrire le champ de l'incrimination. D'abord, la qualification de recel de cadavre ne peut être appliquée à l'auteur ou au complice de l'acte ayant provoqué la mort [4]. Lorsqu'une personne dissimule de corps de sa victime après l'avoir tuée, il faut considérer qu'il s'agit d'une suite de l'infraction initiale, sans que cela affecte la qualification pénale. Ensuite, la mort doit résulter d'un homicide ou de violences, si bien que le recel de cadavre ne peut

1. J. Magnol, « De la répression des actes postérieurs à l'infraction qui tendent à faire échapper le coupable aux poursuites et à favoriser son impunité », *JCP* 1950. I. 820.
2. Crim. 30 oct. 2001, n° 01-85.139.
3. Limoges, 8 mai 1861, *DP* 1861. 2. 496 : inhumation clandestine ; Crim. 9 janv. 1997, n° 96-85.017 : cadavre caché dans une malle et immergé dans un canal.
4. Crim. 19 juill. 1956, *Bull. crim.* n° 556.

s'appliquer au corps du suicidé. Enfin, et c'est la question la plus délicate, on ne saurait faire entrer dans le champ de l'incrimination étudiée la personne qui enterre un fœtus après avortement [1]. Nous retrouvons ici « les effets de seuil » déjà rencontrés en matière d'homicide involontaire [2] : le délit de recel de cadavre n'est consommé que s'il est établi que l'enfant a vécu [3]. S'agissant de la répression, l'article 434-7 du Code pénal fait encourir à l'auteur de l'infraction un emprisonnement de deux ans et une amende de 30 000 €. Les peines complémentaires de l'interdiction des droits civiques, civils et de famille (art. 434-44, al. 1, C. pén.), ainsi que de la confiscation de la chose ayant servi ou destinée à commettre l'infraction (art. 434-44, al. 4, C. pén.) sont également prévues.

SECTION 2
LES ATTEINTES À L'EXERCICE DE LA JUSTICE

483 Afin d'assurer le bon fonctionnement de la justice, le Code pénal incrimine les entraves les plus graves (**§ 1**) et prévoit un certain nombre d'incriminations relatives aux témoignages (**§ 2**).

§ 1. Les entraves au bon fonctionnement de la justice

484 Ces entraves sont imputables tantôt aux autorités judiciaires, comme c'est le cas du déni de justice (**A**) ou de la révélation d'informations (**B**), tantôt à des particuliers, comme l'illustrent les pressions par commentaires (**C**) et le délit de fuite (**D**).

1. Crim. 6 août 1945, *D.* 1946. Somm. 3, *Gaz. Pal.* 1945. 1. 143.
2. *Supra,* n° 91 : la qualification d'homicide involontaire ne peut jouer que si l'enfant a vécu, ne serait-ce qu'une heure : Crim. 2 déc. 2003, *D.* 2004. 449, note J. Pradel, *JCP* 2004. II. 10054, note M.-L. Rassat, *Dr. fam.* 2004. Comm. 26, obs. B. de Lamy.
3. Paris, 9 nov. 1951, *D.* 1952. Somm. 38, *Gaz. Pal.* 1952. 1. 236.

A. Le déni de justice

485 **Un interdit utile en des temps de complexité du droit.** En vertu de l'article 4 du Code civil, « le juge qui refusera de juger, sous prétexte du silence, de l'obscurité ou de l'insuffisance de la loi, pourra être poursuivi comme coupable de déni de justice ». Le juge a ainsi l'obligation de statuer sur la prétention qu'une ou des parties ont formulée devant lui en faisant usage de leur droit d'action en justice. En écho à la disposition précitée du Code civil, l'article 434-7-1 du Code pénal incrimine « le fait, par un magistrat, toute autre personne siégeant dans une formation juridictionnelle ou toute autorité administrative, de dénier de rendre la justice après avoir été requis et de persévérer dans son déni après avertissement ou injonction de ses supérieurs ». La condition préalable de l'infraction est la suivante : l'auteur doit avoir été requis de rendre la justice. L'élément matériel consiste à refuser de statuer ou, pour un officier ministériel, à refuser de délivrer un acte entrant dans ses fonctions. Quant à l'élément moral, peu importe ici encore le motif invoqué. Le délit est puni de 7 500 € d'amende et de l'interdiction de l'exercice des fonctions publiques pour une durée de cinq à vingt ans. Cela dit, cette infraction a valeur de totem, et elle n'est guère poursuivie : son effectivité se traduit par une dissuasion, ce qui suggère plusieurs observations. En premier lieu, les juges ne sauraient se réfugier derrière la complexité du droit pour refuser de statuer : ils se doivent de démêler l'écheveau des normes, voire de concilier l'inconciliable, lorsque par exemple des raisonnements internes viennent heurter des raisonnements européens. En second lieu, s'il le faut, le juge se doit d'innover pour éviter les contradictions textuelles [1]. Du reste, tandis que l'article 4 du Code civil fait toujours l'objet d'une sanction pénale, l'article 5 du même Code, prohibant les arrêts de règlement, a été dépénalisé : c'est heureux en des temps où la Cour de cassation assume désormais plus ouvertement sa fonction quasi-législative de création de norme [2]. Enfin, du côté des plaideurs, l'insatisfac-

1. L'arrêt *Clément Bayard* de 1915, initiant la théorie de l'abus du droit de propriété, ne procède-t-il pas d'une volonté de concilier les articles 544 et 1382 du Code civil ?
2. Cass., ass. plén., 21 déc. 2006, *D.* 2007. J. 835, note P. Morvan ; *JCP* 2007. II. 10040, note E. Dreyer, et 10111, note X. Lagarde ; *RTD civ.* 2007. 72, obs. P. Deumier, et 168, obs. P. Théry.

tion liée à l'omission ou au refus de statuer se traduira plus spontanément par l'exercice des voies de recours que par une action pénale sur le fondement du déni de justice [1].

B. La révélation d'informations

486 **Un délit très controversé.** Inséré à l'article 434-7-2 du Code pénal, le délit de révélation d'informations a pour origine la loi du 9 mars 2004 portant adaptation de la justice aux évolutions de la criminalité. L'objectif est d'instaurer un strict secret professionnel afin de garantir la sérénité des poursuites et instructions pénales. Cependant, à la suite d'une affaire médiatisée – l'incarcération d'une avocate pendant plus de trois semaines au printemps 2005 qui suscita l'émoi au sein de la profession d'avocat - la loi du 12 décembre 2005, relative au traitement de la récidive des infractions pénales, en a retouché la définition, afin de rendre le délit tributaire d'une volonté manifeste d'entrave à la justice. Désormais, l'infraction consiste dans le fait, pour quiconque ayant, par ses fonctions, connaissance d'informations issues d'une enquête ou d'une instruction en cours, de les révéler sciemment à des personnes susceptibles d'être impliquées, comme auteurs, coauteurs, complices ou receleurs, dans le dessein d'entraver le déroulement des investigations ou la manifestation de la vérité. On voit combien la rédaction insiste sur l'élément moral de l'infraction, et cela d'autant plus que le délit trouve à s'appliquer « sans préjudice des droits de la défense ». C'est aussi la loi du 12 décembre 2005 qui a diminué les peines encourues : elles sont de deux ans d'emprisonnement et 30 000 € d'amende, peines portées à cinq ans d'emprisonnement et 75 000 € d'amende si l'enquête ou l'instruction relève de la procédure pénale dérogatoire prévue en cas de criminalité organisée (art. 706-73 C. pr. pén.). Cela dit, même ainsi réécrit, ce nouveau délit paraît critiquable. Certes, le texte de l'article 434-7-2 du Code pénal concerne toute personne, ce qui peut inclure, non seulement un avocat, mais encore un policier, un journaliste, un greffier ou

1. En ce sens, v. A. Vitu, obs. sous Crim. 6 juill. 1982, *RSC* 1983. 254 : dans cette affaire, il a été jugé qu'une décision de classement sans suite prise en application de l'article 40 du Code de procédure pénale ne constituait pas un déni de justice.

un magistrat. Cependant, la mention de « l'exercice des droits de la défense » dit assez combien les avocats sont en première ligne. Or, bien que la notion d'exercice des droits de la défense ne soit pas définie, on ne sache pas que ces droits incluent la préparation d'une évasion, pour ne prendre qu'un exemple [1]. Dès lors, de deux choses l'une : soit l'incrimination est inutile car elle renvoie en réalité à des cas typiques de complicité ; soit elle présente un intérêt distinct au titre d'une entrave à la justice, mais alors on ne peut qu'être frappé du *quantum* des peines encourues qui, même adoucies, demeurent très lourdes si on les compare aux peines prévues pour les autres cas d'entrave à la justice [2].

C. Les pressions par commentaires

487 **Une incrimination cherchant à protéger la justice des pressions médiatiques.** Le Code pénal de 1994 a voulu protéger la justice à l'égal de l'administration. Or, des textes épars existaient déjà, que le nouveau Code a choisi de maintenir et de regrouper, afin de souligner de manière forte la place éminente de la justice. Telle est le cas de l'incrimination à l'article 434-16 des pressions par commentaire, issue d'une ordonnance de 1958. Le texte vise la publication, avant l'intervention de la décision juridictionnelle définitive, de commentaires tendant à exercer des pressions en vue d'influencer les déclarations des témoins ou la décision des juridictions d'instruction ou de jugement. Lorsque l'infraction est commise par la voie de la presse écrite ou audiovisuelle, les dispositions particulières des lois qui régissent ces matières sont applicables en ce qui concerne la détermination des personnes responsables. Toute la difficulté consiste à faire le départ entre le droit de critique inhérent à la liberté de la presse, qui ne saurait entrer dans le champ de l'incrimination, et la pression punissable. C'est la Cour de cassation qui exerce son contrôle sur cette qualification [3]. Il est bien évident que

1. Auquel cas les faits entreraient dans le champ de l'incrimination de connivence à évasion prévue à l'article 434-32 du Code pénal.
2. B. Bouloc, « Les droits de la défense en péril ? », *D.* 2005. Tribune. 129 ; R. Martin, « L'avocat et le secret de l'instruction », *JCP* 2005, Libres propos, n° 28 ; J.-L. Cocusse et W. Feugère, « Au préjudice des droits de la défense », *Gaz. Pal.* 25-26 mai 2005.
3. Crim. 15 mai 1961, *Bull. crim.* n° 257 ; *JCP* 1961. II. 12233, note P. Mimin.

le commentaire, même critique, sur des bases de technique juridique – tel qu'il en paraît chaque jour dans les revues juridique et autres blogs - ne tombe par sous le coup de cette incrimination. Au-delà, tout est affaire de ton, de style, d'un je-ne-sais-quoi qui relève largement de l'art du casuiste. Si l'infraction est consommée, la personne poursuivie encourt six mois d'emprisonnement et 7 500 € d'amende, ainsi que la peine complémentaire d'affichage ou de diffusion de la décision (art. 434-44, al. 2, C. pén.).

D. Le délit de fuite

488 **Éléments constitutifs entendus largement.** Le délit de fuite, incriminé à l'article 434-10 du Code pénal, et retouché par la loi du 12 juin 2003, est constitué par le fait, pour tout conducteur d'un véhicule ou engin terrestre, fluvial ou maritime, sachant qu'il vient de causer ou d'occasionner un accident, de ne pas s'arrêter et de tenter ainsi d'échapper à la responsabilité pénale ou civile qu'il peut avoir encourue. La consommation du délit suppose ainsi plusieurs éléments constitutifs, dont les contours ont été précisés par la jurisprudence. D'abord, il faut qu'il soit constaté que le prévenu, sachant qu'il vient de causer un accident, ne s'est pas arrêté et a ainsi tenté d'échapper à la responsabilité pénale ou civile qu'il peut avoir encourue. Peu importe qu'il s'agisse d'un simple accident matériel [1], peu importe la nature de la responsabilité à laquelle le prévenu a cherché à échapper [2]. Ensuite, la consommation du délit n'exige pas nécessairement une « fuite » au sens courant du terme : il suffit que la personne continue sa route, même paisiblement. Ce qu'exige la jurisprudence, c'est non seulement un arrêt immédiat et volontaire sur les lieux de l'accident, mais aussi un arrêt suffisamment long pour permettre les vérifications d'identité et les constats matériels nécessaires [3]. Enfin, le délit est intentionnel, ce qui renvoie à la fois à un dol général (conscience et volonté de ne pas s'arrêter après avoir

1. Crim. 2 mai 1930, *DH* 1930. 317
2. Crim. 3 oct. 1983, *Bull. crim.* n° 235.
3. Crim. 3 déc. 1975, *Bull. crim.* n° 268, *Gaz. Pal.* 1976. 1. 184, *RSC* 1976. 479, obs. Vitu ; 29 oct. 1997, *Bull. crim.* n° 361, *D.* 1998. IR, *Dr. pénal* 1998. Comm. 17, obs. Véron.

causé un accident) et à un dol spécial (conscience et volonté d'échapper à la responsabilité pénale ou civile encourue). Conformément au principe classique, le mobile est indifférent à la consommation de l'infraction : peu importe qu'il s'agisse d'échapper à un « malus » imposé par l'assurance, de cacher un éthylisme avancé, ou bien d'arriver à l'heure à son travail.

489 **Répression sévère.** Si le délit est constitué, la répression est sévère. La personne poursuivie encourt une peine de deux ans d'emprisonnement et de 30 000 € d'amende. Ces peines sont doublées en cas de cumul idéal avec le délit d'homicide ou de blessures involontaires. Quant à la liste des peines complémentaires, elle est impressionnante. Outre la suspension du permis de conduire pour une durée de cinq ans au plus (art. 434-45 C. pén.) et la confiscation éventuelle du véhicule ou de l'engin (art. 434-44 C. pén.), il faut compter avec les peines complémentaires prévues dans le Code de la route : l'annulation du permis de conduire pour une durée de trois ans, le travail d'intérêt général et les jours-amende (art. L. 231-2 C. route). La loi du 12 juin 2003 relative à la sécurité routière a ajouté à la liste l'obligation d'accomplir un stage de sensibilisation à la sécurité routière et celle d'interdiction de conduire certains véhicules terrestres à moteur y compris ceux pour la conduite desquels le permis de conduire n'est pas exigé.

§ 2. Les infractions relatives aux témoignages

490 **Des infractions nombreuses manifestant une certaine méfiance à l'égard des témoignages.** La preuve est l'enjeu principal de tout procès, et lorsque la preuve est libre, les témoignages jouent un rôle-clé. Or, parce que la mémoire est faillible, et que certains témoins sont malhonnêtes ou subissent des pressions, le Code pénal prévoit de nombreuses incriminations relatives aux témoignages. Sans prétendre les envisager toutes [1], on peut relever des

1. Parmi ces nombreuses incriminations, on peut rappeler notamment celle de l'article 434-12, plusieurs fois remaniée récemment, qui vise le refus de coopérer avec la police, de comparaître ou de prêter serment.

infractions qui tantôt invitent à témoigner, comme c'est le cas avec l'incrimination de non-témoignage en faveur d'un innocent (**A**), tantôt répriment le faux témoignage et le faux serment (**B**) ainsi que la subornation de témoin (**C**).

A. Non témoignage en faveur d'un innocent

491 **Un délit créé en 1945 dont les contours, étroits, ont été précisés en 2005.** L'article 434-11 du Code pénal punit de trois ans d'emprisonnement et de 45 000 € d'amende le refus de témoigner en faveur d'un innocent, avec comme objectif criminologique clair de lutter contre les erreurs judiciaires. C'est pourquoi est exempt de peine celui qui apportera son témoignage tardivement mais spontanément (art. 434-11, al. 2). Le texte vise « le fait, pour quiconque connaissant la preuve de l'innocence d'une personne détenue provisoirement ou jugée pour crime ou délit, de s'abstenir volontairement d'en apporter aussitôt le témoignage aux autorités judiciaires ou administratives ». S'il fallait d'un exemple de légalité matérielle, permettant aux juges de préciser les contours d'une incrimination, ce délit serait topique. En effet, à la suite de la célèbre affaire Turquin [1], la Cour de cassation est venue préciser, au visa de l'article 111-4 du Code pénal, les éléments constitutifs de l'incrimination : pour être consommée, l'infraction suppose que l'on établisse que la personne poursuivie connaissait la situation de la personne jugée ou détenue et qu'elle possédait avec certitude la preuve de son innocence [2]. En d'autres termes, pour la chambre criminelle, il y a obligation de témoigner lorsqu'on détient non pas « une preuve » mais la preuve certaine de l'innocence. C'est peut-être une interprétation rigoriste au regard de l'esprit du texte, qui cherche à éviter les erreurs judiciaires. En tout état de

1. Dans cette affaire, le prévenu, préalablement condamné à une peine privative de liberté pour d'autres faits, avait simplement recueilli les confidences d'un co-détenu qui affirmait avoir renversé, au volant d'une voiture volée, et tué sur le coup un jeune enfant avant de se débarrasser de son corps dans une cimenterie. Le prévenu avait exprimé sa connaissance d'informations de nature à innocenter un condamné pour crime mais avait refusé, par crainte de représailles en milieu carcéral, de donner l'identité de la seule personne permettant de vérifier une hypothèse d'enquête plausible. La cour d'appel l'avait condamné mais sa décision est cassée car il n'avait pas été constaté que l'intéressé connaissait la preuve de l'innocence du condamné.

2. Crim. 22 nov. 2005, *Dr. pénal* 2006. Comm. 34, obs. M. Véron ; *AJ pénal* 2006. 83, obs. C. Girault.

cause, les poursuites sur ce terrain seront très rares, car, à cette stricte circonscription jurisprudentielle s'ajoutent des exceptions légales. D'abord, l'article 434-11 alinéa 3 du Code pénal excepte de ses dispositions l'auteur ou le complice de l'infraction pour laquelle une personne est injustement détenue ou jugée, ce qui revient à admettre que les vrais coupables puissent se taire afin d'assurer leur protection. C'est une manifestation du droit fondamental de se taire. Ensuite, jouent ici, comme souvent dans la quatrième partie du Code, les immunités familiales. Enfin, les personnes astreintes au secret professionnel bénéficient également de l'exception légale.

B. Faux témoignage et faux serment

492 Aux termes de l'article 434-13 du Code pénal, « le témoignage mensonger fait sous serment devant toute juridiction ou devant un officier de police judiciaire agissant en exécution d'une commission rogatoire » est constitutif d'un faux témoignage. Plusieurs conditions cumulatives doivent être réunies pour entrer en voie de condamnation. D'abord, au titre des conditions préalables, le témoignage doit être effectué en justice par une personne déposant sous serment [1]. Peu importe la nature de la juridiction. Sont en revanche exclues du champ de l'incrimination les personnes dispensées du serment ou qui fournissent de simples renseignements (audition devant une commission parlementaire par exemple). Ensuite, le témoignage doit être mensonger : sont retenus à ce titre les mensonges portant sur des faits matériels et non les erreurs d'appréciation ou d'interprétation que le témoin peut porter sur les faits [2]. Il importe peu en revanche que le mensonge consiste à affirmer comme véridique un fait inexact ou à nier un fait véridique [3]. Ce qui compte, c'est, un peu comme chez les civilistes, le caractère déterminant du mensonge, c'est-à-dire qu'il porte sur un élément essentiel de l'affaire et non sur une circon-

1. Crim. 10 nov. 1949, *JCP* 1950. II. 5537, note A. Chavanne.
2. Crim. 25 févr. 1964, *Bull crim.* n° 65.
3. Crim. 30 avr. 1954, *D.* 1954. 572.

stance accessoire [1]. Le délit est intentionnel, ce qui suppose de relever chez la personne non seulement la connaissance de la fausseté de ces assertions mais la volonté de tromper. Enfin, le témoignage doit être irrévocable et donc préjudiciable. En effet, même si cette condition n'est pas précisée par les textes, la Cour de cassation considère que la caractérisation d'un préjudice, même éventuel [2], est requise. Or, ce préjudice est d'autant mieux vérifié que le témoignage est irrévocable. En dépit de la possibilité d'une rétractation, le faux témoignage est bien un délit instantané, si bien que la déposition mensongère marque le point de départ du délai de prescription [3]. Si le délit est constitué, la personne poursuivie encourt cinq ans d'emprisonnement et 75 000 € d'amende, ainsi que les peines complémentaires de l'article 434-44 du Code pénal. Toutefois, le faux témoin est exempt de peine s'il a rétracté spontanément son témoignage avant la décision mettant fin à la procédure rendue par la juridiction d'instruction ou par la juridiction de jugement. Enfin, l'article 434-14 du Code pénal porte les peines à sept ans d'emprisonnement et 100 000 € d'amende lorsque le témoignage mensonger est provoqué par la remise d'un don ou d'une récompense quelconque ou lorsque celui contre lequel ou e faveur duquel le témoignage mensonger a été commis est passible d'une peine criminelle.

C. Subornation de témoin

493 Est incriminé à l'article 434-15 du Code pénal le fait d'user de promesses, offres, présents, pressions, menaces, voies de fait, manœuvres ou artifices au cours d'une procédure ou en vue d'une demande ou défense en justice afin de déterminer autrui soit à faire ou délivrer une déposition, une déclaration ou une attestation mensongère, soit à s'abstenir de faire ou délivrer une déposition, une déclaration ou une attestation, même si la subornation n'est pas suivie d'effet. Le dispositif est complété par la subornation de l'interprète (art. 434-19) et celle de l'expert (art. 434-21) -

1. Crim. 27 janv. 1960, *Bull. crim.* n° 49.
2. Crim. 11 oct. 1989, *Bull. crim.* n° 354.
3. Crim. 17 déc. 2002, *Bull. crim.* n° 23 ; *Dr. pénal* 2003. Comm. 32, obs. M. Véron.

qui sont réprimées dans les mêmes conditions que celles de l'article 434-15 – mais aussi, depuis la loi du 13 novembre 2007, par la subornation commise à l'occasion d'une procédure dans un État étranger ou devant une Cour internationale. Le législateur cherche ici lutter contre les pressions faites sur certaines personnes à l'aide de moyens illicites. Les contours de l'incrimination appellent trois séries de précisions. D'abord, s'agissant des personnes concernées, outre l'interprète et l'expert, expressément désignés, le terme « autrui » est assez compréhensif pour embrasser de très nombreuses situations. Il a été ainsi jugé que l'infraction s'applique notamment aux relations entre prévenus ou entre des mis en cause qui useraient de moyens illicites pour se défendre [1] ; ce qui exclut en revanche de la qualification de subornation de témoin la simple concertation entre mis en examen pour préparer une défense commune, sans recourir à des moyens prohibés [2]. Ensuite, et précisément, les moyens de la subornation sont variés : promesses, offres, présents, manœuvres, voies de fait, manœuvres ou artifices. À titre d'illustrations, on peut relever qu'il a été jugé que commet le délit de subornation, alors qu'une information est ouverte du chef de détournement de sommes à lui remises, l'individu qui, usant de diverses menaces, demande à son ancienne secrétaire de dissimuler, dans le témoignage qu'elle serait appelée à fournir, certains faits parvenus à sa connaissance et d'indiquer qu'elle n'a aucun souvenir de relations financières [3] ; fut aussi condamné de ce chef le comptable d'un restaurant qui a demandé, sous peine d'avoir des ennuis sur le plan professionnel, à des employés d'établir sous sa dictée des attestations mensongères [4]. Enfin, le délit est intentionnel et le but de la subornation est d'obtenir tantôt un acte positif de déposition mensongère [5], tantôt une abstention. Ce délit est puni de trois ans d'emprisonnement et de 45 000 € d'amende. La peine complémentaire d'interdiction des droits civiques, civils et de famille est également

1. Crim. 25 janv. 1984, *Bull. crim.* n° 33.
2. Crim. 26 janv. 1972, *Gaz. Pal.* 1972. 2. 718.
3. Crim. 29 mars 1977, *Bull. crim.* n° 115.
4. Crim. 6 juin 2000, n° 99-84.794.
5. Crim. 28 avr. 1968, *Bull. crim.* n° 180.

encourue (art. 434-44 C. pén.). La tentative est punissable en tant qu'infraction consommée, puisque le texte fulmine ces peines « même si la subornation n'est pas suivie d'effet ». Du reste, si la subornation a été suivie d'effet, la personne poursuivie serait coupable de complicité de faux témoignage, et serait passible des peines plus sévères de l'article 434-14 du Code pénal. Enfin, rappelons qu'en cas de menace de mort avec ordre ou condition, ce sont les peines de l'article 222-18 du Code pénal [1], plus sévères, qui s'appliquent.

1. *Supra*, n° 124.

CHAPITRE 5

Les faux et falsifications

494 **Des infractions essentielles pour la protection de la confiance publique.** Si depuis le Code napoléonien, notre droit pénal incrimine toute une variété de faux, c'est qu'il en va de la protection de la confiance des citoyens dans les documents privés et publics dont ils usent quotidiennement. Nous verrons que le Code pénal pose une définition générale du faux à l'article 441-1 du Code pénal (SECTION 1), et qu'il gradue ensuite la répression selon une typologie des faux (SECTION 2). Il importe toutefois, à titre liminaire, de préciser trois éléments du dispositif de répression qui sont communs à tous les faux. En premier lieu, le Code pénal incrimine non seulement les faux, mais aussi l'usage de faux, qui constitue un délit distinct [1], même si les peines encourues sont identiques. En second lieu, la tentative de faux est toujours punissable (art. 441-9 C. pén.), sauf dans l'hypothèse de l'article 441-3 du Code pénal. En troisième lieu, les peines complémentaires encourues par les personnes physiques sont prévues par l'article

1. Crim. 5 mars 199 0 : *Dr. pénal* 1990. 247 ; Crim. 7 août 1990, *JCP* 1990. IV. 395 ; Crim. 8 août 1995, *Dr. pénal* 1995. Comm. 279, obs. Véron : Les délits de faux et d'usage de faux, tout en impliquant l'un comme l'autre l'altération de la vérité dans un document, sont distincts ; celui qui a fait usage du document falsifié est punissable quand bien même il ne serait pas l'auteur du faux ou que celui-ci serait inconnu ou ne pourrait être poursuivi ; Crim. 14 oct. 1991, *Dr. pénal* 1992. Comm. 56, obs. M. Véron : l'usage de faux ne perd pas son caractère punissable par le fait que l'établissement des pièces arguées de faux remonterait à un temps couvert par la prescription.

441-11 du Code pénal, tandis que les personnes morales encourent les peines prévues par l'article 131-39 du Code pénal, ce qui inclut la dissolution. Nous terminerons ce chapitre en envisageant le cas où la falsification porte sur la monnaie, c'est-à-dire lorsque l'autorité de l'État est directement bafouée, puisqu'il détient le monopole régalien de battre monnaie (SECTION 3).

SECTION 1
LA NOTION GÉNÉRALE DE FAUX

Aux termes de l'article 441-1 du Code pénal, « constitue un faux toute altération frauduleuse de la vérité, de nature à causer un préjudice et accomplie par quelque moyen que ce soit, dans un écrit ou tout autre support d'expression de la pensée qui a pour objet ou qui peut avoir pour effet d'établir la preuve d'un droit ou d'un fait ayant des conséquences juridiques ». Cette définition générale, qui reprend et synthétise les solutions jurisprudentielles dégagées avant 1994, permet de distinguer les quatre conditions du faux en les étudiant deux par deux : d'une part, le faux suppose un écrit ou un support de la pensée altérant la vérité (**§ 1**) ; d'autre part, il suppose un préjudice et une intention frauduleuse (**§ 2**).

§ 1. L'écrit ou le support de la pensée altérant la vérité

495 Au regard de l'importance de la preuve par écrit en droit français, le faux renvoie d'abord, à la falsification d'un écrit, qu'il s'agisse d'un document manuscrit ou imprimé. Cependant, le Code pénal de 1994 vise désormais également « tout autre support d'expression de la pensée », ce qui permet d'englober également les disquettes informatiques, les bandes magnétiques, les films. S'agissant du contenu du faux, il doit avoir « pour objet ou peut avoir pour effet d'établir la preuve d'un droit ou d'un fait ayant

des conséquences juridiques ». Cela appelle plusieurs précisions. D'abord, constituent très certainement des faux les documents ayant par eux-mêmes une valeur probatoire [1]. Ensuite, sont très certainement exclus du champ de l'incrimination les documents qui ne constituent que des déclarations unilatérales sujettes à vérification, comme c'est le cas des devis [2], des conclusions produites en justice [3], ou bien encore de la reconnaissance d'un enfant dans un acte d'état civil [4]. Enfin, se pose la question des factures. En effet, il serait possible de considérer que la facture ne constitue que l'émission d'une demande de règlement qui peut être non fondée et demande à être vérifiée ; pourtant, la Cour de cassation admet qu'une fausse facture constitue un faux punissable [5]. S'agissant des procédés d'altération de la vérité, l'article 441-1 du Code pénal se borne à viser l'altération « accomplie par quelque moyen que ce soit ». La formule, très large, renvoie à ce que l'on désigne traditionnellement comme le faux matériel et le faux intellectuel, et elle permet de viser aussi bien des abstentions que des actes de commission. En cas de faux matériel, il y a altération physique du support (imitation, contrefaçon, grattages, ratures...). Le faux intellectuel, plus subtil, correspond à un contenu mensonger sans altération du support. Il se rencontre surtout dans des hypothèses de déclarations (fausse déclaration d'assurance par exemple) et peut consister à omettre certaines mentions dans un écrit [6].

1. Crim. 17 déc. 2003, *Dr. pénal* 2004. Comm. 60, obs. M. Véron : compte de résultat d'une société établi par un expert-comptable.
2. Crim. 13 févr. 2002, *D.* 2003. 448, note B. Bouloc : une note d'honoraire, soumise à la vérification de celui à qui elle est adressée, n'a aucune valeur probatoire au sens de l'article 441-1 du Code pénal.
3. Crim. 22 nov. 1977, *Bull. crim.* n° 361.
4. Crim. 8 mars 1988, *Bull. crim.* n° 117 ; *JCP* 1989. II. 21162, note W. Jeandidier.
5. Crim. 20 juin 2007, *D.* 2008. 1573, note C. Mascala : « ne peut-être constitutive d'un faux en écritures que l'altération d'un écrit ou autre support d'expression de la pensée valant titre. La facture est un écrit qui remplit ces exigences à partir du moment où elle est enregistrée en comptabilité pour justifier des mouvements de fonds » ; v. déjà, Crim. 6 déc. 1997, *Bull. crim.* n° 42 ; *RTD com.* 1998. 696, obs. B. Bouloc ; *Rev. sociétés* 1998. 402, obs. B. Bouloc ; *RSC* 1998. 538, obs. B. Bouloc ; Crim. 5 mars 1993, *Bull. crim.* n° 144.
6. Crim. 25 janv. 1982, *Bull. crim.* n° 29 ; *RSC* 1982. 623, obs. P. Bouzat.

§ 2. Le préjudice et l'intention frauduleuse

496 Le préjudice requis par l'article 441-1 du Code pénal peut être réalisé ou simplement éventuel [1], matériel ou moral. La loi n'exige pas, pour qu'il y ait faux, que le préjudice soit consommé ou inévitable ; il suffit d'une simple éventualité. Bien souvent les victimes n'ont pas à prouver ce préjudice, car la Cour de cassation considère qu'il découle nécessairement de la nature du document falsifié [2]. Le délit est intentionnel, comme le souligne le texte qui exige une altération « frauduleuse » : l'intention coupable de l'agent résulte, quel que soit son mobile, de sa conscience de l'altération de la vérité dans un document susceptible d'établir la preuve d'un droit ou d'un fait ayant des conséquences juridiques. Les juges du fond apprécient souverainement l'existence de l'intention frauduleuse, dont la preuve peut s'avérer plus délicate pour un faux intellectuel que pour un faux matériel : il faut établir que l'agent savait que le contenu de ses déclarations était mensonger.

Section 2
La typologie des faux et leur répression

497 Le faux ordinaire de l'article 441-1 du Code pénal constitue l'infraction de base, qui s'applique à défaut de textes spécifiques (441-2, 441-4 et 441-8 notamment). Il correspond peu ou prou au faux en écriture privée [3]. La personne poursuivie encourt une peine d'emprisonnement de trois ans et une amende de 45 000 €,

1. Crim. 7 mars 1972, *Bull. crim.* n° 86 ; *D.* 1972. 34 1 ; *Gaz. Pal.* 1972. 1. 415 : Il n'y a faux punissable qu'autant que la pièce contrefaite ou altérée est susceptible d'occasionner à autrui un préjudice actuel ou éventuel.
2. Crim. 12 nov. 1998, *Bull. crim.* n° 298 ; Crim. 24 mai 2000, *Bull. crim.* n° 202.
3. Crim. 24 févr. 1972, *Bull. crim.* n° 78. Commet un faux en écriture privée le conducteur d'un véhicule qui, après avoir refusé de procéder à l'établissement d'un constat amiable d'accident de la circulation, falsifie un tel constat en y ajoutant sa signature et des mentions écrites dont certaines inexactes.

soit des peines plus douces que celles, criminelles, qui étaient prévues dans le Code napoléonien.

498 **Le faux dans un document délivré par l'administration (441-2) et le faux en écriture publique ou authentique (441-4).** Les articles 441-2 et suivants du Code pénal organisent la répression pour un certain nombre de faux spéciaux, qui tiennent à la nature spécifique du support falsifié. L'article 441-2 du Code pénal vise « le document délivré par une administration publique aux fins de constater un droit, une identité ou une qualité ou d'accorder une autorisation ». Ces faux administratifs recouvrent notamment les documents d'identité, qu'ils soient français ou étrangers [1], les documents qui attestent d'une qualité [2], ou bien encore les documents permettant la circulation ou la conduite des véhicules automobiles [3]. Ce type de faux est sanctionné de cinq ans d'emprisonnement et de 75 000 € d'amende, peines portées à sept ans d'emprisonnement et 100 000 € d'amende dans trois cas énumérés à l'article 441-2 alinéa 3 du Code pénal, lorsque le faux est commis, soit par une personne dépositaire de l'autorité publique ou chargée d'une mission de service public agissant dans l'exercice de ses fonctions, soit de manière habituelle, soit dans le dessein de faciliter la commission d'un crime ou de procurer l'impunité à son auteur. Quant à l'article 441-4 du Code pénal, il aggrave la répression lorsque la falsification porte sur des documents revêtant une force probante plus importante, comme c'est le cas des actes dressés par les officiers ministériels [4] et des actes judiciaires. Les peines varient alors selon la qualité de l'auteur. À l'état simple, le faux en écriture publique ou authentique est sanctionné de dix ans d'emprisonnement et de 150 000 € d'amende, ce qui constitue ici encore un adoucissement par rapport aux peines criminelles antérieurement encourues. Cela dit, les peines criminelles n'ont pas disparu, car elles resurgissent en cas de circonstances aggravantes. En effet, l'alinéa 3 de l'article 441-4 du Code pénal prévoit

1. Crim. 30 juill. 1942, *Bull. crim. n°* 100 ; 17 janv. 1984, *Bull. crim.* n° 2 ; crim. 19 mai 1981, *Bull. crim.* n° 162.
2. Aix-en-Provence, 24 sept. 1998, *JCP* 1999. IV. 2310 : carte de police municipale.
3. Crim. 8 nov. 1972, *Bull. crim.* n° 33 : permis de conduire.
4. Crim. 1er juin 1976, *Bull. crim.* n° 193 : acte dressé par un notaire.

que les peines sont portées à quinze ans de réclusion criminelle et 225 000 € d'amende lorsque le faux est commis « par une personne dépositaire de l'autorité publique ou chargée d'une mission de service public agissant dans l'exercice de sa fonction ou de sa mission ».

499 **Les faux certificats et attestations (441-7 et 441-8).** L'article 441-7 du Code pénal incrimine le faux certificat ou attestation. Le législateur a complété l'arsenal répressif en visant à l'article 441-8 la corruption, active ou passive, pour l'obtention d'un certificat ou d'une attestation, par une personne agissant dans l'exercice de ses fonctions. Sont visés ici notamment les faux certificats médicaux. L'article 441-7 du Code pénal sanctionne le faux certificat d'un an d'emprisonnement et de 15 000 € d'amende, ces peines pouvant être aggravées et portées à trois ans d'emprisonnement et 45 000 € d'amende « lorsque l'infraction est commise en vue de porter préjudice au Trésor public ou au patrimoine d'autrui ». Quant à l'article 441-8 du Code pénal, il prévoit des peines de deux ans d'emprisonnement et de 30 000 € d'amende, portées à cinq ans d'emprisonnement et 75 000 € d'amende par l'alinéa 3 de cet article « lorsque la personne visée aux deux premiers alinéas exerce une profession médicale ou de santé et que l'attestation faisant état de faits inexacts dissimule ou certifie faussement l'existence d'une maladie, d'une infirmité ou d'un état de grossesse, ou fournit des indications mensongères sur l'origine d'une maladie ou d'une infirmité ou sur la cause d'un décès ». Cela dit, les contours de cette circonstance aggravante sont mal tranchés, et elle trouve du reste peu à s'appliquer : il est en effet difficile de savoir en quoi consiste un faux certificat de maladie, en l'absence d'une définition de la maladie [1]... La déprime hivernale et son cortège de certificats médicaux sont-ils à l'origine de faux ?

1. Dans le même sens, v. M. Véron, *Droit pénal spécial*, 12e éd., Sirey, 2008, n° 650, p. 440.

Section 3
La fausse monnaie

500 La fabrication de fausse monnaie a toujours été constitutive d'une grave infraction à l'autorité de l'État. De nos jours, l'article 442-1 du Code pénal incrimine la contrefaçon ou la falsification des pièces de monnaie ou des billets de banque ayant cours légal en France ou émis par les institutions étrangères ou internationales habilitées à cette fin [1]. Il s'agit d'un crime puni de trente ans de réclusion criminelle et de 450 000 € d'amende. Ce crime de contrefaçon a été étendu par la loi du 9 mars 2004 au fait de fabrication de monnaies réalisée à l'aide d'installations ou de matériels autorisés destinés à cette fin, lorsqu'elle est effectuée en violation des conditions fixées par les institutions habilitées à émettre ces signes monétaires et sans l'accord de ces institutions (art. 442-1, al. 2). L'objectif criminologique est ici de protéger l'euro, car, au titre des institutions internationales habilitées, il faut comprendre la Banque centrale européenne. Au titre de l'élément matériel, précisons qu'il importe peu que la contrefaçon soit grossière : une imitation parfaite de la monnaie contrefaite n'est pas requise. Quant à l'élément moral, le crime requiert, naturellement, une intention. Une jurisprudence constante exige que l'acte matériel ait été fait dans l'intention d'une mise en circulation [2]. Peu importe que l'auteur ait effectivement mis ou fait mettre en circulation les monnaies contrefaites. Peu importe également que le contrefacteur ait visé ou non l'obtention d'un profit. Seules comptent la conscience et la volonté du faux-monnayeur de porter atteinte au monopole d'émission de la monnaie. En revanche, il n'y a pas d'intention coupable dans le fait de se livrer à la fabrication de monnaies dans un but de recherche scientifique ou de curiosité historique.

---

1. Le dispositif de répression est complété aux articles 442-2 et suivants du Code pénal, qui incriminent notamment le transport, la mise en circulation ou la détention de fausse monnaie ou bien encore la fabrication, l'emploi ou la détention sans autorisation de matières, instruments ou programmes informatiques permettant la contrefaçon.

2. Crim. 2 avr. 1868, *Bull. crim.* n° 88 ; 23 nov. 1888, *Bull. crim.* n° 353 ; 27 déc. 1906, *Bull. crim.* n° 471.

CONCLUSION

À propos d'un délit transversal révélateur des tendances et maux du droit pénal contemporain : le délit d'association de malfaiteurs

501 **Pourquoi une conclusion consacrée au délit d'association de malfaiteurs ?** Il n'est pas usuel de conclure un manuel de droit pénal spécial. En effet, dès lors qu'il s'agit d'envisager les principales infractions de façon analytique, l'étude, plus ou moins exhaustive, peut être close sur les infractions du Livre IV [1]. Pourtant, il est intéressant d'achever ce manuel en envisageant le délit d'association de malfaiteurs, et cela pour trois raisons. D'abord, il s'agit d'un délit que le législateur présente lui-même en guise de conclu-

1. Voire du livre V, pour les plus téméraires. Cela dit, rappelons que ce livre V du Code pénal est encore peu fourni, et qu'il regroupe des infractions relatives à la bioéthique et à la protection pénale des animaux, qui ont déjà été envisagées dans cet ouvrage.

sion puisqu'il l'envisage au titre V du Livre IV. Ensuite, parce qu'il s'agit d'un délit transversal qui intéresse en réalité toutes les infractions de crimes ou de délits, qu'elles atteignent les personnes, les biens ou la Nation [1]. Enfin, et surtout, le délit d'association de malfaiteurs paraît condenser tous les maux du droit pénal, tant sa définition est vague, et tant les concours de qualifications qu'il suscite sont nombreux.

502 **Une infraction autonome, très usuelle, à la définition floue.** Selon l'article 450-1 du Code pénal, modifié par la loi du 15 mai 2001, constitue une association de malfaiteurs « tout groupement formé ou entente établie en vue de la préparation, caractérisée par un ou plusieurs faits matériels, d'un ou plusieurs crimes ou d'un ou plusieurs délits punis d'au moins cinq ans d'emprisonnement ». L'objectif criminologique est d'incriminer de façon autonome une forme d'entente criminelle. Cela permet notamment à la police de disposer d'une base légale pour mettre en œuvre des mesures destinées à surveiller et prévenir la grande criminalité. Dans une perspective toute positiviste (l'infraction, plusieurs fois remaniée, est née en 1893), il s'agit de neutraliser ou d'éliminer des malfaiteurs qui envisagent de commettre des infractions graves, sans attendre qu'ils aient commencé à exécuter leurs actes [2]. En effet, cette attente pourrait causer des troubles à l'ordre public, ce qui explique peut-être l'inclusion de cette incrimination préventive dans la quatrième partie du Code. Le législateur a choisi d'incriminer de façon autonome ce qui n'est qu'un acte préparatoire à la commission d'un crime ou d'un délit puni d'au moins cinq ans d'emprisonnement. Il s'agit d'un délit en soi, bien distinct du crime ou du délit qui est en préparation [3]. Cette indépendance, très exploitée en pratique, permet notamment au droit pénal d'intervenir et de réprimer les individus avant même que les infractions projetées aient été consommées ou même tentées [4].

1. Cette dimension transversale peut du reste légitimer une attitude inverse, consistant à présenter l'association de malfaiteurs dans un préambule. V. notamment, M. Véron, *Droit pénal spécial*, Sirey, 2008, n° 10, p. 9.
2. Circulaire du 7 février 1981 relative à l'application de la loi Sécurité et Liberté, *D.* 1981. 115.
3. Crim. 8 févr. 1979, *Bull. crim.* n° 58, *D.* 1979. IR 528, obs. M. Puech ; 22 janv. 1986, *Bull. crim.* n° 29, *Gaz. Pal.* 1986. 2. Somm. 429 ; 6 nov. 1986, *D.* 1987. 237, obs. J. Pradel.
4. Crim. 29 déc. 1970, *Bull. crim.* n° 356 ; *RSC* 1971. 675, obs. A. Vitu.

Faute de définition légale de l'entente et du groupement, c'est la jurisprudence qui a permis de préciser certains contours des éléments constitutifs.

503 **Éléments constitutifs.** S'agissant de l'élément matériel, il importe de souligner que l'association de malfaiteurs ne suppose pas nécessairement un degré élevé d'organisation, de structure : le recrutement d'une personne pour lui donner des instructions en vue de commettre une infraction peut être suffisant [1]. L'infraction pourra être parfaitement caractérisée même en l'absence de faits matériels établissant que l'entreprise criminelle a effectivement débuté [2]. En revanche, la participation à une association de malfaiteurs constituant aujourd'hui un délit, sa tentative n'est plus punissable, en l'absence d'un texte spécial la prévoyant expressément. S'agissant de l'élément moral, la notion de « groupement » implique le caractère volontaire de l'union. Les tribunaux disposent d'une grande latitude pour apprécier, au regard des circonstances, les conditions dans lesquelles un accord sera considéré comme intervenu entre deux ou plusieurs individus pour préparer ou commettre des infractions graves. Chaque participant au groupement ou à l'entente ne peut être déclaré coupable que s'il s'y est agrégé sciemment et volontairement : la personne doit avoir la volonté de participer à la poursuite du but que les malfaiteurs se sont assignés. De façon classique, les mobiles sont indifférents. La preuve de l'intention pourra se déduire d'indices, tels que la fidélité au groupe ou la participation à l'un des crimes ou délits envisagés.

504 **Répression.** La participation à une telle association est punie de cinq ans d'emprisonnement et de 75 000 € d'amende si les infractions préparées sont des délits punis d'au moins cinq ans d'emprisonnement. Lorsque les infractions préparées sont des crimes ou des délits punis de dix ans d'emprisonnement, les peines encourues sont de dix ans d'emprisonnement et de 150 000 € d'amende. À cela s'ajoutent de nombreuses peines complémentaires prévues aux articles 450-3 à 450-5 du Code pénal, y compris, depuis la

1. Crim. 30 avr. 1996, *Bull. crim.* n° 176 ; *RSC* 1997. 113, obs. Delmas-Saint-Hilaire.
2. Crim. 21 juin 2006, rejet, n° 05-87.69.

loi du 9 mars 2004, la « confiscation de tout ou partie de leurs biens, quelle qu'en soit la nature, meubles ou immeubles, divis ou indivis ». Il faut rappeler que l'association de malfaiteurs en vue de participer à des actes terroristes, incriminée à l'article 421-2-1, est punie de peines beaucoup plus sévères, puisqu'elles peuvent aller jusqu'à la réclusion criminelle à perpétuité [1]. Conformément à la technique positiviste de prophylaxie sociale par incitation à la délation mutuelle des malfaiteurs associés, la loi du 1893 avait inauguré un système d'exemption de peine pour les repentis que l'on retrouve aujourd'hui à l'article 450-2 du Code pénal.

505 **Difficultés de qualification : le droit pénal à l'épreuve de l'entente criminelle.** Le législateur a multiplié les mentions à l'entente criminelle, au point de donner un sentiment de désordre [2] et de créer des risques de chevauchements : l' « association de malfaiteurs » doit cohabiter avec les notions de « réunion », de « bande organisée », et, depuis mars 2010, de « participation à une bande violente [3] » ... Il est ainsi difficile de distinguer l'association de malfaiteurs de la bande organisée qui est, selon l'article 132-71 du Code pénal, « tout groupement formé ou toute entente établie en vue de la préparation, caractérisée par un ou plusieurs faits matériels, d'une ou de plusieurs infractions ». Or, avec la loi du 9 mars 2004 portant adaptation de la justice aux évolutions de la criminalité, les qualifications conjuguées d'association de malfaiteurs et de bande organisée ont des conséquences sur le choix de la juridiction et sur l'ensemble des règles procédurales applicables [4]. Les chevauchements de définition permettent de retenir

1. *Supra*, n° 423.
2. R. Ottenhof, « L'ensemble fait un peu désordre et la multiplicité des formules, leur chevauchement, ne peut que nuire aux intérêts de la répression », *Criminalité organisée et ordre dans la société*, Colloque Aix-en-Provence (5-6-7 juin 1996), Presses universitaires d'Aix-Marseille, p. 49.
3. La loi du 2 mars 2010 renforçant la lutte contre les violences de groupes et la protection des personnes chargées d'une mission de service public a créé un délit de participation à un groupement formé en vue de la préparation de violences volontaires contre les personnes ou de destructions ou dégradations de biens (art. 222-14-1 C. pén.). Elle érige en outre en circonstance aggravante de toute une série d'infractions le fait de dissimuler volontairement son visage en tout ou partie afin de ne pas être identifié.
4. Selon l'article 706-73 du Code de procédure pénale, les dispositions procédurales les plus sévères de ce titre sont de plein droit applicables à tous les délits d'association de malfaiteurs prévues par l'article 450-1 du Code pénal s'ils ont pour objet la préparation de l'une des infractions mentionnées au 1° à 14° de l'article 706-73 précité ainsi que d'ailleurs aux délits de non justification de ressources correspondant au train de vie, prévu par l'article 321-6-1 du Code pénal, lorsqu'ils sont en relation avec l'une des infractions mentionnées aux 1° à 15° de l'article 706-73 du Code de procédure pénale.

la bande organisée comme circonstance aggravante de l'infraction que l'association de malfaiteurs avait en vue de commettre [1]... Certains auteurs affirment même qu'une infraction commise en bande organisée n'est rien d'autre qu'un crime ou un délit commis par des participants à une association de malfaiteurs [2]. Ce désordre notionnel est inquiétant : s'il devait prospérer, au nom de la protection de la sécurité dans une société dangereuse, le droit pénal spécial deviendrait pleinement, non plus seulement la branche analytique du droit pénal, mais un véritable droit d'exception.

Rappelons que cette procédure pénale dérogatoire permet les opérations d'infiltration (C. pr. pén., art. 706-81 à 706-87), les interceptions de correspondances par voie de télécommunication (C. pr. pén., art. 706-95), les sonorisations et fixations d'images de certains lieux ou véhicules (art. 706-96 à 706-102), les perquisitions (aux conditions d'autorisation et de mises en œuvres par les articles 706-89 à 706-94 du Code de procédure pénale) ainsi que la prolongation du délai normal au bout duquel la personne gardée à vue peut demander à s'entretenir avec un avocat, qui est alors allongé à quarante-huit heures lorsque l'enquête porte sur la participation à une association de malfaiteurs prévue par l'article 450-1 du Code pénal ayant pour objet la préparation de l'une des infractions mentionnées aux 1°, 2°, 4° à 10° et 14° de l'article 706-73 du Code de procédure pénale).

1. P. Lemoine, « Le délit d'association de malfaiteurs et la circonstance de bande organisée », *Dr. pénal* 2007. 277.

2. H. Angevin, *J.-Cl. pénal*, art. 132-71.

Bibliographie

Ouvrages cités dans les notes par le seul nom du ou des auteurs.

I. Ouvrages généraux, traités, manuels

AMBROISE-CASTÉROT (C.), *Droit pénal spécial et des affaires*, Gualino, 2008.

CONTE (Ph.), *Droit pénal spécial*, Manuels, Litec, 2007.

DANTI-JUAN (M.) et PRADEL (J.), *Droit pénal spécial*, 4e éd., Cujas, 2007.

RASSAT (M.-L.), *Droit pénal spécial, Infractions des et contre les particuliers*, 5e éd., Précis, Dalloz, 2006.

VÉRON (M.), *Droit pénal spécial*, 12e éd., Sirey Université, 2008.

VITU (A.), *Traité de droit criminel, Droit pénal spécial*, 2e éd., Cujas, 1982, 2 vol.

II. Thèses, monographies

AGAMBEN (G.), *L'état d'exception*, Seuil, 2003.

CARRIER (N.), *La politique de la stupéfaction, Pérennité de la prohibition des drogues*, Presses universitaires de Rennes, 2009.

DELMAS-MARTY (M.), *Libertés et sûreté dans un monde dangereux*, Seuil, 2010.

DELMAS-MARTY (M.) (dir.), *Les crimes contre l'humanité*, Que sais-je ?, PUF, 2009.

DELMAS-MARTY (M.) (dir.), *Terrorismes, Histoire et droit*, CNRS éditions, 2010.

ELIACHEFF (C.) et SOULEZ-LARIVIÈRE (D.), *Le temps des victimes*, Albin Michel, 2007.

Fassin (D.) et Memmi (D.) (dir.), *Le gouvernement des corps*, Ed. EHESS, 2004.

Foucault (M.), *Les anormaux*, Cours au Collège de France 1974-1975, Seuil, 1999.

Foucault (M.), *Moi, Pierre Rivière...*, Folio, Histoire, 1973.

Garapon (A.), *Des crimes qu'on ne peut ni punir, ni pardonner*, O. Jacob, 2002.

Giudicelli-Delage (G.) et Lazerges (C.), *La dangerosité saisie par le droit pénal, Étude de droit comparé*, Les voies du droit, PUF, 2010.

Iacub (M.), *Le crime était presque sexuel, et autres essais de casuistique juridique*, Flammarion, 2002.

Lameyre (X.), *La criminalité sexuelle*, Flammarion, 2000.

Lavaud-Legendre (B.), *Où sont passées les bonnes mœurs ?*, PUF, 2005.

Maugère (A.), *Les politiques de la prostitution, Du Moyen Âge au XXIe siècle*, Nouvelle Bibliothèque de Thèses, Dalloz, 2010.

Mucchielli (L.) (dir), *La frénésie sécuritaire*, La Découverte, 2008.

Salas (D.) et Jean (J.-P.) (dir.), *Barbie, Touvier, Papon, des procès pour la mémoire*, Autrement, 2002.

Vigarello (G.), *L'histoire du viol*, Points, Seuil, 2000.

Index alphabétique

Les chiffres renvoient aux numéros de paragraphes.

A

F

N

T

U

V

TABLE DES MATIÈRES

PHOTOCOMPOSITION NORD COMPO
59650 VILLENEUVE D'ASCQ

708935 (I) (2,5) OSB - T 60g NOR (CDR)
Imprimé en France par Normandie Roto Impression s.a.s., 61250 Lonrai
Dépôt légal : septembre 2010 - N° d'imprimeur : 102800